RDCY Academic Series
人大重阳学术作品系列

金融杠杆水平的适度性研究

A STUDY ON THE APPROPRIATENESS
OF FINANCIAL LEVERAGE

朱澄◎著

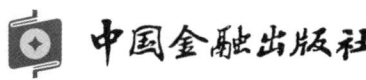

中国金融出版社

责任编辑：董　飞
责任校对：李俊英
责任印制：陈晓川

图书在版编目（CIP）数据

金融杠杆水平的适度性研究（Jinrong Ganggan Shuiping de Shiduxing
Yanjiu）/朱澄著．—北京：中国金融出版社，2016. 10
　　ISBN 978 - 7 - 5049 - 8704 - 4

　Ⅰ.①金…　Ⅱ.①朱…　Ⅲ.①金融—经济杠杆—经济理论
Ⅳ.①F830

中国版本图书馆 CIP 数据核字（2016）第 225602 号

出版
发行　中国金融出版社

社址　北京市丰台区益泽路 2 号
市场开发部　（010）63266347，63805472，63439533（传真）
网 上 书 店　http://www.chinafph.com
　　　　　　　（010）63286832，63365686（传真）
读者服务部　（010）66070833，62568380
邮编　100071
经销　新华书店
印刷　保利达印务有限公司
尺寸　170 毫米×230 毫米
印张　23. 75
字数　310 千
版次　2016 年 10 月第 1 版
印次　2016 年 10 月第 1 次印刷
定价　45. 00 元
ISBN 978 - 7 - 5049 - 8704 - 4/F. 8264
如出现印装错误本社负责调换　联系电话（010）63263947

前　言

2008 年全球金融危机是可以全方位比肩"大萧条"的系统性危机，其对世界经济的时空影响甚而过之。危机后，人们开始深入反思主流经济、金融学理论，并一度将危机源头锁定在高杠杆（或超额杠杆）之上。然而，对于经济史和经济思想史的梳理使我们发现，高杠杆并非此轮危机的本质原因（甚至不是特有现象），危机前持续、高速的信贷扩张才是。显然，信贷扩张绝不仅是一种经济繁荣的附带现象，而是引发经济波动和金融脆弱性的重要渠道。

人们已日益认识到，高杠杆只是表象，更深刻的变化是实体经济与虚拟经济的失衡。"实虚关系"是一对矛盾，其表现形式和互动模式随经济、金融的发展和制度变迁而变化。特别地，随着货币形式的演进，货币与信用的互动关系乃至作用于实体经济的机制亦发生变化，这引发实虚关系的异化，并孕育出增长与危机这样一对"孪生兄弟"。在实体经济与金融之间做类似"摆体运动"的上述过程中，金融杠杆水平呈现出历史性的螺旋上升趋势，这种上升趋势中既有合理的成分，也包含了金融异化的不良倾向。逻辑上，超额信贷是危机之源，而高杠杆是超额信贷的必然结果，并成为危机的"传导器"和经济波动的"扩张器"。遗憾的是，理论界对超额信用的界定和分析并不能令人信服，相关理论也不具有令人满意的解释力和预测力。

超额信用和高杠杆在本质上源于金融发展脱离了其服务于实体经济

的正确轨道，实虚之间的相对运动状态是失衡的。因此，研究何谓超额信用、何谓高杠杆，就需要首先探究金融发展与实体经济运行的宏观平衡是什么，弄清二者在各自周期上是如何相互影响和协调的。辩证地看，"需求遵从"与"供给引领"都没有错，二者不过是金融发展在不同阶段和情势下作用于实体经济的特有机制，这两种互动机制甚至是可以同时发挥作用的，而且，二者同时发挥作用更有利于实虚之间的协调互动；货币与信贷扩张、金融加杠杆也没有错，关键是寻求金融杠杆在收益与成本上的动态平衡。"过犹不及"，实虚之间具有"非线性"关系，因而金融发展和金融加杠杆必须有个"度"的约束，在适度性区间的两侧，金融发展、金融杠杆对实体经济的作用要么不足，要么过度。此轮危机后，业界一直在热议"去杠杆"，但却始终对杠杆"去到什么程度"的问题避而不谈，对"如何去杠杆"的问题莫衷一是，对去杠杆的经济后果（效率与稳定）缺乏系统的理论与实践分析。与此同时，全球范围内还广泛存在着欠发达国家杠杆水平过低的现象，杠杆不足是否与经济发展严重滞后有直接关系，这同样值得深思。此外，既然高杠杆并不是危机爆发的本质原因，那么对金融杠杆的"度"的衡量以及超越"度"的后果分析就显得尤为重要，且难度颇大。理论界认为金融发展与经济增长之间存在非线性关系，但缺乏对此的系统性定量分析，更缺乏对这种"非线性关系"的成因和演进的深入考察；同时，非线性意味着存在"拐点"，但拐点的具体位置以及拐点两侧的轨迹究竟如何仍然是"未知数"和"黑匣子"，亟待人们去探索。现实中，高杠杆并不必然引发危机，危机也并不一定会诱发去杠杆，两个"不一定"使得金融杠杆水平与金融危机爆发概率（或宏观经济稳定性）二者之间的关系变得扑朔迷离，然而这正是值得深入研究的地方。显然，探讨金融杠杆的适度性水平具有重要的理论和现实意义，这一问题与历史上以及现如今全球范围内的诸多重要经济、金融问题休戚相关，是探索实体经济与虚拟经济二者动态互动关系和内在机制的关键切入点。而这将涉及如下几个方面的内容：其一，研究全球范围内的金融杠杆水平具有怎样的时间变化趋势和国别差异，分析这种一致性规律和跨国差异的形成机制；其二，寻找一个一般意义上的阈值，确定该阈值的标准和依据是，当金融杠杆水平超过该阈值后，金融加杠杆对实体经济的负面作用开始迅速显现（而非仅限于危机爆发概率或金融稳定性下降）；其三，在实虚关系的大框架下分析金融杠杆水平的适度性问题，研究判定金融杠杆水平是否适度的原则、思路和具体标准；其四，研究金融杠杆水平偏离适度性区间的经济绩效（包括增长与稳定两个维度），关键是将金融杠杆水平的周期性变动（作为金融周期的重要衍生周期或代表性周期）与实体经济的周期性波动相结合，分析金融杠杆作用于实体经济的动态机制；其五，以世界主要经济体为研究对象，采用定性与定量紧密结合的方法来判断其各自金融杠杆水平的适度性；其六，以历史经验和各国的国家禀赋、制度基础为出发点着重研究经济去杠杆的"程度"、"时机"和"方式"；其七，全面、系统地分析我国金融杠杆水平的适度性，包括金融杠杆的总水平、内部结构、变化情况等多个角度，从国家资产负债表的视角探讨我国金融发展中存在的问题，并尝试分析相关问题的解决思路，寻找我国金融杠杆结构失衡与经济结构失衡之间的关系；最后，探索判定金融杠杆水平适度性的指标体系。所有上述问题的核心在于探索实虚互动特别是金融周期与经济周期之间的关系问题，以及金融杠杆在其中的作用。

　　需特别指出的是，我国改革开放以来的经济成就举世瞩目，但经济制度发展的路径依赖性使得我国进一步深化制度改革的难度与日俱增。近几年，我国经济增长速度有所放缓，经济、金融乃至社会领域的问题和矛盾不断涌现，以前在改革中发挥积极作用的诸多制度性安排变得不再"优越"，甚至开始成为制约我国经济进一步深化发展的"绊脚石"，客观地讲，这是新中国成立以来所遇到的最为棘手的内外经济形势与环境。当前，我国宏观经济总杠杆水平较21世纪初有了明显上升（尚低于主要发达国家），但鉴于我国实体经济增速仍然较快（在全球范围内仍然居首位），因而这种高杠杆尚不足以在短期内引发系统性金融危机和宏观经济的剧烈波动。然而，近几年来，我国宏观杠杆水平的上升速度超过预期，债务负担的上升已开始压缩经济进一步深化发展的空间；与此同时，我国经济各领域中存在着广泛的结构性失衡，这直接导致我国宏观杠杆结构亦处于严重失衡状态，主要表现在非金融企业部门的超高负债水平上，并进一步加剧了我国社会层面的资本配置和收入分配上的不公平。很显然，我国当前宏观杠杆水平以及近年来的杠杆水平乃至结构的变化充分提示了我国的金融发展与实体经济增长之间存在着较为严重的失衡。从国际经验来看，将某一经济部门的过高杠杆转移到其他部门，是经济去杠杆、调结构以及降低系统性风险的重要渠道，前提是其他部门的杠杆水平较低，具有进一步加杠杆的空间和余地。"冰冻三尺，非一日之寒"，本书将指出，我国企业部门（主要是国有企业）的巨额存量负债是政府主导的经济、金融（垄断或垄断竞争）发展模式长期运行的必然。因而，杠杆结构以及水平的系统性调整势必产生对经济金融制度的"倒逼"机制，并对宏观经济运行产生深远影响。而且，需要特别指出的是，去杠杆的途径有很多种，但从根本上最为"真实可靠"的方式还是依赖实体经济的切实增长来去杠杆（Growing out of Debt）。

基于上述原因，本书将尝试着在"实虚关系的大框架下"来研究金融杠杆水平的适度性问题，并且，实体经济与虚拟经济之间的"倒U形"关系（当然这有待本书进行系统的分析与验证）意味着对适度性的分析将从两个方向进行，即超额杠杆与杠杆不足，同时这也将金融杠杆水平自然地划分为三个关键区间。在金融杠杆水平的不同区间内，金融杠杆水平及变化对实体经济的影响有很大差异，而金融杠杆水平变化的完整图谱构成了金融杠杆周期，它与实体经济周期之间持续发生着互动，这种互动在很大程度上决定着金融发展的经济后果。在具体行文和分析中，本书将着重从流量与存量、总量与结构、时间与空间相结合的视角来分析金融杠杆水平的经济效应，始终以金融和实体经济的自有周期与周期互动（叠加）为线索，从绝对水平、变化幅度、变化速度、相对速度（弹性）这四个方面深入分析金融杠杆水平的适度性问题，积极探索判定适度性的相关标准。

具体地，本书各章的结构和内容安排如下：

第 1 章以"大萧条"与"次贷危机"的对比开篇，探讨超额信贷与高杠杆问题，提出金融服务实体经济的"适度性"问题，并指出全球经济中普遍存在着"超额信贷—高杠杆综合征"，这是金融资本与实物资本相竞争阶段的突出特点之一。本章的主要目的有三：其一，指出信贷的超额供给和高杠杆在历史上是重复出现的，此轮危机的关键在于高杠杆的机制更加复杂，现代金融技术和金融发展使得经济过度金融化；其二，对金融杠杆进行较为系统的概念界定和分析，提出对金融杠杆进行科学分析的必要性；其三，概述全书结构、内容、研究方法和主要结论。

第 2 章从历史视角研究了 19 世纪至今全球范围内不同国家宏观金融杠杆水平的跨时空变化情况，分析了"杠杆化"的历史趋势，并着重对金融杠杆水平与经济增长的关系进行了历史归纳，为其后各章的分析打下基础。本章的研究发现：其一，金融杠杆水平的变化趋势具有时空一致性，金融杠杆变化具有周期性，同时呈现出某种螺旋式上升的特征；其二，国家之间的金融杠杆水平差异是多种因素共同决定的；其三，金融杠杆水平的变化（水平、结构、速度等）与实体经济运行趋势之间存在着显著互动；其四，杠杆化趋势是金融发展的必然，也是西方国家滥用金融霸权的结果，更是全球经济金融不平等的根源之一。

第 3 章从经济思想史中寻求研究货币、信用与经济增长之间内在互动逻辑和规律的启示，从理论思想与逻辑演绎角度来阐述金融杠杆水平的决定、变化和经济影响。本章的主要内容包括：其一，从金融"非中性"问题出发，阐述了金融发展的两个不同阶段及内在成因；其二，从探讨金融作用于实体经济的机制中阐述了经济运行的"信用渠道"以及信用扩张和收缩中的"金融杠杆机制"，为研究"实虚"之间的非线性关系打下基础；其三，利用制度分析探讨了金融杠杆水平的决定和历史变化；其四，重点分析了金融异化的过程和超额信用—高杠杆综合征的形成；最后，从金融杠杆的顺周期性特性切入，研究了金融杠杆、资产负债表乃至流动性的顺周期性，分析了金融加速器效应、投资分流效应在加速金融异化过程中的作用，对金融异化进行了初步的理论分析。

第 4 章研究金融杠杆水平的决定因素。经济、金融发展是多元决定的结果，本章从实体经济、金融体系以及第三因素（非经济因素）三个宏观层面撷取了可能影响金融杠杆水平的因素（变量），并利用面板回归方法对各影响因素进行了细致研究。在尝试了不同样本时期、变量组合、模型设定和计量方法的基础上，得出了对金融杠杆水平有显著影响的核心因素，指出了其影响的强度和方向。这有助于我们更好地理解金融杠杆的内生性变化，同时为制定有关金融杠杆的宏观经济政策提供了参考和依据。

第 5 章是全书的核心，在前 4 章基础上提出了金融杠杆水平的"适度性假说"，并利用该假说对全球范围内主要经济体的金融杠杆水平的适度性进行了研判，初步建立起研究金融杠杆水平适度性问题的分析框架。本章的主要内容包括：其一，利用实证方法（动态面板回归、二值回归）证实了实虚之间的"非线性"关系，得出了金融杠杆水平的适度性区间（阈值），并依此将金融杠杆水平划分为不足、适度、轻微过度和严重过度四个区间；其二，分析了经济运行周期的不同典型状态，将金融杠杆的不同水平放在经济运行周期中进行分析、解读，进而提出了金融杠杆水平的适度性假说；其三，提出并初步建构了经济增长"变化"、金融杠杆"变化"、宏观经济稳定性"变化"的三维空间，尝试着将诸多重要历史事件纳入这一分析框架，并据此结合适度性假说来对主要经济体的金融杠杆水平进行评价；其四，用较大篇幅细致分析了我国经济金融发展中的问题和金融杠杆水平的适度性，并初步给出了解决我国宏观杠杆结构失衡的思路；最后，总结性地分析了金融杠杆与实体经济之间的存量和流量关系，在"存量—流量"框架下分析了现实中宏观债务水平及其对实体经济压力的动态变化逻辑，给出了科学评价金融杠杆水平所需的必要信息和指标体系。

第 6 章总结全书，指出了本书的价值，展望了未来的研究方向。特别地，本章对全球主要经济体当前所处的外部环境及其经济运行所处的典型状态进行了判断，并对经济、金融周期中进行去杠杆或杠杆结构优化的宏观经济政策选择进行了讨论。最为重要的是，本书在篇尾指明了我国经济调结构、杠杆调结构、金融调结构、政府职能转变、金融制度改革这一系列关键问题的内在一致性和逻辑一贯性。

目　录

1

第1章 导论：源起与初步探讨

1.1 "大衰退"始末：现象分析

1929 年 10 月 29 日，史称"黑色星期二"，在这一天，美国股市暴跌达到极点，两星期内，300 亿美元财富在股市中蒸发。从 1930 年起，全球经济陷入"大萧条"（the Great Depression），直至凯恩斯主义登上历史舞台。

2008 年 9 月 15 日，星期一，创建于 1850 年的雷曼兄弟（Lehman Brothers）以创纪录的 6130 亿美元债务申请破产保护，破产时其总资产为 6390 亿美元，杠杆率高达 24.6，①从此揭开美国次贷危机大幕。随后的几年中，欧盟经济深陷泥淖，世界相当部分国家和地区至今仍在与"危机后遗症"做痛苦斗争。在西方国家"自利"的量化宽松货币政策下，全球范围（特别是新兴市场国家）的"大衰退"（the Great Recession）拉开帷幕……既有经济学理论缺乏解释力，一场理论范式革命势在必行。

……

---

① 根据美国证券交易委员会（SEC）的统计，雷曼兄弟在 2003—2007 年的杠杆率持续走高，依次为 23.7、23.9、24.4、26.2、30.7 倍，在 2008 年初更是达到 32 倍。（参见：http://www.secinfo.com）事实上，在 2007 年，根据美国官方的事后（2011 年）统计，五大投行（贝尔斯登、高盛、雷曼兄弟、美林和摩根士丹利）的杠杆率已高达惊人的 40 倍。

人类历史上两次最为严重的经济危机，均从美国发端并波及全球，同样引发股市崩溃、价格暴跌、大规模失业、经济衰退……历史惊人的相似。然而，我们不得不问：人类真的再次"踏入同一条河流"吗？①为什么对大萧条颇具解释力的经济理论在此次危机中却如此无能为力？人们为何总是秉持"这次不一样"的侥幸态度？到底是宏观经济运行的哪一环节出了问题？我们究竟应该从现象本身做历史归纳，还是从微观主体的行为逻辑以及微观加总为宏观的机制逻辑进行演绎分析？奥地利学派和德国历史学派方法论之争的余响犹在耳畔，直至今日，对于经济学的研究仍存在着旗帜鲜明的两类：历史学派和演绎学派——只不过二者之间的对立性在减弱。所幸的是，众多经济史学者②的努力让学界一直以来都能够在遭遇理论困境时认识到回归"历史"与"现实"的价值。对此次危机成因的分析要从历史经验的时空对比以及理论逻辑的升级两个方面同步推进，关键是发现历史上的差异并找到"这次不一样"的根源。

概括而言，两次大危机有如下差异：其一，金融体系的恢复速度不同，"大萧条"更快——这不难理解，因为进入 21 世纪，金融在全球范围的发展程度和联系程度远高于 20 世纪 30 年代；其二，物价水平变化不同，"大萧条"引发了严重的通货紧缩，"大衰退"则是持续的通货膨胀——次贷危机后，美国经济进入"流动性陷阱"，量化宽松的货币政策未能有效刺激经济复苏；其三，股市表现不同，"大萧条"出现了股市的

---

① 对两次大危机的通常描述大抵如下：大萧条以股市暴跌为起始，进而通过财富效应引发人们在消费和投资上的连锁反应，导致农业、采掘业、物流业等行业的生产停滞，直接引致后续的失业，并通过国际贸易渠道将危机传遍全球。次贷危机以经济全球化、金融一体化为大背景，以美国房地产市场繁荣的终结和长期以来以此为基础建立起来的金融创新、金融衍生品交易链条的断裂为导火索，通过信贷与资产价格渠道将危机的"火种"蔓延开来。

② 这些学者包括 Karl Marx、John Hicks、Simon Kuznets、Raymond Goldsmith、Charles Kindleberger、Milton Friedman、Anna Schwartz 等以及近年来的 August Maddison、Carmen M. Reinhart、Kenneth S. Rogoff、Alan Taylor、Thomas Piketty 等人。

单日暴跌，"大衰退"中，股票价格出现日中的剧烈波动，但并未出现单日的创纪录跌幅。[①] 上述差异，或可将两次大危机划为不同类型的经济萧条——虽然，二者都源于信贷在前期的高速扩张，但前者是用激烈的信贷紧缩方式来"矫枉过正"，使过热的经济强行"冷却"；后者则是利用更大的货币和信贷扩张方式来"暂渡难关"，表面上，这次前所未有的政府干预避免或至少推迟了更严重的经济崩溃。事实上，全球化进程早已模糊了经济危机与金融危机的界限，因为全球的技术、市场、产品、资本、信息和人都早已紧密联系在一起，任何一环都可以（也足以）成为危机的触发点[②]——这是此次危机与大萧条截然不同的制度性因素之一，危机的实质是实体经济与虚拟经济之间日益表现为此消彼长的"对立性"。更一般地，两次大危机是不同经济增长方式下的危机，"大萧条"发生于西方国家工业化"如火如荼"的时期，技术进步与实体投资仍是经济发展的重心；"大衰退"则发生于西方国家"去工业化"和全球经济加速虚拟化的大趋势下，金融已成为经济增长不可或缺的要素（甚或一部分），并日益产生对实体经济投资的"挤出"作用；可见，两次大危机发生于截然不同的"金融发展时期"。

　　金融分析最重要的任务之一，就是弄清一国金融上层结构与该国实体经济结构之间的关系。因而，对经济现象的分析和理论研究需要分别从实体经济和金融两个范畴中各自撷取核心变量。对实体经济而言，该变量是实体投资与产出；对金融而言，它是货币与信用；对金融与实体

---

　　① 1932 年 8 月 12 日，也就是 1929 年股市大崩溃之后的第三年，DJIA 指数大跌 8.4%。而在 2011 年，美国股市连续两个月经历了日间的巨大波动，但却并未经历任何像 20 世纪 30 年代大萧条时期那样创纪录的股市单日跌幅。CPI、失业率、股指下跌，很多人都有生活在 20 世纪 30 年代的感觉，然而，现实却并非简单地重复，人们所身处的经济萧条与"大萧条"时期并不相同。

　　② 西法亭早在 20 世纪初便指出，支付信用的发展在生产部门之间产生了连带关系，这种关系使得任何一个部门的生产过剩与滞销都可以演变为整个经济的生产过剩与滞销，这为经济提供了局部滞销转变为普遍滞销的可能（西法亭，1994，第 270 页）。Stiglitz & Greenwald（2003）将企业、金融机构以及政府、个人之间的这种联系形象地称作"信贷链条"（Credit Chain）。

经济的"互动关系"而言，它是金融杠杆。

绕过两次大危机略带不同的"外表"，我们都可以看到资本、特别是金融资本的"身影"，本质上，货币和信用是始作俑者。对于"大萧条"，借用两位奥地利学派学者的论述或许是有分量的。Anderson（1949）写道："从1922年中至1928年4月，在没有任何实际需求的情况下，在未经法律许可的情况下，我们毫无约束地、不负责任地将银行信用扩张了两倍之多。在随后的几年中，我们为此付出了极其沉重的代价。"Rothbard（1963）通过计算指出，美国的货币供应量在1921至1929年的8年间从370亿美元迅速攀升到550亿美元。时任美国财政部长的 W. G. McAdoo 曾公开宣扬："美联储法案的主要目的在于改变和加强为商业、农业等实体经济提供信贷资源的美国银行体系，以使其信用供给能够顺应需求变化自动产生，并且通过足够低的利率来刺激、保护和推动所有合法事业的繁荣。"然而，事与愿违，正如 Rothbard 早已指出的，货币超发与信用扩张的直接后果绝不仅是通货膨胀，而在于这一进程会扭曲投资与生产，超额信贷会导致过度投资于一些经济上并不合算的项目或资本品——从而，经济周期中的衰退不过是对这些错误选择的自我纠正。而对于"次贷危机"，一组客观数据或许更具说服力。2000年年底，时任美联储主席 Greenspan 宣称"美国金融系统已经获得前所未有的弹性"；1995—2000年，美国房地产价格以每年5.2%的速度上涨，而在随后的5年里（2001—2005）则高达11.5%；2001—2007年，美国全国抵押借款规模几乎翻倍，家庭债务占个人可支配收入的比例（居民部门杠杆）从1993年的80%上升到2006年的130%，且其中绝大部分来自于抵押贷款——经济繁荣在相当程度上可归功于自1980年以来持续走低的银行贷款利率和抵押贷款利率，更高的房价和更低的抵押贷款利率契合了金融创新与自由化浪潮，经济各部门都面临着空前的信贷可得性；此外，次级贷款市场在经历了20世纪末的震荡之后在低利率刺激下重获生机，仅

2001—2003 年，次级贷款总额就几乎翻番（达到 3100 亿美元），其间，虽然美联储曾试图遏制次级贷款市场中不公平或被滥发的贷款，但修改后的监管规则（HOEPA）却并未起到真正的效果（原因在于贷款人更改了抵押贷款条款），仅能实质性覆盖 1% 的次级贷款，这为大危机埋下隐患。[①] 显然，两次大危机都根源于前期信贷的高速、持续扩张，只不过前者更多地采用银行贷款的形式，而后者则采用了更为复杂多样的现代金融技术。

众所周知，危机通常是某些因素（主要是债务）累积到一定程度时的"集中"爆发，危机前的（经济上和金融上）繁荣与危机后的衰退，与信贷和杠杆的周期性特征相吻合，信贷和杠杆本身就可以成为危机爆发的原因（Schularick & Taylor，2010）。两次大危机具有内在一致的根源，那就是货币与信贷扩张，但却显然地处于金融发展的不同阶段，以至于在危机爆发的形式、过程乃至危机的复苏进程上有一定差异，并进而使得人们对于危机的分析与理解（经济理论）以及为扭转危机所作的尝试（宏观经济政策）做必要的改变。时至今日，此轮危机尚未结束，而对其的研究才刚刚开始。

1.2　对高杠杆的诟病："主流"观点

主流观点的产生似乎是极快的。次贷危机爆发伊始，西方世界颇有些"顿悟"的意味，一下子认识到金融创新、金融衍生品的杠杆交易以及由此产生的高速信用扩张机制实乃"祸根"。而事实上，Minsky 早已指出，资本主义经济本质上的不稳定会不断增强，直至出现狂热投机，融

---

① 联邦储备保险公司主席希拉·贝尔认为这是一个被错失的良机，因为新标准本有可能阻止金融危机的爆发。美联储在新规则的执行上并未严格对贷款进行足够细致的检查，因而负有责任。——参见《美国金融危机调查报告》，中信出版社，第 102 – 104 页。

资者希望提高杠杆比率进行更多投机融资的愿望必将会遭受挫败。《美国金融危机调查报告》（2011）中指出，房地产市场危机的影响迅速通过一张不透明的金融工具网和具有诸多内生问题的商业惯例（如过度杠杆和对短期债务的过分依赖）传遍全国，投资者很快发现，他们尚未偿付的银行贷款余额超过了其所拥有房产的价值，资产价格下跌使得抵押品价值下跌，从而造成信贷可得性的进一步下降，流动性日渐枯竭，违约行为通过信用链条传遍整个金融体系。

前美国联邦证券委员会（SEC）官员 Lee Pickard 指出，2004 年 SEC 取消了 1975 年的"统一净资本规则"中对投资银行 15 倍杠杆比率的限制，这使得五家投资银行可以将其表内杠杆率拓展到从前的两倍以上，这是导致雷曼兄弟、贝尔斯登和美林倒闭的首要原因。[①] 斯坦福大学经济学家 Anat R. Admati 指出，房地产市场政策自身并不足以引发系统性的银行偿付危机和流动性枯竭，正是过度的杠杆侵蚀了并且仍在不断侵蚀着金融产业——这源自于政府对高杠杆的激励和危机的事前、事中对高杠杆缺乏有效的控制——高杠杆引发了金融机构高风险的投机行为。事实上，美联储在 2009 年便已指出高杠杆会降低经济的稳定性，然而实际上，其政策导向恰恰是鼓励高杠杆。纽约联邦储备银行（FRBNY）2009 年发布了名为《影子银行系统：对金融监管的启示》的报告，其核心内容在于指出高杠杆会引发金融脆弱性。证券化本身是一个将信用风险传递给那些具有较高风险吸收能力的投资者的金融创新活动，然而却在实际中促使银行和其他金融中介通过杠杆交易来相互购买证券资产，从而引发金融脆弱性。纽约联储主席 William

---

① 所谓净资本规则，是由美国联邦证券委员会（SEC）在 1975 年设立的，其目的在于对美国的投资银行以及那些为客户代理证券买卖的企业进行监管，该规则要求企业以市场价格确定其全部可交易资产，之后根据其资产的风险等级对资产总额进行调整。例如，对权益类资本，垫头通常为 15%，而对于 30 年期的联邦政府债券，由于其风险较低，故垫头仅为 6%。

Dudley 指出，此次金融危机的根源即在于杠杆的过度使用和内嵌于传统银行体系表外业务之中的期限错配。时任旧金山联储主席 Janet Yellen 也指出，美联储应在危机前便考虑是否要通过提高利息率来遏制杠杆水平和资产价格泡沫的快速增长。国会议员 Keith Ellison 也在给 Bernanke 的信中写道："高杠杆是危机形成的重要诱因之一，投资银行通过短期批发金融业务（如回购协议、商业票据等）将其资产负债表杠杆推高到极高水平（stratospheric level）。其他一些金融实体，则通过金融控股公司的形式将风险资产巧妙地隐藏在表外，有效避开了资本监管。"事实上，美联储才是推高杠杆水平的最强力量。Bernanke 在 2009 年 2 月写道："在通过重启资产证券化市场来支持向消费者和小型企业的信贷扩张的政策措施中，美联储与财政部共同宣布了定期资产抵押证券贷款工具（the Term Asset – Backed Securities Loan Facility, TALF)①"。他在 9 月再次写道："TALF 已经确实对资产证券化市场的复苏起到关键性作用，并对不同类型的消费者和小型企业提供了必要的信贷，而事实上，这些微观主体在次贷危机中所经历的实质性冲击已经极大地降低了社会中各方资金需求者的信贷可得性。"国际清算银行（BIS）首席经济学家 William White 指出："时至今日，经济中所日益表现出的所有问题都有一个实质性的根源，那就是长期以来信贷供给过量地、毫无节制地增长。在发达工业国家，政策性利率水平出奇得低（早已低于其本应该的水平）。"美联储仅仅凭其央行的直觉与本能在经济周期的每一个阶段都通过维持低利率来防止危机和恐慌，

---

　　①　TALF 是由美联储在次贷危机期间（具体时间为 2008 年 11 月 25 日）推出的一个专门用于促进资产抵押证券（ABS）发放的金融工具。在操作模式上，TALF 并不直接向私人和小企业发放贷款，而是向 ABS 的发行者提供融资。之后，再由 ABS 发行者向私人和小企业发放更多的证券和贷款。

当所有矛盾因素叠加在一起爆发时，必然一发不可收拾。①

　　一时间，"高杠杆"饱受诟病。虽然现象上确乎如此，但我们不能不对现象背后的驱动因素以及现象所引发的严重问题"求甚解"。诚然，次贷危机爆发前的确经历了金融杠杆水平的长期持续上升，但"到底是什么诱发了这种普遍性的加杠杆行为"值得深思。本书将指出，正确的逻辑是，高杠杆并非原因，而是（超额信贷与经济虚拟化的）结果，但杠杆本身又在危机中成为经济衰退和金融动荡的重要诱因，成为金融周期与经济周期之间相互作用与扰动的重要机制和渠道；同时，超额信用（当然，如何衡量超额信用同样一直是个理论难题）的持续存在和经济的加速金融化也自有其背后的制度性诱因——归根结底，还是货币与信贷问题，而这不可避免地与全球范围内发达国家所普遍实施的量化宽松的货币政策相关联，与金融一体化趋势下流动性在全球范围内以各种形式进行传递和扩散的问题相关联。可见，一味地批评高杠杆并不足以缓解当前危机，也不足以在未来防范新的危机。我们需要探究是什么因素导致了经济中的高杠杆，高杠杆的经济后果是什么，是否需要以及需要多高的杠杆？

1.3　过度虚拟化与金融杠杆的适度水平：问题提出

　　几乎所有现代宏观经济发展史上的大事件都与金融危机有关，以至于"超额信贷"被视作资本主义的"阿喀琉斯之踵"（Tobin，1989），这

---

① 更多细节参见：Barry Ritholtz, Excessive Leverage Helped Cause the Great Depression and the Current Crisis, 2011.（http：//www. washingtonsblog. com）。此外，G. Soros 也在《金融炼金术》中反复强调了宏观经济政策对经济周期的重要影响，他称之为"双重周期"（dual cycle）。事实上，美联储这种宏观经济政策操作"范式"的形成在很大程度上源自于人们对于"大萧条"中美联储货币政策的批评以及之后货币主义的兴起。

其实源自于 Minsky 的金融脆弱性假说（Minsky，1986）。在更早的文献中，马克思强调资本主义经济中市场的非均衡性，具体地可以概括为资本主义经济在不同领域生产活动方面的比例失调（lack of proportion）；这与奥地利学派 Mises、Hayek 强调对市场过程的动态分析在一定程度上是相契合的（de Soto，2006），凯恩斯主义在大萧条后的崛起也正在于其认识到货币对实体经济需求的影响（至少在短期内）①。遗憾的是，西方经济学理论通常"后知后觉"。大萧条期间，Fisher（1933）提出了具有较强解释力的"债务—通货紧缩"理论，并指出宏观经济研究（特别是经济周期研究）应以"非均衡"为中心。Friedman 和 Schwartz 在 1963 年方才从货币视角完成对"大萧条"的系统解读，并成为其后美联储货币政策的理论基础。同样，2008 年危机爆发后，各国政府发现既有理论与政策框架对危机无能为力，只有再次回到经济史，从经验事实中归纳并探寻金融作用于经济的更本质规律。故而，信用在经济周期中的作用研究迅速成为显学（更严谨地应该说"再次成为显学"），其核心在于确定信用到底是宏观经济的附带现象（epiphenomenon）还是实体经济因素之外一个相对独立的驱动力量（driving force）。

事实上，超额信用（或信贷过度）乃是对经济增长（物质生产和需求）而言的相对概念，是经济过度虚拟化的重要表征，它实质上是西方

---

① 凯恩斯在《货币改革论》第一部分中重点强调并论述了货币对于经济、社会的影响，他指出，货币对经济产生影响的唯一条件是其对经济中各部分、各项活动以及各微观行为人的影响是不均等的。经济波动的根源在于货币所形成的购买力的不稳定，而这种不稳定有两个来源：其一是一国货币与价值标准（黄金）兑换比例的不稳定，其二则是价值标准（黄金）本身价值的不稳定。可见，凯恩斯改革货币的核心思想在于强调通过制度性安排来确保货币购买力的稳定性。

理性主义①、货币的符号性②、资本自我扩张特性③以及特定金融制度
（尤其是货币制度）④ 下的必然。这种必然突出表现为经济中杠杆水平的
持续攀升，Taylor（2012）将这一长期历史过程和趋势称作"大杠杆化"
（the Great Leveraging）。与此不同，本书则将此称作"超额信用 - 高杠杆
综合征"（Excessive Credit - High Leverage Syndrome，以下将简称"EC -
HL综合征"），因为它代表了一种不良的发展倾向，是 Kindleberger、
Minsky、Tobin 等学者所说的"信用、资产价格与实体经济的恶性循
环"，⑤代表了金融与实体经济渐行渐远的趋势。

　　关键问题在于，EC - HL综合征是可控的吗？互为表里的杠杆水平与
信用总量有没有一个"适度"水平？在前信用货币时期，代表信贷总量
（额度）的货币以实物或金属为价值基准，故而商品买卖是以价值为基础
的交换，信贷增长在长期有其物质、价值基础，其跨期配置资源的作用
得以有效发挥，推动了实体经济的良性发展，这可以视作金融推动经济

----

① 雅斯贝尔斯（Karl Jaspers）在《历史的起源与目标》中系统阐述了西方世界理性主义（Rationalism）文明的诞生，他指出，西方世界早在"轴心期"便已产生了对政治自由、思想自由和对理性的崇尚，这与以中国和印度为代表的东方文明截然不同。正是这种理性主义催生了科学与技术的产生、发展与日新月异。

② 德国哲学家西美尔（Georg Simmel）在《货币哲学》中指出，随经济发展，货币逐渐地由其实物形态转变为纸币形态，在此过程中，货币也逐渐褪去表象（与价值的紧密联系）而日益呈现出其本质特征，即其符号性。

③ 鲁道夫·西法亭在《金融资本》中重点强调了金融资本的独特属性及其与资本主义经济金融危机的本质联系。

④ 罗斯巴德在《美国的大萧条》中指出，自从1913年美联储成立以来，美国的货币与银行信用的供给便从此被牢牢地掌握在美国联邦政府手中，这种控制经由1933年罗斯福取消美元的金本位制、布雷顿森林体系的建立以及1973年该体系的解体，不断得以加强。自此，美国政府不必再担心美元兑换黄金的硬约束，从而可以随心所欲地印制钞票、扩张信用。

⑤ Kindleberger 在《疯狂、惊恐和崩溃》（1978）中很好地阐释了信用扩张通过各种渠道对金融和实体经济的巨大负面影响。最近30年来（1980—2010），金融系统在相当程度上加速了真实风险和心理恐慌的传播，放大了冲击的能量，而不是抑制了风险、稳定了经济。典型危机的生成和传导可以概括为：信贷扩张→资产价格泡沫→泡沫崩溃→形成对银行业的流动性限制→银行危机→银行的清偿和违约→价格水平（迅速）下降→泡沫的进一步崩溃→……（恶性循环）……→（有可能形成）反向泡沫（negative bubbles）→实体经济陷入萧条和衰退。

的增长效应阶段（储蓄向投资的加倍转换），本质上源自于减少的消费直接进入储蓄，储蓄促进了国内资本形成，二者表现出较强的互补性关系（效应），且此时的商品价格能够得以保持相对稳定。

我们知道，在任一时期内，经济中实际用于生产和消费的总需求并非是任意的（而是一个有限的范围），因此，出于资金周转、持续生产等目的而产生的资金融通需求也必然是有限的。直觉上，经济中对货币与信用的总需求应在一个确切的范围内，即金融杠杆水平应处于某一"特定区间"内。显然，超额信用将只有两个去向：商品价格（通货膨胀）、金融资产价格（金融泡沫）——这种价格上涨是脱离价值的虚高，以微观行为人的乐观预期为基石，它降低实际购买力、改变风险偏好、诱发非理性投机、加重信息问题、降低信贷质量，从而必然是不可持续的、脆弱的。不仅如此，由超额信用所产生的过多流动性，形成对借贷行为的"自我加强式"的激励，推高金融杠杆水平。[1] 可见，对金融杠杆的研究不能脱离信用总体（存量）水平这一前提。历史上，Fisher 等学者曾提出 100% 准备金率的方案，其目的正是在于从根本上遏制信贷无节制的超额增长，从而保证货币购买力水平的长期稳定。当前（危机后）国际金融监管仅要求金融机构在信贷快速增长时相应地提高资本充足率，[2]

---

[1] Soto 将信贷扩张所带来的经济繁荣称为"人为的"（artificial）繁荣，并将这种繁荣现象的本质属性称之为"自我摧毁式"（self－destructive），意指其缺乏实际储蓄（real saving）的支撑，而仅仅是通过强制性储蓄（forced saving）来延续繁荣，其结果必然是繁荣的不可持续性，危机在所难免。从微观主体行为角度看，理性的经济人会将信用扩张视作流动性上升、经济向好以及资产价格上升的重要信号，从而对未来持乐观态度，这种预期将使人们更愿意借款，事实上也更能够获得贷款。

[2] 资本充足率监管为资本与风险加权资产之比，它的一个重要缺陷是其分母（风险加权资产）会受到信贷状况的显著影响，因而无法真实反映金融机构的经营风险。在 2010 年后实施的巴塞尔协议Ⅲ中，一个重要的逆周期监管指标（工具）是信贷占比缺口（Credit－to－GDP Gap，CTGG），该指标以私人部门信贷占比偏离长期趋势的百分比作为银行安排资本缓冲的依据，但该指标在计量上所采用的 HP 滤波方法却饱受诟病——因为时期长度、参数λ的选择都会显著影响长期趋势值，特别是样本终点偏差（end－point bias）较大。且不论长期趋势值计算上的精确性，如果长期趋势值本身已经偏高（即信贷扩张所引发的经济过热已经出现，经济处于繁荣期的泡沫累积的上升螺旋通道中，但尚未引发显著的经济不稳定性），那么 Basel 委员会所设定的 CTGG＞2% 的缓冲资本计提标准便有失妥当。

而不管信贷增速是否"显著"超过名义 GDP 增速（即杠杆水平的快速上涨）。而实际上，当杠杆水平居高时，即便是稳定的信贷增速同样是极为危险的（Turner，2013），这是因为信用创造有一个危险的"副产品"，即债务合约（debt contracts）数量和规模的持续累积性增长，只重流量而忽视经济在长期积累起的债务存量是方法论上的严重"偏误"。在此，金融的负面作用得以凸显，可以称之为"脆弱性生成阶段"（超额信贷和过剩流动性推高资产价格，债务的不断积累增加了不确定性和违约概率），其实质是信贷扩张带来的收入与财富再分配效应。如前所述，这种再分配是不平衡的，它形成银行体系中的强制性储蓄，一方面，信用缺乏实物和价值基础，导致投资收益一旦有所下滑，就会形成对银行等中介机构的清偿压力；另一方面，由于价格的普遍性上涨，用于生产的资源性投入成本显著上升，影响投资规模和收益。

至此，我们初步地定性描述了金融杠杆的一个阈值（L^*），在 $L < L^*$ 阶段，金融杠杆主要表现为对实体经济的实质性拉动作用，而在 $L > L^*$ 阶段，金融杠杆则更多地表现为放大实体经济波动和催生金融体系不稳定性的特征。此时，我们的问题可以重新被定义为：如何确定一个经济体总杠杆的适度水平 L^*，经济是否可以实现在 L^* 附近的稳态发展？本书的目的正是探寻确定这一金融杠杆水平临界值的思路、原则与方法，并借此切入点来分析实现实体经济与虚拟经济在规模体量、互动机制、发展趋势上的有关规律。需要指出的是，在探寻这一适度性水平的同时，我们将力图以 EC－HL 综合征为切入点得到对超额信用有别于传统思路的界定方法，这将为理解此次大危机提供新的视角。正如 Kuznets（1961）所说，金融与实体经济的关系可以被清晰地分解为"三类决策问题"，即资本需求者（企业、个人和政府）的融资问题、储蓄者（资金供给者）的投资效率问题、全社会利用储蓄促进经济增长并最小化经济不稳定的风险问题——它们均与金融杠杆直接相关联，故本书的研究将始终关注这三类问题。

1.4　金融杠杆：概念、本质与分析价值

1.4.1　物理学中的杠杆

人类对于杠杆（Lever）及其原理的最初系统论述见于阿基米德（Archimedes）《论平面图形的平衡》（第 I 卷），他以几何推理方法阐明了"动力×动力臂＝阻力×阻力臂"（$F_1 \cdot L_1 = F_2 \cdot L_2$）的规律，即杠杆的平衡条件。将其稍加变形，$F_1 = (F_2 \cdot L_2)/L_1$，显然，促使杠杆平衡的动力大小与动力臂（$L_1$）成反比。在我国古代，人们将杠杆称作"桔槔"、"挈槔"或"桥衡"，先秦庄周、墨翟亦曾对机械论有所考察。《庄子·天地》篇："凿木为机，后重前轻。挈水若抽，数如洗洗汤，其名为槔。……有械于此，一日浸百畦，用力甚寡，而见功多。"《墨子·经下》则对杠杆原理有更深刻阐述："衡木，加重焉而不挠，极胜重也。右校交绳，无加焉而挠，极不胜重也。不胜重也。衡，加重于其一旁，必捶，权重相若也。相衡，则本短标长。两加焉重相若，则标必下，标得权也。"[①]

物理学（力学）以杠杆原理（Law of the Lever）为核心定理，本质上是寻求事半功倍的省力之法。一个杠杆系统究竟是"省力杠杆"还是"费力杠杆"，关键在于支点（fulcrum）位置的选取，它决定了初始动力能够被放大的倍数。而这正是对经济学中金融"撬动"实体经济作用和效果的完美类比。

---

① 其他著述见于《说苑·文质篇》、《淮南子·主术训》等。

1.4.2 经济中的杠杆

1.4.2.1 杠杆是一个历史范畴

在以物易物的交换经济和以货币购买商品的简单商品经济中，用于交换的货物之间、货币与商品之间，在价值上是对等的关系（$V_A \cdot Q_A = V_B \cdot Q_B$），在数量上是一一对应的（即单位价值商品要求有单位价值的货币作为流通和支付准备）。此时，货币的职能主要是流通和支付手段，经济中不存在金融与杠杆。

杠杆作用出现的必要非充分条件是借贷关系的产生，因为实物借贷仍不足以对购买力产生影响，不会刺激新的消费与投资。唯当货币成为借贷的基础，其"符号性"特征得以充分释放，货币信贷真正出现，从而解决了长久以来企业家生产投资过程的"不连续"问题。货币信贷以信誉或抵押物为基础，以利息为资本成本（资金报酬），平滑了投资行为，加速了储蓄向投资的转化。货币信贷的发展使债权债务的跨期匹配成为可能。与此同时，货币经由银行等金融中介逐渐积累并形成借贷资本，在储蓄向投资转化的过程中，部分准备金制度使得大部分存款得以进一步"派生"，实现乘数效应。此时，流通中的货币量与实际购买力、用于消费和投资的货币量不再相等（至少在同一时期并不相等），金融跨期配置资源的作用日益显现，投融资过程中的收益与债务积累的错配性不断提高，信贷活动中的"等价值"交易原则让位于以信用货币为基础的金融交易原则。金融杠杆是经济活动货币化、金融化的产物，是表明经济金融化、虚拟化水平的一个量度。经济与金融矛盾运动关系的历史变化，决定了金融杠杆必然是一个历史范畴。

1.4.2.2　微观杠杆

在微观领域，企业融资行为存在着"金融啄序"。现代经济中，自身资本积累的成本较低，但速度较慢，这使得企业越来越多地选择成本较高但收效更为显著的外源性融资。一个经济实体，当其风险资产暴露水平超过其权益性资本时，称其为"杠杆化"。杠杆在增加企业风险资产暴露的同时，也为企业带来了更高的权益资本收益，即负债融资能够使企业以较少的自有资金获得投资收益的倍增效应。因而，企业通常利用债务融资来获取杠杆效应，以此筹集购买风险资产的资金。①

微观金融杠杆，本质上是企业在资产头寸上的风险暴露与权益资产利益的相应风险之间的联系纽带，在实际应用中有大量变体，但总体上有三类杠杆，即资产负债表杠杆（Balance Sheet Leverage）、表外杠杆（Off - balance - sheet Leverage）和嵌入式杠杆（Embedded Leverage）。②

假定企业资本结构为 $A = D + E$。一般地，企业普遍采用资产负债表杠杆（A/E），该杠杆也可以根据分析需要写作 D/E（债务 - 权益比率）、D/A（债务比率）、E/A（权益比率）。企业权益资本收益的风险来自于资产的风险暴露和杠杆对于该风险的传导和放大，即 $L(dE/E) \cdot (A/dA) = A/E$，$(dE = dA, E > 0)$，从而 $r(E) = L \cdot r(A)$。③ 然而，表内杠杆难以显示表外业务和资产的风险暴露（off - balance risk exposure），表外杠杆对其进行了改进。④ 遗憾的是，受会计制度、监管规则等外部影响，表外

---

① Minsky 在其"投资的融资理论"中强调，现代投资是昂贵的，必须获得财务融资，而这导致了企业资产结构脆弱性。

② 三类杠杆分别建立在资产负债表、依赖于市场情况（market - dependent）的未来现金流、市场风险之上。其中，表外杠杆又可称为经济杠杆（Economic Leverage）。遗憾的是，尚没有一种微观杠杆能够同时纳入对这三种风险的考量。

③ 在考虑不同融资方式对于企业风险和收益影响时，还可使用 $EBIT/(EBIT - Interest)$，它能够捕捉债务融资所产生的利息税盾效应，用于分析企业每股收益变化的策略。

④ Peter Breuer（2000）对表外杠杆的计量进行了系统研究，并比较了引入表外杠杆后总杠杆走势的变化。

杠杆仍然无法充分反映企业的风险暴露水平[①]，需要对其进行风险调整。对商业银行而言，一种方法是使用一级（核心）资本充足率的倒数，即加权风险资产/核心监管权益资本（Tier 1 capital leverage），另一种方法是账面在险价值/权益资本（VaR – to – equity ratios）。然而，上述杠杆仍然未能对流动性风险进行有效度量，该风险源自于资产与负债在期限上的错配。因此，在杠杆率中引入资产流动性特征将有助于更全面地获取企业融资行为的风险暴露情况。此外，当企业持有的证券等资产头寸本身就是杠杆化的，那么其受到市场风险的影响会显著增大。假设企业投资于某结构化信贷资产组合的头寸为 T，$T = \alpha_1 S_1 + \alpha_2 S_2$，$S_1$ 自身杠杆为 l_1，S_2 自身杠杆为 l_2，则 $L_T = \alpha_1 l_1 + \alpha_2 l_2$，显然，市场的负向冲击会成倍（$\alpha_1 l_1 + \alpha_2 l_2$）放大投资 T 的损失。嵌入式杠杆非常复杂，难于计算，结构化信用产品特别是双层资产证券化（Two – layer Securitization）通常具有很高的嵌入式杠杆，例如 CDO 投资于 ABS 的情形。[②]

1.4.2.3　宏观杠杆

宏观经济后果是微观经济行为"加总"在一起的结果，宏观杠杆（即金融与实体经济的相对规模）亦是微观杠杆效应的积聚性表现。对微观杠杆的研究主要侧重于投融资行为和动机，而对宏观杠杆的研究则通常聚焦于经济增长与周期性波动，这也是本书研究的重点。

现有的诸多宏观杠杆是经济、金融发展的历史性产物。Goldsmith（1969）在阐明金融结构、制度变迁内在规律性的同时指出了货币、银行信用、信用总量依次用于衡量金融部门规模的发展逻辑。宏观杠杆，在

---

① 会计制度、资产负债表编制、监管调整等使得不同法律体系和银行会计准则下的杠杆率有很大差异。具体地，应用 IFRS 准则通常会得出较美国 GAAP 准则下更高的总资产金额，从而在同等风险暴露水平下前者杠杆率显著低于后者。

② 对于其他金融机构、其他国家以及出于不同目的（如逆周期调控）而构建的微观杠杆可谓繁多而不胜枚举，相关的研究见于 Shalit（1975）、Breuer（2000）等。

货币经济时代可表示为货币供应量与 GDP 之比（M_2/GDP），即经济货币化率；在金融中介高速发展时代可表示为银行等金融中介部门信贷或资产规模与 GDP 之比（$Loans/GDP$、$Assets/GDP$）；在金融体系日益复杂化的今天，则更适于采用经济中的信用总量或总债务与 GDP 之比。现实中，具体宏观杠杆指标的选取因侧重点不同而有所差异，但其反映的无一例外是金融与实体经济在宏观层面上的量的对比关系。①

1.4.2.4 宏观总杠杆的分解

将经济划分为居民、非金融企业、金融和政府四大部门，更易于辨明不同部门之间互动的逻辑以及各部门杠杆之间的内在联系。这是宏观金融杠杆的结构分析法，相关数据通常见诸于国家资产负债表统计核算体系。

不同部门在各项经济活动中所处的位置和重要性不同，因而不同部门金融杠杆水平的决定因素不同，并且各部门杠杆水平的经济影响不同。居民部门主要涉及消费、储蓄，居民部门杠杆（通常用债务/可支配收入表示）主要决定于生命周期框架下的收入与财富；非金融企业部门主要涉及消费、投资、生产、进出口等，非金融企业杠杆（通常用总资产/权益资本表示）主要决定于企业所处发展阶段、内外部融资的可得程度和相对成本；金融机构主要涉及信贷、投资等与资金配置有关的活动，金融机构杠杆（银行与投行的杠杆率计算有较大差异，银行通常用一级资

---

① 值得注意的是，用于构建宏观金融杠杆的指标中既有流量（如 GDP、新增贷款总量等）、也有存量（货币供应量、贷款总余额等），由不同属性指标所计算出的杠杆率，其含义值得思索。例如，M_2/GDP，M_2 是存量，GDP 是流量，二者的比例反映的不仅是单位 GDP 产出所需的货币量（即资金利用效率），同时也反映了一个经济体大体上需要多长时间（年）才能通过经济生产创造出这么多（M_2）的货币性财富（货币资本），即实物资本向货币资本的转化速度。世界范围内，这一比率差别很大。借助《二十一世纪资本论》中的思路：假设货币资本的收益率为 r，$M_2/GDP = \beta$，则按收入法计算的国民生产总值中源自于货币资本收入的占比 $\alpha = r \times \beta$。较高的 α 意味着其经济表现为货币和金融资本密集型（同样产出下需要较高的货币资本投入）。

本充足率的倒数表示，而投行则较多地采用净杠杆率[①] 主要决定于其业务特征、风险偏好；政府部门主要涉及税收、投资、公共服务，政府部门杠杆（通常用公债/GDP、外债/GDP、政府债务/财政收入等表示）则主要决定于政府的宏观目标、财政收入和财政支出，但受政治等外部因素影响较大。更为重要的是，各部门之间存在着复杂的借贷关系和资金往来，因而各部门杠杆之间不是简单的相互独立关系，上述四大部门的杠杆水平之间存在着紧密的联系，它们是宏观总杠杆的有机构成，一个部门债务水平的变化必然会引起其他部门债务水平的变化，进而改变宏观总杠杆的内部结构乃至总水平。理论研究与实践中，通常依据不同的分析目的而对上述四个部门作不同组合，将宏观总杠杆分解为公共部门杠杆与私人部门杠杆，或者分解为金融部门杠杆与非金融部门杠杆。

结构分析是当代经济学研究的重要方法，对宏观金融杠杆的结构分析能够充分利用金融杠杆在总体与局部的信息，能够甄别同一宏观金融杠杆水平的内部结构性差异，这有助于判断经济中信贷资源配置的均衡性与合理性。历史上，经济的局部过热同样可能引发危机，在金融一体化的今天，任何局部问题都可能迅速演变为整体性"灾难"。[②] 从这个意义上讲，对金融杠杆水平的把控，要兼顾宏观、中观与微观三个层次。

1.4.2.5 与相关比率的辨析

金融杠杆率是人为设定的比率，在理论与实践中，存在着一些与其相似、相近抑或本质上相同的比率。鉴于这些比率均是对投融资行为

---

① 净杠杆率（Net Leverage Ratio）为净资产与有形权益资本之比。其中，净资产指从总资产中扣除以下部分的余额：（1）用于监管和其他目的的现金和证券；（2）抵押贷款协议；（3）可识别的无形资产和商誉；有形权益资本＝股东权益＋次级后偿票据（junior subordinated notes）－无形资产和商誉。

② 局部经济过热和信贷膨胀引发危机的例子既包括20世纪80年代末的美国储贷危机、1994年的法国里昂信贷危机等局部性信贷危机，也包括像"大萧条"、拉美债务危机、亚洲金融危机、次贷危机、欧债危机等由某个经济部门债务扩张所引发的系统性危机。

"风险—收益"权衡问题的度量，故有必要稍作简要辨析。

在公司金融领域，债务权益比率（又称"债务比率"）表示为 $r_{d/e} = D/E$，债务资本比率（又称"资产债务率"）表示为 $r_{d/a} = D/A$，权益比率表示为 $r_{e/a} = E/A$。显然，杠杆率 $l = A/E$ 与二者的关系为 $l = 1 + r_{d/e}$、$l = 1/(1 - r_{d/a})$、$l = 1/r_{e/a}$。

对银行而言，核心资本杠杆（l_{T_1}）、资本充足率（CAR）、核心资本充足率（CAR_{T_1}）、权益比率之间存在着紧密联系和大小关系，这对于判定银行风险和监管是有益的。众所周知，权益比率为 E/A，资本充足率为监管资本/风险加权资产（即 $(T_1 + T_2)/A_a$），核心资本充足率为核心资本/风险加权资产（即 T_1/A_a）。[①] 由 $A_a < A$，则 $r_{e/a} < CAR_{T_1} < CAR$。此外，$l_{T_1} > 1/r_{e/a}$，则 $1/l_{T_1} < r_{e/a} < CAR_{T_1} < CAR$，杠杆率指标比资本充足率更为严格。[②] 次贷危机后，考虑到杠杆率与资产价格的顺周期性，BIS 注重对初始定义的杠杆率的关注，开始采用不经风险调整的杠杆率，这有助于在一定程度上更真实地反映银行资产负债表的强健程度。杠杆率体现了单位资本负担的负债，相比其他指标能够更加直观地揭示风险。"宁可承受高风险，绝不承受高杠杆"对于金融市场活动是普遍适用的原则。

在抵押信贷中，垫头（Haircut 或 Margin），意指证券的市场价值与其抵押价值之间的差额，故抵押信用交易又称垫头交易。资金放款方为避免证券的市场价值下降所带来的风险和损失，通常采用垫头作为风险保障，在此，其作用类似于保证金，故也被称作"margin"。垫头与杠杆

---

① 实践中，资本充足率有多种形式，如资本对存款、资本对负债、资本对总资产、资本对风险资产。此外，在进行资产调整时，还可能会根据需要，扣除无形资产部分，无形资产包括商誉、软件费用、递延税款借项（递延所得税资产）等。

② 银行的资本充足率与杠杆率是两个密切相关而又互为补充的监管比率，前者以资本与风险加权资产之比计量，后者则在当前更多地以资本与（未经风险调整的）净资产之比计量。二者在数值变动的方向上具有一致性，因为杠杆率的倒数与资产负债率之和等于1，但在数值上，杠杆率要更为严格。

率之间可相互转换。假设垫头为 h，杠杆率为 l，证券市场价值为 V，抵押品价值为 V_m，则 $h = V - V_m$，杠杆率为 V/h，即 $l = V/(V - V_m)$，从而有 $h \cdot l = V$。① 此外，也可以用实际获得贷款金额与抵押品（如房屋、股票等）的市场价值之比来计算杠杆率，称作贷款 – 价值比（LTV）。

还有一个比率值得一提，资本收入比（capital / income ratio），假设其为 β，它是存量与流量之比，其内涵需要结合资本收益率（r）来分析，即资本存量与资本收益率共同决定了未来收入中资本性收入的占比（α）。② 因此，β 越高，同样的 r，会有更高的 α。宏观杠杆率（l）是信用总量或总债务余额与 GDP 之比，同样是存量与流量之比。与资本收入比不同的是，宏观杠杆率的分子是经济中各主体所负有的未来债务，并非既有财富。假设债务成本为 i，债务融资所获得资金规模效应为 χ，那么 l 越高，同样的 i，未来总国民收入中用于支付债务本息的比例（$l \times i$）越大。

1.4.2.6　杠杆以多种形式存在

上述分析表明，金融杠杆以纷繁复杂的形式存在（见表1），这为系统、全面地研究金融杠杆带来了"幸福的烦恼"。科学的经济学分析要求构建宏微一体的逻辑体系，要充分考虑不同经济主体的预期、动机、行为以及与经济系统中其他主体的互动。那么，以何种思路、逻辑来"串联"起不同部门、不同层次的金融杠杆，探明其传导机制与总体经济影响，是研究金融杠杆水平"适度性"问题的关键。为此，需要回到金融杠杆的本质属性上来，因为不同形式的金融杠杆，其本质是完全一致的。分析金融杠杆的本质，就是寻找并确定分析金融杠杆之经济影响的逻辑一致的方法。

---

① 实际中，垫头多以百分比形式表示。然而，当以具体金额表示时，并不影响上述数值关系的成立。当 V 表示为百分数（即 100%）时，$l = 1/h$。

② 这一比率由 Thomas Piketty 提出，用来分析经济中初始禀赋对未来分配公平性的决定性影响。

表1-1 多样化的金融杠杆及其计量

所属层次	所属部门	名称	计算公式与口径	相关比率
微观	企业及金融机构	资产负债表杠杆	总资产/净资本	债务权益比率 债务资本比率 权益比率
		表外杠杆	经风险调整的资产价值/特定的权益资本	核心资本杠杆率 在险价值权益资本比率
		核心资本杠杆	加权风险资产/核心监管权益资本	
		嵌入式杠杆	结构化资产内部杠杆率的复合	
		贷款价值比	贷款金额/抵押品价值	保证金率 垫头
宏观	所有部门	经济货币化率	M_2/GDP	
		宏观总杠杆	宏观经济总债务/GDP	
		外部融资比率	利用外部资金总额/自有资金总额	贷款与资本形成比
	企业部门	企业部门杠杆	企业部门负债/GDP	
	居民部门	居民部门杠杆	居民部门负债/GDP 居民部门负债/居民部门可支配收入	
	金融机构	金融部门杠杆	金融部门负债/GDP	
	政府部门	政府部门杠杆	政府部门负债/GDP	政府债务率 政府外债比率
	私人部门	私人部门杠杆	私人部门债务/GDP	
		贷款与资本形成比	非金融发行额/资本形成总额	外部融资比率

1.4.3 金融杠杆的本质与属性

事实上，杠杆的内涵在宏观与微观两个视角下具有内在一致性，即以"自有的"资本、购买力、所有权所能最大限度实现的在资本、产权或利益上的"倍增程度"。Goldsmith 将杠杆率看作是债务比率与价格敏感资产比率（price-sensitive asset ratio）的结合，因而它度量了单位资产价格变动所引发的权益资本变动量。金融杠杆的力量来自于货币信用，而货币信用的力量则来自于货币自身的独特性。这一独特属性在货币的实在价值阶段并未得以充分显现。

在传统信贷理论中，信贷市场的供求决定了均衡时的"利率"，这看似是不证自明的。而当信息问题被纳入研究市场活动的视角，信贷市场的供求、风险与定价产生新的理论"范式"。① 金融杠杆的功用绝不仅在于拉动经济，应用不当，它同样会成倍地放大冲击，风险与收益的平衡（"度"的问题）才是使用金融杠杆的基本原则。宏观领域，信贷所提供的现期购买力并没有等价值的现期商品相对应，这显然是跨期平滑引致的"错配"，在纸币信用时代，这种"错配"很可能是永久的，不断累积的。微观领域，企业所借入的现期资金，同样并没有等值的现期资金或产品相对应，需要靠未来的生产还本付息，这是逃不开的偿付义务。实践中，考虑到信贷市场中抵押品的价值波动，贷款的风险补偿机制自然要求信贷市场的供求均衡同时也决定贷款利率和杠杆率（Geanakoplos，2009）。

宏观层面金融杠杆的形成情同此理。一方面，信贷资源不均匀地流向经济中的不同部门，另一方面，信贷的持续扩张催生经济主体的普遍乐观情绪，乐观投资者将倾向于增加其借款额度，杠杆率上升，进而资产价格上升。于是，经济中形成了不同部门不同的杠杆率水平（源自于各自的信贷可得性和风险偏好等因素），在同一部门内杠杆率水平也有较大差异（异质性）。

应该说，金融杠杆率的本质包括以下几个方面：首先，它以信用为基础，即人们以信用或信用等价物为抵押，便能够获得数倍于自身禀赋的资产规模。其次，借贷意味着潜在的风险，因此，金融杠杆在放大体量的同时也放大了风险，所以，金融杠杆率是风险收益的平衡，预期、杠杆、资产价格之间具有正反馈机制。再次，杠杆总是意味着高价格，因为人们可以借钱来购买资产，这是其内生的不稳定性，当所有乐观投资者的融资需求得到满足、并且市场中再没有额外资金可供贷出时，信

---

① 理论界长期以来都以 Fisher 的利息不耐理论（Impatience Theory of Interest）为研究基础，忽视了抵押利率的作用，它体现的是贷款人对不确定性所要求的必要补偿。

贷市场达到均衡，此时的保证金或贷款价值比（即金融杠杆率）被确定下来，因此，金融杠杆率是信贷市场均衡。最后，金融杠杆反映了信用扩张和债务累积相对于实体经济增长的规模和速度，反映了实体经济与金融的关系，是货币不断脱去"外壳"并露出信用本质的必然。

本书中，我们将以宏观金融杠杆（特别是私人部门杠杆）为主要研究对象，紧扣金融杠杆的本质，来研究金融杠杆的利与弊，进而探究金融杠杆的总量与结构、效率与稳定、过度与适度问题。

1.4.4　科学评价金融杠杆水平

与信用总量相比，金融杠杆能更精确地体现收益与风险的配比关系，能清晰地展现出经济体或微观主体相对于自有资产而言的债务及风险承受能力。截至目前，有关金融杠杆的一项重要研究是"如何正确地衡量金融杠杆"。学者们指出，资产或负债与权益资本之比并非度量金融杠杆的有效方法，这是因为其包含了前期决策的累积效应（cumulative effects）。因此，更有效的研究方法是对金融决策进行"增量"（incremental）研究。然而，如上文所述，增量研究本身不能提供增量本身对经济的边际影响，"最后一棵稻草"在重量上与此前的"每一棵稻草"并无差别。

为此，我们指出：第一，金融杠杆水平是否必然引发风险和危机，这要视经济中的既有信用存量而定；第二，对金融杠杆水平的分析，不能是静止的，而要看经济加杠杆或去杠杆的速度，这里的速度又可分为绝对速度和相对速度，相对速度是相对于实体经济增速而言，是个弹性概念；第三，处于不同金融杠杆水平之上的经济，其杠杆水平变动的边际影响也是不同的；第四，在不同国家、不同时期，金融杠杆水平会因经济、金融的发展水平而存在差异，为维持经济社会的效率与稳定的平衡，其所需要的金融杠杆水平以及所能承受的债务水平是不同的；第五，具有不同内部结构的同一水平的宏观金融杠杆，对宏观经济的影响大相径庭。这里，我们指出了衡量金融杠杆水平的五个视角（当然不限于此），这五个视角在本书中将被反复使用和切换，目的是深入理解金融杠杆及其特定水平的经济含义。

1.5 研究的逻辑：思路、结构与方法

1.5.1 基本思路与结构安排

至此，我们从"大萧条"及美国次贷危机的综合对比入手，指出了货币、信贷与金融杠杆在实体经济发展过程中的作用和影响。与对高杠杆的诟病不同，本书指出，全球经济中普遍存在着 EC – HL 综合征，高杠杆是前期信贷扩张的"果"，同时也是后期金融资产价格、金融杠杆、资产负债表扩张、流动性之间上升螺旋赖以形成的"因"。事实上，信贷的超额供给在历史上是重复出现的，此轮危机的关键在于金融加杠杆的机制更加复杂，现代金融技术和金融发展使得经济过度金融化，发达国家的金融资本逐渐远离服务于实体经济的良性阶段，而这正是金融资本与实物资本进入相互竞争（替代）阶段的突出特点之一。本书提出 EC – HL 综合征的目的，并非简单地否认信用扩张与金融杠杆的使用，相反，是在充分肯定信用与金融杠杆作用的前提下，去探讨 EC – HL 综合征的"病因"、"病程"和"治疗"。定性是定量的基础。为此，上文系统剖析了金融杠杆的概念、内涵与外延，列举了实践中所广泛运用的不同金融杠杆，并归纳了金融杠杆的属性与本质；此外，我们还较为初步地探讨了金融与实体经济的关系问题，对立与统一永远是二者交互运动的根本原则。金融发展是实体经济发展的必然（内生性），也是改变实体经济运行的"工具"。任何事物均有两面性，好与坏的转换在一个"度"，超过"度"将改变事物之间彼此作用的机制和性质，但也必然显露出"过度"的"蛛丝马迹"，正所谓"相彼雨雪，先集维霰"。故而，本书的余下部分将围绕"度"展开讨论，在此说明如下。

第 2 章采用历史归纳的方法，通过对几个典型时期（时间跨度逾两

百年）全球经济金融发展的细致考察，来寻找金融杠杆水平的历史变化
及内在规律性。历史是个实验室，跨时空的经验研究能够为我们提供一
个金融杠杆适度水平的经验阈值或区间。

第 3 章重点从理论思想和逻辑演绎的角度来阐述金融杠杆水平的决
定和经济影响。金融杠杆只是对老问题的"新解"和"升级"，早期经
济学理论中的思想能够为分析金融杠杆水平的相关问题提供重要启示。
本章还重点分析了金融"异化"问题（这是当今全球范围内金融发展的
突出问题），并进而讨论了与之密切相关的金融体系发展和变迁问题，这
些问题都与 EC – HL 综合征直接联系，并直接决定了金融杠杆适度水平
的阈值。同时，本章还在相关文献梳理的基础上对金融杠杆的顺周期性
以及金融异化的机制进行了简单的模型分析。

第 4 章的核心在于探寻影响金融杠杆水平的因素有哪些，这是因为金
融杠杆水平的系统性变化具有必然性，多种复杂因素的共同作用使得金融
杠杆水平在不同时期中、不同地区内、不同制度下具有不同的水平。金融
杠杆水平的这种内生性，意味着金融杠杆适度性水平的阈值具有弹性。

第 5 章正式提出金融杠杆水平的适度性命题。本章首先在前四章的
基础上，顺理成章地提出判断金融杠杆水平适度性的几个原则。之后，
利用 32 年的面板数据量化得出金融杠杆水平的适度性区间，并确定了金
融杠杆水平与经济增长之间的"倒 U 形"关系。最后，提出金融杠杆水
平的适度性假说，并对全球范围内主要国家（特别是中国）金融杠杆水
平的适度性进行定性与定量相结合的判断，从而实现将本书所确定的
"逻辑"放回"历史"去检验的目的。

第 6 章总结全书并指出本书研究的不足与未尽事宜，同时一并指出
此领域有待进一步深入探索的研究方向及相关思路。

1.5.2 方法论

我们生活在"开放的经济学方法论"时代，这意味着经济学内部、

外部、内部与外部之间的理论和方法论将在更为包容的环境下进化。任何理论范式的演进离不开自内而外与由表及里、自下而上与由上及下、自远而近与由近及远的研究思路，时空不同、立场不同、情势不同，会有截然不同的理论和结论。有鉴于此，本书将尽可能在有限的篇幅内去尝试更多的研究方法，并用"适度性"作为线索一以贯之。

具体地，现象是提出问题并启发思路的关键，本书第 1 章从现象出发，由表及里地发现问题并提出问题。历史主义一直强调归纳的重要性，的确，经济理论的发展随处可见源于史实经验的痕迹，本书第 2 章以时间为线索，由远及近地考察金融杠杆水平的历史变化和趋势，这将提供重要的感性认识。逻辑推导与演绎是分析赖以进行的路径，是在特定语境下理论正确性与推理严密性的保证，本书第 3 章从经济思想史中寻求启示，因为理论前进离不开前人构建理论的思想，显然，分析问题的捷径是研究前人分析问题的思路和方法。M. Friedman《实证的经济学方法论》一文引发了人们对于实证方法的广泛争论，然而我们不能否认，实证方法有其"在海量数据和纷繁复杂的信息中依分析者的主观设定而获得规律性结论"的显著优势，为此，本书的第 4 章和第 5 章将先后运用计量手段来量化对金融杠杆问题的分析。最为重要的，经济学研究不可能与"价值"和"道德"无关，因而，我们将在本书的第 5 章尝试着做规范与实证的结合，而事实上我们在全书的研究中都进行着这种努力。

值得一提的是，本书的第 2 章和第 5 章分别进行了"历史→逻辑""逻辑→历史"的研究，其目的在于保证对金融杠杆问题的分析满足"历史与逻辑的统一"。此外，本书还在最大程度上借助了奥地利学派所推崇的个人主义与主观主义的方法论，尝试着从微观主体的行为动机去解释、分析和预测微观主体行为本身的合理性以及微观主体行为加总为宏观总体的后果，这为我们分析金融杠杆问题提供了逻辑一致、宏微一体的方法论基础。

1.5.3 逻辑结构图

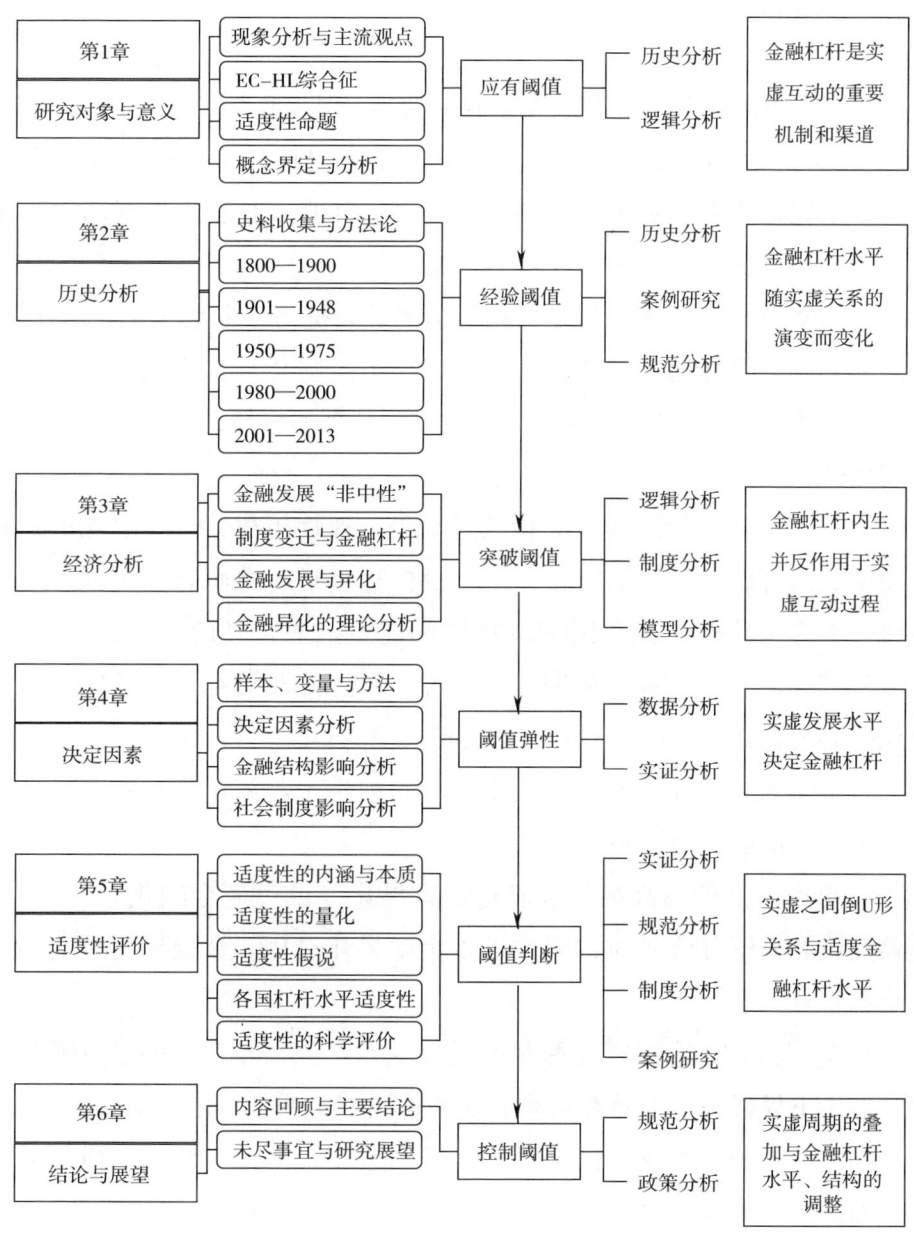

1.6　前瞻性结论

综观本书的有关结论对于阅读者而言想必是有所裨益的：

1. EC – HL 综合征在历史上反复出现，它是此轮危机的"导火索"，同时也是此轮危机区别于以往的关键因素，其背后是货币逐渐趋向信用形式与符号性的演进过程。

2. 金融杠杆是实体经济之信用渠道的核心机制，金融杠杆有利有弊，金融的适度发展有利于经济增长，过度与不足则会对实体经济产生抑制作用，因此，"度"的把握很重要，它是利与弊的权衡，金融杠杆水平有适度性阈值。

3. 实体经济与金融体系的持续互动是一般性规律，但其表现形式和互动模式因时而异、因国家而异，金融杠杆水平随之而异。实体资本与金融资本之间矛盾运动的不同阶段对应于金融杠杆周期的不同阶段。

4. 金融杠杆具有强顺周期性以及冲击放大的非对称性，逆周期的杠杆调控必要且重要，但时机和力度的把握更为重要。

5. 金融杠杆水平具有多元决定性，它内生于经济运行过程，并且受到诸多非经济因素的影响。

6. 金融发展的"高级"阶段是金融异化（或过度金融化），金融加速器效应和投资分流效应共同推进了金融异化过程。金融异化必然导致金融高杠杆。

7. 以私人部门金融杠杆衡量的适度性水平大体位于 60% 至 100% 之间，低于下界或高于上界都是非适度的；同一金融杠杆水平对不同国家、在不同时期的经济影响不同，金融杠杆的适度水平是一个具有弹性的区间，而不是一个最优值。非适度的金融杠杆水平并不必然导致危机。

8. EC – HL 综合征是金融与实体经济之间存量与流量的失衡，金融加杠杆或去杠杆的可持续性要放在存量与流量的互动均衡中进行考察，关键是判断实体经济的债务负担水平、结构及变化。

9. 宏观经济运行无法摆脱"周期律"，现实中，经济运行周期是实体经济、金融乃至政策周期叠加而成的，它是制度随时间而变迁的路径。金融杠杆在此过程中发挥重要作用，适度的金融杠杆有利于实体经济与金融体系在周期性运动中的动态协调。

10. 评价金融杠杆水平的适度性，需要多维视角，构建科学的评价指标体系。本书所建立的指标体系包含了宏观与微观、整体与局部（结构）、动态与静态、流量与存量、时间与空间、实体与金融等多个维度。

11. 货币异化是金融异化的前提和制度基础，金融异化是全球范围内的经济、金融领域不平等异象的根源之一。货币异化、金融异化所引发的金融高杠杆加剧了全球范围内的不平等。

12. 我国宏观杠杆水平尚处于可控且较安全水平，但私人部门杠杆水平已超过适度性区间，且宏观杠杆结构严重失衡，主要表现为非金融企业部门的高负债水平。优化我国杠杆水平及其结构，需要以企业部门去杠杆为切入点，有步骤、有次序地进行杠杆腾挪和债务化解。杠杆调结构与经济调结构是内在一致的。激进的宏观经济去杠杆不利于调结构、保稳定，更对促增长无益，改善宏观经济结构和总杠杆的有机构成是上策，在中长期，依靠实体经济增长去杠杆是硬道理。

1.7 本书的创新点

本书对金融杠杆适度性问题进行了较为全面系统的研究，对理论与实践有较强的参考价值。概括而言，本书有以下七个创新点：

其一，提出"超额信用—高杠杆综合征"的概念，并在"货币的信用观点"和麦金农"货币与实物资本的矛盾运动关系"基础上提出了研究金融与实体经济关系的思路，即以金融杠杆为联接虚拟经济与实体经济的切入点，从总量、结构、动态、国情等多个维度来判断金融与实体经济关系的适度性。

其二，系统阐述了金融杠杆的概念，给出了现实中被广泛应用的各类金融杠杆的对比分析，分析了金融杠杆的经济本质及分析价值，提出了构建更为科学的金融杠杆分析体系的建议。

其三，充分借鉴前人的经济和金融史学分析思想方法，尝试着从历史中去寻找和总结经验规律，尤其是分析了从 1800 年至 1975 年这 170 余年全球各国宏观金融杠杆水平的变化趋势，这一时期的历史数据是匮乏的，既有研究也相当少，因而，虽然仅仅是粗略的估计，也颇具意义。

其四，比较系统地给出了金融杠杆的经济分析，这种分析侧重于经济思想和演绎推理，而非仅以文献回顾的方式进行。在分析之后，探讨了金融"异化"（经济的过度金融化）的具体过程。

其五，利用实证分析方法全面考察了宏观经济、金融体系、文化制度等因素对金融杠杆水平的影响，从而论证了金融杠杆水平在现实中的多元决定性。

其六，本书指出，金融杠杆水平（金融发展）与经济增长之间呈"倒 U 形"关系，金融杠杆作用的拐点对应于金融杠杆适度性水平的阈值（区间）。在金融资本与实体资本的对立统一运动的不同阶段，金融杠杆水平必然经历周期性波动。因而，金融杠杆周期是理解复杂经济周期中实虚互动关系的"钥匙"，因而金融杠杆也可以用来调和失衡的实虚关系。

其七，利用面板数据对适度性标准进行了一定程度的量化处理，提出了金融杠杆水平的"适度性假说"。尝试着应用"适度性假说"评价了主要经济体的金融杠杆水平，并引申出金融杠杆逆周期调控的一些思路。值得说明的是，实证分析所得到的适度性量化标准，仅是深入分析一国金融杠杆水平适度性的"起点"和基础。

第2章 金融杠杆水平变化的
长期经验与初判

2.1 有关经验研究的基本思路与说明

2.1.1 时间序列与跨国考察

马克思曾指出，任何比较具体的范畴都属于某一个复杂的社会形式，但却都可以在某一个比较不发展的社会形式中找到一个比较简单的范畴为其"原形"。货币和信用正是如此。出于这样的初衷，本章将以金融杠杆水平的变化为线索，尝试着回顾并勾勒人类经济、金融发展的近代史。结构上，下文将以时间为主线，即划分几个前后承接的典型时期依次进行研究。① 18 世纪以前，货币和金融虽已在西欧得到初步发展，但显然很不成熟，金融中介与市场才刚刚出现，信贷也还主要停留在实物信贷阶段。鉴于本书的研究主题是"金融杠杆"，因此我们的考察将始于 19

---

① 出于便于引鉴和比较的目的，本书所作的时期划分与主流文献的划分是一致的。具体地，本书将人类经济史划分为如下六个时期：（1）19 世纪前（主要探讨公元 1000—1800 年）；（2）现代资本主义制度建立（1800—1900 年）；（3）两次世界大战与"大萧条"（1901—1948 年），其中又可分为 1901—1913 年、1914—1929 年、1930—1948 年三个子时期；（4）"大缓和"与资本主义黄金发展期（1950—1975 年）；（5）新兴市场发展与危机（1980—2000 年）；（6）"大衰退"与 21 世纪（2006 年至今）。其中，第一个时期只相当于本书历史研究的"前奏"或"序曲"，故将其极为简要地一带而过。

世纪，这也是现代资本主义伴随工业革命而崛起的时间节点。

同时，出于各方经验和理论文献上的考虑，各部分还尽可能将分析横向展开，即探讨同一时期内金融杠杆水平在国别、区域上的差异（变异性）。本章最后将对全球范围内金融杠杆水平的历史变化做简要回顾。

2.1.2　金融杠杆的结构考察

除金融杠杆水平的跨时空变化以外，我们还将着重对宏观总杠杆的结构及变化进行分析。构成金融杠杆的各因子的结构和比例关系，显然是金融上层结构的直接反应。随着经济发展和金融体系结构的变迁，宏观金融杠杆率的结构比例关系也必将发生变化。这种结构上的变化将改变加总后的金融杠杆在经济、金融中的作用方式，具有不同结构的同一宏观金融杠杆水平，很可能会在金融与实体经济的互动中有截然不同的作用，[①] 金融杠杆的适度性既体现在杠杆率水平上（绝对和相对），也体现在结构上，二者共同决定了其与经济、金融发展的协调。

2.1.3　核心变量与统计数据

系统考察和分析一国金融杠杆水平，需要掌握该国详细的国家资产负债表以及经济中各部门的资金流量（Flow of Funds，FoF）数据，然而直到1960年后此类数据才是可得的。因此，我们只能根据不同时期数据的可获性选择不同的变量，来估算该时期的金融杠杆水平，并尽可能使得这种估算是跨期可比的。从文献和统计数据上看，1960年以前的数据

---

① Goldsmith 指出，与金融上层结构的相对规模同等重要的是其构成，即反映在金融工具余额（股票、债券等各类证券）上的结构分布以及国民经济各部门（政府、居民、非金融企业、金融机构、国外等）及其子部门的结构分布之上。从而形成一个"金融相关矩阵"（二维）。

将主要来自于学者们的经济史、金融史、货币史、世界史乃至国别史研究[①]，而 1960 年后的数据则更多地源自于一些国际性组织的年度或专题统计。为了清晰起见，我们将所用到的核心变量（及其符号、含义）列示在表 2 - 1 中，并简要说明基于不同数据可得性而形成的不同统计口径以及对宏观总杠杆水平或结构的估算方法（具体估算过程和文字性分析在下面各节中依次展开）。

表 2 - 1　　　　　　　　　　本章所使用的重要变量及说明

变　量	符号	统计口径与说明	数据来源	数据年份
非金融发行比率	δ	意指非金融部门金融工具的发行净额与国民生产总值之间的比率，非金融部门包括企业、家庭、政府以及国外等部门。该指标能够提供宏观金融杠杆水平的结构和增量信息。	Goldsmith（1969）	19 世纪 ~1963 年
金融发行率	ϕ	意指金融机构发行的金融工具净额与国民生产总值之间的比率。该指标能够提供宏观金融杠杆水平的结构和增量信息。	Goldsmith（1969）	19 世纪 ~1963 年
国外净发行比率	ξ	意指金融工具的国外发行与国民生产总值之比，它反映了一国宏观总债务中来自国外那部分的相对水平。	Goldsmith（1969）	19 世纪 ~1963 年
金融新发行比率	ε	一定时期内"新"发行金融工具的"流量"与国民生产总值之比，是流量/流量的概念。在数值上，$\varepsilon = \delta + \phi + \xi$。	Goldsmith（1969）	19 世纪 ~1963 年

---

① 这些史学研究主要包括 Raymond Goldsmith、Simon Kuznets、Angus Maddison、Milton Friedman & Anna Schwartz、Charles Kindleberger、Glyn Davies、George Soros、Thomas Piketty、Karl Polanyi、Kenneth Pomeranz、Reinhart & Rogoff、Walton & Rockoff、Alan Taylor、许倬云、孔祥毅、彭信威等人的系列研究，世界史、国别史则主要来自有关国别和区域的研究文献、剑桥国别史系列以及中国社会科学院的列国志系列。具体文献均在引文处及参考文献中列示，在此不作逐一介绍。

变　量	符号	统计口径与说明	数据来源	数据年份
国内资本形成率	κ	意指资本支出规模与国民生产总值之间的比率，它是决定经济增长的重要变量。	Kuznets（1955，1961） Goldsmith（1969） WorldBank	19世纪中至1955年 19世纪至1963年 1960年至今
政府债务率	τ	意指政府债务总额与国民生产总值之间的比率，政府债务总额包括中央政府债务和地方政府债务，在一些地方政府无权发债的国家，仅指中央政府债务。该指标能够提供政府公共部门杠杆水平的相关信息。	Goldsmith（1969） IMF IPDD WorldBank	19世纪至1963年 18世纪至今 1960年至今
M_2/GDP	γ	意指 M_2 与国内生产总值之间的比率，该比率是衡量金融杠杆水平的重要指标之一，又称经济货币化率。在银行主导的金融体系中，该指标是宏观总杠杆水平的有效代理变量。	WorldBank Schularick& Taylor（2010） Òscar et al.（2010）	1960年至今 1870—2008年 1870—2010年
私人部门信贷/GDP	ρ	意指金融体系向私人部门所提供的全部信贷总额与国民生产总值之间的比率，该比率是衡量金融杠杆水平的重要指标之一。私人部门包括个人、家庭、非金融企业等部门，不包括政府部门。	WorldBank	1960年至今

2.2　现代资本主义制度的建立（1800—1900年）

2.2.1　西方工业革命与经济大发展："立"

现代资本主义制度的建立以第一次工业革命的生产方式为物质基础。

大规模生产要求上游大量原材料投入和下游广阔市场做准备，且在整个生产链条上都离不开巨额资金的支持。19 世纪，世界经济的中心开始向率先发生工业革命的欧洲转移。重要的是，工业革命是新的资金筹集、利润分摊机制出现的催化剂，银行储蓄、投资、信贷、合资公司、证券市场、大宗商品交易、保险等现代企业制度和金融业务均伴随着机器化大生产而出现。[①]

1820 年，欧洲仅占全球 GDP 总量的 34.3%，而到 1870 年，该比例飙升至 55.5%（50 年间该区域的 GDP 增长率高达 156.82%），而同期，亚洲的 GDP 总量仅微增 2.68%。此外，从人口数量与人均 GDP 的增长来看，欧洲与其旁支国家的 GDP 增速远超人口增速（约为 2.65 倍之多），充分表现出现代经济增长的特征；而亚洲国家在同期的经济增长则基本上源自于人口增长，仍属于外延式增长模式。[②] 工业革命所引发的经济增长方式革命，是后续金融发展的核心推动力，世界各国在历史禀赋和发展起点上的巨大差异，正是当今全球经济、金融乃至政治、社会等诸多领域矛盾和不均衡的历史根源。

2.2.2　全球债务水平

战争、工业革命是这一时期影响债务比率的主要因素。限于数据可得性，我们仅考察了英、美、德、法、荷、日、葡等西方发达国家的政府债务情况。数据显示，各国的债务比率差异很大，且在 19 世纪内呈现

---

　　① 英法等国现代意义上的金融发展和金融结构变迁主要出现于 19 世纪 30 年代后，美国则略早，大概在 19 世纪前 25 年，其他国家则更晚（1850 年后）。中央银行、商业银行、储蓄或抵押银行、投资信托等都出现于储蓄者与投资者乃至家庭与企业相分离之后，而这其实正是工业革命和社会大分工下在金融配置资源模式上的改变。

　　② 对此的系统性历史研究可以见诸于 Kuznets（1968）以及 Maddison（2001）。其中，Maddison 的研究表明，如果按照 1990 年国际货币单位为基础厘定"国际元"，那么中国在 1500 年的人均收入和 1820 年的人均收入都是 600 单位国际元，几乎没有变化；而同期，欧洲的人均收入则从 450 单位国际元跃升至 1100 国际元以上。

出很强的波动性。如果我们将 Goldsmith 的研究数据纳入，各国债务比率的变化仍然延续了这样的高波动性趋势。[①] 这实质上是政府职能所决定的，即债务比率往往在一国战争期间或结束之时达到最高水平。因此，债务比率并不主要反映经济金融的发展阶段和水平，而是深受历史事件的影响。显然，在此时期内对宏观金融杠杆水平的考察不适于纳入政府公共部门债务因素，故而不做具体展开分析。

2.2.3 世界范围金融发展情况与总杠杆水平估算

受限于数据，我们只能对此时期各国的金融杠杆水平进行"间接"估算，且主要限于发达国家。

首先考察各国金融机构资产总量占国民生产总值比重的情况，金融机构资产方的变化能充分反映金融机构提供信贷的情况。数据显示，1861—1880 年间，发达国家的金融机构资产增长率达到 6.21%，而同期 GDP 增长率方面，英国为 2.11%，美国为 4.97%；1881—1900 年，发达国家的金融机构资产增长率为 5.31%，而同期英国 GDP 增速为 2.25%，美国增速为 3.64%（如表 2-2 所示）。可见，发达国家的平均金融机构资产增速超过了同期的国民产值增速，即金融相关比率（FIR）上升（金融资产总额相对于国民财富的上升）。当加入更多国家样本后，我们发现，金融机构资产总量在 1880—1900 年的二十年间几乎都至少翻了一倍，日本 1900 年的总资产竟然达到了 1880 年的 16 倍之多，而英国的 1.65 倍源自于其体量的庞大（增长的绝对规模仍然是十分惊人的）。

---

① Goldsmith（1969）指出，各国政府债券的发行净额或某一时点上未清偿债券总额与国民生产总值之比的显著特征就是其跨越时空的巨大差异性。这一差异从 19 世纪初一直延续至 20 世纪 70 年代。

表 2 - 2　英美德法金融机构资产增速与 GDP 增速（1861—1900 年）　单位：%

	1861—1880 年		1881—1900 年	
	金融机构 资产增速	国内生产 总值增速	金融机构 资产增速	国内生产 总值增速
英国	**4.3**	2.11	**2.5**	2.25
美国	**6.7**	4.97	**6.4**	3.64
德国	**6.0**	2.83	**5.6**	3.95
法国	**6.4**	1.52	**4.4**	1.76

资料来源：Goldsmith（1969）、Maddison Historical Data、Bairoch（1976）、全球 GDP 统计数据库以及作者的计算。

注：

①英国、美国的 GDP 增速为 1861—1880 年间以及 1881—1900 年间的年均增速，即各年度 GDP 增速的算术平均值。

②德国、法国 GDP 增速的估算如下：（1）1861—1880 年，为年均 GNP 增速，即（GNP_{1880}/GNP_{1860} - 1）/20；（2）1881—1900 年，为年均 GNP 增速，即（GNP_{1900}/GNP_{1880} - 1）/20。

③金融机构资产增速以当期价格计算的数值，故没有剔除物价的影响。

其次考察货币、信用扩张和银行体系发展的有关情况。数据显示，西方发达国家的 M_2 增速、银行贷款增速、银行资产增速均高于 GDP 增速，这一结果与 Goldsmith 的统计结果大体上是一致的。而且，从银行贷款/GDP 以及 M_2/GDP 的持续上升趋势可以看出，发达国家的金融发展速度明显高于实体经济，而且 M_2、银行信贷的增速越快，对应的 GDP 增速也越快，这说明金融加杠杆确实对实体经济有"正向"拉动作用。当我们用 GDP 增速除以银行贷款增速时，我们能够得到 GDP 对银行贷款的弹性，同理可以得到 GDP 对 M_2 的弹性，这反映的是金融对实体经济的"撬动"作用。发达国家（去掉法国和瑞士的极端值）GDP 对银行贷款的平均弹性为 0.35，对 M_2 的平均弹性为 0.42，这意味着，平均来说，边际上货币和信用供给 1% 的增长能够支撑 0.3% ~0.4% 的 GDP 增长，或者说，单位百分比的 GDP 增长需要 2.5 倍或 3 倍同等百分比的金融资源。

表 2 – 3　　　　　19 世纪后期发达国家货币与信贷规模年均增长率情况　　　单位：%

	银行贷款	银行资产	M_2	GDP	银行贷款/GDP	银行资产/GDP	M_2/GDP	银行贷款/GDP	银行贷款/M_2
澳大利亚	6.21	6.87	8.52	2.76	**1.97**	**2.35**	**3.30**	-0.70	-0.50
加拿大	8.18	9.27	12.05	4.13	**1.84**	**2.33**	**3.60**	-0.86	-0.62
瑞　士		13.40	3.70	3.49		**4.84**	**0.57**		1.69
德　国	12.66	12.57	8.24	4.71	**4.42**	**4.37**	**1.97**	1.84	1.80
丹　麦	8.41	8.46	6.01	4.08	**2.68**	**2.72**	**1.20**	1.26	1.29
法　国	33.33		2.37	1.23	**23.45**		**0.83**	18.09	
英　国	5.42	5.89	4.48	1.97	**2.47**	**2.81**	**1.81**	0.49	0.74
意大利	4.41	4.80	2.40	0.80	**3.10**	**3.45**	**1.37**	1.36	1.62
日　本	37.38			14.90	**8.06**				
挪　威	15.19		9.96	3.52	**5.67**		**3.13**	1.31	
瑞　典	21.27	18.09	15.31	4.44	**7.36**	**5.97**	**4.76**	1.09	0.51
美　国		10.72	11.23	3.38		**4.38**	**4.68**		-0.16

资料来源：Schularick 和 Taylor（2010）以及作者的计算。

注：

①各国数据开始年份：澳大利亚（1873）、加拿大（1871）、瑞士（M_2 相关数据均从 1880 年开始）、德国（1883）、丹麦（1885）、英国（1880）、意大利（1880）、日本（1888）、瑞典（1871）、美国（1880）。

②表中所有数值均为年均增长率，即各国数据可得期间总增长率按时间跨度的算术平均值。

③法国、日本、瑞典的货币与信贷变化幅度过大。

经济中的宏观总杠杆水平为信用总量（总债务）与 GDP 之比，除按部门结构划分外，还可从来源结构角度分解为非金融部门的金融工具发行、金融机构的金融工具发行、金融工具的国外发行与 GDP 之比三个部分。在此，我们借用 Goldsmith（1969）中的非金融发行比率（δ）、金融机构发行率（ϕ）、国外净发行比率（ξ）得到一定时期内的金融新发行比率（ε），并且有 $\varepsilon = \delta + \phi + \xi$，从而利用这些数据来对经济中的总杠杆水平的"变化"[①] 作间接考察，只不过这种考察将仅局限于某几个国家和某一些特定时期。需注意的是，对 δ 的统计中包含了对企业、家庭、政府以及国外等非金融部门的金融工具发行额，即 $\delta = \delta_h + \delta_e + \delta_g$。事实上，政府的净发行包括国内（$\delta_g$）和国外发行（$\xi_g$）两部分，但在合成新发行比率 ε 时，这种分解不会对结果造成影响。当然，我们也可以不做加总，而仅对 δ 进行趋势研判。很显然，从经济中各部门新增总债务与GDP 的比值可以看出，英、美、德、法在 19 世纪的最后 40 年中，其新增债务（金融工具发行）与国民生产总值之比上涨速度并不快，仅从 1861—1880 年的12.6%上升到1881—1900 年的15.3%，亦即这四国每年的 GDP 至少足够偿还未来 6 ~ 7 年的新增债务，从而可以推断，这四国此时期的总杠杆水平均处在较为安全的范围内。[②]

---

① 新发行比率衡量的是一定时期内"新"发行金融工具的"流量"与国民生产总值之比，因而是流量比流量。而我们熟知的货币供应量（M_2）与国民生产总值之比，则是存量比流量；政府债务率同样是一国中央政府所负有债务的余额与国民生产总值之比，同样是存量比流量。因而，对经济中宏观总杠杆水平的衡量，是用某一时点上国民经济各部门（或某些部门，如私人部门）所发行的金融工具总额（即负有的债务总额）与国民生产总值之比。显然，新发行比率所体现的是金融杠杆水平的变化而非其绝对值。

② 逻辑上，我们可以利用上述每年新增债务与 GDP 之比（即新发行比率）推算一国宏观金融杠杆水平的变化。假设在时间 t，一国经济中的总债务余额为 C_1，该余额由非金融发行余额 NF_t、金融发行余额 FI_t 以及国外发行余额 F_t 构成。根据 Goldsmith（1969）的定义，$FI_t = \Phi_t$，因此我们不妨设 $NF_t = \Delta_t, F_t = \Xi_t$，从而有 $C_t = \Delta_t + \Phi_t + \Xi_t$，此时的总杠杆水平 $L_t = C_t/GDP_t$。在时期（$t, t+1$）内，国内非金融净发行额为 $\delta_{t+1} \cdot GDP_{t+1}$，金融净发行额为 $\phi_{t+1} \cdot GDP_{t+1}$，国外净发行额为 $\xi_{t+1} \cdot GDP_{t+1}$，从而在 $t+1$ 时各类金融工具余额分别为：$\Delta_t \cdot (1 + r_d) + \delta_{t+1} \cdot GDP_{t+1}$、$\Phi_t \cdot (1 + r_{fi}) + \phi_{t+1} \cdot GDP_{t+1}$、$\Xi_t \cdot (1 + r_f) + \xi_{t+1} \cdot GDP_{t+1}$。那么此时的总杠杆水平为：

$$L_{t+1} = \frac{\left[\Delta_t \cdot (1 + r_d) + \Phi_t \cdot (1 + r_{fi}) + \Xi_t \cdot (1 + r_f) \right]}{GDP_{t+1}} + (\delta_{t+1} + \phi_{t+1} + \xi_{t+1})$$

如果不考虑旧债务的生息，并且假设各类金融工具余额均为历年金融工具净发行额累计而来，那么便会得到一个较为简单的金融杠杆表达式，因为我们可以将各类债务余额表示为各时点的各类金融工具发行比率与 GDP 之间的某种函数关系，不妨设为 $\Delta_{t+1} = f_\Delta(\delta_0, \delta_1, \cdots, \delta_t) \cdot GDP_t$，其他比率同理，因而有：

$$L_{t+1} = (f_\Delta + f_\Phi + f_\Xi)_t \frac{GDP_t}{GDP_{t+1}} + (\delta_{t+1} + \phi_{t+1} + \xi_{t+1}) = \frac{(f_\Delta + f_\Phi + f_\Xi)_t}{1 + g_t} + (\delta_{t+1} + \phi_{t+1} + \xi_{t+1})$$

所以，宏观金融杠杆是可以通过 Goldsmith 的符号系统而推导出来的。不难发现，新发行比率及其结构（$\varepsilon = \delta + \phi + \xi$）、金融中介比率（$\phi/(\delta + \xi)$）、资本形成率及其来源（$\kappa, \eta$）、经济增长速度（$g$）显然是一国宏观金融杠杆水平的主要决定因素。

表 2 – 4　　　19 世纪末英国、美国、德国、法国新发行比率估算值　　　单位:%

杠杆率[c]		英国	美国	德国	法国
1861—1880 年	δ	6.0	12.0	7.0	8.0
	ϕ	2.8	2.3	2.9	2.0
	ξ^a	4.0	−0.7	2.0	2.0
	$\varepsilon = \delta + \phi + \xi$	12.8	13.6	11.9	12.0
1881—1900 年	δ	8.0	11.0	10	9.8[b]
	ϕ	2.4	4.3	5.3	3.0
	ξ^a	4.0	−0.7	2.0	2.0
	$\varepsilon = \delta + \phi + \xi$	**14.4**	**14.6**	**17.3**	**14.8**
新发行比率的增长率		**0.63**	**0.37**	**2.27**	**1.17**

资料来源：Goldsmith（1969）以及作者计算。

注:

①由于数据极为稀缺，因此各国在 1861—1880 年和 1881—1890 年两个时期的国外发行比率均采用 Goldsmith（1969）中 1861—1890 年的数值，在此不做区分。

②法国在 1881—1900 年间的非金融发行比率数据缺失，故利用其他国家的非金融发行比率的平均增长率（1.226）来进行预测，因此 8.0 × 1.226 = 9.8。

③表中符号含义：δ 为国内非金融发行比率，ϕ 为金融机构发行比率，ξ 为国外发行比率，$\delta + \phi + \xi$ 为粗略估计的新发行比率。

④新发行比率的增长率计算公式为：$[\varepsilon_{1881-1900} / \varepsilon_{1861-1880} - 1] / 20$。

　　在很多情况下，人们习惯于用 M_2 与 GDP 之比（经济货币化率）来衡量金融杠杆水平，不过 M_2/GDP 作为金融杠杆的代理变量需要一定的条件，即金融体系究竟是以银行为主导还是以市场为主导。[①] 1870 至 1900 年间，

――――――――――

　　①　银行主导型金融体系中，非金融部门的资金来源是银行贷款（信用供给），而银行贷款源自于现金和存款，因而信用总量等于货币总量（M_2），即金融杠杆率 ≈ M_2/GDP；而在市场主导型金融体系中，金融杠杆率 = M_2/GDP + 其他信用工具总量/GDP。可见，在银行主导的金融体系中，M_2/GDP 比较适合作为金融杠杆的代理变量，二者的变化趋势一致。

发达国家的货币供应量增速均快于经济增速，表现为 M_2/GDP 的上升。但应注意，该指标在此期间的增长是温和且持续的（发达国家平均增速约为 2.47%），这反映出金融（主要是货币）体系规模相对于实体经济规模的一种较为稳定的关系。1870 年，12 个发达国家的 M_2/GDP 平均值约为 0.3，而 1900 年则上升至 0.54。从数据中可以看出，M_2 增速与 GDP 增速之间呈显著正相关，即 M_2 增速越快，则实体经济增长也越明显。

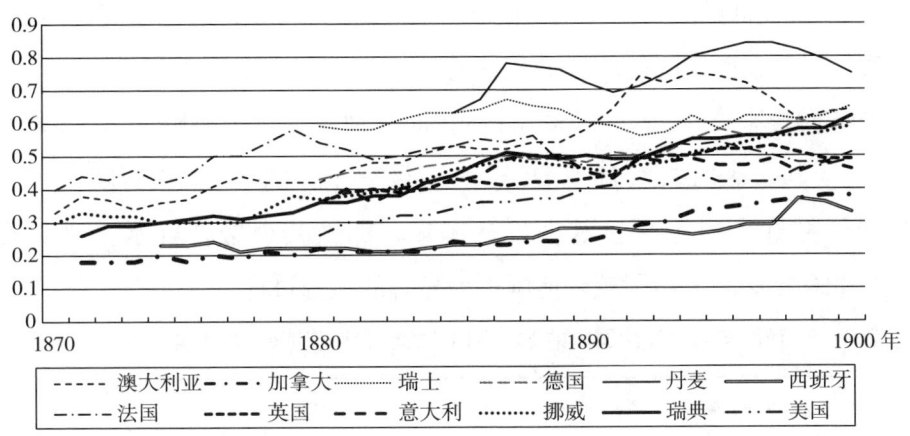

资料来源：Schularick & Taylor (2010) 以及作者的计算。

图 2-1　19 世纪发达 12 国 M_2/GDP 的变化情况

2.2.4　国别研究：西欧、美国

金融发展在根本上源自于商业的繁荣、金融机构的建立以及在这些表象背后的货币制度变迁。在此，我们将对西欧和美国的情况作简要考察。

从银行贷款、资产与 M_2 之比看，西欧国家在 19 世纪晚期大体上处于较为稳定的变化趋势中，银行贷款/M_2、银行资产/M_2 两个指标的变化均很小，几乎在此时期内维持在同一水平之上，这充分说明了西欧国家此时的金融发展正处于"货币时期"。对此时期，M_2/GDP 能够较好地代表金融杠杆水平，数据显示，西欧的 M_2/GDP 比率在1880—1900 年的20 年间变化和波动很小（基本上稳定在0.4～0.5 之间），呈缓慢攀升趋势。而与西欧相比，其他国家则未能同时兼顾 M_2/GDP 比率的适中和稳定，要么偏高（丹麦、澳大利亚）或偏低（加拿大、美国），要么波动性大（丹麦、澳大利亚、挪威）。有理由猜测，西欧国家这种大小适度的金融杠杆水平（均值0.468）以及较低的金融杠杆水平波动（标准差 = 0.029，远小于其他国家）与其实体经济在此期间的缓慢而较平稳的增长有着内在因果联系。西欧的年均经济增长率并不高（2.6% 左右），而其他发达国家则略高（3.5% 左右），这应与金融杠杆（M_2/GDP）水平是正相关的。[①] 既然西欧国家在1880 年的杠杆水平远高于其他发达国家，那么其金融杠杆水平必然在1760—1860 年期间经历了较之他国更为显著的上升过程。

表2 - 5　西欧与其他发达国家的 M_2/GDP 对比统计（1880—1900 年）

	观测数	最小值	最大值	均值	标准差	方差
加拿大	21	0.21	0.38	0.2781	0.06361	0.004
美国	21	0.26	0.49	0.3848	0.06226	0.004
西欧	21	0.42	0.51	**0.4681**	**0.02943**	0.001
挪威	21	0.37	0.59	0.4790	0.06276	0.004
瑞典	21	0.36	0.62	0.4914	0.07650	0.006
澳大利亚	21	0.42	0.75	0.5924	0.10310	0.011
发达国家平均		0.34	0.56	**0.4490**	**0.0663**	0.0050

资料来源：Schularick & Taylor（2010）以及作者的计算。

---

① 不过，在此期间，西欧国家的经济总量要明显高于其他国家，因而，较低的经济增长率仍能带来十分可观的社会财富积累。

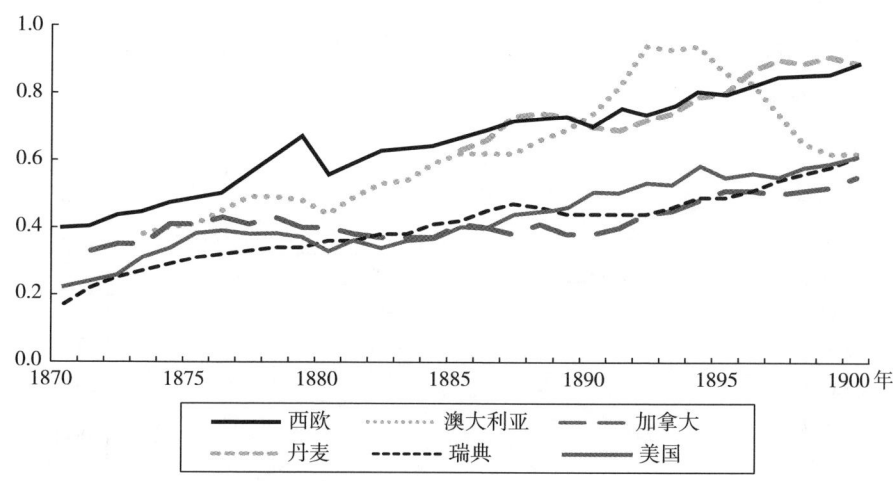

资料来源：Schularick&Taylor（2010）以及作者的计算。

图 2 - 2　19 世纪晚期西欧与其他发达国家银行资产/GDP 对比

对美国而言，利用美联储历史统计数据和相关学者的文献，我们估算出美国银行业的资产/GDP 比率在 1880 年和 1900 年分别为 34.62% 和 54.83%，而贷款/GDP 比率在 1900 年为 29.34%。1896—1900 年，银行的基本杠杆率（资产总额/自有资本）呈攀升趋势，即从 7 倍逐步上升到 10 倍。[①] 此外，我们以广义货币供应量与 GDP 之比作为宏观杠杆的一个测度。广义货币量（M_2）的计算方法是用公众持有的通货与商业银行存款之和（狭义货币 M_1）再加上公众持有的互助储蓄存款。[②] 美国广义货币量在此期间增速显著，这主要源自于商业银行存款和互助储蓄存款的高速增长（同期通货 M_0 仅增加 1 倍，该增速与 GDP 增速相当，而两类

---

　①　如果采用当前的风险加权资产/核心资本这一公式，我们无法直观地判断出该杠杆率与基本杠杆率之间的大小关系（因为总资产 > 风险加权资产，自有资本 > 核心资本）。

　②　由于美联储有关货币的历史数据中不便于计算货币存量，故数据选自于 Friedman 和 Schwartz 的《美国货币史》附录 A。

存款增长则分别高达 6.1 倍和 6.7 倍）[①]。美国 M_2/GDP 的显著上升趋势正说明了该时期货币在美国经济增长中的作用（这种增长趋势在 20 世纪中得以延续）。

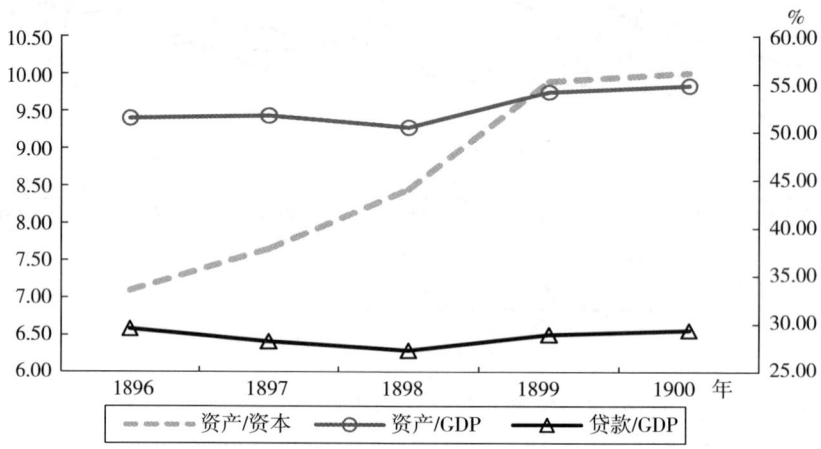

资料来源：All – bank Statistics United States 1896—1955、全球 GDP 统计数据库以及作者的计算。

注：

①限于数据的可得性，此处银行杠杆率用杠杆率的最基本公式计算（即银行总资产与资本金之比），并未采用当前适用于金融监管的主流杠杆率公式。但可以预期的是，这种近似并不会在太大程度上影响和改变我们的观察与结论。

②银行样本为美国国内全部银行（包括全国性银行与州立银行、私人银行等）。

图 2 – 3　19 世纪末美国银行业发展与杠杆率

---

① 1867 年，通货、银行存款、互助储蓄存款分别为 5.85 亿美元、7.29 亿美元、2.76 亿美元，1900 年则分别增至 11.91 亿美元、51.87 亿美元、21.28 亿美元。

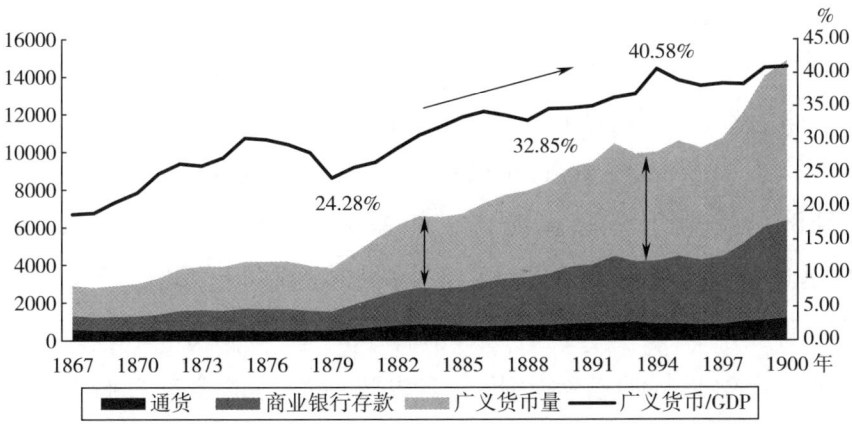

资料来源：Friedman & Schwartz（1963）、全球 GDP 统计数据库（网址：http：//measuringworth.com）以及作者的计算。

注：

①1867—1872 年为 1 月存量数据，1873—1881 年为 2 月存量数据，其余年份为 6 月存量数据。

②数据口径参见《美国货币史》中的详细说明。

图 2－4 美国广义货币供应量及其与 GDP 之比（1867—1900 年）

2.2.5 基于观察的小结

工业革命时期，西欧和西方旁支国家经济在生产力推动下高速增长，资本主义经济逐步建立，专事于资本运作的金融业随之得到快速发展（这符合"金融跟随理论"），并在经济增长中发挥日益重要的作用，显然有，技术革命→投资需求→金融发展→经济增长。这一时期的经济金融特征可以概括为：

1. 西方工业革命对经济、金融和社会发展产生巨大且决定性作用。

不过，各国债务比率更多地受到经济以外因素的显著影响。

2. 货币制度为金银复本位制和金本位制，这种货币对贵金属的兑换保证使得货币的实际价值和所代表的信用能够得到有效保障。

3. 西方发达国家的金融体系（特别是银行体系）得到初步发展和繁荣，货币与信用表现出同步增长态势，金融发展处于货币时期。经济的货币化率稳步提高，并在 19 世纪最后 30 年从平均的 0.30 迅速提高至 0.54，这对经济增长起到积极作用。金融相关比率逐步上升，表现在 M_2/GDP、银行贷款/GDP、银行资产/GDP 等金融相对规模指标的持续上升。不含政府部门的金融杠杆水平变化稳定且大体处于安全水平，经济与金融的互动关系在 19 世纪后期逐步显现；宏观总杠杆水平受政府部门杠杆影响而呈现出较为显著的国别差异。

2.3 两次世界大战与"大萧条"（1901—1948 年）

2.3.1 战争与经济危机交替爆发："乱"

1900—1948 年间以硝烟弥漫、经济波动为主要特征，经济和金融发展中平添了大量非经济因素。Fisher 曾指出，任何经济现象背后都有复杂的因素，这些因素绝不仅仅只是经济因素，它们相互作用并共同构成经济波动和非均衡的根源。[①] 同时，这一时期也是国际货币体系深刻变革的时期，金本位为美元—黄金本位所代替，美国国家利益得以初步最大化，这再次说明了经济与政治的不可分割性。在这样的复杂背景下，货币发

[①] Karl Polanyi 的《巨变》以及 J. M. Keynes 的《和平的经济后果》等经典著作所要表达的正是这样一种观点，即经济、金融与政治、军事密不可分。

行和供给都出现了新趋势,但我们的分析需要辨清这其中有多大程度是经济、金融因素在起作用。

无论从欧洲还是美国来看,其国民产值增速都在此期间表现出较强的波动性,这显然源自两次世界大战和"大萧条"。具体地,国民产值的增长率通常在世界大战后迅速降低至零或负值;而该比率通常在危机前便开始下降,并在危机后继续走低。两次世界大战以及"大萧条"这三件历史性大事件紧密地发生在 1914—1945 年之间,其深远影响可想而知。即便是从人均 GDP 角度来看,政治与经济事件对于各国 GDP 总量和增长率的影响也极为显著。GDP 增长乏力(或衰退)是实体经济疲软的展现,只有美国在此期间表现出相对较好的发展态势(除大萧条期间外),这是因为美国在两次世界大战中的特殊地位以及美元在"二战"后的霸权地位的建立。除经济的规模和变化外,对金融发展的规模和结构分析是揭开本时期宏观金融杠杆水平的必要条件。

2.3.2　全球债务水平

1901—1948 年间,发达国家的债务水平继续表现出与战争的显著相关性,在"一战"和"二战"期间,参战国相对于 GDP 的债务水平都迅速上升,显然,政府一直都是为战争进行融资的绝对主体(如图 2-5 所示)。与 1800—1900 年间不同的是,其一,这一时期的债务水平在整体上呈现较强的相关性,这是由两次战争波及面更广所造成的;其二,这一时期的各国总体债务水平要略高于 19 世纪(英国除外);其三,"大萧条"对各国债务水平的影响似乎并不明显,然而,危机前后(即 1920—1929 年和 1939—1945 年)的债务水平显著高于危机时期。

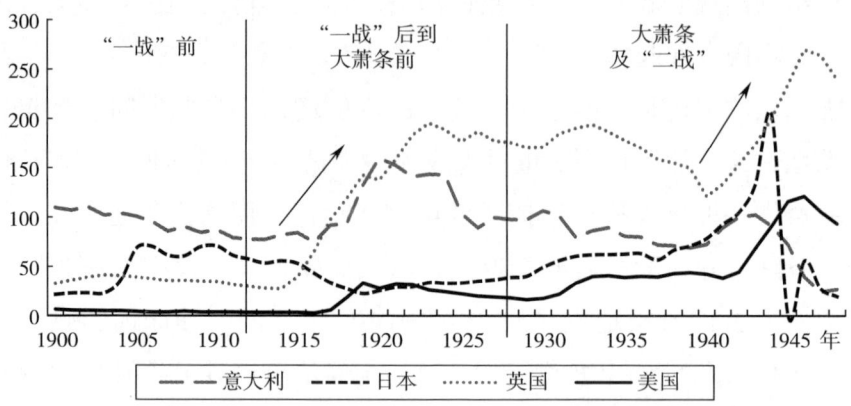

资料来源：IMF HPDD 数据库。

注：此处主要对比两次世界大战主要参与国的债务情况，但由于德国、法国、俄罗斯（苏联）数据不连续，故没有纳入统计。

图 2 - 5　西方四国债务比率变化情况（1900—1945 年）

2.3.3　世界范围金融发展情况与总杠杆水平估算

20 世纪上半叶，世界各国金融机构较快发展的趋势得以延续，金融机构资产增长率在各子期间有如下特点：（1）不发达国家在大多数时间内表现出更快的增长速度（尤其是当以不变价格计算的情形）。[①]（2）发达国家和不发达国家的增长率均呈现出"双峰"模式（第一次世界大战到大萧条之间最低）。（3）金融资产增速仍然高于国民产值增速（除 1939—1948 年以外）。上述特点说明，金融在世界范围内随经济增长以更快的速度发展；发达国家增速稍低的原因很可能在于两次世界大战和一系列经济危机，并且虽然其增速低于不发达国家，但金融资产规模的绝对数量却进一步拉大了和不发达国家之间的差距，各国存在着金融相关性比率以及宏观总杠杆水平的缓慢

---

① 以当前价格计算的金融机构资产增速会受到物价水平的显著影响，而发达国家在此期间经历了较明显的通货膨胀（尤其是德国）。

上升趋势。

事实上，金融资产增速高于国民产值增速，体现的正是宏观层面上金融体系与实体经济规模之比的上升。从表2-6的数据可以粗略地看出，在1901—1938年期间，金融资产增速与GDP增速之比均大于1。虽然我们无从获得全球范围内的金融工具发行总量，但有理由认为金融工具发行总量增速与国民产值增速之比也是大于1的，即宏观金融总杠杆水平呈上升趋势（这对应于更大规模的债务累积）。

表2-6　　　　全球金融机构资产增长情况（1901—1948年）　　　单位：%

年份	含社会主义国家		不含社会主义国家	
	发达	不发达	发达	不发达
以不变价格计算				
1901—1913	4.51	**8.87**	4.41	**8.87**
1914—1929	2.01	**3.89**	3.56	**3.88**
1930—1938	4.23	**5.42**	4.14	**5.42**
1939—1948	-0.23	**3.60**	-0.53	**3.91**
不发达国家以不变价格计算的金融机构资产增长率在4个时期均高于发达国家				
以当期价格计算				
1901—1913	6.01	**9.85**	5.88	**9.85**
1914—1929	22.23	8.95	23.97	8.95
1930—1938	5.17	4.09	3.85	**4.36**
1939—1948	12.72	**22.16**	12.83	**22.23**
不发达国家以当期价格计算的金融机构资产增长率仅在"一战"到"大萧条"前这一时期低于发达国家				

资料来源：Goldsmith（1969）。

注：不发达国家高于发达国家的金融机构资产增长率数值用粗体表示。

从世界范围内货币、信用和银行资产的增长情况来看，数据显示，14个发达国家的货币（M_2）、银行信贷、银行资产均呈现出十分明显的上升趋势（某些国家几乎是单调上升的），三者的走势具有较强的同步性，反映出此时期银行在金融体系中的重要地位。具体地，发达国家上述三个指标在1901—1929年间大体上是逐年递增的，"大萧条"时期则有所回落，并在1937年后（即"二战"爆发后）再次迅速攀升，且攀升速度远超1901—1929年（表现为曲线的走势更为陡峭）。在此期间，发达国家的 M_2/GDP 总体呈稳中有升趋势，大体在0.5至0.6或更高，各国走势大都在"大萧条"、"一战"、"二战"三个时期出现震荡下行；发达国家银行信贷/M_2 的走势出现明显分化，这种分化很可能有两个原因：其一，三次重大历史事件的影响，其二，银行贷款增速低于 M_2 增速（在上述 M_2 以及银行贷款持续上升的前提下）。

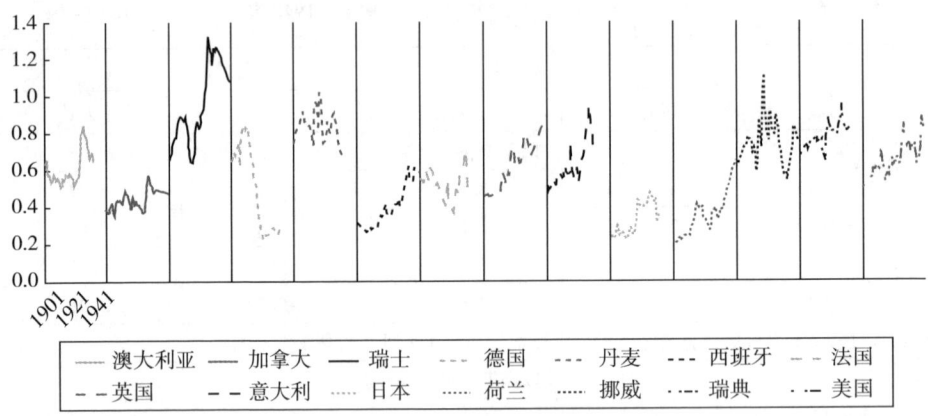

资料来源：Schularick & Taylor（2010）以及作者的计算。

注：为作图方便，图中只显示第一个国家（澳大利亚）的时间轴，其他国家的时间轴完全一致。

图2-6　发达国家 M_2/GDP 走势（1901—1948年）

下面，我们研究这一时期贷款与资本支出之比，它能有效反映金融与实体经济之间在规模、结构上的比例关系[1]。进入20世纪，各发达国家的资本形成率较之19世纪总体上有一定程度的提高，即从1861—1890年间的平均为13%（Goldsmith 的估计）上升到"一战"前的16.88%

---

　　[1]　Goldsmith 称其为外部融资比率。即各部门利用外部资金与自有资金的比率，它与第1章中所提及的微观企业层面的负债与权益资本之比（D/E）是一致的，是宏观杠杆水平的重要指标。

（Goldsmith 的估计为 16%）。[①] 鉴于国内非金融发行数据的不完整和不连续，我们仅能计算部分离散的贷款—资本支出比（如表 2 – 7 所示）。仅从 20 世纪初来看，主要发达国家（除英国外）的外部融资比率与 19 世纪下半叶相比均呈现小幅上升或持平趋势，这说明其非金融发行增速至少不低于国内资本形成率的增速（只有英国恰好相反）。资本形成率在此期间呈现出"V"形反转，而且，各国比率无一例外都在 10% 以上。而对于各国的非金融发行，其总量占国民产值的比率将极可能存在持续的上升趋势（期间可能会有小幅波动），这源于非金融部门伴随经济发展而出现的变迁（如耐用消费品和住宅重要性的不断提高）以及分配与融资方式的长期性变化。由此可以推断，外部融资比率将表现为波动性上升的趋势。

表 2 – 7　　　　　　　　　　发达五国外部融资比率变化情况

年份	英国	美国	德国	法国	日本
1861—1890	77. 8	54. 8	53. 1	57. 1	—
1901—1913	64. 0	56. 1	70. 9	64. 3	127. 3
变化	↓	↑	↑	↑	↑

资料来源：Kuznets（1955，1961）、Goldsmith（1969）作者的计算。

注：日本在 19 世纪的数据不可得，但其国内非金融发行比率在 20 世纪初已经超过传统四国，有理由预期其非金融发行比率上升速度超过资本形成率增速，故而外部融资比率上升。也可进行估算，根据 Goldsmith（1969）的数据，日本在 1861—1913 的平均国内非金融净发行率为 9.1%，而在 1901—1913 年间为 14.0，经插值计算，日本在 1861—1890 年间的平均国内非金融净发行率为 9.1% ×2 – 14.0% =4.2%。

国内非金融发行的严重缺失问题促使我们转而寻找其他"直接"的宏观杠杆数据。一个好的替代变量是金融相关比率（FIR）。值得注意的是，FIR 并不等同于宏观金融杠杆率，它体现的是一国金融发展程度与实体经济的相关度和存量上的规模、结构配比程度；而宏观金融杠杆率

[①]　Goldsmith 的估计范围是 10 个发达国家，本书中则为 8 个发达国家。

则是一国实体经济资产支撑下的全部金融工具发行总量，并表现为信用总量与 GDP（流量）之间的比值——有足够的理由预期二者是显著正相关的，但在具体数值上却并不相同。发达国家的金融体系在 20 世纪 20 年代都已得到了一定程度的发展。数据显示，在 1913 年前后，英、美、德、法四国的金融相关比率均小于 1，这说明，发达国家的金融资产与实体经济资产（有形资产，tangible assets）在价值上相近（达到 0.9∶1）。[①] 我们无从获得其他国家和地区的 FIR 数据，但可以预见到，这一比率将明显地低于发达国家，很多国家在 20 世纪 60 年代后才达到 2/3 ~ 1 的水平，这仅相当于美国和西欧在 19 世纪末的水平。

表 2 - 8　　　　　　　"一战"前发达四国的 FIR 及金融杠杆率

	美国	英国	德国	法国
	（1912 年）	（1913 年）	（1913 年）	（1913 年）
1. 无形金融资产（FIR）	0.82	0.95	0.95	0.70
2. M_2/GDP	0.60	0.46	0.83	0.54
3. 政府债务率	0.03	0.28	0.39	0.66
4. 宏观总杠杆	0.63	0.74	1.22	1.20

资料来源：Goldsmith（1955）、全球债务数据库（HPDD）以及作者的计算。

注：表中宏观总杠杆的计算方法是不够科学的，因为 M_2/GDP 并非金融、企业、居民三个部门的债务总额与 GDP 之比，其在债务上也与政府债务有所重合。

2.3.4　案例研究："大萧条"

"大萧条"是个"谜"（enigma）。为此，我们进行如下分析：①我们用 M_2 Gap 表示 M_2 的实际增速与理论增速（$\Delta M_2^* = \Delta GDP + Inflation$）之差，即

[①]　Goldsmith 以国家金融总资产（T - W）与国民财富（W）或经济活动总量之比来衡量一国的金融相关比率 FIR，即 FIR = T/W - 1。显然，金融相关比率的上升来自于金融资产相对于实体资产的规模膨胀，而这种相对规模膨胀又必然来自于金融体系的信贷（债务）扩张。如果我们能够得到金融资产、实体资产各自的收益率以及一国国家资产负债表的结构等信息，便可以根据 FIR 来估算经济中的金融杠杆水平。

$\Delta M_2 - \Delta M_2^*$。数据显示，14 个发达国家的 M_2 Gap 在 1925—1933 年间的均值均为正，这至少说明平均而言各国在危机期间的 M_2 增速并不低。而且，各国宏观杠杆水平（M_2/GDP）、银行贷款/GDP 等指标均未出现明显的下降趋势，这说明单纯从 M_2 增速或者信贷增速上并不足以充分解释"大萧条"的成因[①]。②从投资率看，1928—1933 年间，发达国家大都经历了投资率的下降，"投资↓→资本形成↓→产出↓→收入↓→……"的反馈存在。投资下降导致经济衰退的通道十分明显，问题在于投资下降的原因。③从货币和信贷供给看，1928 年，发达国家广义货币（M_2）、银行贷款、银行资产分别是 1910 年的 5.87、5.08、5.60 倍，这看起来支持奥地利学派的"过度信贷扩张"观点。但考虑一下 1950 年后的情形，似乎这种幅度的货币增速并不足以引发如此剧烈的危机，至少单独的货币和信用因素不足以导致此次大危机。④进而，如果我们考察投资总额，1928 年的投资额是 1910 年的 7.49 倍之多，投资增速高于货币和信贷增速，这同样是看似完美的数字，平均而言每 1% 的货币和信贷增加，能够引致 1.276% 的投资增加。而对比 1928 年和 1910 年的各项金融指标（表 2-9 中的比例指标），几乎所有 1928 年的数值都低于 1910 年，这种下降并不是因为金融萎缩（去杠杆仅是表象），而恰恰是因为投资水平过高。这可能有两种情况：其一，较高的投资水平因为缺乏足够的货币和信贷支持而不可持续；其二，经济繁荣中有较强的投机成分（资产价格泡沫存在），从而，即便经济中的杠杆水平较低，前期形成的"泡沫"仍可能导致"信心"危机。⑤注意到银行信贷/投资以及 M_2/投资两个指标，它们在一定程度上衡量了金融资源（可得性）与实体经济总需求的配比情况。在"大萧条"中，该指标先后经历下降、小幅回升、下降、反弹的过程，并在 1935 年后大幅上

---

① 在此期间，信贷增速与 M_2 增速大体保持一致，信贷/M_2 也呈平稳趋势。至少从货币、信贷与国民生产总值的变化来看，三者并未表现出明显的错配与失衡。Ritschl & Sarferaz（2010）利用 DSGE 方法对比了"大萧条"时期美国和德国的国内货币条件和实体经济波动情况，结果显示，两国实体经济的波动并非内生于货币供给，且金本位在危机的传导中并非主要渠道。

升,体现的是货币信贷与投资之间的相对规模和变化速率的互动过程。

表2-9　　　　实体经济和金融的相关指标对比（1910年和1928年）

年份	M₂	银行信贷	银行资产	投资	人口	GDP	GDP增速
1910	1560.30	1124.76	1810.07	400.34	27119.57	2910.35	4.31%
1928	9162.81	5709.57	10144.43	2999.02	31283.79	14600.39	2.75%
变化	5.87	5.08	5.60	7.49	1.15	5.00	↓

年份	银行信贷/GDP	M₂/GDP	银行信贷/投资	M₂/投资	银行资产/GDP	M₂增速	通货膨胀
1910	0.53	0.58	3.43	4.00	0.82	5.76%	1.97%
1928	0.48	0.58	2.43	3.45	0.79	3.86%	-0.70%
变化	↓	—	↓	↓	↓	↓	↓

资料来源: Schularick & Taylor（2010）以及作者的计算。

注: 表中数据为14个发达国家的平均值。

以上分析说明,"大萧条"与以下几个事实相联系: 前期信贷扩张、投资过度（投机）、后期信贷"相对"萎缩。其中,信贷扩张和投资高涨源自于"一战"后百废待兴和追求新技术的"炫耀性消费"主导下工业生产的高速扩张和资本家对厂房、设备的巨额投资,这直接导致了资本品价格的上涨,引发通货膨胀,投机行为和投资品泡沫已出现;进而,当实体投资的边际收益率下降时,股市繁荣成为必然,金融投资"挤出"实体投资,货币和信贷日益流向非实体领域,经济和金融的关系经历了从"金融→实体"到"金融→金融"的转变,而这正是金融异化在金本位下的实现（是1980年后的"雏形"）。[①] 危机前,发达国家（德国除外）的 M₂/GDP 持续上升,表现出 EC-HL 综合征的迹象;危机爆发后,M₂/GDP 却出现了更急剧的上升,考虑到经济增长率为负,则至少说明了发达国家信贷萎缩的速度低于经济衰退速度——这是经济加杠杆惯性的

---

　　① "大萧条"前的金融异化与1980年后的金融异化不同,历史上这两次"金融→实体"到"金融→金融"的转变不同,前者是因为前期投资过度以至于投资实体无利可图,后者则是因为金融创新直接导致金融资本收益超过实体投资收益。

产生原因之一（这一点值得重视）。显然，高杠杆并非危机爆发的直接原因。如果我们考察 M$_2$ 增速、GDP 增速以及投资增速不难发现，1921—1935 年，发达国家总体的投资增速波动都显著高于（数倍于）M$_2$ 增速以及 GDP 增速的波动，这意味着大萧条的重要诱因是投资水平的变化和波动（如图 2 - 7 所示）。结合金融杠杆来看，即便经济中的货币和信贷增速相对稳定且杠杆水平较低，投资的剧烈波动（特别是投机风潮后的投资回落）也会显著影响宏观经济的稳定性，并且引发经济衰退和信贷萎缩（或增速下降）下的经济加杠杆过程，金融杠杆水平适度与否，与实体经济的运行状态密切相关（这一点在第 5 章中会作深入分析）。

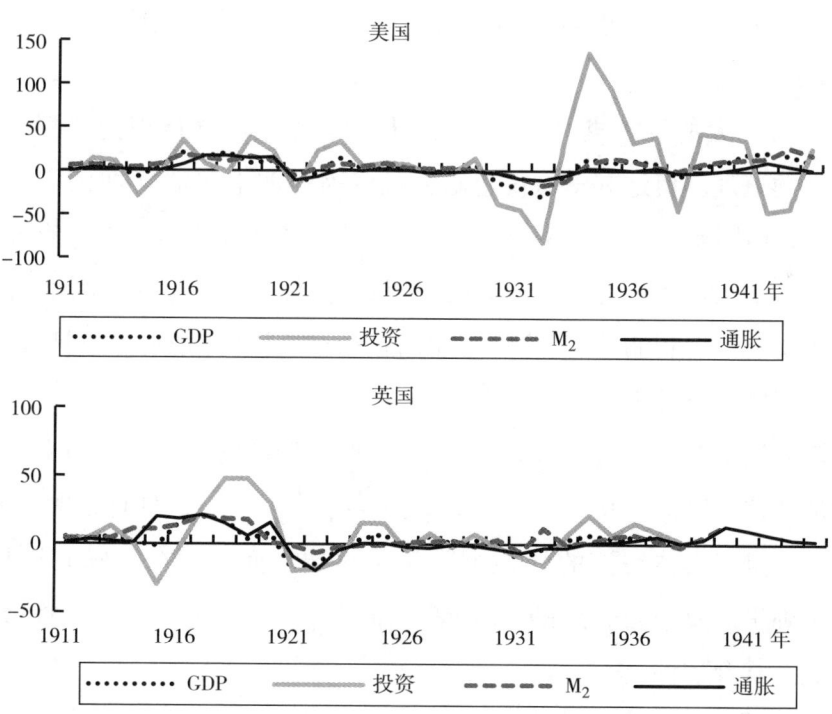

资料来源：Schularick & Taylor（2010）以及作者的计算（图中所有指标均为增长率）。

图 2 - 7　美国与英国的宏观经济指标增速变化（1910—1945 年）

2.3.5 基于观察的小结

在此期间，资本主义经历了第一次严重的系统性经济危机，这其中的原因纷繁复杂，但实质却不外乎是实体需求、投资波动与金融发展中的一系列制度性问题（包括金本位制、银行体系、国际贸易引起的黄金储备变动等）的共同产物。这一时期的经济金融特征可以概括为：

1. 危机和战争是经济发展离不开的主旋律，全球宏观经济表现为显著的波动性，但其根源仍然在于经济和金融体系内部。

2. 发达国家金融体系得到进一步发展，经济货币化率、银行贷款/GDP、银行等金融机构资产/GDP 得以稳步提高，金融发展仍处于"货币时期"。

3. 对"大萧条"成因的梳理和分析使我们清晰地认识到"福兮祸之所伏"的道理。奥地利学派仅道出危机成因的前半句话（即信贷扩张），而后半句话则是 Keynes、Kuznets、Goldsmith 等学者长期以来一直强调的"总需求"、"总投资"、"资本形成"。只要实体经济的动力充沛，那么投资于实物资产的利润便有保障，金融的适时、适度扩张是必要且有益的；而如果实体经济已出现萎靡（这通常是预期和信心在作怪，但往往伴随着前期的过度投资与生产过剩），那么即便是较低的杠杆水平也会成为危机的加速器（$\Delta I_t > \Delta M_t \rightarrow P \uparrow \rightarrow Y_{t+1} \downarrow \rightarrow I_{t+1} \downarrow \rightarrow \cdots$），杠杆是顺周期的。因此，金融与实体经济的"匹配"至关重要。而且，在特殊时期[①]，实体经济确乎需要来自金融的"逆向"作用力——在这一点上，货币学派的观点有其合理性。

4. 货币制度的影响不容忽视。"大萧条"始于金本位，结束于"放

---

① 这些特殊时期，包括经济繁荣期的中后期、经济衰退期的前期等宏观经济政策可以有所作为的阶段。

弃金本位"，这不能说是巧合。制度因素在危机进程中扮演了极为重要的角色，而战争又将制度问题和矛盾无限放大。此处的经验性结论是对后面第 4 章、第 6 章实证研究的重要补充（因为各国完整的经济和金融面板数据大多始于 1980 年）。

2.4　"大缓和"与资本主义黄金发展期（1950—1975 年）

2.4.1　资本主义黄金发展期与布雷顿森林体系："稳"

1950—1975 年（或者说是从 1945 年开始），对发达资本主义国家（乃至全球各国）而言，是一段难得的黄金时期，史称"大缓和"（the Great Moderation）。该阶段的核心特征是"高增长、少危机"——在此期间，发达国家几乎没有发生经济危机，社会中的巨额储蓄能够被金融体系以极高的效率调动，以支持实体经济的快速发展。直到 2008 年次贷危机前，主流观点都将资本主义的黄金发展归功于金融发展，即金融发挥更大的作用，更多的货币供应（M2），相对于 GDP 而言更多的信贷供给以及更多种类和更大规模金融工具的使用。值得注意的是，这一时期恰恰与布雷顿森林体系的运行期（1944—1973 年）相吻合。

从经济增长来看，发达国家由于经济、金融基础雄厚，加之"二战"后百废待兴，使其经济焕发出巨大活力，发达国家 GDP 占全球 GDP 总量的份额在此期间稳定在 60% 左右；此外，亚洲国家的经济复苏趋势明显，其全球 GDP 占比从 15% 提高到 19%。根据 Maddison 的研究，按 1990 年国际元计算，世界各国在 1950—1973 年间都经历了经济总量和人均 GDP 的高速增长，全球经济（GDP）年均增速约为 5.24%，全球人均 GDP 增速约为 3.43%。

从经济金融系统稳定性来看，全球范围内可谓"风平浪静"。具体地，仅在欠发达国家发生了 12 次货币危机和 1973 年石油危机，[①] 并未爆发银行危机和主权债务危机，更不用说双重危机（twincrisis）乃至三重危机（triple crisis），西方发达资本主义国家则几乎没有爆发任何危机（Laeven & Valencia，2008，2012）。从图 2 - 8 中可以看到，在此期间（柱型阴影区域两侧），银行危机的爆发频率和波及国家比例都明显提高。

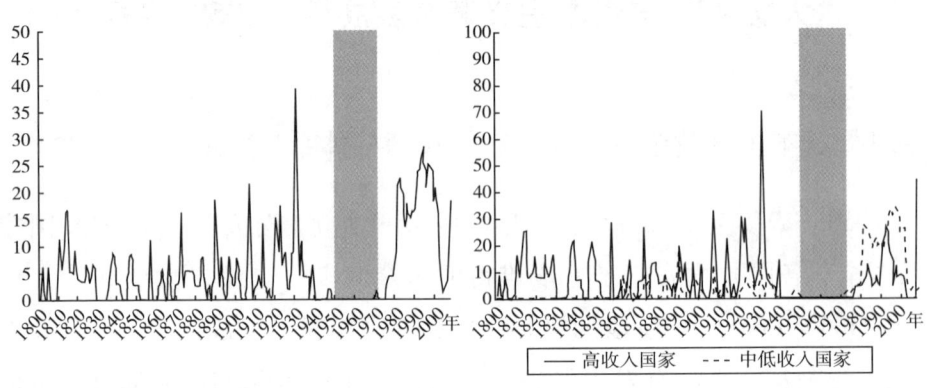

资料来源：Reinhart & Rogoff（2009）及 Qian，Reinhart & Rogoff（2010）。

图 2 - 8　全球银行危机爆发频率和波及面（1800—2000 年）

上述现象值得深思，这种经济上的繁荣和稳定，到底是历史的偶然，还是必然？金融在实体经济发展中起着怎样的作用？这段黄金时期与布雷顿森林体系运行期的重合仅仅是巧合吗？在此期间，金融与实体经济的比例关系（特别是金融杠杆水平）怎样？

2.4.2　全球债务水平

发达国家在此期间的债务比率呈现出极强的规律性，表现在各年度的平均值、最大值、最小值以及标准差均呈（几乎）逐年递减。这表明

---

① 这 12 次货币危机分别为：1971 年——柬埔寨；1972 年——巴基斯坦、乌拉圭、越南、老挝、智利；1973 年——玻利维亚；1975 年——冰岛、以色列、缅甸、阿根廷、马尔代夫。

发达国家经历了十分显著的债务削减过程，而众所周知，降低一国债务水平的关键在于推动经济增长。如果不考虑极值，则可以粗略地用平均值作为政府部门杠杆的估计值。1950 年，发达国家平均值为 61.6%，而在 1975 年则下降至 28.1%。不难推测，其他国家的债务比率势必也呈此趋势，全球范围经历了政府部门明显的去杠杆过程。

表 2 – 10　　　　　　发达国家债务比率变化情况（1950—1975 年）　　　　单位：%

年份	1950	1951	1952	1953	1954	1955	1956	1957	1958	1959	1960	1961	1962
平均值	61.6	51.7	52.0	47.0	43.8	41.9	39.9	40.4	38.1	42.3	36.2	35.0	34.1
最大值	216.9	196.8	180.9	169.8	163.3	154.2	143.8	135.7	131.1	124.9	117.9	113.8	110.5
最小值	14.0	11.9	13.2	11.8	10.1	9.3	7.3	7.2	5.5	5.3	5.1	5.3	5.7
标准差	54.5	49.2	48.2	41.0	36.9	34.7	32.5	32.1	32.0	31.9	28.2	27.7	27.1
年份	1963	1964	1965	1966	1967	1968	1969	1970	1971	1972	1973	1974	1975
平均值	34.5	33.9	34.0	35.2	32.2	32.3	31.3	30.8	30.1	28.8	27.0	26.3	28.1
最大值	108.6	101.1	94.6	91.9	89.1	88.5	82.8	73.2	65.6	62.0	54.6	51.6	56.6
最小值	4.5	4.4	5.2	6.7	8.2	8.0	6.2	5.3	4.6	3.7	2.5	1.7	2.0
标准差	26.5	24.8	24.7	23.5	22.1	22.0	20.8	18.6	17.5	16.7	15.9	15.4	15.3

资料来源：IMF HPDD 数据库及作者的计算。

注：

①此处共选取债务比率数据较为完整的 21 个发达国家（事实上这已经涵盖了绝大多数发达国家），包括澳大利亚、奥地利、比利时、加拿大、丹麦、芬兰、法国、德国、希腊、冰岛、爱尔兰、意大利、日本、荷兰、新西兰、挪威、葡萄牙、西班牙、瑞典、英国、美国。

②表中的平均值是算术平均值，这种计算比较简单明了，但却不能充分反映出各国经济体量和债务相对规模对经济稳定性的影响，存在一定缺陷。

2.4.3　世界范围金融发展情况与总杠杆水平估算

"大缓和"时期对应着金融发展的"信用时代"。货币和信用在战后得到长期复苏和发展的契机，货币、信用与 GDP 之比大体在 1970 年前后超越了 20 世纪 40 年代之前的历史峰值（Schularick & Taylor，2010）。在此期间，发达国家的金融（特别是银行体系）得到充分发展，表现为银行贷款、银行资产与 GDP 之比的上升（我们将看到这一趋势在国际货币体系框架发生变化后将更为明显），从而银行信用供给与广义货币供应的相对规模和增速之间开始出现分歧，这也是对"货币的信用观点"的有力佐证。

　　具体地，与"二战"前相比，"二战"后有关货币、信用规模和增速的各指标均值变化情况是：银行贷款/GDP 由 0.459 上升到 0.547，银行资产/GDP 由 0.768 上升到 1.014，M_2/GDP 从 0.584 上升到 0.646，银行贷款/M_2 从 0.758 上升到 0.838，银行资产/M_2 则从 1.279 上升到 1.576（图 2-9 给出了几个指标的历史走势）。显然，西方发达国家在此期间金融发展的共性是：银行信贷/GDP、M_2/GDP、银行信贷/M_2 三个指标基本上都呈现上升趋势，但银行贷款/M_2 的上升趋势更显著，这应是主要源自于"二战"后西方国家国内银行体系的迅速发展——在此期间，发达国家银行资产年均增速为 13.04%，高于 GDP 年均增速的 10.50%，二者之差达 2.49%；同期，非银行金融机构发展速度（资产规模、增速等）并不太高，金融体系的信用创造仍更多地源自于商业银行。

表 2-11　　　　20 世纪发达国家关键性金融指标的统计描述

指　　标	样本数	最小值	最大值	均值	标准差
银行贷款/GDP	355	0.07	1.60	0.3594	0.30508
M_2/GDP	357	0.19	1.18	0.6049	0.23051
银行资产/GDP	355	0.27	1.68	0.6402	0.32544
银行贷款/M_2	354	0.13	2.14	0.6138	0.44303
银行资产增速（%）	343	-15.52	72.78	**13.04**	0.080680
GDP 增速（%）	346	-2.62	32.63	**10.50**	0.053172
银行资产与 GDP 增速之差（%）	341	-26.60	54.92	**2.49**	0.079701

资料来源：Schularick & Taylor（2010）以及作者的计算。

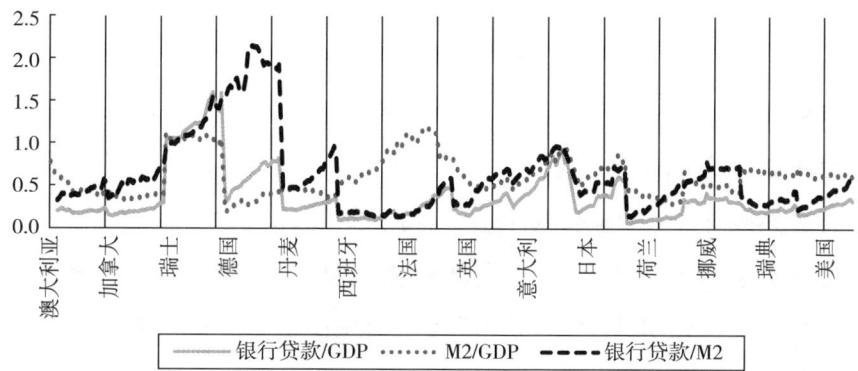

资料来源：Schularick & Taylor（2010）以及作者的计算。

注：

①银行贷款指每年度末国内银行对国内的居民和非银行企业的贷款余额，金融体系内部各金融机构之间的同业贷款未统计在内。

②银行资产指每年度末国内所有银行资产负债表上的国内资产总和，外币资产除外。

③一些国家（如荷兰等）仅包含了商业银行数据，储蓄银行和信用合作社等信贷机构的数据未被纳入。

图 2 - 9　发达国家货币与信用总量变化情况（1950—1975 年）

在此期间，私人部门金融杠杆水平在全球范围都呈现出增长趋势，但增长尚属"温和"（相对于 1980 年后）。1960 年，西方 15 个主要发达国家的私人部门金融杠杆水平约为 58.76%，到 1975 年则上升为 77.63%，增幅为 32%，年均增幅 1.28%。在全球范围，1960 年为 74.54%，1975 年为 86.72%，增幅为 16.34%，年均增幅为 0.65%。OECD 国家，则从 1960 年的 80.93% 上升至 1975 年的 86.72%，增幅仅为 7.15%，年均增幅 0.28%。而阿拉伯国家则基本上处于极低的增速甚至从 1968 年开始出现明显的负增长（私人部门去杠杆），因此，其私人信贷总额占比从 1961 年的 17.03% 锐减为 1975 年的 2.61%，这体现出阿拉伯国家的突出特性，这一特性在随后的几十年特别是 2008 年次贷危机中成为其远离危机的"保护伞"。① 可见，15 个主要发达国家的宏观加杠杆幅度和速度要高于世界其他国家和地区。究其原因，一方面，这些国家的金融发展水平较高，从而其金融体系能够为实体经济提供更丰富的金融资源和强有力的金融支持；另一方面，其实体经济在此期间的高速增长也必然要求金融体系以至少不低于此的速度加速"膨胀"。可以说，发达国家乃至全球范围内金融体系与实体经济二者在规模和增速上的相互协调，促进了"大缓和"时代的形成。值得一提的是，伊斯兰国家在此期间高于其他国家和地区的经济增长与其 1965 年私人部门信贷占比高达 58.37% 的猛增是分不开的，同时，1966—1973 年私人部门信贷占比相对稳定也为经济持续高位增长奠定了基础，随着 1973 年石油危机以及 1974 年信贷的迅速萎缩，阿拉伯国家经济随之下行——对于不收利息的伊斯兰金融而言，信贷扩张更实实在在地对应着实体投资的增长，因而二者的联动效应更为显著。② 在此，我们是否可以这样推断（也可暂时称之为缺乏理论与实证分析的"臆断"），即当金融体系以高于实体经济的速度增长时，只要实体经济的潜力尚在，而且金融体系相对于实体经济的宏观规模在一定水平（程度）之内，金融发展能够较好地促进储蓄向投资的转化（伊斯兰金融作为一个极端情况），从而推动实体经济的增长。

进入此时期，政府债务水平更多地与一国经济、金融状况相联系，因而经济中宏观金融杠杆可近似为私人部门杠杆与政府部门杠杆之和。粗略地将上面的 21 个发达国家的平均债务比率与 15 个发达国家私人部

---

① 全部数据来自于世界银行，其中私人部门信贷包含了金融体系向国民经济各部门（除中央政府以外）所提供的全部金融资源。15 个发达国家为澳大利亚、比利时、加拿大、瑞士、德国、丹麦、西班牙、法国、英国、意大利、日本、荷兰、挪威、瑞典、美国。

② 对此的系统性介绍参见 Anwar（1987）、Usmani（1998）、Hassan & Lewis（2007）、Askari et al.（2010）等。

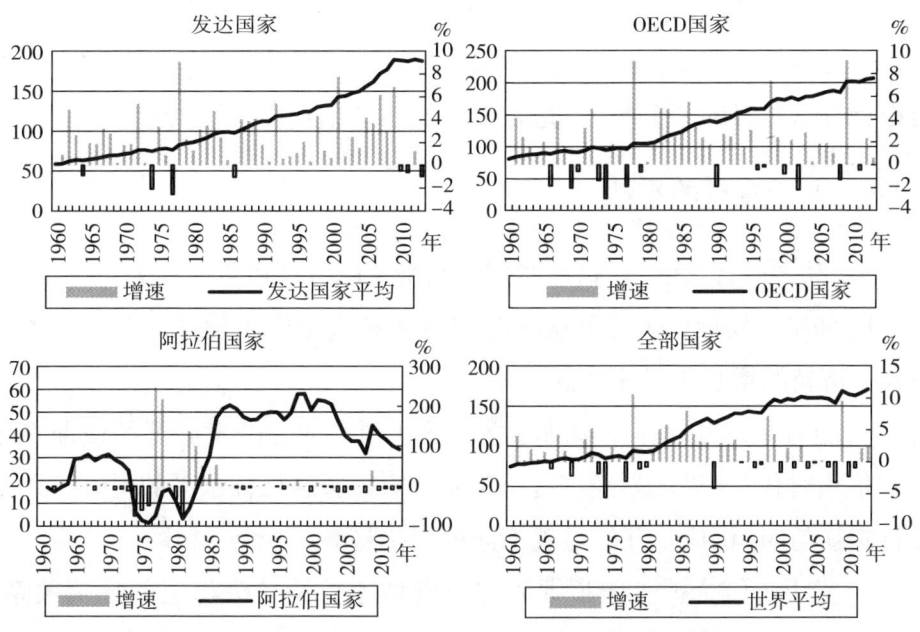

资料来源：世界银行以及作者的计算。

注：

①这里的发达国家包括澳大利亚、比利时、加拿大、瑞士、德国、丹麦、西班牙、法国、英国、意大利、日本、荷兰、挪威、瑞典、美国。OECD 国家、阿拉伯国家的划分标准来自世界银行。

②图中，私人部门信贷总额坐标为左轴，增速坐标为右轴。

图 2－10　1960 年以来全球范围的私人部门杠杆变化情况

门杠杆率粗略相加，我们看到，1960 年的宏观总杠杆为 94.96%，1975 年为 105.73%，15 年间约上升 11 个百分点，应该说，这样的增速是非常平缓的，但宏观杠杆的结构变化是显著的，即政府部门去杠杆、私人部门加杠杆。

最后，从投资与信贷的规模比例关系看，1950—1975 年，14 个发达国家的 M_2/投资比率均位于（2.37，3.72）内，如果排除 1950—1953 年，则该比率均位于（2.37，2.96）内。相比之下，银行贷款也位于（1.21，

2.04）内，但却呈现出逐年上升的基本趋势。这说明：其一，发达国家的金融与实体经济增长步调是一致的；其二，广义货币 M_2 已开始显现出与银行贷款走势的"分歧"，这是金融发展"信用时代"的标志。

2.4.4 基于观察的小结

"大乱之后有大治"。这一时期的经济金融特征可以概括为：

1. 和平、发展、平稳是这一时期经济和金融的主旋律。全球债务水平在经济持续增长下迅速降低。

2. 随着布雷顿森林体系的建立，发达国家的金融发展开始或即将进入"信用时代"，表现为经济货币化率和宏观金融杠杆水平的上升，以及银行贷款与 M_2 供应量开始呈现不同的变化趋势。

3. 货币与信贷扩张增长大体与投资增速保持较为稳定的比例关系，表现为 M_2、银行贷款规模与投资规模比例的稳定，金融发展与实体经济增长处于良性互动之中。在私人部门杠杆水平稳中有升以及政府部门持续去杠杆的情况下，宏观总杠杆水平的上升并未引发宏观经济、金融体系的波动。

2.5 新兴市场发展与危机（1980—2000 年）

2.5.1 新兴市场崛起与牙买加体系："变"

从 1976 年至 2000 年的二十余年间，世界经济进入一个新的发展阶段，其特点有别于"大缓和"，这表现在经济增速上：其一，发达国家进入低速增长阶段（年均 GDP 增速约为 2.68%，低于同期全球 3.15% 的经济增速）；其二，新兴市场国家进入经济快速增长期（年均 GDP 增速约为 4.41%），其各年经济增速几乎都高于发达国家。① 此外，伊斯兰国家（特别是阿拉伯国家）的经济增速经历了大幅波动，这与地缘政治以及全球对石油的需求波动有着密切关系。从经济结构来看，各国普遍经历了农业、工业和服务业三大产业占比的调整和变化，农业、工业的增加值占比持续下降（作为传统农业国家，中国的下降趋势更为明显），而服务业增加值占比则显著上升，这说明世界经济增长的动力开始更多源自于第三产业。从国内资本形成看，全球范围内各国（特别是发达国家）的资本形成率大都呈缓慢的"阶梯式"下行趋势，唯有新兴市场国家能够在 1980—1996 年间基本维持国内资本形成率的持平或上升。②

总体上，这一时期的经济和金融领域有"两对矛盾"，政府与市场、金融压抑与金融自由化（深化），而这又可归结为"制度变迁"的内在动力。所以，对此时期金融杠杆水平的研究，要强调一个"变"字。

1976 年，全球货币体系正式进入"牙买加体系"时代，黄金不再是货币价值的基础，这使得信用货币得以大幅增加，表现为信用货币在流通中占比的显著上升、信用和货币供给增速远高于实体经济增速，以及信用与货币关联性的明显弱化。金融实践领域，金融自由化浪潮深刻影响着世界金融格局，资本流动的强度和方向变化使得全球范围内的贫富差距进一步拉大。③ 在这种"一边倒"的优势面前，发达国家必然选择

① 此处，发达国家仍为前文所列的 15 个国家，新兴市场国家为 MSCI 新兴市场指数所包括的 23 个国家和地区，其中，中国台湾数据除外，故仅包括 22 个国家，依次为：巴西、智利、哥伦比亚、墨西哥、秘鲁、捷克、埃及、希腊、匈牙利、波兰、卡塔尔、俄罗斯、南非、土耳其、阿联酋、中国、印度、印度尼西亚、韩国、马来西亚、菲律宾、泰国。如无特殊说明，下文对发达国家和新兴市场国家的范围界定均以此为准，且分别用 DC、EM 代表之。

② 这很可能是因为新兴市场国家所处的发展阶段与发达国家不同。

③ 一方面，发达国家通过向发展中国家的直接投资攫取利润（资本流向：发达国家→发展中国家），另一方面，它们利用制度优势创造信用、金融工具、流动性，发展中国家则将这些债务工具作为重要投资工具（资本流向：发展中国家→发达国家），此即次贷危机前早已出现的资本"逆流"（卢卡斯悖论）。实际上，流入高收入国家的资本数量远超中低收入国家。

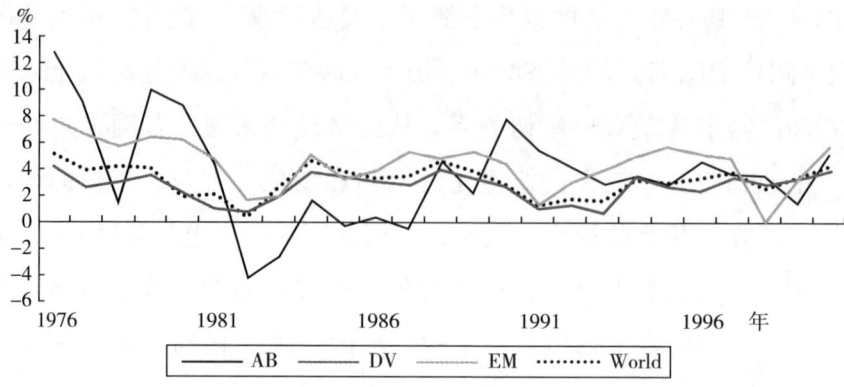

资料来源：世界银行以及作者的计算。

注：

①图中，AB 代表阿拉伯国家、DV 代表发达国家、EM 代表新兴市场国家、World 代表全世界。

②所有数据均为各类国家的算术平均值。

图 2-11   全球 GDP 增速情况（1976—2000 年）

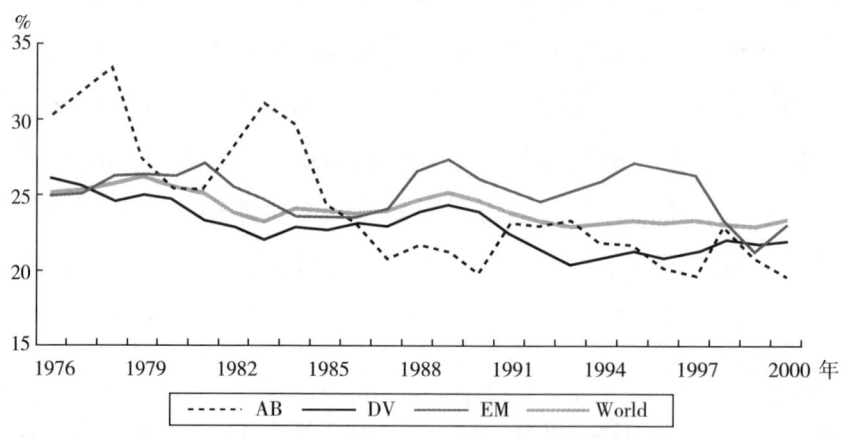

资料来源：世界银行以及作者的计算。

注：图中标记和数据计算同图 2-11。

图 2-12   全球资本形成率情况（1976—2000 年）

"加杠杆"策略。对比发达国家和欠发达国家的私人部门杠杆水平，我们能够清晰地看到，在此期间，金融杠杆水平与国家经济发展程度显著正相关，越是低收入的落后国家，其杠杆水平越低，且变化越不明显；反之，经济体越发达，其加杠杆程度越明显；这体现为二者金融杠杆水平之差呈现出不断扩大的趋势（Leverage Gap↑）——这是世界进入全球化和牙买加时代的核心特征，标志着信用时代的到来——禀赋和特权具有决定性意义。

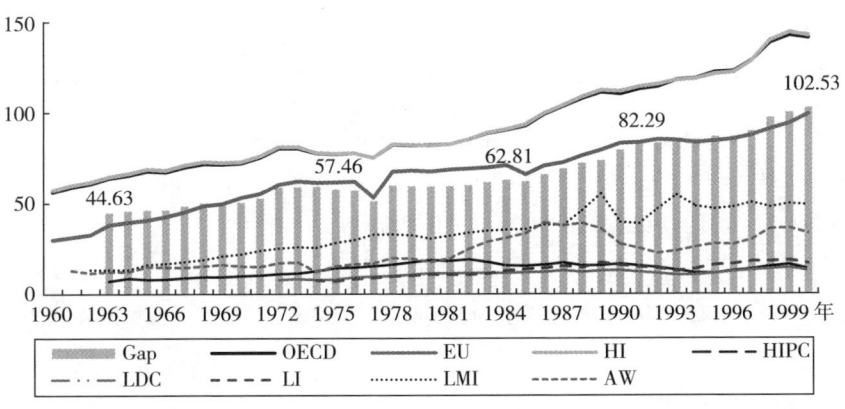

资料来源：世界银行以及作者的计算。

图中标记说明：OECD 为 OECD 国家、EU 为欧盟国家、HI 为高收入国家、HIPC 为深陷债务国家、LDC 为最不发达国家、LI 为低收入国家、LMI 为中低收入国家、AW 为阿拉伯国家、Gap 为发达国家平均水平与不发达国家平均水平之差。图中数字为 Gap 值。

图 2－13　全球范围内金融杠杆水平及差距（1960—2000 年）

2.5.2　全球债务水平

1975 年后，世界范围内普遍出现了债务率持续攀升的情况，各国政府债务水平很快超过了 1950—1975 年的水平（30% 左右），并迅速超过 1939—1948 年的水平（70% ~ 80%），仅低于战争频仍和政府发债起关键作用的 18、19 世纪。然而，与 19 世纪前不同，20 世纪下半叶开始的债务率攀升主要源自于牙买加体系下信贷增速的大幅提升。

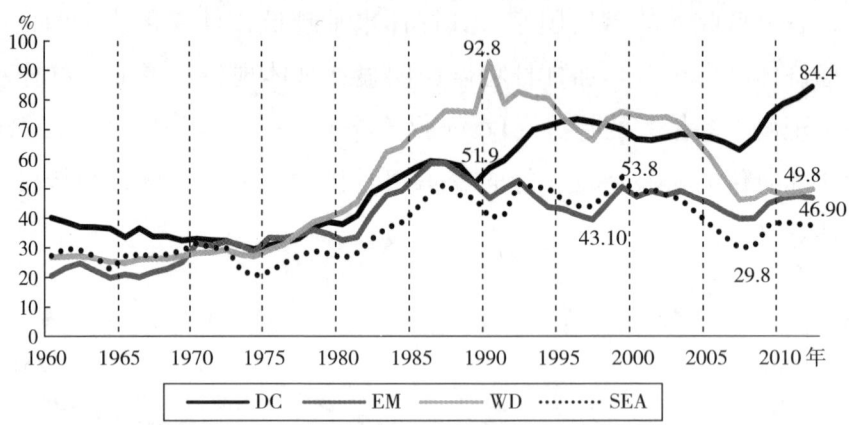

资料来源：全球债务数据库（HPDD）以及作者的计算。

注：

①图中符号含义为：DC（发达国家）、EM（新兴市场国家）、SEA（东南亚国家）、WD（全球）。

②发达国家包括：澳大利亚、比利时、加拿大、丹麦、法国、德国、意大利、日本、荷兰、挪威、西班牙、瑞典、瑞士、英国、美国；新兴市场国家包括：巴西、智利、中国、哥伦比亚、捷克、埃及、希腊、匈牙利、印度、印度尼西亚、韩国、马来西亚、墨西哥、秘鲁、菲律宾、波兰、卡塔尔、俄罗斯、南非、土耳其、阿联酋、泰国；东南亚国家和地区包括：中国内地、中国香港、印度、印度尼西亚、韩国、马来西亚、菲律宾、中国台湾、泰国。

③各国数据均为政府债务率，地方政府不能发债或数据缺失的均采用中央政府债务率；所有数据均为各类国家的算术平均值（空值不计）。

图 2－14　全球政府债务率变化情况（1960—2012 年）

从政府债务结构来看，发达国家几乎从 1950 年以来没有变化，而新兴市场国家则延续 1950—1975 年的趋势，其国内债务占比继续下滑，直到 1990 年。对比新兴市场国家同期的政府总债务率走势，不难发现其中的问题——这些国家普遍经历了债务总规模的上升（1980—1990 年）和国内债务比例的下降，这种相反的变化趋势恰恰说明了新兴市场国家的外债水平和占比在 1980—1990 年间显著上升，这种上升的背后是国际资本（信贷）流入。[①] 牙买加体系下，金融自由化和资本管制的放松，使得发达国家的超额信用创造得以通过资本的跨境流动进入当时颇具投资潜力的新兴市场国家，这既分流了发达国家国内的过剩信贷资源，又为发达国家带来了可观的对外投资收益。然而，从 1990 年开始，当这种超额信用积累到一定程度时，信贷约束开始产生，它首先会使得国际借贷的实际成本上升，进而会引发债务—通货紧缩循环，金融体系进入资产价格下降和信贷约束收紧的下降螺旋，国际资本"逆流"出现，新兴市场国家的经济、金融发展出现"突然停止"（sudden stops）。[②] 1994 年，墨西哥危机中，其经常项目赤字（CAD）达到 GDP 的 8%（1995 年上升至 9%）；在亚洲金融危机中，虽然亚洲国家的储蓄率很高，但危机爆发国（泰国）的 CAD/GDP 也很高（虽然其他国家并不高），[③] 且问题出在不少国家（floaters）实行的是浮动汇率，这使得其外债水平（特别是短期外汇计价债务）极易在短期内发生大幅波动。[④] 与此同时，对比发达国家的债务规模、债务结构和国际资本流动情况，我们发现，发达国家在金融体系和信用创造上的优势使得其能够在其资本相对过剩时将资本转出、并在资本相对匮乏时将资本抽回，从而使其政府债务水平在此时期

[①]　需要说明一点，我们在此以政府总债务比率（政府总债务/GDP）作为总债务规模的代理变量，这并不影响结论。因为，国内债务比率 = 国内债务/总债务 =（国内债务/GDP）/（总债务/GDP）。

[②]　相关研究文献参见 Calvo（1998）、Auernheimer & Garcia – Saltos（2000）、Calvo & Reinhart（2000）、Caballero & Krishnamurt（2001a，2001b，2009）、Cook & Devereux（2006）、Mendoza（2010）等。

[③]　亚洲危机前，各国普遍存在着国内投资率高于储蓄率的情况，这对应着经常项目逆差，说明其国内投资的相当一部分来自于国外资本的流入。而在危机时，各国投资率迅速下降，这源自于国际资本逆流。

[④]　也有学者用权贵资本主义（Crony Capitalism）来解释亚洲金融危机的成因。

保持上升，并且维持较高的国内债务比率——这正是发达国家能够持续加杠杆却能保持金融和经济稳定的重要原因。

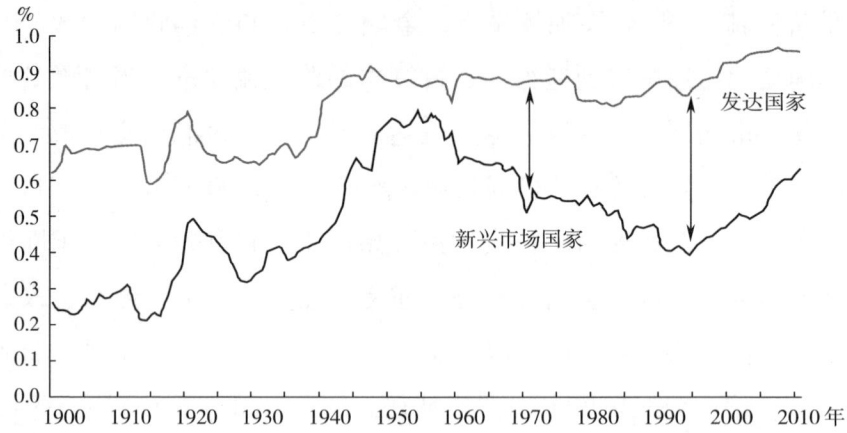

资料来源：Reinhart & Rogoff（2010）。

注：Reinhart & Rogoff 统计中对新兴市场国家的界定可能与本书不同，本书以 MSCI 新兴市场指数为选样标准。

图 2 - 15 发达国家和新兴市场国家政府国内债务占比（1900—2010 年）

表 2 - 12 发达国家和新兴市场国家政府国内债务占比（1900—2010 年）

单位：%

	1900—1940 年	1941—1960 年	1961—1990 年	1991—2010 年
发达国家	0.68	0.88	0.87	0.93
新兴市场国家	0.33	0.73	0.54	0.49

资料来源：Reinhart & Rogoff（2010）。

表 2 - 13 发达国家和新兴市场国家政府债务变化情况（1980—2000 年）

国家类别	时　期	政府总债务	国内债务占比	国际资本流向
EM	1980—1990 年	↑	↓	DC→EM
	1990—2000 年	↓	↑	EM→DC
DC	1980—1990 年	↑	→	DC→EM
	1990—2000 年	↑	↑	EM→DC

2.5.3　世界范围金融发展情况与总杠杆水平估算

发达国家在"大变革"时期经历了"无节制"的加杠杆直接导致了私人部门杠杆、经济货币化率、政府债务率等多个指标绝对数值的持续快速上升。与此同时，投资率、储蓄率、资本形成率、GDP 增速在绝大多数年份却低于新兴市场国家。对新兴市场国家而言，其私人部门杠杆从 1980 年的 42.8% 上升到 2000 年的 67.1%，这相当于发达国家 1965 年的水平；其货币化程度从 1980 年的 32.4% 上升到 2000 年的 59.1%，这相当于发达国家在"二战"结束后（1950 年左右）的水平。从信贷与货币之比来看，新兴市场国家仅在 1980—1987 年间超过发达国家，这很可能源于其超高的信贷增速（因为在此期间其 M_2 增速也已高达 30% ~ 40%），而这种信贷增速则很大一部分来自于国外直接投资（FDI）和资本流入，[①] 而在此之后，发达国家的信贷—货币比迅速超过新兴市场国家，这一方面源自于发达国家的超额信贷供应，另一方面源自于新兴市场国家超高的 M_2 增速，还有资本逆流的影响，总体上，发达国家继续延续此前信贷—货币比的上升趋势。这种现象正是牙买加体系和金融自由化的结果。

表 2－14　　发达国家和新兴市场国家货币、信贷变化情况（1980—2000 年）

年份	私人部门信贷 （% GDP）		经济货币化 （% GDP）		信贷/货币	
	DC	EM	DC	EM	DC	EM
1980	**86.3**	**42.8**	**66.1**	**32.4**	**1.31**	**1.32**
1985	99.3	60.9	72.4	43.9	1.37	1.39
1990	112.6	58.2	80.9	44.0	1.39	1.32

---

　①　发达国家金融创新与自由化所创造的过剩信贷恰好得以通过"转移"的方式进入发展中国家，这使得发展中国家基础薄弱的实体经济与金融体系面临"幸福的烦恼"，并终将在未来经历与资本"离别的苦痛"。

年份	私人部门信贷 （% GDP）		经济货币化 （% GDP）		信贷/货币	
	DC	EM	DC	EM	DC	EM
1995	122.0	62.7	80.5	50.3	1.51	1.25
2000	**132.9**	**67.1**	**101.4**	**59.1**	**1.31**	**1.14**

资料来源：世界银行以及作者的计算。

注：表中省略了其他年份的数值，但不会改变各指标的整体变化趋势。

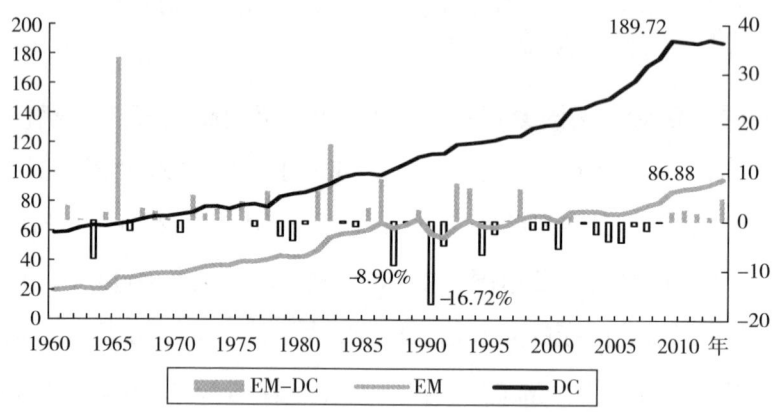

资料来源：世界银行以及作者的计算。

注：EM 为新兴市场国家，DC 为发达国家，EM - DC 为两类国家杠杆变化（%）之差（右轴），用来显示两类国家金融杠杆的相对变动趋势。

图 2 - 16　发达国家和新兴市场国家金融杠杆变化趋势（1960—2010 年）

至此，我们可以利用私人部门杠杆与政府部门杠杆来估算宏观总杠杆水平。1980 年，发达国家的平均宏观总杠杆已达 124.2%，而新兴市场国家的均值为 75.3%，这甚至低于发达国家的私人部门杠杆；到 2000年，发达国家杠杆水平大幅攀升至 201.8%，新兴市场国家也跃升至121.1%，接近发达国家在 1980 年的水平。而且，从 1980 年至 2000 年，发达国家与新兴市场国家之间总杠杆水平的差距进一步扩大，这与二者私人部门杠杆的变化趋势是一致的。从各年度总杠杆增速上看，新兴市场国家经历了 1980—1986 年间的超高速加杠杆，而发达国家则在 1987 年后加杠杆力度更大，这与国际资本流向以及金融稳定性密切相关。客观上讲，1980 年后，全球范围内普遍出现了经济货币化程度迅速提高、私人部门和政府部门大幅加杠杆的趋势，这种情形在发达国家表现得尤为明显。对新兴市场国家而言，其国内"内生性"信贷能力有限，因而其高速发展必然依靠大量的"外来"信贷，这种信贷只有在资本管制放松的制度环境下方能充分获得，而跨境资本就像开闸放出的洪水，过剩流动性涌入新兴市场国家（趋利性），加剧其国内信贷扩张和资产价格泡沫形成（Tornell & Velasco，1996），加剧其金融体系的脆弱性；而危机来临时（源自于信息和预期），资本逃离（避害性）不可避免地引发债务危机、货币危机和银行危机。

在此，我们有意增加了不同类别国家之间货币、信贷以及杠杆水平的对照分析，其目的正是要指出牙买加体系和西方主导的金融自由化对于全球经济、金融的深刻影响（金融一体化），这一切既是所有 1980—2000 年间各类经济金融"异象"产生的根源，又是新千年后全球进入危机时期的导火索。可以说，西方发达国家所实施的是以邻为壑的加杠杆策略——在经济向好时，发达国家加速创造信用，超额信用通过跨境资本流动进入新兴市场国家，引发流入国的信用扩张；经济走弱时，发达国家一面创造信用支援本国，一面抽回资金，收紧发展中国家的流动性，使其进入信贷收缩期——可见，发展中国家的信贷周期是发达国家信贷周期的衍生周期（derivative cycles）[①]。在牙买加体系下，发展中国家的国内信贷是"不由自主"的。

[①]　Kindleberger（1937）在《国际短期资本流动》中强调，短期资本流动的流入国若增加其在国外的短期净资产或减少其在国外的短期净负债，其经济会出现膨胀；反之，流出国若增加其在国外的短期净负债或减少其在国外的短期净资产，其经济会出现收缩。

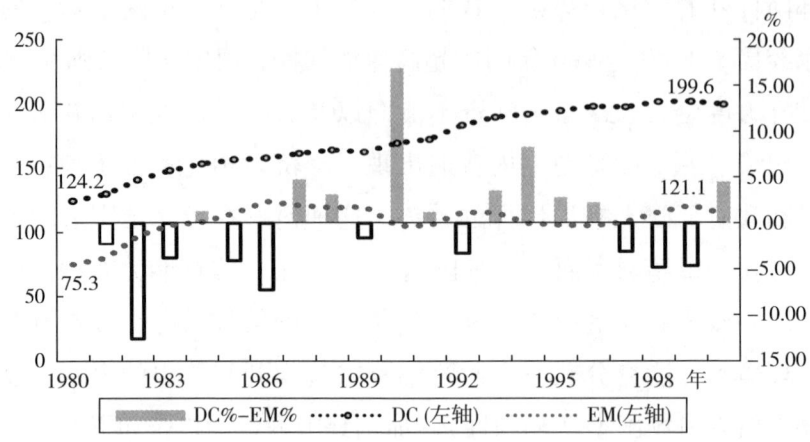

资料来源：世界银行、全球债务数据库 HPDD 以及作者的计算。

图 2 –17　发达国家和新兴市场国家宏观总杠杆水平（1980—2000 年）

考虑到发达国家与其他国家在金融杠杆水平上的显著差异以及二者在经济增速、资本形成、产业结构、资本流动等诸多方面的不同，我们与其说这源自于二者在金融发展水平上的巨大差异，不如说这是二者在发展方式上的本质区别。牙买加体系下，发达国家已进入经济加速金融化（而不仅是货币化）的时期，与此同时，新兴市场国家大多金融发展水平不高，融资过度依赖于银行体系，华盛顿模式和金融自由化政策直接催生了新兴市场国家依赖外资的增长模式和发达国家依靠信用创造和资本输出的增长模式。虽然这些国家在此期间并未爆发严重的经济和金融危机，但其金融体系本身所蕴藏的风险已经溢出到新兴市场和广大发展中国家，当时间进入 21 世纪，经济不断加杠杆的负面效应迅速积累以致连发达国家自身都无法"消化"的地步，大危机已不可避免。

2.5.4　案例研究：东亚金融危机

20 世纪最后 20 年，拉美国家、东南亚国家先后爆发危机，新兴市场国家的高速发展被迫"中断"，表现为经济增速和国内资本形成等宏观经济指标的显著下滑，"东亚奇迹"不再。不少学者的分析表明，危机爆发的原因包括外债规模过大与结构失衡、激进的金融自由化政策、投资与储蓄规模的失衡、金融体系欠发达、资产价格泡沫等（陈雨露、马勇，2013）。数据显示，1980—1994 年间，拉美国家的投资储蓄差（ISG）为负；1997—2000 年间，东南亚国家的投资储蓄差也为负——这种现象的背后正是危机前大量外资涌入所支撑的不可持续性的高投资增长模式，这与上文对新兴市场国家债务结构的分析结论是一致的。此外，投资/储蓄比（以下简称 ISR）也是很有价值的指标，但其价值需要结合信贷水平才能充分体现。举例而言，菲律宾在 1997 年的 ISR 高达 1.896，而其私人部门杠杆水平仅为 56.46%，显然，国内金融体系所能提供的信贷总量十分有限，高投资必须依靠外资的涌入；泰国在 1997 年的 ISR 仅为 0.960，而其私人部门杠杆水平却高达 165.72%（这甚至高于很多市场主导型金融体系的发达国家），较低的投资水平与超高的信贷水平并存，势必引发投机、资产价格泡沫及通胀。

金融与实体经济关系的问题可以归结为"储蓄（S）→信贷（C）→投资（I）"这一过程。[1] 我们知道，经济发展和稳定的兼顾，需要储蓄向投资转化的高效率，这需要储蓄、信贷、投资三者之间存在某种"比例"协调，它反映了储蓄向投资转化以及金融支持实体经济发展之间的协调关系。为此，考虑构建一个新指标，$L/(I/S) = LS/I$，该指标的分子是信贷与国民生产总值之比，反映的是金融与实体经济的结构比例关系，分

---

[1]　假设经济中的储蓄经由金融体系被放大 m 倍（$m > 0$），形成经济中的信贷总量，对大多数国家而言，$m > 1$（少数金融极不发达国家 $0 < m < 1$）。同时，假设创造出的信贷相当于 k 倍（$k > 0$）的最终实体投资总量，对大多数国家而言，$k > 1$（少数金融极不发达国家 $0 < k < 1$），我们也可以将 $1/k$ 看作是信贷向投资的转化率。假设金融杠杆水平 $L = C/GDP$。从而有：$C = L \cdot GDP$，$I = k \cdot L \cdot GDP$，$S = (L/m) \cdot GDP$。并且，$I/S = km$。理论上，无论是两部门或三部门的简单封闭经济，还是四部门的开放经济，经济中都应有投资等于储蓄，即 $I = S$，或 $I/S = 1$。然而，现实中并非如此，$km \neq 1$。

母是投资与储蓄之比，反映的是储蓄向投资的转化效率，即现实存在的储蓄向最终实体投资的转化比例关系——因而，该指标可以称作"信贷配比度指数"（Credit Matching Index，CMI）。

$$\underbrace{Savings \xrightarrow[ctos]{m} Credit \xrightarrow[itos]{k} Investments}_{mk = itos = ctos \cdot itoc}$$

直观上，信贷过高（相对于经济总量）或过低、ISR 过低或过高都会产生 CMI 的异常波动，且这种波动必然对应着宏观经济或金融的波动，"高杠杆—低投资"或者"低杠杆—高投资"都意味着实虚的不匹配。CMI 的优点在于，它同时将储蓄、信贷、投资、国民生产总值纳入同一解析式，同时由于消去了量纲，因而适于国家间的横向比较（消去经济总量）以及跨时的纵向比较（消去经济发展变化）。图 2 - 18 显示了1980—2012 年间发达国家和新兴市场国家的 CMI 指数变化情况，显然，拉美国家的异常值出现在 1980—1990 年，东南亚国家的异常值出现在 1997—2000 年间，而发达国家（主要指"欧猪五国"）的异常值出现在 2009 年前后。中国、德国、美国的 CMI 呈平缓上升态势（美国在 1998、2008 年前后略有波动）。可以看出，*CMI* 在分析超额信贷问题以及将 EC - HL 综合症与危机相联系等方面相对于传统的 ISG 指标具有一定优势，并且与ISR、信贷/M_2（CTM$_2$）、M_2/投资、信贷/投资等指标可以一起对一国信贷和杠杆水平的安全性进行判断（取长补短）。

与此同时，东亚危机国的内外失衡在微观领域则突出地体现为企业杠杆水平过高。表 2 - 15 显示，1995—2002 年间，东亚危机爆发国的企业普遍存在着公司杠杆水平过高的情况，这一比例达到了 40% 以上，而东亚范围内的非危机国，其运用超额杠杆的企业比例仅为 20% 左右，这只是东亚危机国的一半。显然，运用超额杠杆的企业比例与是否发生危机存在较显著的联系。这是因为，企业部门杠杆是构成宏观总杠杆的一

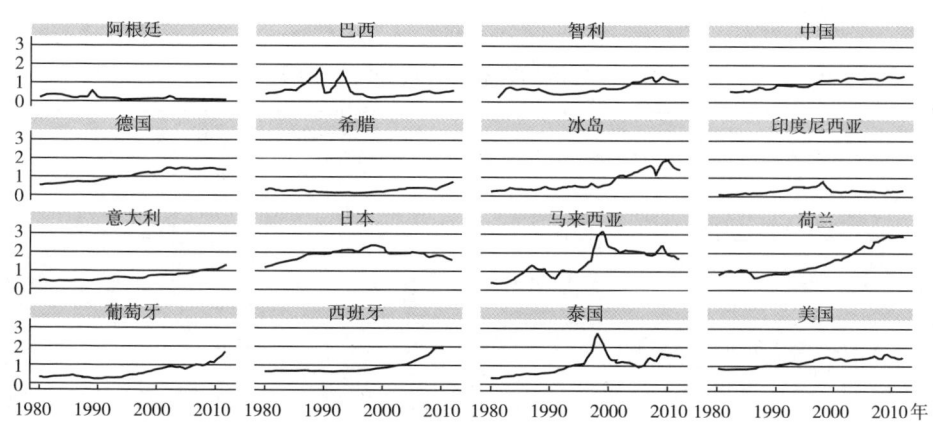

资料来源：作者的计算。

图 2 – 18 信贷配比度指数与危机（1980—2012 年）

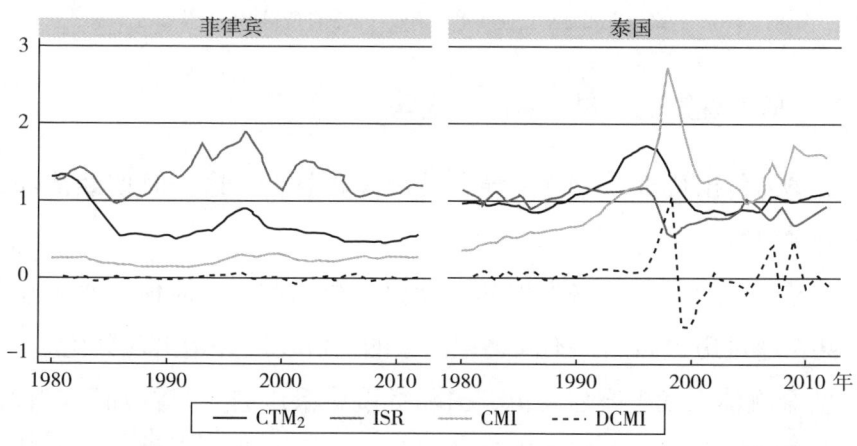

资料来源：作者的计算。

图 2 – 19 ISR、CTM$_2$ 以及 CMI 的适用性对比（菲律宾 vs. 泰国）

部分，同时企业部门也与其他三个国民经济部门存在着紧密的信贷联系，
企业部门杠杆的失衡很可能意味着宏观总杠杆的过高或者意味着宏观总

杠杆结构的失衡。[①]

表 2 – 15 东亚国家和地区的超额杠杆（1995—2002 年）

国家	使用超额杠杆的企业比例（%）
印度尼西亚	43.6
韩国	42.3
马来西亚	42.5
泰国	45.0
最大危机影响国均值	**43.4**
中国香港	19.5
新加坡	21.0
中国台湾	24.9
最小危机影响国均值	**21.8**

资料来源：Driffield & Pal（2004，2010）、Coricelli et al.（2010）。

注：超额杠杆的一种衡量方式是企业债务率高于依自身条件所得出的最优债务率水平。

2.5.5 基于观察的小结

变革需付出代价，变革主导者是最大获益者。这一时期经济和金融发展的主要特征是：

1. 变革是经济、金融发展的主旋律。全球各国政府债务水平显著提升，甚至超过历史高点，不同类型国家的经济发展开始出现分化。

2. 金融体系发生剧烈变革，国际货币体系迈进"牙买加"时代，摆脱黄金束缚的金融进入高速发展阶段，金融自由化、金融管制的放松使"信用时代"的特征更加显著。

---

① 这一点对我国当前是具有重要借鉴意义的，据统计，截至 2013 年，我国企业部门（特别是国企）杠杆已达 115%，这一数字超过了美国、日本等发达国家，而相对而言，我国其他三大部门的杠杆水平仍处于较为合理的水平（政府部门、居民部门、金融部门杠杆分别为 53%、33%、20%）。很显然，我国宏观杠杆存在着较为明显的结构失衡，在经济转型过程中，要特别注意非金融企业部门的高杠杆和去杠杆风险问题。

3. 全球范围内，经济货币化率、私人部门杠杆水平以及宏观总杠杆水平大幅上升。资本跨境流动"成也萧何、败也萧何"，它是发达国家剥削和掠夺世界资源的新武器。金融体系的脆弱性不断累积、加剧，拉美、东南亚先后爆发危机，成为发达国家超额信用供给和加杠杆的"牺牲品"。①

4. 金融体系结构发生变化，金融市场在金融体系中的作用日益明显。

5. 高杠杆是否足以引发危机，仍然要结合实体经济的总需求来考察，影响总需求的要素是储蓄、消费和投资，同时绝不能忽视外部环境的影响。

2.6　"大衰退"与 21 世纪（2006 年至今）

2.6.1　次贷危机与"大衰退"："危"与"机"

任何危机都不是凭空而来，大变革时期所积下的债务和问题，在全球经济繁荣的顶点爆裂开来。次贷危机前，全球各国经济均已出现增长乏力的态势，具体表现为 2004—2007 年间经济增速的持续下滑，发达国家经济增速始终低于 3%，新兴市场国家则相对较高，位于 6% ~ 7%，全球平均值为 3% ~ 4%；危机爆发后，各国经济迅速出现零增长或负增长，全球陷入经济衰退；直至 2009 年后，经济复苏迹象方才出现，但总体上世界经济在低于此前（20 世纪末至 21 世纪初）的水平上缓慢增长。在全球资本流向发生改变和贸易格局不断变化的背景下，全球正在出现新的不平衡。从经济上看，新兴市场国家的工业化水平继续保持在较高

---

① 当发达国家的信用创造在新世纪达到更高水平后，单靠发展中国家的"牺牲"已不够，发达国家为此也必须付出相应的代价。

水平（40%~50%），而发达国则大体维持在低位（20%~30%）；服务业发展方面，发达国家大多已达到60%以上，而新兴市场国家则基本上位于50%左右。

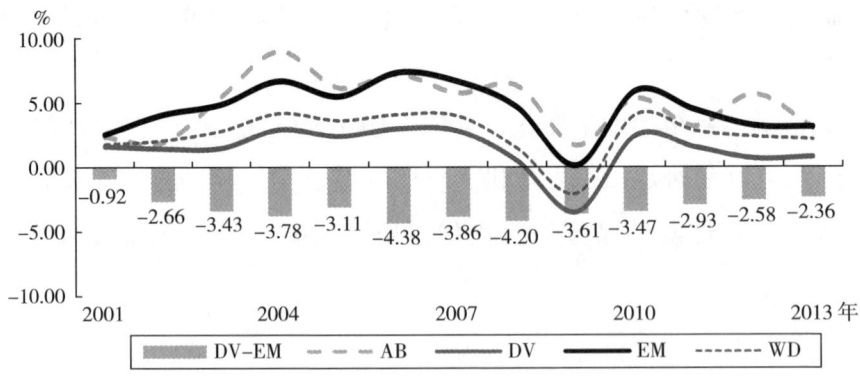

资料来源：世界银行以及作者的计算。

注：AB——阿拉伯国家，DV——发达国家，EM——新兴市场国家，WD——全球，DV与EM——发达国家与新兴市场国家增速差。

图 2-20　全球经济增长情况（2001—2013 年）

2.6.2　全球债务水平

进入新千年，世界各国债务水平呈现出"V"形反转，表现为次贷危机前政府债务水平持续下降，而危机后政府债务水平逐年上升。次贷危机前，全球范围普遍经历了政府部门的去杠杆。然而，直到危机爆发前（2006 年），发达国家的政府债务水平仍高达 65% 以上，这相当于1975 年的两倍有余，仅略低于 20 世纪末；相比之下，其他国家则经历了更大幅度的去杠杆。显然，危机前全球各国政府部门的去杠杆幅度是不足的。危机后，几乎所有国家都经历了政府债务水平的显著回升，这应源自于各国政府在危机中的救助政策。发达国家的政府债务水平在 2012年竟然高达 84.4%，超过了其 1960 年以来的历史最高点。在经济增长乏力的背景下，如此高的政府债务率无疑为经济的复苏前景蒙上了阴影。

表 2 – 16　　　　　世界各国政府债务水平（2001—2012 年）　　　单位：%

年份	2001	2002	2003	2004	2005	2006	2007	2008	2009	2010	2011	2012
DC	66.4	67.3	68.4	68.1	67.3	65.6	63.0	67.1	75.0	78.5	80.7	84.4
EM	49.2	47.7	49.2	46.9	45.0	42.1	39.7	39.8	44.9	46.7	47.3	46.9
WD	73.9	74.1	72.1	66.6	60.9	53.3	46.2	46.7	49.5	48.2	48.7	49.8

资料来源：IMF HPDD 数据库。

2.6.3　世界范围金融发展情况与总杠杆水平估算

2001 年至今，全球金融发展有三大特点，其一，危机前与危机后不同，其二，发达国家与其他国家不同，其三，金融杠杆水平持续上升。

进入 21 世纪，全球范围内各国的 M_2 增速总体放缓，明显低于 20 世纪的水平，其中，发达国家从 2001 年的 17.88% 下降到 2013 年的 1.15%，新兴市场国家则从 23.35% 下降到 12.78%。全球信贷则仍呈现持续扩张趋势，但信贷增速呈现出较强波动性，并表现为两个特点，即次贷危机后低于次贷危机前，发达国家低于新兴市场国家。在货币与信贷的共同作用下，各国的信贷/货币比也产生新的变化趋势，即发达国家呈现出持续走低的态势（1.33→1.23），新兴市场国家则表现为危机前的小幅下降和危机后的持续上升（1.10→1.16），但二者均远低于 20 世纪末的水平，这或可视作金融对自身信贷与货币分离趋势的一种自我纠正，考虑到前面所提到的 M_2 增速的下降，这意味着信贷增速在新世纪出现了更为明显的放缓。[①] 显然，次贷危机引发了信贷市场的崩溃，发达国家的信贷增速在危机后已下降到历史低点（2% 左右），新兴市场国家的信贷增速（>10%）仍要显著高于发达国家，但比其自身在 20 世纪末的增速

---

① 事实上，我们可以简单地估计出发达国家在 2001—2013 年期间的年信贷增速大约为 3.91%，新兴市场国家则约为 12.52%，新兴市场国家约为发达国家的 3.2 倍。

81

（20%左右）而言要低了很多。

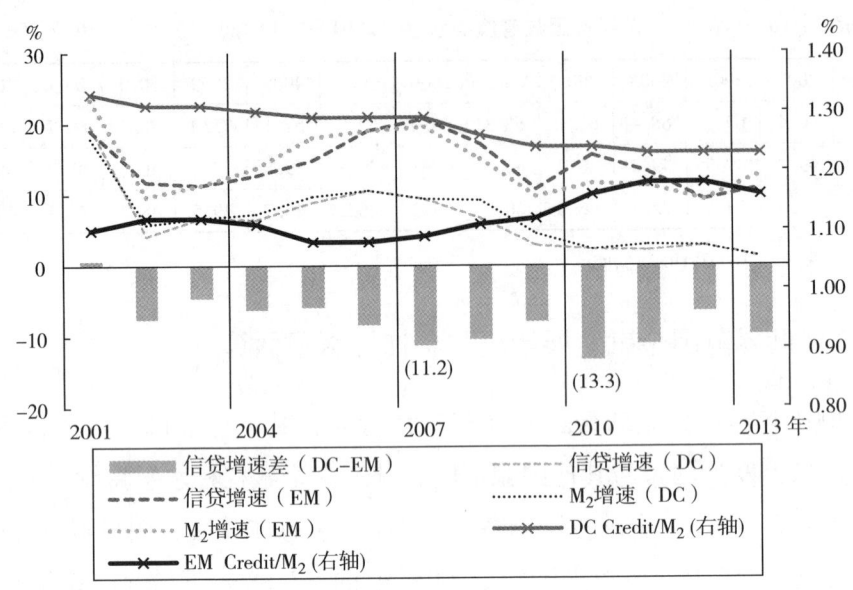

资料来源：世界银行以及作者的计算。

图 2－21　发达国家和新兴市场国家的货币、信贷增速（2001—2013 年）

下面考察金融杠杆水平。由于同期世界各国经济增长速度较低，上述货币与信贷创造增速的下降仍然无法改变发达国家以及新兴市场国家的经济货币化率、私人部门杠杆单调性上升的趋势——发达国家在 2001、2013 年的经济货币化率分别为 107.9% 和 152.9%，新兴市场国家的同期值则为 66.6% 和 82.1%（这相当于发达国家在 20 世纪末的水平）；发达国家在 2001、2013 年的私人部门杠杆水平分别为 143.2% 和 188.2%，新兴市场国家的同期值则为 73.3% 和 95.2%（相当于发达国家 20 世纪 90 年代的水平）。次贷危机未能显著遏止金融杠杆水平的上升，危机后，发达国家私人部门杠杆已近 200%，新兴市场国家也已接近 100%；危机前，发达国家与新兴市场国家之间的私人部门杠杆水平差距不断扩大，危机后（2009 年后），这种趋势才略有缓和。① 显然，经济去杠杆，仅靠控制信贷是不够的，降低信贷增速不足以降低金融杠杆水平。再将政府杠杆考虑进来，从 2001 年到 2012 年间，发达国家宏观总杠杆持续上升，新兴市场国家除危机期间出现短暂、小幅去杠杆外，其他时间也表现为加杠杆（见表 2－17）。纵观经济发展史，宏观金融杠杆水平在大多数国家都经历了相似的走势，差别仅在于具体的数值，这源于不同国家处于不同的经济金融发展阶段。问题在于，1970 年以来，全球范围内主要国家的加杠杆趋势延续至今，去杠杆大多仅局限于某个或某几个部门，表现为宏观金融杠杆结构的变化。信贷对应着债务，同时也对应着金融资产，总债务的持续扩张，对应着经济中金融资产总量相对于实体经济规模的扩张，其直接后果是金融相关性比率的持续上升，表现为金融与实体经济的加速分离。实体经济与金融体系是一对矛盾，二者之间存在着协调态与冲突态两种关系状态，冲突态必将通过危机来作为回归协调态的途径。因而，对"宏观加杠杆"这一历史性趋势的"终结"，是极具意义的；同时，宏观总杠杆的内部结构怎样，也关系着宏观经济的稳定。

表 2－17　　发达国家和新兴市场国家的宏观总杠杆水平（2001—2012 年）

年份	发达国家			新兴市场国家		
	政府部门杠杆	私人部门杠杆	总杠杆	政府部门杠杆	私人部门杠杆	总杠杆
2001	66.4	143.2	209.6	49.2	73.3	122.5
2007	**63.0**	**172.3**	**235.3**	**39.7**	**77.5**	**117.2**
2012	84.4	190.1	274.5	46.9	91.7	138.6

资料来源：世界银行以及作者的计算。

---

① 发达国家与新兴市场国家私人部门杠杆水平之差在 2009 年达到最大值 102.8%，之后开始缓慢下降。考虑到发达国家在 1980 年时的私人部门杠杆水平低于 100%，因而可以断定，102.8% 是迄今为止发达国家与新兴市场国家之间私人部门杠杆水平的最大差距。

2.6.4　案例研究：次贷危机

次贷危机因美国次级债市场的崩溃而得名，但却有其更为深刻的根源。仅从现象上而论，长期以来的低利率和抵押贷款利率催生了信贷市场的繁荣，进而推动了全球范围内很多国家[①]的房地产市场繁荣，资产价格泡沫日益增大。资产价格泡沫既是经济中贷款和债务总量快速上升的结果，也是其原因和动力。[②] 截至 2007 年底，商业银行向居民提供的住房抵押贷款远超对企业提供的贷款，该数字在英国为 GDP 的 81%、46%，在美国为 GDP 的 73%、36%，在欧洲，住房抵押贷款同样是信贷扩张的"主力军"——全球范围内的房地产价格泡沫远比想象的严重。图 2 - 22 显示，从 20 世纪 80 年代开始，美国抵押贷款利率开始从高点（17% 左右）迅速下降，并在 2000 年下降到 8% 左右，在 21 世纪继续下降，次贷危机前低至5% 左右，危机后竟然达到创纪录的不足 4%。与此同时，抵押贷款余额随之迅速攀升，并在 2001 年便已达到 6000 亿美元，随后开始出现短暂下降，在危机爆发时为 4000 亿美元左右；然而，危机后抵押贷款余额再次出现井喷式增长，2014 年达到惊人的 15000 亿美元。通常而言，抵押贷款余额会与抵押贷款利率呈负相关，但 2002—2007 年间，却出现了抵押利率下降、抵押贷款余额也下降的现象，这正说明早在 21 世纪初，人们便已开始对抵押贷款市场的风险产生忧虑，而危机后，随着美国经济的复苏，乐观情绪再次充斥于抵押贷款市场，从而引发了抵押贷款额的巨幅上涨——如果我们同时参照房屋价格的走势，能够使我们更加清晰地意识到次贷危机前房

---

①　这些国家主要包括美国、英国、法国、西班牙、荷兰、爱尔兰、波兰、希腊、保加利亚、克罗地亚、瑞典、芬兰、挪威、以色列、罗马尼亚、乌克兰、澳大利亚、新西兰、南非、阿联酋、新加坡、韩国、印度、中国、阿根廷。

②　对资产价格上涨与信贷扩张、加杠杆、资产负债表膨胀之间互动关系的理论模型与逻辑分析见本书第 3 章。

屋资产价格的"非理性"上涨，显然房价滞后于抵押贷款余额的变化，这种情形也同时发生在其他发达和发展中经济体。

资料来源：美联储经济数据库（FRED）以及作者的计算。

注：图中房地产价格指数为标准普尔—希勒（S&P–Shiller）20 城市房地产价格指数，原指数以 2000 年为基期，基期点数为 100，但为了图中展示方便，本书在此将基期点数调整为 10。

图 2–22　美国抵押贷款市场与房屋价格

下面，我们考察主要经济体在危机爆发时经济中的宏观金融杠杆水平，数据显示，2008 年，宏观总杠杆率（% GDP）从高到低排序依次为日本 459、英国 380、西班牙 342、韩国 331、瑞士 313、法国 308、意大利 298、美国 290、德国 274、加拿大 245、中国 159、巴西 142、印度 129、俄罗斯 71，很显然，西方发达国家的金融杠杆水平已高达近 300%，而新兴经济体则大体在 150% 左右，为发达国家的一半。不仅如此，金融杠杆的结构性差异也十分显著，以部门金融杠杆占比来看，上述各国四个经济部门的金融杠杆水平有一定差距。[①] 从 2000—2008 年，成熟经济

---

① 政府部门杠杆区间为 7.04% ~ 51.16%（均值 24.39%），企业部门杠杆区间为 21.13% ~ 39.65%（均值 32.56%），居民部门杠杆区间为 7.59% ~ 37.58%（均值 20.29%），金融部门杠杆区间为 8.25% ~ 32.63%（均值 22.76%）。

体①的总债务共增加 40 万亿美元之多（增幅 57%），其中，金融部门贡献 11 万亿美元，其余三个经济部门贡献 29 万亿美元，居民、企业、政府、金融四大部门的同期债务增幅分别为 66%、44%、57%、66%，从对总杠杆的贡献来看，四部门分别贡献率为 27%、22%、25%、26%。②

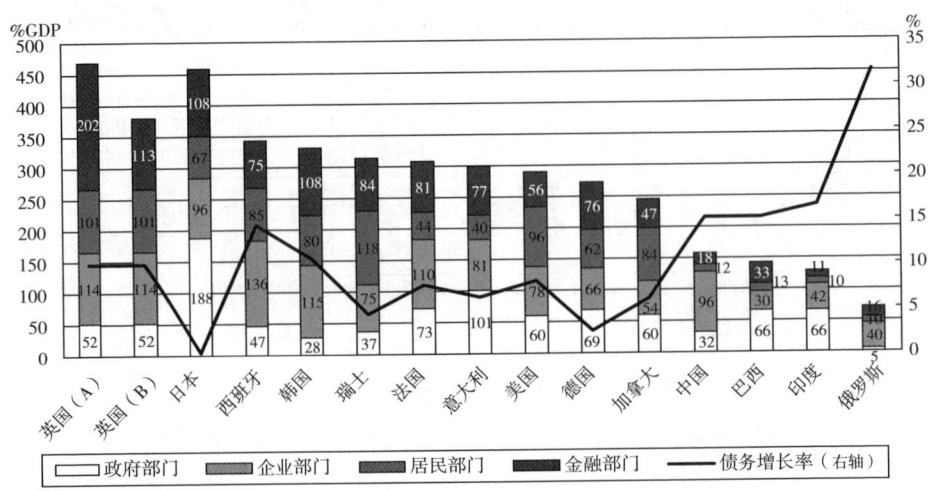

资料来源：Haver Analytics、McKinsey Global Institute 以及作者的计算。

注：

①英国（A）的金融部门杠杆率数值包含了英国作为全球金融中心的影响，英国（B）则对（A）进行了调整。

②债务增长率为 2000—2008 年期间的复合年化增长率，债务总额以所在国货币（local money）计算。

③此处所使用的数据统计口径（特别是私人部门杠杆）与世界银行不同，故而数值偏高。

图 2 - 23　世界主要国家金融总杠杆及结构（2008 年）

对金融杠杆的考察，除了对宏观总杠杆及其结构的考察外，还需要

---

① 成熟经济体包括加拿大、法国、德国、意大利、日本、韩国、西班牙、瑞士、英国、美国。

② 如果算上中国，则总债务增幅将高达 44.7 万亿美元。

对各经济部门进行更为细致的研究，这涉及更为精细的杠杆度量方法和指标。上面的数据显示，各经济部门债务在总债务中的占比相对平均，这事实上掩盖了真正"危险"的债务人，正是各部门中的此类债务人在危机前陷入麻烦和困境，从而引发了危机中绝大多数人的信贷损失。在居民部门，几乎所有成熟经济体的居民部门杠杆从 2000 年开始都经历了显著的提升，2008 年，美国居民部门的债务已经达到 GDP 的 96%，而英国和瑞士竟然高达 102% 和 121%。① 房地产价格和股票价格指数的持续上涨掩盖了居民部门过高的杠杆水平，直至危机前，居民部门的债务/资产比一直处于稳定水平——这是杠杆率计算方法的误导，当使用债务/收入比时，成熟经济体（德国、日本除外）的居民部门杠杆都出现了极显著的上升。② 债务和杠杆水平上升最快的人群最值得特别关注：在美国是中等收入阶层，借款者通常不具有良好的信用记录、不提供任何抵押物或保证金；在西班牙是低收入的贫困阶层——很显然，不同收入阶层的去杠杆行为将导致截然不同的宏观经济后果，低收入阶层去杠杆意味着违约，因而对消费影响很小，但会显著提高银行体系的成本；中产阶级去杠杆并不会带来违约率的大幅上升，他们会通过增加储蓄和减少消费来实现这一目的，而这会减小信用损失，但不可避免地降低经济增速。危机前，全球范围内大多数国家的企业部门杠杆水平大都十分稳定或处于下降趋势，唯独商业地产的繁荣和杠杆收购（LBO）的大规模兴起是两个例外。美国商业地产的杠杆率（负债/账面价值）在 1998—2008 年间翻了一番，其所形成债务的相当一部分在近些年面临着再融资（refinance），2010—2014 年，1.3 万亿美元的商业地产贷款将到期，对这些债

---

① 作为例外，德国和日本的居民部门债务在此期间则呈现出下降趋势。

② 具体地，按债务/收入比计算，从 2000—2008 年，各国居民部门杠杆率上涨幅度分别为：瑞士 9%、英国 52%、韩国 73%、加拿大 25%、西班牙 88%、美国 33%、法国 44%、意大利 76%、德国 −14%、日本 −10%。其中，瑞士增幅较小是因为其 2000 年居民部门杠杆水平已达 166%。

务的再融资需要资产证券化市场的繁荣。无论是商业地产，还是私人住房，高速上涨的房价在很多金融危机中都扮演着极重要的角色。在政府部门，所幸的是绝大多数成熟经济体的政府部门债务在 2000—2008 年间都未出现明显变化，意大利、西班牙、瑞士的政府部门杠杆还出现了下降，在今天看来，政府部门危机前的去杠杆力度如果更有力度则会更好，因为这会给政府公共支出的扩张留下更大余地。从金融部门来看，主要国家的金融部门杠杆水平在危机前都处于较稳定或稳中有降的趋势，增幅显著的主要是美国的投资银行、英国以及瑞士的银行、美国的非银行金融中介机构（如房利美、房地美），这些金融机构在 2002—2007 年间的加杠杆幅度超过了 25%，特别是这些机构大多使用短期债务（而非储

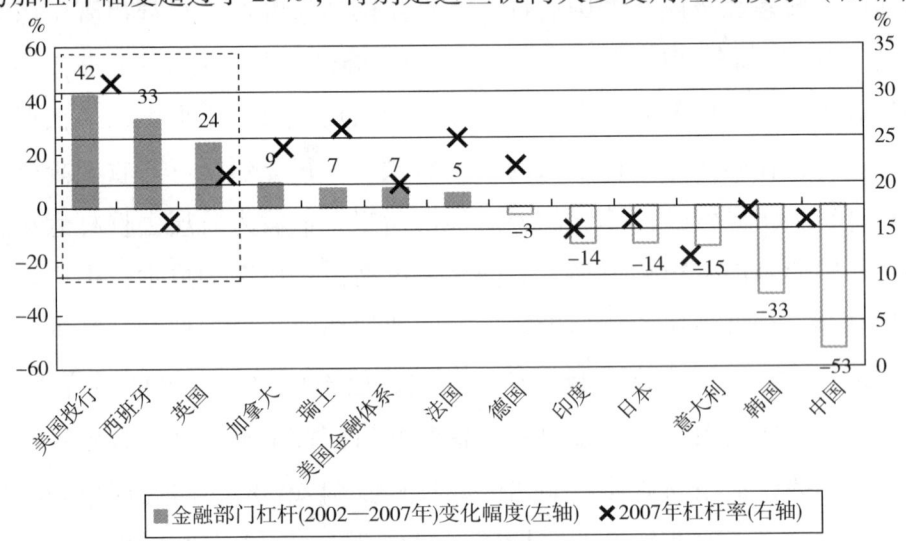

资料来源：McKinsey Global Institute 以及作者的计算。

注：

①美国投行包括摩根士丹利、高盛、美林、贝尔斯登以及雷曼兄弟。

②金融杠杆率为总资产/权益类资本，其中，欧洲国家金融部门杠杆率的计算经过了对不同会计准则的调整，即将 IFRS 规则下的资产规模转换为 GAAP 规则下的资产规模。

图 2-24　次贷危机前主要国家金融部门杠杆水平及变化

蓄存款）作为其经营和投资行为的资金来源，因而当信贷市场出现紧缩时，它们将无法偿付到期的债务。此外，在以英、美为代表的发达国家，大型银行资产质量的缓慢下降也是金融脆弱性不断积累的重要诱因，它们通常采用混合资本工具（hybrid capital instruments）来支撑自身的资产扩张，这些工具虽然满足当时的监管体系，但却使这些大型银行无法在危机时吸收信用损失，从而引发大型金融机构的破产和倒闭。显然，这些混合资本工具的使用掩盖了金融机构加杠杆的速度和幅度，因而，除金融杠杆水平外，还必须密切关注资本的质量。

上面的分析表明，宏观金融杠杆水平在很多时候并非一个可以充分信赖的指标，它不足以显示经济加杠杆或去杠杆的速度和潜在影响，为此，我们需要分部门逐一去研究，同时在必要时采用不同的金融杠杆计量口径。

2.6.5　基于观察的小结

金融霸权是全球经济过度虚拟化的"罪魁"。这一时期经济和金融发展的主要特征是：

1. "危机—衰退—复苏—改革"是这一时期的主旋律。次贷危机影响深远，在危机后全球开始寻求新的国际经济金融新秩序。

2. 全球范围内，政府部门杠杆大体经历了先降后升的过程，显然，政府部门危机前的去杠杆并未避免此轮危机，危机后的政府债务激增却是危机的必然后果。

3. 除少数国家外，各国实体经济增长乏力，发达国家产业空心化、经济去产业化、经济金融化趋势显著。金融资本日益显示出替代实体资本的"能力"，经济发展的手段逐渐异化为目的。

4. 金融扩张进一步加速。与实体经济增速相比，货币与信贷扩张速度仍较快；信贷—货币比有所下降，这是危机后金融在一定程度上的理性回归。宏观金融杠杆水平延续上升趋势，已达过度状态。此轮危机是前期行为积累的必然，与此同时，各国宏观金融杠杆的结构性变化（特别是居民部门的债务膨胀和信用透支情况严重）亦是重要诱因。对金融杠杆的分析不仅要重视总量，还要注重结构，此次危机过后发达国家普遍经历了杠杆结构（私人部门去杠杆、政府部门加杠杆）的变化，去杠杆过程是痛苦而漫长的。

5. 危机后的数轮量化宽松货币政策提示人们，金融改革不应仅停留在金融监管层面，金融向其真正功能的回归才是终极解决方案，而这必然要触碰现有的国际金融规则、秩序和政策框架。实体经济方面，"去全球化"、"再工业化"等趋势在未来将势必引发全球化"大分工"格局的变化。

2.7　金融杠杆变化的历史图景：本章小结

行文至此，我们围绕着"金融杠杆水平"完成了对 1800—2013 年全球经济金融发展历史的回顾，总体上，这 213 年有如下几个"大趋势"：

其一，西方发达国家实体经济发展的黄金时期为 1800—1975 年；发展中国家则为 1980 年至今。

其二，西方发达国家率先进入金融发展的信用时代，其开端恰为 20 世纪 80 年代，这与发达国家结束实体经济发展黄金期的节点是一致的，这不是巧合。

其三，金融发展内生于实体经济的运行和制度环境之中，随着经济的发展，金融体系的规模和膨胀速度均呈现持续的上升趋势，这表现为经济的货币化率、私人部门杠杆水平、宏观经济总杠杆水平的持续上升。

其四，国际货币体系是重要的经济金融制度，其演进是政治、经济、金融等诸多因素共同作用的结果，本质上是货币"去价值化"、"符号

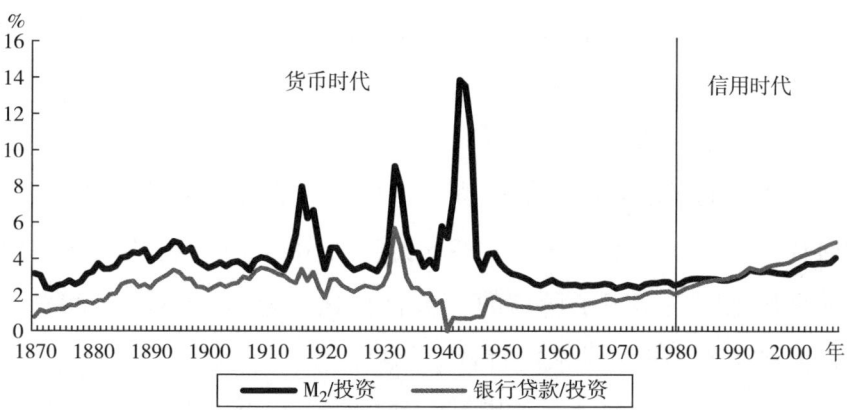

资料来源：Schularick & Taylor（2010）、世界银行以及作者的计算。

图 2 – 25　14 个发达国家的货币、信贷与投资规模比（1870—2008 年）

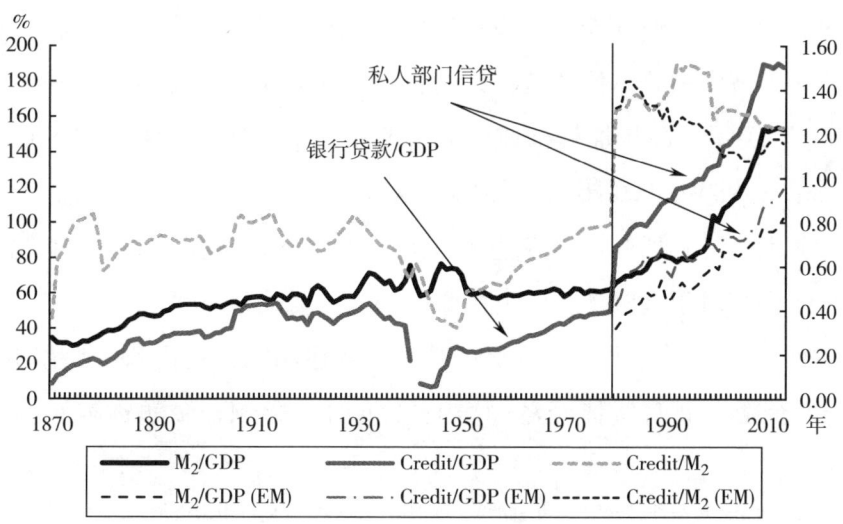

资料来源：Schularick & Taylor（2010）、世界银行以及作者的计算。

注：图中 1980 年以前的信贷为银行体系贷款，1980 年（含）以后为私人部门信贷。清晰起见，我们用竖线将使用不同统计口径的区间分开。显然，信贷/M_2 的比值也受到统计口径的影响。

图 2 – 26　全球金融发展情况（1870—2013 年）

化"的过程，它在金融资本逐步挤出并替代实体资本的过程中发挥了重要作用，同时也加剧了全球范围内的宏观经济波动，加剧了国家间的分化和经济上的不平等。

其五，在不同的历史货币形态下，金融杠杆水平的变化具有差异性，金融杠杆水平的运动规律在信用货币条件下（大体上对应于金融发展的信用时代）发生了根本变化，显然这源于货币功能的变化。如果说 1870 年以来全球范围内出现了所谓的"大杠杆化"进程，那么从 20 世纪 80 年代以来则呈现出更为惊人的杠杆化趋势。[①]

上文中，我们多次对比了货币、信贷、银行资产等金融发展指标增速与实体经济增速（GDP%）的大小关系，但却始终没有考察金融杠杆水平的变化速度。[②]经粗略计算（按算术平均计算的平均增速，而非复合年化增速），从 1950 年至今，发达国家的加杠杆速度不断提高，杠杆化不仅加重了经济中的总体债务负担，而且日益表现出与实体经济增速之间的"剪刀差"关系，即从加杠杆速度显著低于经济增速（1950—1975 年）到二者持平（1980—2000 年），再到高于经济增速（2001—2013 年）；对新兴市场国家而言，其加杠杆速度基本上始终低于经济增速，且在新世纪表现出实体经济相对于金融体系的更快增长，这无疑是令人欣慰的。

然而，我们不得不指出两点：其一，发达国家已经进入"金融异化"阶段，[③] 金融发展对实体经济而言有"负面"影响，金融资本对实体投

---

① 限于数据的可得性（从 1980 年开始），本书第 4 章的实证分析中未能纳入国际货币制度（第 4 章会做细致说明）这一因素，因而无法利用计量方法对这里的论断进行检验。然而，逻辑上（从演绎的角度）和经验上（从历史归纳的角度），我们都能够发现货币形态、货币的信用含量、货币符号化、信用持续扩张和金融加杠杆、EC - HL 综合征、金融大发展和实体经济衰退、资产价格泡沫和金融异化、经济金融危机这一发展路径的内在一致性。

② 通常情况下，人们习惯用货币、信贷增速与经济增速进行对比，用以衡量金融发展之于实体经济增长的相对速度，该速度反映了经济杠杆化的速度。但这种对比并没有考虑到不同经济体量和增速下对经济加杠杆的承受力，显然，对应于不同的经济发展存量与流量，经济加杠杆的可持续性不同。因而，将经济加杠杆速度与经济增长速度相比较，能够获得这样的有价值信息。

③ 当然，这里并非指全部发达国家，德国就是例外，对发达国家的分析详见本书第 5 章。

资和资本形成有阻碍作用；其二，从金融与实体经济关系的角度看，新兴市场国家大体处于发达国家 20 世纪 70 年代的水平，然而，较高的实体经济增速并未给新兴市场国家带来持久的繁荣，相反，拉美债务危机、亚洲金融危机、次贷危机以及欧债危机无一例外地都深刻影响了这些国家的经济、金融乃至社会发展，这说明，现实中的金融发展在不同国家"阵营"有截然不同的作用，"先发优势"和"金融霸权"是这种"不对称性"的根源；不过，从另一个角度看，发展中国家和经济欠发达国家所制定与奉行的经济发展战略同样在相当程度上决定了其经济运行的历史轨道。

表 2 – 18　　　　杠杆化速度与实体经济增速的对比（1950—2013 年）　　　　单位：%

		M$_2$/GDP			私人部门杠杆			GDP
1950—1975 年	DC	58.4	64.6	0.42	58.76	77.63	1.28	10.50
	EM	—	—	—	—	—	—	—
1980—2000 年	DC	66.1	101.4	2.67	86.3	132.9	2.70	2.68
	EM	32.4	59.1	4.12	42.8	67.1	2.84	4.41
2001—2013 年	DC	107.9	152.9	3.48	143.2	188.2	2.62	<3
	EM	66.6	82.1	1.94	73.3	95.2	2.49	6 – 7

资料来源：世界银行以及作者的计算。

注：表中 M$_2$/GDP 以及私人部门杠杆两个指标均有三列数据，依次为所属时期范围的起始年份水平、终止年份水平以及该时期范围内的年均增速（算术平均）。

结束本章的讨论之前，我们将有关金融发展和金融杠杆水平变化的重要信息纳入表 2 – 19 中，以此作为有关金融杠杆的历史经验分析的总结，也作为后面各章进一步分析金融杠杆水平适度性的重要参考和基础。

表2-19　全球金融发展情况概览（1800—2013年）

时代	时期	货币制度	政府部门杠杆	M₂/GDP	私人部门杠杆	宏观总杠杆	GDP%	M₂%	贷款%	资产%	贷款/M₂	FIR
金融发展的货币时代	1800—1900年	金本位 金银复本位	波动大、国别差异大、受政治影响大	↑（欧洲）30%→54%	↑（欧洲）		>3%（欧洲）0.05%（亚洲）	↑>GDP（欧洲）	↑>GDP（欧洲）	↑>GDP（欧洲）	↑（欧洲）	↑（欧洲）
	1901—1948年	金本位 布雷顿森林体系	受战争、危机影响巨大、萧条期间较低	↑（发达）50%→60%			波动性大、战争及危机爆发时下跌为负值、美国情况较好	↑>GDP（发达）	↑>GDP（发达）	↑>GDP（发达）	↑（发达）	↑（发达）>0.7
	1950—1975年	布雷顿森林体系 牙买加体系	持续显著下降（发达）61.6%→28.1%	↑（发达）58.4%→64.6%	58.76%→77.63%（发达）17.03%→2.61%（阿拉伯）	94.90%→105.73%（发达）发达国家杠杆结构变化（政府↓，私人↑）	10.5%（发达）	↑>GDP（发达）	↑>GDP（发达）0.459→0.547	↑>GDP（发达）0.768→1.014	↑（发达）0.758→0.838	↑（发达）1.50（新兴）<0.86

续表

时代	时期	货币制度	政府部门杠杆	M₂/GDP	私人部门杠杆	宏观总杠杆	GDP%	M₂%	贷款%	资产%	贷款/M₂	FIR
金融发展的信用时代	1980—2000 年	牙买加体系	持续上升（发达）、稳中有降但外债显著上升（新兴）	↑（发达 66.1%→101.4%）（新兴 32.4%→59.1%）	↑（发达 86.3%→132.9%）（新兴 42.8%→67.1%）	↑（发达 124.2%→201.8%）（新兴 75.3%→121.1%）	<3%（发达）>4%（新兴）	↑ >GDP	↑ >GDP	↑ >GDP	↑（发达）↓（新兴）	↑（发达 >2.0）（新兴 >1.4）
	2001—2013 年	牙买加体系	总体呈上升趋势、危机期间最低型反转（V 型反转），发达 >65%、新兴 <50%	↑（发达 107.9%→152.9%）（新兴 66.6%→82.1%）	↑（发达 143.2%→188.2%）（新兴 73.3%→95.2%）	↑（发达 209.6%→235.3%）（新兴 274.5%→122.5%→117.2%→138.6%）	<3%（发达）6%~7%（新兴）危机期间均显著下降	↓ >GDP 新兴 >发达	↓ >GDP（发达 3.91%）↑ >GDP（新兴 12.52%）	↑ >GDP	→（发达 1.33→1.23）↑（新兴 1.10→1.16）	↑

第3章 金融杠杆的经济分析

3.1 金融作用于实体经济的一般机制

3.1.1 金融体系"非中性"

人们对于金融体系与实体经济关系的研究由来已久，总体上形成两大类观点（Levine，1997）。一类观点以古典和新古典经济学为基础，认为金融体系是"中性"的，与实体经济的运行无关（Lucas，1988；Stern，1989）。另一类观点认为，金融体系与实体经济存在着紧密联系，而这又分为两种立场（Patrick，1966；Levine，1997），即"需求遵从"（demand – following）和"供给引领"（supply – leading）。Bagehot 认为，金融体系在促进英国工业化过程中起到了积极的推动作用；Veblen 在《企业论》中便已提及了经济中实体部门与金融部门的关系问题；Schumpeter 指出，银行能够通过甄别、发现和资助最具成长潜力的企业来推动技术创新和进步；Fisher（1933）在其"债务—通货紧缩"理论中指出，实体经济的下滑是金融市场运行不畅的结果；凯恩斯在《就业、利息和货币通论》（1936）便已纳入对金融因素影响实体经济的考察，他指出，借贷双方的"预期"和"信心"（state of confidence）会显著影响信贷，而这本身就足以引起实体经济的波动；Hicks（1969）强调了金融体系通过资金调动和配置来支持大型项目建设的优势。

从历史和制度变迁角度看，金融体系是作为货币运动和货币制度的内在要求而诞生的，是内生于实物资本与货币资本的相对价值运动过程之中的；从微观层面讲，金融体系是市场中的微观行为主体为降低交易成本和信息成本而长期演变成的。现实中的"摩擦"和"不完美"，使得货币金融理论无法沿着 Walras 一般均衡和 Arrow - Debreu 经典范式行进，需要从金融与实体经济关系的角度重新建立起金融内生的理论体系。正如 Goldsmith（1969）所指出的，随着经济发展，金融结构发生变化，金融得到发展，金融在实体经济中的地位和作用日益加强，金融相关性比率呈上升趋势。因此，经济中金融工具发行总量、金融资产总规模、金融债务存量进而宏观杠杆水平的上升也便是顺理成章的事情了。既然金融不是中性的，那么金融杠杆也必然不是中性的——这一点在本书第 2 章的历史分析中早已指出——任何非中性的事物都需要"度"的把握。

3.1.2　金融发展的两个阶段

理论界通常根据金融作用于实体经济的机制将金融发展划分为两个阶段，即货币时期（Age of Money）和信用时期（Age of Credit）。货币时期介于 1870—1970 年，该时期的特点是银行货币负债的变化能够基本上体现出银行资产的变化，因而广义货币和信用总量的变化几乎是同步的。信用时期（1970 年至今）的显著特点是金融中介的快速发展以及银行资产方的迅速膨胀，广义货币与信用总量的变化出现明显分化（decoupling of loans from broad money），主要体现为广义货币/GDP 以及银行贷款/GDP 的显著增速差异，货币不再是对金融与实体经济关系研究的恰当变量。与此相应，宏观经济理论分为货币观（Money View）和信用观（Credit View）两类，前者以银行的负债方（即货币）为研究重心，以货币数量论为代表，将信用作为货币在价值和功能上的扩展和延伸；[1] 而后者则聚焦于金融部门的资产方（即银行以及非银行金融机构的信用创造），将货币看作是信用在一定历史时期的某一实现形式，该理论发端于可贷资金理论，进而 Gurley & Shaw（1955）建立了以金融中介为核心的理论，指出了金融中介在促进跨时贸易效率方面的重要作用[2]，Goldsmith 的系列研究建立了金融结构理论，充分阐明了金融中介在经济发展中的作用（Goldsmith，1954，1958，1959，1969）。Stiglitz & Greenwald（2003）指出："货币政策的焦点应该从货币在交易中的作用转向货币政策在影响信用供给方面的作用"。第 2 章中的经验分析恰恰印证了本书开篇的一个猜测，即货币的符号性特征是信用得以不断扩张的基础，是金融杠杆水平不断攀升的始作俑者。无论从金融体系自身发展看（表现为金融结构变迁、金融深化和发展），还是从金融与实体经济关系看（表现为金融相关比率上升、金融杠杆水平上升以及经济的金融化），这个二阶段划分都是成立的。

3.1.3　金融作用于实体经济的机制

经济学分析传统上习惯于以货币、信用、储蓄、投资、总需求、债务等要素来分析以推动经济增长为目标的金融问题。对本书的研究对象金融杠杆而言，其本质是信用或债务总量（新增或存量）与国民生产总值之比，杠杆率的分子是金融因素，分母是实体经济因素，因此杠杆率是金融与实体的某种规模、结构、比例关系，它包含了金融作用于实体

---

[1]　大多数早期学者主要将货币存量（money stock）作为核心，对于金融中介的研究仅在于其对货币供给的作用，忽视了信贷市场与产出的直接联系。

[2]　Gurley 和 Shaw 的研究得出"金融中介在改善跨时贸易效率方面所发挥的作用对于推动经济总体活动发展水平是十分重要的"的结论，并提出了用金融容量（financial capacity）代替货币存量来与实体经济活动进行相关性研究的思路。

以及实体作用于金融两个角度的信息（内生性）。故而上述分析框架仍然适用。宏观金融杠杆水平的上升既可能是信贷过度扩张（excessive credit growth）的结果，也可能源自于实体经济产出水平的下滑，金融杠杆水平及其变化是"实虚关系"及其变化的"纽带"。

3.1.3.1　信用创造的利与弊：经济增长与波动

经济增长（特别是当生产潜能被不断释放时，比如工业革命时期）需要经济中有充足的名义需求。从基本的货币数量关系可以得出，为提供经济增长的必要动力，要么是在货币供应量不变的情况下降低物价（要求价格水平的下降弹性），要么是在价格水平相对稳定的情况下提高货币供应量以提供更高水平的购买力，显然后者是符合人们现实心理需求的。

在金属货币本位时期，扩张货币的手段只有三种：提高贵金属产量（不可持续）、中央政府赤字发行货币（fiat money）、银行信用创造货币及货币等价物。与政府货币发行相比，银行信用创造能够避免货币发行环节中的政治和人为因素。Wicksell 指出，即便在没有商业银行的经济中，企业之间的信贷行为仍然能够对有效购买力产生扩张效应，而在一个具有较完善银行系统的经济中，银行的信用扩张能够有效提高经济中的货币供应量，从而能够创造出新的购买力，这对于刺激名义总需求和经济增长具有重要意义。对于银行信贷创造对实体经济促进作用的现代研究著述颇丰，在此不作赘述。

然而，银行信用创造存在"限度"的问题，过多的货币和过度的购买力量（spending power）势必引发通货膨胀。为此，Wicksell 意识到银行"存款准备金"对信用扩张能力的影响，提出采用"银行货币"（bank giro）来代替货币支付的设想，这显然需要整个经济体系内部形成一个共同银行（one—bank）。[1] Hayek、Minsky、Fisher 等人指出，银行信用创造仍然可能因银行自身行为而"过度"，同时，银行信用创造还会产生一个"副产品"，即债务合约（debt contracts），这是经济不稳定的根源，因而必须对银行的信用创造行为施以约束。显然，伟大的经济学者们早已意识到超额信贷供给的弊端，但少有人对如何界定"超额"给出完美解答。[2]

3.1.3.2 信贷周期与经济周期

奥地利学派学者（Mises、Schumpeter 和 Hayek）指出，信用创造本身对实体经济有两大影响，一是通过突破原有的依赖于"储蓄者与借款者"之间的直接资金借贷模式刺激经济的潜在增长，二是逐步形成了"信用—投资—产出"的"繁荣—萧条"的周期性波动，对经济稳定性产生负面影响（Hayek 的真实投资周期理论）。Schumpeter 曾指出，信用的突出作用在于实现社会生产过程的连续性，突破了企业家生产与资金周转的约束，但同时，也不可避免地带来了经济周期。凯恩斯主义者 Minsky 指出，信用创造会使实体经济投资向某一类投资倾斜，投资将被更多地用于既有资产（如房屋购买、资产代际转移等）而非新建项目，他将这些信贷称为"非投资类资金贷出"（non – investment categories of

---

[1] 从现代观点来看，Wicksell 的巨大成就在于其指出了信用对于经济增长的推动作用以及超额信用对于购买力和物价的负面影响；然而，受时代所限，他假设银行信用绝大部分都被用于企业的生产资料投资和项目投资，未能认识到信用影响经济的其他渠道。

[2] 次贷危机后，无论是巴塞尔委员会还是学术界都在探讨如何界定和度量"超额"信贷，普遍的做法是用当前的信贷（或信贷/GDP）增速与其长期趋势作差分，以信贷（信贷/GDP）增速对长期趋势的偏离程度来衡量超额信贷，这被称作 Credit Gap（Credit – to – GDP Gap），该方法采用 HP 滤波方法确定宏观经济变量的长期趋势（Drehmann et al.，2011；Alessi & Detken，2014）。此外，为避免 HP 滤波方法的缺陷，当前不少学者采用 OOS 方法，即使用样本国家以外的数据来确定信贷（信贷/GDP）的均衡水平，用样本国指标与均衡水平之差作为度量超额信贷的标准（Kiss et al.，2006；Égert et al.，2006）。

lending），这已偏离实体投资的初衷。① 如果说 Hayek 强调了信用创造对
实体投资所产生的宏观周期效应，那么 Minsky 则强调被用于"非实体
性"投资的信贷将会通过资产价格渠道产生更为惊人的周期效应，而这
又会进一步对投资者和借款者产生"不正当"激励，催生投机行为
（Minsky，1986）。② Fisher 则另辟蹊径，从信贷行为的副产品（债务合
约）出发，提出了著名的"债务—通货紧缩理论"，很显然，这一理论源
自于"大萧条"现实体验的重要启示。20 世纪 30 年代，Fisher 和 Simons
指出，银行信用活动所产生债务合约不同于实物投资，它将引发与权益
类合约（equity contracts）截然不同的风险，一个经济体在宏观上的总杠
杆水平是影响宏观经济运行的关键性变量。③ 债务合约的特性，使得银行
无论是贷款给企业家投资于实体项目还是给消费者（以及投机者）来购
买已有资产，都会产生经济中的不稳定。Simons 甚至认为，一个理想的
经济体中不应该存在任何期限短于 50 年的债务合约（Simons，1936），
Fisher 则指出，任何形式的过度负债（over indebtedness）都将可能引发
债务通货紧缩的恶性循环，他还强调，只要不是在经济过度负债的情况
下，仅仅是通货紧缩本身并不足惧（Fisher，1933）。因此，这里便出现
一个循环：信用扩张→债务合约→资产价格上涨→信用扩张→……→过
度负债（高杠杆、资产价格泡沫）→预期变化→资产价格下跌→流动性
紧缩→违约→信用收缩（去杠杆）→资产价格下跌→……—Fisher、Min-
sky、Kindleberger 等人将这种现象称作"信用和杠杆的自我加强和自我实

---

① 随着经济金融化程度的加深，这种偏离趋势将日益明显。当然，有学者也指出，并不能认为
投资于既有资产是"非生产性的"（non - productive），因为如果企业是有意地（deliberately）利用投
资资产增值来获取更高收益并最终将此收益用于实体投资，那么这种行为是生产性的。这实际上是金
融资产与实物资产之间究竟是何种关系的问题。
② Kindleberger（1978）从金融危机史角度对此进行了系统性的分析和阐释。
③ 相当多的文献都将大萧条归因于 20 世纪 20 年代美国（以及其他发达国家）经济总杠杆水平
的过度增长。但本书第 2 章中也已指出，总杠杆水平的增长并非危机的真正根源，而是危机的放大器。

现的周期性"。这也在客观上决定了宏观金融杠杆水平的"上升→下降→上升→……"的波动性，这种波动性既是经济自然运行的规律，也是微观主体行为的规律。他们认为，为抑制这种周期性循环，有必要设定严格的银行存款准备金制度，甚至是100%准备金率。[①] 更一般地，既然经济周期是经济发展过程中的一种"自然"现象，那么信贷周期、杠杆周期乃至宏观金融周期（financial cycles）也是如此，只不过前者与后者在"相位"、"振幅"和"频率"上有所差别罢了。所以，金融杠杆水平的周期性波动也是难免的，问题是如何防止其过度波动，以及探究金融杠杆水平的周期性波动对实体经济的影响。

3.1.3.3　信用扩张与强制储蓄

现实中，货币供应量的变化并不会平均地、同步地影响经济中的各个部门，因此至少会在短期产生对实体经济的影响。当货币供应或信贷供给增加时，必定有一部分人更早地获得这些新增的信用，而此时的价格水平并未变化（因为更多人并未获得这种信用）。信用供给的增加会存在一种"收入分配效应"，多数人的货币性收入增速低于价格水平增速，因此他们将"不得不"减少其消费，增加储蓄，此即强制储蓄（forced savings）[②]。强制储蓄并不是人们的真实储蓄（real savings），它并没有同期的产品或相应价值的货币作保证。因此，强制储蓄将在前期形成一种

---

① 应该说，现代经济金融理论也已指出，银行的信用创造能力还主要地受到其自身资产负债表和流动性的影响，银行以一种"局内人"（skin in the game）的身份和态度参与信贷活动，因此，货币创造乘数在相当程度上将是内生决定的。

② 强制储蓄与自愿储蓄相对应，该概念最早由 Hayek 提出。本质上是由于信用扩张所创造出的货币供应量上的增加在短期内并不会均匀地被分配到所有经济个体上，故而对实体经济会产生影响。具体地，那些较早获得新信贷额度的个体，将能够在全市场充分反映流动性增加前获得比较优势。而其他个体则不得不在收入增速低于价格增速的情况下减少消费，被动地增加储蓄。瞿强（2009）提出了分析经济波动的新思路，即将信用扩张（波动）的影响划分为自愿储蓄和强制储蓄两个部分，前者源于市场行为，后者则通常来自于政府的宏观经济政策，强制储蓄会造成生产与消费的脱节，并进而引发经济波动。

人为的、通胀性的经济繁荣，并在之后的某个时点演变为危机和经济衰退（De Soto，2006）。显然，这里的逻辑是信用扩张对实体经济不同部门（政府、居民、非金融企业、金融机构等）产生不同时效和程度的影响，因此不同部门的储蓄、投资和借贷行为是不同的，表现为不同部门金融杠杆受信用扩张而产生的不同变化机制和趋势。在对金融杠杆水平进行研究时，不能抛开这种与金融杠杆密切相关的财富分配效应以及由此引致的福利改变问题。

3.1.3.4　金融体系与结构

金融体系的发展表现为金融规模和结构上的变化。同样，如果将经济中的总债务以及各部门债务依次与国内生产总值（GDP）作比较，便形成对一个经济体宏观金融杠杆水平及其结构特征的客观量度。金融体系按结构特征划分为银行主导与市场主导两类，二者是互补而非替代的关系。然而，在金融创新和自由化推动下，金融体系呈现出新的变化趋势（如向金融市场融资方式的偏移），传统商业银行在金融体系中的地位开始被弱化，大量非银行金融中介涌现，影子银行和银行的"影子"日益发挥重要作用。在此背景下，传统商业银行也开始通过资产负债表的扩张（主要是表外业务）来尽可能扩大资产规模，这体现为银行杠杆率水平的上升，对银行体系的监管难度显著增大。对其他金融机构（特别是投资银行等）而言，其杠杆率水平通常较高，且在流动性充裕时会表现出更强的风险偏好。而且，存款保险制度的设立、银行间市场的发展、资产证券化的兴起、流动性转移机制的日益丰富乃至金融一体化进程使得世界范围内呈现出三大趋势：其一，实体经济中的融资主体面临更多的融资渠道；其二，资产投资收益日益超过实体经济投资收益；其三，金融体系呈现出波动频率、幅度上的相对一致性（抑或是具有固定的相位差）。

对金融体系结构与经济增长（效率属性）、经济及金融稳定性（稳定属性）之间关系的研究不胜枚举，但各方学者莫衷一是。当前各国的金融体系，更像是一个混合体，其金融功能的发挥和对该国实体经济的具体影响在很大程度上取决于这样一个混合体的总体规模和内部结构，这也同样表现在宏观金融杠杆水平及其结构变化上。加杠杆能够引致金融体系内部各主体资产负债表的膨胀，并强化彼此之间的信用链条，因而加杠杆必然导致信贷规模扩张与增速上升，且一旦任何一环出现问题，信贷链条就会双向受力，极易断裂（Stiglitz & Greenwald，2003）。同时，从世界各国的金融体系结构和宏观金融杠杆水平来看，银行主导型国家（如德国、中国）的私人部门信贷/GDP 要明显低于市场主导型国家（如美国、英国），并且该指标在次贷危机前也表现出不同走势，银行主导型国家加杠杆程度要远低于市场主导型国家。这是否意味着，即便金融体系结构在长期存在着市场占比上升的大趋势，但是不同金融体系结构的国家仍会在金融杠杆变化和长期趋势上存在一定的差异，金融杠杆水平上的这种差异，究竟源于金融体系结构的差异，还是来自于金融发展模式和水平的差异，这实在是值得深思的问题（对此的展开分析详见第4章、第5章）。

3.1.3.5 金融支持与资本形成的变化

资本是决定经济增长的核心要素，资本形成水平、趋势和结构上的差异能够显著影响经济增长的速度和特性（Goldsmith，1955）。因此，研究金融在资本形成过程中所起的作用是探讨金融推进实体经济发展的关键。[①] Kuznets（1955）指出，资本形成依赖于三类彼此联系的经济活动，储蓄、融资和投资。[②] 根据 Merton & Bodie（1995）所提出的"金融功能观"，金融体系最本质的功能是"可以在不确定性的环境下跨越时间和空

---

① 主流宏观经济模型都设定并考察了经济主体（包括金融部门，特别是银行中介）行为对资本形成、折旧以及积累的动态影响。

② 对资本形成的系统性研究参见 Kuznets（1955）、Goldsmith（1959）、Kuznets & Jenks（1961）。

间地配置资源",储蓄、融资和投资正是资金流转、配置的动态过程。其中,融资是储蓄向投资转化的桥梁和渠道,融资行为上的种种差异集中体现为金融杠杆在水平和结构上的差异。

从资本来源上看,资本形成源自内部和外部两个渠道,且长期以来,企业遵循融资啄序,内部融资一直占据主导。探讨金融与资本形成的关系有两个切入点:其一,是资本形成过程中内部与外部融资的比例,其二,是全部投资中自有资金的比例,即贷款与资本形成之比。前者能够体现金融在促进资本形成方面的能力及变化趋势,后者则体现了宏观投资总量中来自外部信用贷款和内部自有资本的变化情况,这实际上也是一种杠杆(姑且称之为"投资杠杆",即 Goldsmith 所说的外部融资比率,详见本书第 2 章的分析)。金融体系结构的变化,会推动企业融资偏好的变化,进而改变其资本形成中外部融资的比例和全社会总投资中贷款总额的比例。显然,金融对资本形成的作用主要地体现为投资杠杆的变化之上。

3.1.3.6 金融摩擦与金融风险传导的信用渠道

此轮危机无疑提醒我们,金融体系摩擦是宏观经济周期性波动的关键驱动因素。经济体系中的不平衡往往在"看似"平静的时期被逐步积累,直到一些"看似"不起眼的冲击(事件、信息等)造成对企业和居民财富巨大且持续的影响,这种影响通常会通过一系列负向反馈循环(adverse feedback loops)和下降螺旋(downward spirals)将初始的冲击以非线性的方式放大,并最终溢出到实体经济之中(Fisher,1933;Keynes,1936;Gurley & Shaw,1955;Tobin,1969;Kindleberger,1978)。一般地,在经济平稳期,金融体系"的确"能够发挥其应有功能;而遗憾的是,在经济波动期或危机时期,金融体系本身的脆弱性"却会"进一步加剧经济波动。这里的逻辑并不那么明显,因为这并非意味着实体经济向好则金融功能得以正常发挥,因为金融不仅是"跟随者"，在金融发展的信用时代，金融资本依托信用扩张的力量，日益展示出排斥实体资本的能力和趋势，因而我们有理由这样预期：在经济向好时，或者说宏观经济处于繁荣期时，"如果"金融发展处于"适度"的水平，那么金融功能将正常地发挥并促进实体经济的增长；"如果"金融发展处于"相对过度"的水平，那么金融功能将产生"异化"倾向，这将在一定程度上阻碍经济的增长；"如果"宏观经济处于衰退期，这将可能阻碍金融体系功能的正常发挥，但同时如果前期金融发展处于相对"过度"水平，那么金融体系所创造出的金融"泡沫"的崩溃将成为实体经济加速下滑的助推器。很显然，金融的内生性决定了金融与实体经济相互作用的机制是复杂的，经济（商业）周期与金融（信贷）周期的叠加，形成现实中经济运行的实际周期率。图 3 - 1 显示，1980 年后，美国的金融周期不仅更为明显，而且其振幅也显著放大，远大于实体经济周期，重要的是，绝大多数经济衰退期都恰好位于金融周期的波峰与波

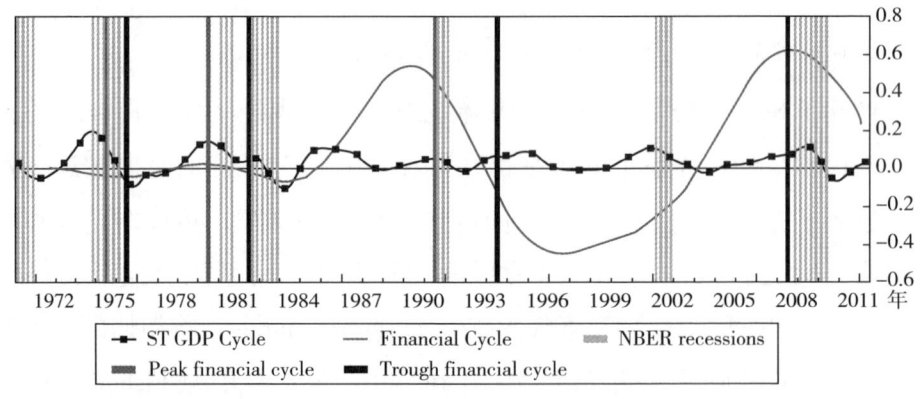

资料来源：Drehmann et al.（2012）。

注：金融周期波峰与波谷的柱状线代表用转折点方法（turning - point method）计算的叠加周期的波峰与波谷，金融周期曲线是用基于频率的周期曲线，该曲线根据信贷、信贷/GDP 以及房地产价格的中期周期平均值计算而得。短期 GDP 周期（商业周期）根据短期频率滤波（the short - term frequency filter）确定。

图 3 - 1　美国的金融周期与商业周期

谷之间，这一点很值得深思。金融周期的作用显然不止于"扰动"和"干扰"。

对金融体系这种内生的顺周期性进行研究，必须深入了解其诱因和形成机制。理论上，在无摩擦经济中，资金具有充分流动性，能够流动到最有利可图的项目中或那些最需要资金的人手中，经济人的生产能力（productivity）、耐心程度（patience）、风险偏好（risk preference）以及乐观程度（optimism）共同决定了资金流（flow of funds）。此时，初始的财富分配无关紧要，因为它总可以被无摩擦地交易到资本利用效率和生产能力更强的那部分经济人手中，生产者借款进行生产赚取利润，贷款者从贷款中获得利息收入，从而经济生产的效率得到充分保证。当遭受外部冲击时，资产价格能够迅速变化（灵活性），经济人可以无摩擦地进行资产交易，投资的技术流动性使得生产活动的一系列调整也能迅速到位，因而经济具有对冲击的足够"消化"和"缓释"能力。

与此不同，在具有摩擦的经济中，由于各类交易成本的存在，依靠企业自身留存收益的内部融资与外部融资的成本有显著不同（存在外部融资的风险溢价），即便是同为外部融资方式的债务融资和股权融资，其融资成本也有较大差异（违约风险不同），这使得实物资本（资产）的流动性和（初始）财富分配对资金的动态配置过程和结果具有重要影响，即便是对微观主体，初始禀赋也是决定性的，这是金融发挥作用的路径依赖性。① 然而，生产规模的持续扩大，要求金融体系（特别是金融中介）在服务经济过程中不断提升其规模经济和范围经济，这使得货币、信贷得以持续增量供给，其结果是企业越来越"理性地"选择外部融资，

---

① 正如本书第 2 章所指出的那样，新兴市场国家虽然能够从发达国家那里获得技术并充分利用"后发优势"，但发达国家的"先发优势"却自始至终主导着实体经济金融的大趋势，除非我们改变这种世界秩序与规则。

尤其是债务融资①。金融相关比率（FIR）的上升以及债务合约的不断累积是"经济杠杆化"的重要标志，更是未来经济遭受冲击时放大效应的重要决定因素，这是金融杠杆的本质（见本书第 1 章）。这是因为，实体经济的运行有赖于实物资本（资产）投入和生产，这必然涉及实物资本或资产的买卖，从而离不开相应资产市场中的交易活动。当实物资本或资产不能够被平滑地交易到生产者（productive agents）手中，经济中便同时存在着两类"无效率"现象：其一，生产者面临融资和流动性约束（financial constraints），无法在最优规模下进行生产；其二，资金盈余部门无法将全部多余资金贷出，从而仅获得低于最优水平的收益。当受到冲击时，这种摩擦一方面会引发借贷双方的心理恐慌和预期变化，另一方面则会进一步导致资产价格的扭曲（distortions），而这都源自于资产的不完全流动性。"流动性"在本质上可以被归结为：经济主体能够在任意时刻以合理的价格（成本）融入资金或将资产转变为具有流动性的交易媒介（如现金等）②；或被描述为市场能够在一些投资者因不时之需而出售一定量的资产时而不对资产价格产生较大影响，即市场能够充分吸收"流动性交易"（liquidity trade）。一般而言，有三类与资产相关的流动性，分别是技术流动性（technological liquidity）、市场流动性（market liquidity）和融资流动性（funding liquidity）。③ 前两类流动性与企业资产负债表的资产方直接相关，而后者则与负债方直接相关。三类流动性相

---

① 债务融资的特点是它会直接导致资产负债表的扩张和膨胀，并直接导致金融杠杆水平的上升，其风险在于高杠杆既倍增了企业的获利能力，也倍增了企业的潜在风险损失。

② 从这个意义上讲，金融体系的核心思想就是为不同人（heterogeneious agents）的需求创造不同的现金流，使他们都可以借到钱，并且在不同的状态下尽可能获得同样的收益——总而言之，就是为了创造出更安全的债务。因而，金融体系的核心目标就是，在不同的自然状态下为不同人的需求提供不同支付。

③ 当然，还有会计流动性（accounting liquidity）等概念，用来表明一个企业资产负债表的健康程度。本质上，各类流动性体现的都是一种资产（如房屋、证券等所有权凭证）与流动性现金（或交易性现金等价物）的相互转化速度和程度。

互影响，在市场交易中共同形成流动性错配（liquidity mismatch）风险。①

更为严重的是，资产的质量将不仅决定于其特异性（specificity）、扣除折旧后的账面价值等物理性因素，同时也决定于资产持有者的资产负债表规模和结构，这种对资产质量的"评估标准"并不公允，具有强顺周期性。在金融摩擦和约束下，微观企业资产负债表的"扩张与收缩"直接导致了资产"吞吐"行为，进而引发资产价格波动和流动性错配（liquidity mismatch）。资产价格波动增加了投资收益的不确定性，从而导致保证金的提高（即去杠杆），这加剧了融资方的融资约束。正是由于人们预期到资产的不完全流动性，故而才会理性地在事前持有流动性资产，并在事后进行安全和流动性投资转移（flight to quality and liquidity）。资产市场的不完全流动性将使得资产供求出现分歧时形成对资产价格上升（供不应求）或下降（供大于求）的压力，这是一种资产价格→资产负债表→金融杠杆水平的顺周期反馈循环，企业和金融中介的资产负债表与净财富（即金融杠杆水平）发挥重要作用（Adrian & Shin，2010）。②

由此可见，现代金融体系主要通过"信用渠道"（credit channels）对实体经济施以影响（Bernanke，1983；Gan，2007；等），且信用渠道又可划分为银行贷款渠道（bank lending channel）和资产负债表渠道（balance sheet channel），其划分依据为金融摩擦究竟是来自于金融中介还是借款方（企业、居民等）；而事实上，在现代金融体系下，银行又何尝不是借款者，非银行金融机构和一些大型企业集团又何尝不是资金提供者，所以说，贷款渠道与资产负债表渠道是共同发挥作用且相互影响

---

① 流动性错配在根本上是由货币逐步脱离实际价值约束而越来越以没有实际（未来）支付作为支撑的信用符号来行使其交易媒介职能所造成的。

② Adrian & Shin（2010）指出，在资产负债表连续盯市的金融体系中，资产价格的变化会立刻表现为净财富的变化，并进而引发金融中介对此作出迅速反应，即调整其资产负债表。盯市体系下的金融杠杆水平具有极强的顺周期性。

的。金融摩擦对宏观经济稳定性的影响是金融体系在经受外部负面冲击时将产生"放大了"的负外部性（negative externalities）。金融体系与实体经济关系的本质是金融介入储蓄→投资的转化过程，形成新的金融债权债务关系，从根本上改变了传统的借贷行为，并集中体现为经济的金融化、金融杠杆水平的上升以及金融脆弱性波及实体经济等方面，金融杠杆在这种放大效应（amplification effects）中发挥着不可忽视的作用。

3.2 制度变迁与金融杠杆水平变化

3.2.1 货币制度变迁：价值保证、可兑换性到符号性

人们对货币起源问题一直存有争论[①]，但事实上货币演变问题同样值得关注。货币是否具有价值，以及货币是否需要有价值，是与经济（特别是金融）休戚相关的议题。Simmel 认为，货币的本质是其符号性，实物货币、金属货币所具有的价值仅是其最终摆脱"价值"的物质和功能准备。理论界存在着从货币角度去研究信用以及从信用角度去分析货币的分野，后者已成为构建宏观经济学的主流思路。Wicksell 最早提出"货币之信用本质"的论断，这与 Simmel 的思想是一致的——我们是否可以推出"符号性就是信用"这样的结论呢？事实上，Wicksell 提倡构建一个纯粹意义上的非实物货币性的支付结算体系，即所谓银行直接转账制（bank giro），他认为这种制度能够有效避免信用扩张与货币供应中的诸多问题（Turner，2013）。[②] 时过境迁，Wicksell 所处的时代是贵金属货币

---

① 对此的研究和争论参见 K. Menger、K. Marx、L. Mises、J. M. Keynes、J. Hicks、J. Tobin、R. W. Clower、J. Niehans、L. H. White、C. Goodhart 等学者的相关论著。

② 李扬、周莉萍（2014）指出，货币信用理论优于信用货币理论的关键在于，信用创造既能提高货币的流量和存量，也可能并不改变货币供应的量，但却改变货币流通速度。

的时代，但他预见了 100 年后信用时代的现象。

货币经历了从实物货币、金属货币向信用货币的历史转变，这是货币制度层面的巨变，其本质是货币放弃了价值保证与可兑换性（convertibility），完完全全地体现为符号性。这一转变历程分为两个步骤、三个阶段：第一阶段（1870—1943 年），金本位制和金银复本位制，货币有完全的可兑换性；第二阶段（1944—1973 年），布雷顿森林体系（"美元—黄金"本位制），货币丧失国内的可兑换性，仅在国际上可兑换；第三阶段（1974 年至今），牙买加体系，货币丧失全部可兑换性，彻底与黄金脱钩。从第 2 章的分析可以清晰地看到，信用创造、货币供给在这三个阶段具有鲜明的特征，二者的加速分离（decoupling）出现在第三阶段，这同时也是宏观金融杠杆率加速上升的阶段。在此处，历史与逻辑是统一的，货币在蜕变为信用符号的同时，信用创造的形式、规模、结构发生显著变化，信用创造与实体经济之间的关系日趋复杂。[①] 货币为经济增长提供了更加蓬勃的动力，但也使经济像脱缰之马踏入危机之路——金融杠杆的"双刃剑"特征已显露无遗，本书的第 5 章将对金融发展（主要是金融加杠杆）对实体经济增长的"非线性"影响作系统分析。

在此，我们拟对货币的符号性作简要分析，这将有助于我们理解信用扩张的经济后果。前面已述，货币的符号性特征使得货币和信用"在理论上"能够无限发行和扩张，但在现实中，符号性的发挥空间是有限的。在信用扩张的前期，新创造的信用（金融工具）之中，相当比例被用于实体投资（因为实体经济发展远未饱和），实体经济迅速增长。不妨假设经济在时间 T_1 达到瓶颈，此前共经历了 $N_1 = n(T_1)$ 轮信用扩张，则在 $t < T_1$ 期间，存在着"信用扩张→投资增长→经济增长→投资需求上

---

① Minsky 指出，货币的接受度和价值取决于这种货币支付性，缺乏政府税收和支出的法定货币以及缺乏负债者偿付约束的信用货币均是没有意义的概念。

升→信用扩张→……"的循环。然而，当 $t \geq T_1 + 1$ 时，信用扩张并不能有效刺激新的实体投资，新增货币流通数量和信用更多地引起物价和资产价格的上涨，这会迅速提高实体企业的成本，压缩实体投资的利润空间，从而新增投资将逐渐向金融投资转移，金融投资的收益率上升，金融发展与实体经济的矛盾性开始显现。不妨假设这一趋势一直持续到时间 T_2，在 $T_1 < t < T_2$ 期间，存在着 $N_2 = n(T_1, T_2)$ 轮信用扩张，且存在着"信用扩张→实体投资成本上升→实体投资上升缓慢、金融投资开始上升→实体投资下降、金融投资持续上升→资产价格上升→信用扩张→……"的循环。当 $t > T_2$ 时，实体投资、金融投资与信用扩张之间的正反馈将发生逆转，代之以负反馈，货币符号性因前期的滥用（缺乏价值保证）而成为信贷收缩的助推器，实体经济、金融体系都将在相当一段时间内出现回调，这其中既包含理性因素（向某种"内在价值"回归），也包含非理性因素（超调）。显然，货币的符号性以及由此引发的信用扩张存在一个"度"，超过这个度之后的信用扩张将引发金融与实体经济之间的替代性竞争，这是货币符号性的本质问题，并终将被经济系统的自我纠正而终结，但这一过程却势必引发经济和金融体系的动荡，这并非我们的初衷。理论上，可以设定一条信用扩张（债务）约束线（简称 CECL），它对一定时间内信用扩张的幅度、速度或总量进行限制（见图 3–2，约束线的坐标为右轴），约束线可以是水平的，也可以是向上倾斜的（考虑到实体经济发展），可以为信用创造设定上限（用以防止货币符号性的滥用和信用的过度过张），当然也可以设定下限（在信用加速萎缩时防止流动性枯竭）。① 实虚互动的拐点往往出现在实体经济已经走弱而金融依然亢进（情形 I）或者实体经济开始复苏而金融市场信心无

---

① 这一约束线显然应该是实体经济运行状态（经济总量、经济增速、产出缺口等）、金融发展水平（如 M_2 增速、存量债务、金融杠杆水平等）以及政府宏观政策目标的函数。

法提振（情形 II）的时候，超额信用或信用不足都是信用货币缺乏有效"价值锚"的表现，相应地，这将导致超额杠杆或杠杆不足。而且，金融杠杆与金融投资还会在信用扩张结束时继续攀升，[①] 同理，二者也会在信用扩张开始复苏时惯性地维持在低位（本章后面第 3.3 小节及第 5 章中会作展开分析）——所有这些都源自于金融周期与实体经济周期的相位差（不协调），金融杠杆的变化规律揭示了实虚周期互动过程中的这一内在矛盾。

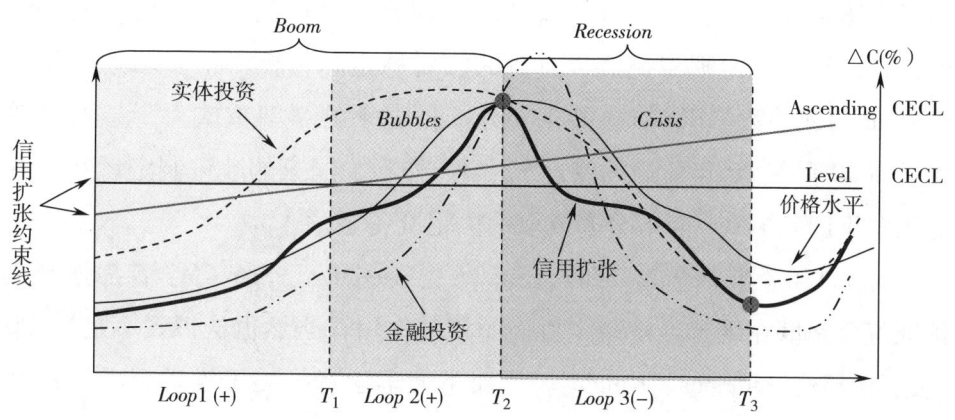

图 3 - 2　货币符号性与信用扩张的限度（示意图）

3.2.2　银行法定准备金率：100% 与货币创造乘数

法定存款准备金（Statutory Reserve Deposits）是银行信贷行为的关键变量，决定了银行创造货币的能力，因而是中央银行控制货币供应与信用创造的重要工具。部分（fractional）准备金制度在历史上是绝大多数银行的"理性"选择，它能在一定时间内尽可能大地释放信用在刺激经

[①]　金融杠杆的继续上升是因为信用扩张停止或下降时，实体经济增速已经开始出现明显下滑，因而金融杠杆水平还会惯性上升一段时间。

济方面的张力，以求获得收益与风险（银行挤兑）的平衡。然而，在部分准备金制度下，基础货币能够迅速被放大数倍，造成流动性充裕的"假象"（没有真实储蓄的支持）。显然，对中央银行而言，准备金率是其逆周期调控经济的工具，而在现实的金融体系中，大量债务合约的存在使得部分准备金制度成为"以小博大"的顺周期获利工具，事实上，只要借款成本低于贷款和投资的收益，那么银行就有动力去借入准备金，这是金融机构不断加杠杆的重要诱因，而中央银行也就因此难以有效控制银行体系的准备金，部分准备金制度因此备受诟病。经济增长需要信用扩张，经济稳定则需要信贷总量的相对稳定和可控（信贷增速和相对于 GDP 增速的数量限制）。鉴于部分准备金率的"双重威力"以及金融体系在 20 世纪 80 年代后的变迁[1]，国内外不少国家的政策制定者和学者都倾向于回归 100% 准备金率或取消法定准备金。[2]

对于 100% 准备金，Fisher、Simons、Friedman、Soto 等学者都强调全额准备金制度在维护经济稳定方面的积极作用（当然也认识到不足）。20世纪 30 年代，Simons、Knight 等芝加哥大学学者推出了维护金融体系稳定性的方案，史称"芝加哥改革计划"（Chicago Reform Plan）[3]，Fisher是该方案的坚决拥护者。当前，伊斯兰国家的商业银行在《古兰经》教义传统下，大都实行 100% 准备金制度，因而能够较为充分地屏蔽金融不

---

① 金融创新使得货币需求函数失效，货币流通速度大幅波动，以货币供应量为货币政策中介目标并不再是最佳的选择，这是因为货币供应量与经济活动之间的稳定关系被打破，实际上也就是信用创造增速与广义货币供应量增速的加速分化。

② 目前，美国、加拿大、澳大利亚、新西兰、瑞典等国都先后降低或取消了法定存款准备金率。

③ 芝加哥改革方案由 Henry Simons、Frank Knight、Aaron Director，、Garfi eld Cox、Lloyd Mints、Henry Schultz、Paul Douglas 以及 A. G. Hart 等芝加哥大学学者提出，耶鲁大学 Irving Fisher 则是该方案的支持者，他撰写《100% 货币》（100% Money）一书的一个主要目的就是为该方案赢得学术界和政策制定者的支持。芝加哥改革方案将银行体系划分为两个部分：其一是银行持有 100% 的存款准备金，其二则是投资中不涉及任何货币协议，不支付利息，存款被认为是股权投资（股份），存款人在长期通过红利方式收回本金。

稳定性的风险并在次贷危机中仅受到较小冲击（Askari et al.，2010）。[1]
具体地，伊斯兰国家所普遍实行的全额准备金制度，使得其货币和信用
扩张仅仅完全地来自于实体经济投资的真实收益（real savings），其基本
逻辑是：初始储蓄→货币与信贷供给（＝初始储蓄）→投资→本金（初
始储蓄）＋投资利润→偿还贷款（＝初始储蓄）＋新储蓄＋再投资→新
的货币与信贷供给（＝初始储蓄＋新储蓄），这是一种权益类投资模式，
存款人将自有资金存入银行，银行将存款贷给企业，并保有全额准备金，
此时，存款人的存款收益类似于股权投资中的红利，因而存款人是银行
的股东而非债权人，存款人与银行之间、银行与贷款人之间都是合伙人
关系，而非借贷关系，这是伊斯兰金融交易与西方金融交易的本质区别。
在伊斯兰国家，经济中的"资本"（实物资本）是信用的根本来源（cap-
ital as credit），正如伊斯兰法律箴言所说的那样："在共同经营的事业中，
每个合伙人所获得的收益和报酬必须与其投入份额成比例"。[2]

　　对于取消准备金的方案，其主要原因在于存款准备金的"紧缩性"
特征以及存款准备金率只适用于商业银行，在金融体系日益复杂、非银
行金融中介飞速发展的今天，其应用效果不仅是不能令人满意的，而且
还会造成事与愿违的政策效果（如贷款行为向其他非金融机构的转移）。
取消存款准备金，商业银行仍将出于自身考虑持有一定比例的准备金，
这并不会造成信用泛滥。但也应注意，在货币完全符号化的时代，取消
法定准备金率，毋宁是对银行向非传统商业银行业务扩张的激励。[3]

---

[1]　当然，伊斯兰国家内部也存在着改革派，他们希望改变传统思维，打破伊斯兰金融和经济发展的僵局。

[2]　参见：David Graeber，"Debt: the First 5000 Years". Melville House Publishing; First Edition edition (28 July 2011)。

[3]　对此的详细介绍和分析参见盛松成和翟春（2015）。

3.2.3 金融发展触发"超额信用—高杠杆"综合征

金融体系变迁在本质上是生产力发展与经济增长的产物，是资金在全社会配置方式和供求关系变化的体现。这种变化的外在动力是来自实体经济各部门投融资需求的变化以及源于金融体系自身的金融创新和自由化。

3.2.3.1 结构变迁

宏观上，金融体系的结构变迁表现在金融中介与金融市场之间的规模关系以及金融中介内部传统商业银行与其他金融机构的规模关系之上。不同类型的金融体系结构对应着不同的信用创造机制，对应着金融体系内不同主体之间通过资本、信贷、交易等的不同联系机制（实际上是通过资产负债表来联系的）。微观上，传统上人们认为居民部门是资金的净储蓄方（net depositor）的观念已落伍，在很多国家（特别是发达国家），居民负债占 GDP 的比重已达 90%（甚至更高），居民部门已成为"净借款方"（net borrower）。同时，非金融企业部门、政府部门乃至金融机构的负债与 GDP 之比也都经历了快速上升。国民经济负债总规模及在各部门分布的结构性变化，是宏观金融总杠杆水平和结构变化的隐性决定因素。[①] 显然，利用国家资产负债表对国家层面资金流量（FoF）进行分析和研究是极为必要的。

事实上，金融体系结构的变迁是金融发展的重要表现，同时也是金融发展的内在动力。通常而言，金融体系结构的升级将符合金融发展的需求，并有利于金融功能的更高效发挥。显然，随着金融的发展，金融体系的规模（存量资产）会快速上升（通常快于实体经济增长，见第 2

---

① Minsky 以及 Wynne Godley 通过三部门（国内私人部门、国内政府部门、国外部门）均衡分析法研究了宏观经济中部门间债务（或盈余）的数量与结构关系对经济金融稳定性的影响。

章的分析），金融相关性比率 FIR 自然随之上升，从而金融存量与实体经济流量的比值也将呈现出上升趋势。因此，金融体系结构变迁、金融发展、金融资产总量相对规模上升、金融相关性比率上升、金融杠杆水平上升，这是一系列相互关联的变化。可见，加杠杆与金融体系结构变化有一定联系，但却不能简单归因于金融体系结构的变迁。

3.2.3.2　金融市场发展与信用创造机制的改变

金融市场的发展具客观必然性。首先，为突破 Wicksell 所指出的银行信用创造的天然约束，现代商业银行不断尝试改变其行为，从而改变了银行信用创造体系的"属性"（Turner，2013）。而这种改变的实现，完全仰仗了金融市场发展所提供的新型金融工具和交易机制。Soros在《金融炼金术》中指出，现代银行体系的演进在很大程度上依赖于现代金融技术和工具，这给了传统商业银行更激进使用其资本的能力和意愿，这不仅迅速提高了银行的杠杆率，也使得银行体系的收益率显著提高。

其一，存款保险制度提供了对私人储户在银行破产时的存款保险，这在很大程度上降低了银行倒闭风险，从而使得经济中的交易各方能够通过银行信用货币进行支付结算，这正是 Wicksell 的银行直接转账制的现实实现。其二，银行间市场的大发展不仅改变了商业银行资产负债表的结构[①]，而且，其关键作用在于能够充分地在银行体系内调配流动性，并通过一系列风险缓释机制（如回购协议等）降低了银行风险。这使得多银行体系能够更像一个"单一银行"那样运转[②]，在这样的体系下，（除非被中央银行所限定）银行持有准备金的意愿大大降低，货币创造乘

[①]　传统上，银行资产负债表中的项目主要是实体经济中的存款者和借款者，而现代商业银行资产负债表中则充斥着金融体系内部（intro - financial system）的资产和负债。

[②]　在美国次贷危机前，绝大多数银行间借款都实际上被看作是无风险的。

数提高，信用创造的速度和强度大幅上升。其三，资本的跨境流动使得各国金融市场日益成为一个整体（金融一体化），私人信贷在全球范围的供给和配置提高了信贷的可得性，进一步打破了融资约束。

此外，金融市场的发展还充分体现在促进金融交易便利化的工具和机制的产生，包括资产证券化、安全资金（secured funding）、贷款技术、影子银行（多环节信贷中介链）等。其核心在于流动性转换和期限转换，以促进资金在各部门的配置效率，降低流动性和期限错配风险（Turner，2012）。而且，在影子银行体系内和传统商业银行体系内，抵押贷款技术（CDS、CDO 等）、盯市的会计制度、基于在险价值（VAR）的风险管理等无疑都大大加强了资产价格与金融中介资产净值以及债务合约相关各方资产净值之间的联系。特别地，Minsky 将现代金融技术所引发的"金融化"趋势称为"分层化"，它改变了传统商业银行用于提供贷款融资的负债性质，从居民储蓄类负债变为对其他金融机构的非储蓄类负债，而其他金融机构（影子银行）则持有对居民的负债。显然，这是一种基于非存款类负债而再发行债务的"两层金融机构债务模式"。显然，流动性、资产价格、金融中介与相关方的资产净值成为共同推动信贷周期形成和动态发展的互动要素（Shin，2010；Brunnermeier & Pedersen，2009）。

3.2.3.3 金融综合经营

金融业"混业—分业—混业"的组织模式演变，是生产力发展和生产关系变化的必然，是外部环境与经济主体融资需求变化的结果。① 金融综合经营，极大地加强了金融中介与市场之间以及不同类型金融机构之间的联系，并使得金融机构日益向业务多元化方向发

---

① 金融综合经营在本质上是金融结构变迁的产物，是金融中介与市场相互融合（互补性）的新趋势。

展，金融控股集团模式是趋势。金融综合经营对金融杠杆水平有显著拉升作用。

其一，金融中介与金融市场之间相互"借力"，各种渠道得以创建，资金得以更快地在金融体系内部实现大循环，这使得金融中介有可能通过传统信贷业务之外的其他方式获取收益（如金融体系内部的自循环）或利用金融市场来加速自身的资产负债表扩张。其二，大型金融控股集团（往往是 SIFIs 和跨国集团）多元化经营及内部资本市场的存在，使得其内部存在着较大的资本重复计算问题，这无疑会推高其金融杠杆。显然，金融控股集团的杠杆化行为会在相当大程度上影响金融体系乃至宏观经济的稳定性。其三，现代金融混业经营在提高金融体系运行效率的同时也极大地提高了金融体系的复杂度，它使得金融体系内部形成一张资金、信用、债务、风险的传递网络。辅之以现代金融创新技术和信用创造机制，金融体系的杠杆水平得以大幅提高。

3.2.4　制度变迁的复杂性与金融杠杆水平的决定

3.2.4.1　经济社会制度的"多元决定"与国家禀赋的合成

从哲学"普遍联系"的角度分析，经济学是社会科学的重要分支，其所研究的问题具有不同于自然科学的特点（哈耶克，2012），因而，从方法论上首先可以预见到，对经济学问题的研究，需要社会科学的理论与经验。从 18 世纪至今，众多伟大的经济学和社会学者曾强调了人作为主体的心理判断、主观预期与选择行为对经济活动以及社会发展的巨大影响——因而，经济学在广义上被看作是人类行为学（Praxeology）。那么，作为人类思想、观念与行为承载体的历史因素、文化因素、政治因素、法律因素等制度性因素自然不可避免地进入经济分析的视野，人类的经济与社会本就是一个纷繁复杂的系统。①

　　人类行动科学、人类社会学业已指出，人类社会是普遍联系的，经济社会的制度性变迁是"多元决定的"——其表现在于，制度是由经济、历史、文化、政治、法律等因素所内生决定的，因而必然呈现出多样性、动态性、连续性以及路径依赖性。对某一个特定国家而言，其地理历史、社会文化、政治制度、法律传统等方面的特性（characteristics）经长期的历史积淀与广泛的横向渗透而形成并内化为该国的国家特性（national traits），即所谓"国家禀赋"（national endowment）②。显然，各国的国家禀赋是迥异的，因而各国的制度变迁路径也是不同的。如果说经济发展是人类社会发展与进步的根本动力的话，那么国家禀赋则是另一种"力"，它在一国经济社会发展的不同时期，有着不同的大小和方向（或为推动力，或为离心力，或为反作用力……）。

3.2.4.2　制度环境"多样性"与金融杠杆的不同历史动态

　　举例而言，回顾金融体系结构的研究历史，恐怕已经没有学者会对"世界范围内存在着不同的金融体系结构，即便是经济发展水平相近的国家其金融体系却有着显著差别"这一现象感到惊讶。Levine（1997）指出，金融体系的功能发挥及其变迁都是由非金融因素的发展所型塑的，他将一个国家的法律、政治、文化等称作影响金融体系的"第三因素"（third factors）。③ Reid（2010）亦从更广阔的视角对金融体系的结构变迁与发展的决定因素进行了分析，这些因素包括经济类型、发展阶段、宏观经济冲击、政治压力、社会因素、创新激励、法律与监

---

　　① 事实上，近年来，无论是科学哲学、经济学方法论还是经济学理论，都日益呈现出多元化的发展趋势，在自然科学与社会科学内部以及自然科学与社会科学之间都日益表现出一种相互渗透、借鉴与联系的新面貌。对此的一个系统性论述和分析参见朱澄（2014）。

　　② 国家禀赋（National Endowments）这一概念在国内最早在陈雨露、马勇（2013）中被提出。

　　③ Levine 在原文中写道："the financial system is shaped by nonfinancial developments"。

管约束、个人因素、金融设施、获取全球资本的能力、财政与汇率制度等。大量学者的研究指出，制度环境包含了一国经济、政治、法律等层面的因素，是解释企业行为、经济结构和金融发展的重要变量。[①]孔祥毅等（2002）很早便指出，金融体系作为一种制度性安排，其结构与变迁受到了社会环境的显著影响，具体地，这些因素包括自然环境（地理位置、气候条件和资源禀赋等）、法律法规、政治因素、社会人文环境（人口结构、密度和分布，价值观，消费行为等）、经济因素等。正如彭信威在《百年金融》中指出的那样，"从历史变迁的角度研究金融问题，是运用大历史的观点，在经济、社会、文化的大背景下，研究金融制度变迁的内在规律"（彭信威等，2007）。逻辑上，不同类型的金融体系或不同金融体系结构会对应于不同的融资行为模式、结构规模以及风险收益特征，这必然引致不同的金融杠杆水平——故而，理应存在着"制度环境→金融体系（制度性安排）→金融杠杆水平"的传导渠道。[②]

　　第 2 章的历史分析也已表明，不同时期，不同国家，在不同外部约束下，其金融杠杆水平是动态变化的，且这种变化趋势是不尽相同的。Goldsmith（1969）、Kuznets（1955）以及 Kindleberger（1978）研究的余响犹在，而 Reinhart & Rogoff（2009，2010）、Schularick & Taylor（2010）、Òscar et al.（2011）、Taylor（2012）等无疑又从其他角度对此问题作出了全新阐述。

---

① 更多文献参见：La Porta et al.（1997，1998）、Stulz & Williamson（2003）、Rajan & Zingales（2003）、Kwok & Tadesse（2006）等。
② Wang & Esqueda（2014）利用荷兰学者 Hofstede 所构建的文化五维分类模型发现，世界各国的债务融资偏好和金融杠杆水平与国家文化之间存在紧密关联性。

3.3　金融杠杆的长期经济影响

3.3.1　复杂的作用机制

金融杠杆影响宏观经济的机制是复杂的。考虑到货币流通速度、生产循环、实体经济利用资金的效率以及资金漏损等因素，利用信用创造和由此而形成的金融杠杆来推动实体经济各部门与金融部门的资金往来显然是必要的。众所周知，信用扩张是金融杠杆水平提升的主导因素，那么金融杠杆水平对宏观经济的影响必然有一个信用渠道。事实并非如此简单，宏观金融杠杆水平是由信用总量与国民生产总值共同决定的，分子与分母并非相互独立的变量，因而金融杠杆作用于宏观经济的机制具有复杂性。我们将发现，促进增长与引发脆弱性是同一过程的两个阶段。

事实上，金融杠杆水平主要与六个要素相关，即储蓄、投资、贷款、债务、生产、消费，并直接与三类价格相关，即利息率（包括借贷利差）、抵押利率（其实就是金融杠杆率的另一种等价表示）、资产价格。金融杠杆作用主要发生在"储蓄—投资"阶段，但对其他几个要素有重要影响。

来自实体经济部门的储蓄通过储蓄者到资金需求者的直接转移或金融机构的中介作用进入用于投资的资金池，且只有第二种方式才能产生储蓄到投资的倍增效应。通常地，企业会将所得的投资资金用于购买生产资料或资本品，抑或用于研发新技术，因而随着资金充裕度的提高，企业将会有更高的产能和技术水平，对宏观经济而言，将会对应于更高的产出和全要素生产率（TFP）。然而，这种情境的出现是有条件的，即：其一，企业虽然资金充裕，但资金成本仍然是必须要考虑的重要因素（企业仍然面临着资金约束）；其二，企业将资金用于实物资本或实体项目的期望投资收益较高①。实际上，必要的信贷扩张会带来较为温和的金融杠杆率上升，在这样的水平下，企业既可以获得必要的资金，但资金成本又处于一定合理水平，这需要提高持有货币收益率。这种情况主要出现在货币时期以及信用时期的低杠杆阶段。然而，经济中往往存在着大量具有自我加强（self - reinforce）特性的机制，这是长期经济周期和短期经济波动的根源，其实现在于微观主体的预期、动机和行为。金融杠杆就具有这样的特点，因为任何经济部门都倾向于以更低的成本获得资金，尤其是当这种资金不必以可兑换性和真实储蓄作基础之时。随着杠杆水平的攀升，流动性的提高进一步使得资金约束放松，廉价资金降低了投资质量、改变了投资流向（实体投资→资产投资），这又会推高投资资产的收益（源于资产价格上升及上升的预期），从而最终改变了投资实体项目与投资既有资产的收益率对比（$R_{real} < R_{assets}$）。这样的结果只有两个，其一是资金投向比例的变化（更小的实体投资比例），其二是金融杠杆水平的持续攀升（既有资产投资需要更小的自有资本）——显然，金融杠杆率上升的自我强化过程，将使得创造出的信用资金更多地流向非实体经济领域，此时，实体经济与金融体系之间"此消彼长"，金融杠杆水平开始进入阻碍经济增长的区间。

金融杠杆是实虚关系之信用渠道的重要工具。实体经济增长的核心在于投资（因为投资决定了资本形成），金融发展的关键在于资金需求（投资需求），显然，投资是经济与金融矛盾互动关系中的关键一环。陈雨露、马勇（2013）分析了金融投资与实体投资的动态关系，并将二者之间的关系依据实体投资规模水平划分为挤出效应、排斥效应、替代效

---

① 现实中，企业必然会将资金用于两种用途，一种是投资于新的实体生产，一种则是投资于既有资产，前者创造新的价值，后者则试图通过资产升值来获取投资收益。显然，当企业投资于实体的收益较高时，在两种投资之间的配置比例会较为稳定，此时，经济中实际上也处于货币资本与实物资本的"互补性"阶段。

应三个阶段，这三个阶段充分反映了两类投资之间相互对抗和此消彼长的动态互动。在参考 Mckinnon 分析实物资本与货币资本关系问题的思路基础上，我们可以依据金融投资与实体投资的相对收益率（r_f/r_r）将上述三个阶段扩展为五个阶段，即一头一尾分别增加渠道效应、泡沫崩溃两个阶段，泡沫崩溃阶段实际上是替代效应阶段的一个子阶段。

具体地，上述五阶段反映的是实体投资由多到少、金融投资由少及多的变化过程。在挤出效应阶段的结尾处，实体投资进入临界状态，在随后的排斥效应阶段，实体投资将始终尽可能地保持在临界状态附近，这是对实体资本对金融资本的"抵抗"。然而，一旦这一状态被突破，实体资本将彻底为金融资本所统治，经济进入全面金融化的阶段。随之而来的是资产价格泡沫的不断累积和最终的泡沫破裂（bubbles gone bust）。

进一步，我们用图 3 – 3 来进行更为直观的说明，其中，随着金融投资相对收益率的上升，实体投资、经济总收益的运动变化轨迹方向以箭头方向为准，并且，我们用实线表示实体投资总量（左轴），用虚线表示经济总收益（右轴）。很显然，根据上面的分析，很容易画出实体投资及经济收益的变化曲线——经济总收益在 Θ_1 处达到局部极大值，而实体投资则要在 $\Theta > \Theta_1$ 后才开始下降。显然，在挤出效应阶段，实体投资也并非是单调递减的，因为前期实体投资的增长还有一个惯性，随着实体投资超过最优投资量，实体投资增加所引起的总收益下降将会使理性的投资者缩小实体投资规模。[①] 随后，经济全面进入金融资本对实体资本的挤出阶段，随之而来的是实体投资与金融投资的比例在相当长的一段时间内保持相对稳定，总收益也变得更为平稳，经济进入了排斥效应阶段，金融资本处于彻底替代实体资本的"蓄力"阶段（$\Theta_1 < \Theta < \Theta_2$）。当实体资本排斥金融资本的"临界点"被突破后，金融资本将体现出"吞

---

① 显然，实体投资拐点的出现要滞后于总收益拐点的出现。

噬"全部实体资本的"野心"和"能量"。[①]

在图 3－3 中，标准的经济运行过程，是实体投资先后经历渠道、挤出、排斥、替代四个阶段的有次序的过程，决定着四个过程的四个关键变量分别是相对收益率的两个阈值（我们分别在图中记作 θ_1 和 θ_2）以及实体投资的两个临界点（I_r 和 I^*_r）。收益率阈值决定了实体投资与金融投资的"受青睐"程度，进而决定了两类投资的增减变化方向；实体投资的两个临界点则划定了实体投资的最大规模和维持生产水平的最小规模，并以此区分了宏观经济运行的两大阶段，即实虚良性互动阶段和金融异化阶段。

相应地，在不同的实虚互动阶段，经济中的金融杠杆水平也随之改变（如图 3－3 中最下方实线所示）——在渠道效应阶段，金融发展与实体经济相互协调，金融资本服务于实体资本，金融杠杆水平缓慢爬升；在挤出效应阶段，金融发展速度快于实体经济增速，表现为金融资产高速增长，金融杠杆水平开始加速上升；在排斥效应阶段，实体经济投资下降到"一定"水平，金融资本与实体资本的"较力"处于某种均衡状态，金融资产增速仍较高，但由于实体经济增速开始下滑，经济中对金融信用扩张和债务累积的承受力开始下降，因而经济加杠杆的趋势得到遏制（或暂缓）；在替代效应阶段，经济发展已进入金融主导阶段，金融资产收益高于实体投资收益，可投资资金向金融领域的分流日益增大，债务的过高累积不仅拖累经济（实际上源自于实体投资的显著下滑），而且催生了债务依赖症以及 EC－HL 综合征，经济中的资产价格泡沫迅速膨胀，[②] 金融杠杆水平再次显著上升；而在泡沫崩溃阶段，失去资产价格

---

① 这里，Θ、Θ_1、Θ_2 均是相对收益率 r_f / r_r 的函数，限于篇幅，具体推导过程略去。

② 瞿强（2005）指出，信贷扩张促使实体经济和金融的相互作用趋向一个临界点，在该点上，经济中出现了纯粹性的投机活动，实物资产和金融资产的购买都是为了再出售，即赚取资产价值增值部分，此时经济出现"泡沫"。Allen & Gale（2000）指出，资产价格泡沫是由借款购买风险资产的行为所引发的，泡沫意味着超出"基础价格"（利用自有资金进行投资所形成的价格）。显然，信贷扩张、过度借贷、金融杠杆、资产价格之间存在着强烈的反馈机制。

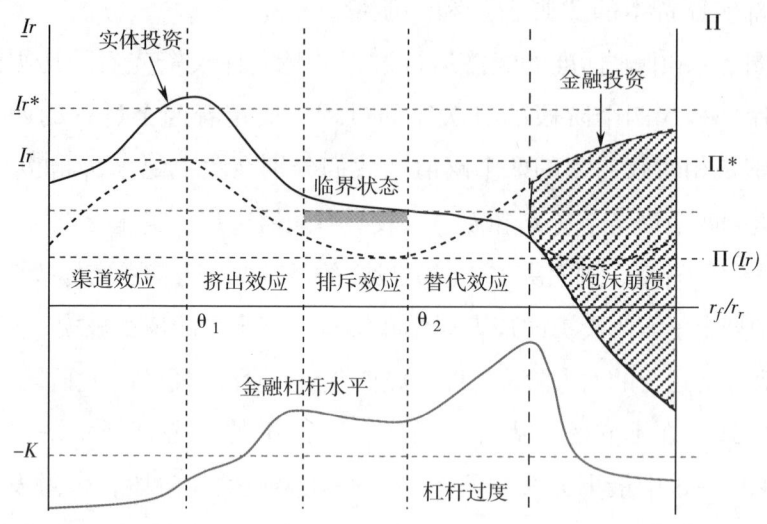

注：图中实体投资之所以最后并未被完全挤出，即 $-K < I_r < 0$，这是因为经济中的资产价格泡沫会在实体投资被完全挤出前崩溃，因而金融资本不可能彻底替代实体资本。此外，图中虚线为金融投资数量轨迹，图中下方的实线为经济中金融杠杆水平的变化轨迹。需要指出的是，由于信贷泡沫的崩溃，实体投资便不可能被金融投资彻底挤出并替代，因而实体投资在泡沫崩溃阶段出现反弹。

图 3 – 3　实体投资、金融杠杆随相对收益率的变化

支撑的金融投资迅速下降，经济衰退、流动性枯竭、债务违约、资产负债表收缩等一系列连锁反应发生，经济被迫去杠杆，以修复泡沫经济中的过度投机。显然，在实体资本与金融资本的互动周期中，金融杠杆水平也表现为周期性的波动，这是实体经济和金融体系各自周期叠加、作用在一起的必然。金融杠杆周期的周期性特征（频率、振幅、相对相位等）内生于经济系统，又反作用于宏观经济运行的效率和稳定性。

3.3.2　阶段 I：资本形成的变化

资本是社会生产环节的核心要素。资本形成不仅决定了生产投入中资本的丰裕程度，同时也在长期决定了生产力水平，从而最终决定了产出水平。几百年来，经济学者都曾不遗余力地阐述资本形成之于经济增长的决定性作用。马克思从资本积累、积聚到集中的发展过程讨论了资本形成的规模、增速和途径（渠道）变化规律，并指出竞争和信用是资本集中的两大推动力。[①] 现代经济学者大多从技术创新、企业组织、金融等角度探索资本形成的一般规律。从金融体系的基本功能看，它专事于资金在余缺部门的调剂与配置，故而通过直接或间接渠道塑造和改变资本形成的规律。

金融体系影响着资本形成的规模和来源结构。金融发展使得企业不再仅靠内源性融资推动生产经营，融资行为的改变直接改变了传统的资本来源结构，表现为贷款与资本形成比率的变化（见本书第 2 章的分析）。另外，信用扩张在相当程度上提高了企业的信贷可得性，推动企业加速生产周转、改善经营管理、推动技术革新，这些又会进一步在长期提高实际资本形成的规模和速度。然而，在信用扩张的同时，流动性上升降低了外部融资成本[②]，企业会理性地选择更多的外部融资，贷款在资本形成中的比例进一步提高，反映在金融体系内，则是金融中介机构（特别是银行）资产方的扩张。在此阶段，经济中的金融杠杆水平大体尚处于适度水平。

3.3.3　阶段 Ⅱ：经济金融化

前文已述，信用扩张"天然地"具有自我强化机制，货币制度变迁

---

① 马克思对资本形成规律的讨论，是他对资本运动一般规律研究的一部分。他看到了资本主义资本运动的内在矛盾性，也极富预见性地指出了资本主义经济危机的必然性。然而，限于时代局限，他并未从现代金融体系的角度来阐释其对于资本形成和宏观经济的影响，未能将金融中介、金融市场的作用充分纳入考察。

② 外部融资成本经常以外部融资所要求的超额收益率（溢价）来表示，即 R/R_f，R_f 为无风险利率水平。

则进一步强化了这种机制。金融结构变化、金融相关比率上升日益改变了信用创造机制乃至实体经济各部门的融资行为，其结果是实体经济对金融的依赖性不断上升（外部融资比率达到一定水平）以及不断上升的信用供给之中的更小比例被用于实体投资（实体经济增速小于金融资产规模膨胀速度），宏观经济发展变化的信用渠道完全展露。这种变化的一个重要表征是实体投资的相对萎缩，表现为去工业化（de - industrialization）等现象，相应地，金融资产投资收益明显高于实体投资，金融资产价格在信用扩张的支撑下不断走高。这一阶段的突出特征是经济的金融化（financialization），用 Mckinnon 的理论来讲，此时经济进入货币资本与实物资本的竞争（替代效应）阶段。随着信用扩张过程的持续，超额信用产生，经济中达到较高的金融杠杆水平，经济中已出现 EC – HL 综合征。

3.3.4　阶段Ⅲ：债务积累与风险积聚

Schumpeter 曾指出，信用创造有两类，分别是有当前货币和产出为基础的创造和以未来产出为基础的创造（"寅吃卯粮"），二者有重要差别。前文也已指出，信用扩张的副产品是债务合约的不断累积。在经济金融化不断加深的进程中，信用扩张越来越以上述第二种扩张方式进行，不仅原有债务无法从实体经济产出中得以清偿，而且在信用扩张和金融杠杆工具的推动下，源源不断的新债务得以在资产价格持续上涨的预期下自我维系，这是一种庞兹（Ponzi）型的"脆弱平衡"。在此阶段，超额信用量不断上升，经济中的金融杠杆水平严重虚高，经济中积累了大量的风险，一旦遭遇到负面冲击或接收到负面信息，预期的突变足以产生灾难性后果。在此阶段的后期，一些资产状况较差的借款者开始趋向于投机行为，道德风险和逆向选择大量涌现；而贷款者则开始产生对于收回贷款可能性的担忧（nervous），从而提高保证金（margins），贷款价值比下降，流动性紧缩以及资产价格的"下降螺旋"开始初现端倪。金融（信贷）开始进入收缩期，实体经济在经历了前期的繁荣后开始走"下坡路"。

3.3.5　阶段Ⅳ：杠杆周期

信用扩张是金融体系的一种"自利"行为，信用收缩也情同此理。遗憾的是，贷款业务的特性使得信用扩张往往具有顺周期性（pro - cycli-cality）。具体地，这种顺周期性是通过借贷双方的资产负债表渠道传递的。传统经济学理论认为，信贷市场的供需平衡决定了利息率。而在现实中，利率是借款人资金需求紧迫性的反映，而抵押利率则反映了贷款人对贷款风险的态度。伴随信用扩张以及金融杠杆水平从低到高的过程，借贷双方的心理不断发生着"微妙"变化。在经济向好时，借款者净财富（net worth）增加，贷款者要求较低的抵押利率（资产总价值/贷款金额），因而其杠杆率［资产总价值/（资产总价值 - 贷款金额）］较高；反之，资产价格下跌迅速使借款者的净财富缩水，其信贷可得性显著下降，贷款者将收取较高的违约风险溢价。在此机制下，金融杠杆水平和资产价格在繁荣期表现为偏高，在不景气时期表现为偏低——信用创造、金融杠杆水平、资产价格体现为一种周期性。① 这与 Fisher、Minsky、Kindleberger、Stiglitz 等人所强调的经济活动与金融的周期性循环是完全一致的。Geanakoplos 称其为"杠杆周期"（leverage cycle）。杠杆周期的出现，在本质上是经济增长模式变化和微观主体心理因素复杂变化的综合结果，它使得经济体循环往复地进行着"加杠杆"（leveraging）和

---

① 此处所讨论的周期性，一般是指没有受到外部干预（如政府监管等）情况下经济金融所体现出的一种自然周期倾向。

"去杠杆"（de－leveraging）经济活动。① 在此阶段，经济中的杠杆水平会经历"高峰"与"低谷"，随信贷周期一起成为影响实体经济周期的重要渠道，而从金融杠杆内生性的本质考虑，杠杆周期亦可视作是信贷周期与实体经济周期二者的"叠加周期"。遗憾的是，杠杆周期的一个重要后果是不平等的加剧，无论经济向好或向坏，贫富差距都表现出拉大的趋势，这主要是源自于经济中的少数人（所谓的"natural buyers"）能够对其他公众施以更大影响，他们能够占有更多的资源，承受更高的债务水平（即杠杆率），而实际上，这类人群的"优越性"恰恰是公众所赋予他们的，当大多数人意识到投机行为的不可持续性和风险问题时，恐慌只能使公众自身蒙受更大的信用损失。从这个意义上讲，杠杆周期的自然动态演进是有损社会整体福利的，其影响是非对称的，表现为经济向好或向坏时的扩张效应不对称以及少数人和公众之间在资源配置地位上的不对称。

3.3.6　增长与稳定的"两难"

至此，我们依靠文字逻辑描述了金融从服务于实体经济到日渐独立并凌驾于实体经济之上的"异化"过程。这一过程的"岔路口"仍然出现在储蓄向投资转化这一环节。建立在信息不对称理论基础上的金融理论，明确指出了金融体系因其不完全性而产生的额外成本（摩擦），其结果是信贷市场资金配置的无效率，即企业的实际投资水平将严重依赖于资产负债表状况。② 显然，金融摩擦既为银行等中介的存在提供了条件，

---

① 巴曙松在《中国加杠杆周期走到尽头了吗》一文中通过历史经验研究指出，并非每一次大规模加杠杆之后都会经历经典意义上的 Fisher"债务—通货紧缩"周期。

② 传统的 IS－LM 模型和真实经济周期模型，大都建立在 MM 定理的假设之上，从而真实金融资产价格仅仅是由真实利率的期限结构和对未来收益支出的预期所决定，这显然认为屏蔽了宏观经济波动的信贷渠道。

也为信贷市场和金融杠杆通过金融加速器机制放大宏观经济波动提供了可能。

下面，我们利用逐一引入现实条件和变量的方法来推演金融体系一步步背离其初衷的逻辑：[①]

第一步，假设不考虑金融的作用。此时，从储蓄到投资的传导过程十分简单，即 $S \rightarrow I$。经济增长所需的投资完全依靠企业自身在前期生产过程中的价值增值。第二步，引入金融中介（商业银行），但暂不考虑金融体系摩擦以及银行监督的信息成本。此时有，$S \rightarrow IF \xrightarrow{m} C \rightarrow I$。经济增长将出现间接融资，银行货币创造乘数效应使得企业的生产得以扩张和加速，产量增加。第三步，引入金融摩擦（信息、激励等）。此时有，$S \rightarrow FI \xrightarrow[NW \wedge IF]{m} C \rightarrow I$。经济增长不仅取决于储蓄总量和货币创造乘数，而且取决于宏观经济状况（繁荣、衰退）及相对应的企业资产负债表变化情况，投资总量显然受到经济周期和信贷周期的影响，产出出现明显波动，这源自于金融加速器效应以及信贷可得性的个体差异（如抵押限制、信贷配给等）。第四步，引入金融市场及现代金融交易技术。此时的情况会更为复杂，因为企业将同时面临直接融资与间接融资两个渠道，因而，社会中的储蓄（包括持有的现金等通货）被分流到两个渠道，$S \rightarrow FI + FM$。在原有间接融资渠道，仍然有 $FI \xrightarrow[NW \wedge IF]{m} C_{FI} \rightarrow I_{FI}$，在新的直接融资渠道，有 $FM \xrightarrow[AP \wedge IF]{} C_{FM} \rightarrow I_{FM}$。从而，总投资 $I = I_{FI} + I_{FM}$，这是投资总额依融资来源的分解，不过，在现实中，企业的实际投资决

---

① 为行文方便，此处对相关变量的符号及含义作统一说明：S—储蓄，C—信用，I—投资，FI—金融中介，FM—金融市场，NW—资产净值，IF—信息，AP—资产价格，m—货币创造乘数，IR—投资收益，RO—真实产出，AA—资产价值增值。

策则是依赖于投资收益率以及出于风险资产配置的考量，因此，我们将投资总额作新的分解，不妨设为投资于实体项目和金融资产两类，即 $I = I_R + I_F$。到此为止，金融"歧变"的关键点出现了：对于投资于金融资产的那部分投资量（I_F），存在着 $I_F \to FM \to AP \to NW \to C$ 的作用机制，以及 $I_F \to FM \to AP \to IR_F$ 的投资收益渠道。显然，这是信用在金融体系内部的自循环，[①] 其投资期限往往较短，因而收益实现较快，而且在经济繁荣期，随着此类投资总量的增长，资产价格加速上涨，投资收益率上升（至少高于无风险利率）。那么，微观主体的理性选择将是扩大 I_F 的比例〔定义为：$f \triangleq I_F/(I_R + I_F)$〕，$df$ 则反映了投资中被分流于金融资产的变化情况，不妨将其定义为"投资分流效应"（investment divergence effect），也可看作是资产投资（包括对既有资产的投资）对（新增）实体投资的挤出和替代效应。这时候，我们考虑第四种情形的储蓄向投资转化的问题。不言自明地，汇集货币创造乘数机制、金融加速器机制以及投资分流机制等诸多金融体系内生的"收缩—扩张"机制，经济中的储蓄总量能够被放大为足够规模的信用总量，这一总量可能远远超过前文所讨论的刺激经济增长所必要的信用规模（对应于温和的金融杠杆水平），"超额信用—高杠杆"综合征在所难免。[②] 可以说，金融摩擦直接导致了金融加速器机制和信贷资源配置上的无效率，金融市场发展直接催生了投资分流机制，而投资分流机制与金融加速机制相结合最终导致了金融异化现象的发生。

然而，金融摩擦理论并未真正揭示问题的根源。正如前文所强调的，货币异化为符号性的货币，使基于价值的交易行为逐步转化为基于信用

---

① 当然，对金融资产的投资也不可避免地与实体经济投资相关，如房地产等，这里不作考虑，因为对我们的讨论没有实质性影响。

② 此部分的讨论，仅是从逻辑上探讨金融作用异化的内在原因，而不是对现实具体情况的讨论，故而很多现实因素、关系和作用机制并未被纳入。

价值的交易行为。一方面，资产负债表中，除了实体资产外，相当一部分为非实物资产，加之所普遍采用的盯市会计准则（如 GAAP），这为资产价格（特别是金融资产价格）影响资产负债表规模提供了便利，而资产价格的变动在相当程度上可以视作"货币问题"。另一方面，金融市场与一般商品市场不同，金融市场内部进行的交易是有关信用、投资关系的建立、转移等过程，而非简单遵循商品交换的"等价原则"，在金融交易结束后，金融交易双方的"金融关系"并未结束，还存在后续的义务兑现和权益分配等行为，这种特殊性完全是由"货币的时间价值"引起的，而金融交易的风险则来自于"能够以货币计量的未来收益"与"交易时所确定的到期货币时间价值"的差额。因此，经历了经济的货币化阶段之后，[①] 货币的异化引发经济的金融化以及经济金融化的进一步异化，这一过程可以大体上概括为：传统货币→符号性货币→金融制度变迁→货币等价物与信用扩张→资产价格上涨及对经济前景的乐观预期[②]→实际货币余额需求下降以及金融交易需求的增加→货币流通速度上升→货币的时间价值上升→金融交易的必要收益率上升→金融资产交易需求上升、金融资产价格泡沫→金融脆弱性上升。事实上，现代金融技术和制度使得传统金融中介在金融市场的大发展中得到"提升"的同时也经

---

　　① 这一阶段大体上在"二战"以前，《美国货币史》中将经济的货币化阶段确定为 1890—1960年（Friedman & Schwartz，1963）。本书第 2 章将金融发展的货币时期确定为 1975 年以前，从全球范围内看，这一时间点是可以理解的。经济的货币化阶段大体对应于金融发展的货币时期。在此阶段，由于商业银行的大发展以及交易中对货币依赖度的提高，实际货币余额将不断上升，这使得货币流通速度呈现持续下降的趋势。根据 Friedman & Schwartz（1963）的估计，从 1869 年至 1960 年，货币流通速度总体上以每年 1% 的速度下降，在 1946 年达到历史低点 1.16。

　　② 巴曙松将"二战"后货币流通速度的上升看作是人们对于经济稳定性前景的预期发生改变（即认为经济繁荣期到来），从而货币性服务的附加值开始下降。事实上，Bordo 和 Jonung 通过其系列研究建立了货币流通速度的制度主义假说，该假说指出，货币流通速度的变化在长期呈"U 形"，这种长期变化趋势源自于金融制度的演变，因此，对于货币流通速度与实体经济活动关系的研究离不开对金融制度变迁和技术创新的考察。Siklos 则利用实证研究证实了发达国家货币流通速度的"U 形"特征。

历了"异化",银行的影子、影子银行分别作为金融市场中的银行系投资者、金融市场所创造出的银行等价体,日益与传统商业银行呈三足鼎立之势。我们可以这样说,金融发展作用于实体经济的拐点两侧,是增长与稳定,二者分别对应于经济发展的不同时期(货币化与金融化)、金融发展的不同时期(货币时期与金融时期),而其本质上是货币异化的结果。

进一步,由于货币流通速度通常与实际货币余额(M/P)呈负相关,因而货币流通速度的制度主义假说所提出的"U 形"(∪)理论将必然对应着实际货币余额的"倒 U 形"(∩)趋势,由于实际货币余额衡量的是货币存量的"购买力"(purchasing power),即经济中对用于支付和交易的货币需求在金融制度的拐点后出现下降,这说明经济活动中以货币和信用等价物进行的金融交易比例和规模日益上升,而实体投资的占比和规模逐渐下降——这显然意味着金融发展与经济增长之间同样应存在"倒 U 形"(∩)关系——本书的第 5、第 6 两章将对此进行深入分析。

至此,经济发展开始面临增长与稳定的"两难"(dilemma)。增长需

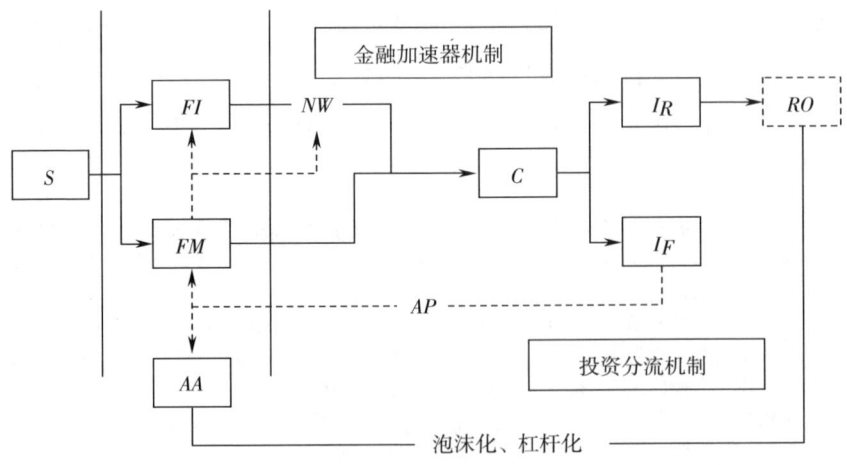

图 3-4　金融发展与金融异化

要动力，动力源于足够程度的信用扩张；稳定需要尽可能小的信用扩张，控制宏微观金融杠杆水平。一张一弛之间，凸显出问题的复杂性。

3.3.7　金融杠杆"撬动"实体经济基础

令人遗憾的是，对于金融杠杆之经济影响的研究往往是内嵌在金融体系对实体经济影响的研究中，而未能对其进行独立、系统的考察；而且，金融杠杆是联系实体经济与金融体系的重要纽带，二者的动态变化和相互作用都必然表现为信贷（债务）、产出（资本）上的变化，而这正是金融杠杆的经济本质。此次大危机以来，理论界才逐渐开始将目光转向金融杠杆。事实上，马克思从社会化大生产的角度来探讨资本主义经济危机的一般规律，Kindleberger 以信贷和资产价格的双向反馈循环来定义其危机传导过程"一般"，而实际上，在这一过程背后，还存在着风险积聚、资本流转、危机形成和放大的金融杠杆传导机制"一般"。在信贷→资产价格→资产负债表→流动性→资产价格→信贷……的循环中，任何一环都决定于"前期"金融杠杆水平并决定着"未来"金融杠杆水平的"变化"，金融杠杆内生于金融体系与实体经济的互动过程之中，表现为二者之间在规模、结构对比关系上的动态变化。Geanakoplos（2003）指出，金融杠杆水平越高，资产价格越高，即存在着金融杠杆→资产价格的正反馈；另外，大量证据和研究表明，资产价格波动性与金融杠杆水平负相关，其传导渠道是保证金（margins/haircuts）。资产价格上涨，通过理性与非理性两个渠道同时促使企业资产负债表膨胀，"理性"是指资产价格上涨使得对既有资产的投资收益率上升，企业和金融机构资产负债表的市场价值上升，融资约束下降，进一步促使企业和金融机构理性地扩张其资产负债表；"非理性"（或不完全理性）是指不同投资者对未来有不同的预期和判断，资产价格的持续走高会在一定程度上触发投机行为。① Adrian & Shin（2008，2009，2010）从理论与现实角度深入探讨了资产负债表、金融杠杆水平以及流动性之间的相互作用机制，指出资产负债表的动态变化引发金融杠杆水平和流动性的顺周期"变化螺旋"，同时，资产负债表在金融杠杆的推动下能够二次膨胀。

金融加杠杆是信用扩张的结果，金融自由化浪潮兴起后，金融加杠杆的机制变得更加复杂。本质上，金融加杠杆是金融存量资本相对于实体存量资本的持续上升，这不仅是金融相关比率的上升（表现为金融资本在全社会总存量财富中所占的比重的上升），而且这种上升必然导致金融资本投资日渐占据主导位置，金融交易的成本、收益日渐成为主导总投资中分流效应的核心因素，实体经济增长所依赖的实体投资和资本形成的良性循环遭到破坏。另外，正如 Goldsmith 所阐述的金融发展规律，即金融相关性比率会随着金融发展而上升，但当金融发展到一定水平后，FIR 上升的速度将显著下降——这实际上是金融发行（债务）存量与流量的相互关系问题，当金融债务存量达到相当水平后，经济进一步加杠杆的能力不断下降，因而金融体系相对于实体经济的规模膨胀自然放缓——问题在于，危机前，全球范围内的金融加杠杆趋势仍在持续进行。借助第 1 章所提到的"资本收入比"概念，存量债务在顺周期的互动模式下，其总规模随资产价格上升而上升，同时，经济繁荣期所引致的资产价格上涨预期使得新增债务的必要收益率随之上升，这导致无论是静

---

① 相当多文献在对投资者异质性建模上采用了"天然买家"的假设。具体地，乐观者（杠杆买家，leveraged buyers）一开始买，谨慎乐观者要等到危机后才买（认为萧条只是暂时的），因为觉得这样收益更大，而悲观者则不会买，只会出售资产。正是这些颇具乐观精神的买家不断地借款，从而形成少数人驱动相当大比例社会资本来投资于资产的现实情形。所以，危机的本质是：在前期，最为乐观的购买者破产了，因而只剩下较为冷静的购买者，这对全市场而言是坏消息；这些新的购买者更为冷静，对未来前景不那么乐观；而且，他们也借不到从前那么多钱来购买资产了——因而，资产价格必然下降。我们也可以认为，天然买家的行为也是充分理性的，因为他毕竟依据自身的知识、信息和判断来决定了不断追加投资的最优化决策。

态的存量债务还是动态的流量债务都表现出相对于实体经济增速的高速增长，而且，未来实体经济所产生收益的更大部分势必将用于偿还债务。此时，经济中将出现债务行将到期而无法偿付的严重情况，用发行新债来偿还旧债的行为将是无奈之举，这是此轮危机中各国政府采用货币与信用扩张来挽救信用损失的根源——不言自明，用信用扩张来解决 EC - HL 综合征，必然是南辕北辙。

3.3.8 文献综述与模型分析

3.3.8.1 经济增长与效率

学术界对于金融杠杆作用于经济增长的相关研究通常见诸于货币、信用、金融中介、金融市场等作用于实体经济的研究中，专文探讨并不多见。一方面，这是由于金融杠杆更多地是"扮演"中间变量、内生状态变量的角色甚或作为其他宏观变量动态变化的结果；另一方面，人们对于金融杠杆似乎具有某种"天然的"偏见，将太多笔墨都放在其与金融脆弱性的关系研究之上。鉴于上面的分析逻辑已颇清晰，在此对众多文献不做细述，转而论证利用金融杠杆提高经济和金融效率的条件。直观上，当宏观经济杠杆较低时，加杠杆是有益的（Buell & Schwartz，1981；Coricelli et al.，2010），因而金融杠杆的"经济增长"阶段应该以某个"区间"$[L^{inf}, L^{sup}]$ 来划分，这一区间的下限是金融杠杆水平的"必要"水平，即适度性"下界"，它体现的是金融杠杆的必要性，而适度性"上界"则体现了金融发展与经济增长之间关系（growth - finance nexus）的"非线性"特征。[①] 而且，大量文献指出，判断信用是否超额、金融杠杆是否过高的标准绝不是僵硬的，必须要结合一国的国家特性和实体

---

① 这一划分与本书在第 1 章所论及的金融与实体经济关系的两阶段以及"EC - HL"综合征的形成和判断是内在一致的。

经济的具体运行情况参照确定。

这里以一个简单的经济增长模型为起点，来探讨金融杠杆对经济增长的作用机制和效果问题。

在不考虑劳动力资本投入的情况下，我们用经典的 AK 模型描述一个封闭经济的内生增长，即社会总产出为技术水平（A）和总资本存量（K）的线性函数：$Y_t = AK_t$。假定人口增长率为 0（$n_t = 0$），从而全部社会产出将用于投资（I）或者消费（C_t），即 $Y_t = C_t + I_t$。设社会总资本存量的变动为 $\Delta K_t = K_t - K_{t-1}$，假定资本折旧率为 δ（保持不变），从而，时期 t 的资本存量增量由前期投资（I_{t-1}）补足，即 $t+1$ 期投资为：$I_t = K_{t+1} - (1-\delta)K_t$。[①]

资本市场均衡时，有储蓄等于投资（即 $S = I$），故而理想状态下，社会中的储蓄全部转化为投资。但现实中，经济和金融交易是有摩擦的，信息成本和交易费用使得投资—储蓄比（即第 2 章中所定义的 ISR）小于 1。根据经典假设，$S = s \cdot Y$，s 为储蓄率，因而有：

$$\frac{I}{S} = \frac{I}{s \cdot Y} \triangleq \phi < 1$$

ϕ 为储蓄资金转化为投资的比率，而 $1 - \phi$ 则为这一过程中的储蓄资金漏损率。从而有：$I_t = \phi \cdot S_t = \phi \cdot s \cdot Y_t = \phi \cdot s \cdot A \cdot K_t$。经济中的投资将用于弥补资本折旧（$\delta K_t$）以及维持经济增长所必需的资本存量扩张（$\Delta K_{t+1}$），从而有：

$$\phi s A K_t = \Delta K_{t+1} + \delta K_t \Rightarrow (\phi s A - \delta) K_t = K_{t+1} - K_t \Rightarrow \phi s A - \delta = K_{t+1}/K - 1$$

显然，此时经济处于稳态增长状态，经济增速为 $\phi s A - \delta$。在资本折旧率不变的情况下，经济增长有三大渠道：提高储蓄率 s、提高转化率 ϕ、提高生产力水平 A。在上文分析中业已指出，金融体系恰好具有这样的

---

① 模型中假设技术水平、人口数量不变，其原因在于由技术创新带来的生产力提高是一个长期过程，而人口数量不变则使得我们得以专注于投资、折旧以及资本存量变化的关系，而不必考虑人均资本存量变化对经济增长的影响。

功能。关键是如何做好金融体系的制度安排，使金融资源和金融的比较优势更好地作用于上述渠道，特别是这其中如何运用金融杠杆。

为此，我们拟通过一个简要的关系图来厘清有关思路。相关变量和关系的符号使用如下：经济总产出 Y、储蓄 S、投资 I、资本存量 K、信贷 Cr、金融体系 F、银行 Bk、资本市场 St、非金融企业部门 Co、居民部门 Hd、资本折旧率 δ、储蓄率 s、生产力水平 A、投资—储蓄比 ϕ、储蓄转化为金融体系信贷的倍数 m、信贷转化为投资的比率 k（即资金利用效率）、存款利率 dr、贷款利率 lr、资产价格 p。图 3 - 5 中内环部分为储蓄、投资、产出的经济增长核心动力循环，外循环为经济运行过程中所涉及的四大经济部门（金融部门、非金融企业部门、居民部门和政府部门）。① 与经济增长相关的主要经济、金融变量和比率关系都在图 3 - 5 中列示。

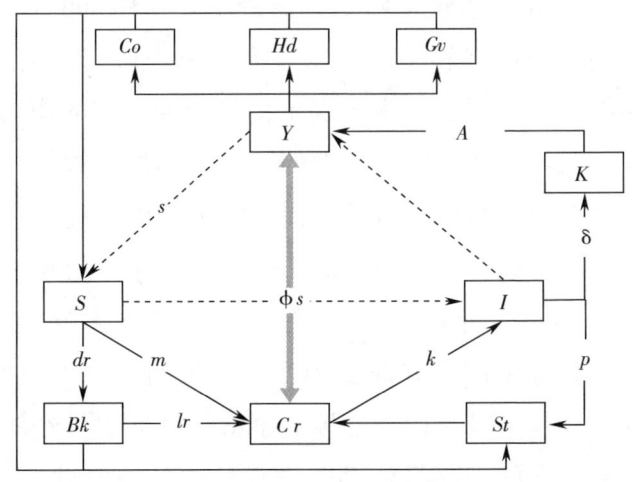

图 3 - 5 包含各部门的金融异化与实体经济增长

---

① 我们人为地将金融部门与非金融部门的放置位置作了严格区分，其目的在于突出金融部门在经济加杠杆和促进经济增长过程中的特异性。此外，企业、居民和政府部门并不是此处讨论的重点，但由于其与资本市场的投资密切相关，故而放在图中。最后，此处讨论的是封闭经济，故并未将国际部门纳入考察。

我们依次研究金融杠杆对 s 、ϕ 和 A 的影响：

其一，提高储蓄率。一般地，储蓄率是收入、通货膨胀率、税率以及其他一系列资产（证券）和投资收益率的函数。在总产出（或生产总值）不变的情况下，收入水平、收入分配、各类价格以及相对价格将是影响储蓄率的关键因素，当然还包括对不确定性的预期。储蓄决定了一国银行体系中可以用于投资的资金量，决定了银行体系作为金融中介的职能发挥。通常地，提高储蓄总量和储蓄率的方法主要包括：（1）提高货币供应总量。根据货币主义（以 Friedman 的观点为代表）的理论，使货币供应量按照一定的比率逐年上涨，有助于促进经济的发展，经济的发展又会促进金融结构的变化和金融发展（Goldsmith）。按此逻辑，货币供应量的增长有助于增加名义储蓄。（2）提高持有现金的收益率 $(d-\dot{p})$。显然这里需要从名义利率和通货膨胀率两个方面着手。①Mckinnon 等学者认为，在发展中国家中，政府对利率的管制一方面使得持有现金的收益很小，另一方面则制约利率发挥货币市场供求信号传导机制的作用，因此信贷市场的配置效率明显下降，两个方面的因素共同促使银行的媒介功能显著下降。较低的存贷款利率，造成了信贷资金的廉价使用，严重损害了资金的有效配置。②通货膨胀的负面影响毋庸多论，居高不下的价格水平会严重侵蚀持有资金的收益 $(d-\dot{p}<0)$，从而影响储蓄率的提高。Mckinnon 认为，发展中国家并非要用实体经济的代价来换取物价稳定，他总结了德国和日本（以银行为主导的金融体系在提供经济发展所必需的"资金在各部门之间的大量流动"方面所起的决定性作用）、韩国实施的"中介导向"的价格稳定方法（在研究高通胀预期会引发金融脱媒现象的基础上的改革）、印度尼西亚的货币改革（虽然具有较长的政策时滞，但毕竟是成功的）以及中国台湾的高利率政策等发展中国家和地区的成功经验后认为，治理通货膨胀的过程中，要在出现通货紧缩信号的同时，提高利息率，从而大幅提高持有货币的收益率 $[d\uparrow,\dot{p}\downarrow\Rightarrow(d\uparrow-$

$\dot{p}\downarrow)\uparrow$ ］，这样，便可以充分利用银行中介来发挥储蓄的积累和外部融资的作用，以达到稳定物价同时的金融发展和经济增长。表面上看，Mckinnon 的理论与 Keynes（1936）所认为的"较低的利息率有助于促进投资"是矛盾的，而实际上，根源就在于麦金农所研究的是发展中国家，这些国家限于金融结构和金融发展程度较低，尚处于"以渠道效应为主导"的发展阶段，货币与实物资本投资呈现互补性的关系[①]。（3）随着金融改革推进，储蓄函数会向上方移动，这实际上说明了金融改革释放了资金的活力，发挥了金融中介的作用，促进了金融结构的升级。此外，具有弹性的税收（倾向于直接税，有助于使税收与收入呈同比例增长），对于促进贸易自由化和降低政府财政赤字（金融压抑的一个重要表征）有积极作用。考虑到金融杠杆，单纯货币和信贷扩张的方法不仅只会带来名义上的储蓄额增长，而且货币扩张会引发通货膨胀，这又对储蓄率的上升有抑制作用。更为重要的是，决定经济中储蓄总规模的一个要素是财富以及收入的分配，信贷规模的扩张和信贷资源的结构性分布对国民收入、物价、资产价格进而对储蓄率必然有显著影响。分配效应从根本上决定了社会中的财富配置和阶层划分，体现为名义收入和信贷资源的显性分配效应以及由资产价格上涨所引致的隐性分配效应，二者都会在长期改变实体投资与金融资产投资的相对收益率，并改变经济在"稳定增长"和"脆弱性加剧"间的运动倾向。显然，经济加杠杆不仅要考虑规模与速度，还要兼顾结构与公平性。[②]

其二，提高储蓄向投资转化的速度和质量。本书第 2 章中引入了 ctos、itoc 以及 itos 三个变量，延续上文的分析，继续假设储蓄的投资转化率为 ϕ，从而最终的投资水平为 ϕS。现在我们考虑金融体系的作用，

---

① 罗纳德·麦金农：《经济发展中的货币与资本》，中国金融出版社，2006 年版，第 45 页。
② 上文已重点分析了与此问题直接相关的强制储蓄问题，此处不再重复。

假设储蓄经由银行、其他金融中介以及金融市场被放大 m 倍，变为金融体系向经济供给的货币和信用，则 $C_r = mS$。近而，经济中的各部门获得这些信贷资源，简单起见，假设仅有非金融企业获得这些资源用于投资。现实中，信贷与投资之间显然并非 1:1 的对应关系，故而同样存在一个转化率，不妨设为 k，表示单位信贷转化为投资的数量，即 $I = kC_r$。从而，$I = kmS$，这表明最终可用于投资的规模是初始储蓄的 km 倍。不难理解，k 的经济含义是微观企业的资金利用效率。因而，提高 ϕ 就被转化为提高 km，亦即分解为提高金融体系的信用创造能力、提高企业资金利用效率两个途径。当经济发展水平不高、企业发展水平不够成熟的时期，经济主要是以粗放型增长为主，微观企业的资金利用效率也较低，此时信贷扩张的效果较为明显；然而，当经济中的信贷规模已达一定程度，金融杠杆水平较高时，再依靠信用创造（提高总量或加快速度）只会积聚债务和风险，与经济增长毫无益处，唯一的办法就是在现有宏观杠杆水平下提高企业自身将等量信贷资源转化为实体投资的能力，也即要求生产力水平、研发能力、企业成本管理、企业经营模式等一系列的改变，企业和宏观经济必须做出结构性调整，集约化经营势在必行。另一方面，信贷对企业而言是债务，资金利用效率的提高意味着单位债务负担所对应的投资量上升，这等于是提高了企业的未来盈利水平，推动了资本形成和经济增长的速度和质量。

其三，提高科技与生产力水平。技术是从根本上"非线性"地提高生产能力的唯一要素。在资本投入量不变或存在约束的条件下，技术创新对经济增长的贡献是巨大的（技术周期对经济周期有重大作用）。技术进步的渠道无非是研发，研发成本及收益随时间的变化是严格非线性的，而支持研发的资金同样无非来自于内源性融资和外源性融资。对外源性融资而言，银行信贷、资本市场以及风险投资等是关键。因而，金融体系要能够甄别好技术、好项目、好企业，将有限的金融资源配置到这些边际产品更高的技术、项目和企业中，才能够形成提高促进技术创新的机制。事实上，对于前景光明的投资，其债务不耐度较低，因而可以允许有较高的杠杆水平——这与相关文献研究（Lang et al.，1996；Coricelli et al.，2010）的结果是一致的。在国内，熊波、陈柳（2005）研究了企业技术进步、所处发展阶段以及融资结构变化的对应关系，说明了金融对于引导技术创新和成果转化的作用。银行等金融中介以及金融市场应在各自具有比较优势的领域发挥作用。

以上主要分析了利用金融（特别是金融杠杆）拉动经济的几个思路。从图 3-5 中，我们还可以看到，在推动经济增长方面，金融杠杆的使用不仅可以直接作用于三个增长渠道，还可以间接作用抑制经济过度金融化的渠道——防范资产价格泡沫。这不仅是金融稳定的关键，同样由于这一条件关系到企业的融资能力、居民财富水平与分布、金融资产收益率，从而关系到金融体系自循环（图中红色循环三角所示）的"强度"。假设经济中的可投资资金（资源）为 I_t，投资于实体与金融资产是两个必然的配置性选择，分别记为 I_t^r 和 I_t^f。设 $\gamma_t \triangleq I_t^r/I_t$ 为投资于实体经济的比例，由于投资于两个渠道的规模比例主要决定于实体投资与金融资产投资的相对收益率，故而总投资及其配置是两类收益率和其他关键性经济变量的函数，即：$I_t = I_t^r + I_t^f = I_t(R_t^r, R_t^f, X_t)$，$\gamma_t = \gamma_t(R_t^r, R_t^f, X_t)$，$X_t = (X_t^1, X_t^2, \cdots, X_t^n)$ 为关键性经济变量，包括各类资产价格增速、通货膨胀率、资产的重置成本、无风险利息率、存贷款利差等。显然，抑制资产价格泡沫的最有效方法是尽可能提高实体投资的收益率（至少使其保持在较高水平），这需要防止社会总财富分配和分布的过度不平衡，同时尽量使生产性部门获得更多的资本和资源，因为禀赋上的差异在市场机制作用下具有放大这种差异的内生倾向。[①]

至此，我们初步分析了利用金融杠杆推动经济增长的有关机制、方法和思路。然而，源自于人类心理预期、非理性、自利动机以及企业市场行为等因素，金融杠杆具有极强的"螺旋式"运动特征，因而在没有任何外部力量约束的情况下，金融杠杆容易处于过高或过低的水平之上（第2章开篇便已指出）。因此，探索金融杠杆对经济运行的影响，必须还要研究其对经济波动的作用机制，在此之后，是将二者结合起来作综合性分析。

3.3.8.2　宏观经济波动与脆弱性

1. 相关文献

20世纪末，随着金融"非中性"得到确认，人们开始探索金融体系这一"黑匣"的内部构造与功能。"金融摩擦"开始在一些宏观经济学模型中出现，以研究其在传播和放大经济冲击过程中的作用。加入金融摩擦的宏观经济模型能够预见到外部经济冲击更为持久（long - lasting）的实际影响，这是因为金融摩擦会形成融资活动的反馈效应（feedback effects）。在金融杠杆作用下，这种反馈机制更为显著，影响更为巨大。事实上，学者们早已指出了借款人资产负债表的强健程度对宏观经济波动和周期变化的显著影响（Mishkin，1978；Bernanke，1983；Eckstein & Sinai，1986；等），而在构成资产负债表的诸多要素中，借款人净财富（net worth）是最重要的因素。对企业净财富的负向冲击增加了其所面临的融资约束和成本（金融摩擦），从而迫使企业家削减投资，这又会进而导致随后一期或数期经济中资本数量的减少和企业家净财富的下降，如此陷入恶性循环。本质上，外部冲击之所以会被放大，正是源自于借款

---

①　资本配置所起的作用是举足轻重的，对此的细致分析见本章下一节中对金融稳定性问题的论述。同时，我们会在本章的最后给出一个包含了金融杠杆与经济增长、金融稳定关系的完整的系统性模型。

人杠杆化的资产负债表（收益与损失的倍增效应）；而外部冲击被传递，则是因为今天的冲击决定了借款人明天的净财富。所以，金融杠杆对宏观经济稳定性的影响主要源自于投融资过程中的摩擦。这种观点其实低估了金融杠杆和金融体系的作用，认为摩擦导致"金融→实体"的非平滑运转，实际上，金融摩擦所改变的只是（传统意义上）储蓄向实体投资的转化水平，而金融自身的变化（特别是资产价格）改变的则是储蓄最终向金融投资的分流强度——这对应着本书多次提到的金融发展之信用时代的两个阶段。

具体地，对金融杠杆与经济波动关系的研究可划分为以下几类文献：

第一类为传统上研究金融摩擦对实体经济影响的文献，这些研究主要是围绕"金融加速器效应"进行的，其核心在于分析金融体系对外部冲击的传播和放大效应，杠杆是这一机制的重要枢纽。这又分为几个阶段：第一阶段以 BG 模型（Bernanke & Gertler，1989）和 CF 模型（Carlstrom & Fuerst，1997）为代表，主要研究外部冲击通过金融摩擦而对经济产生的持久性影响（persistent effects）。这些模型建立在标准的新古典经济增长模型之上，产出决定于初始的资本和劳动力投入，$Y_t = f(K_t, L_t)$。这些模型包含两个核心假设：其一，经济人并非是同质的，其差别在于只有企业家（其占全部经济人的比例为 η）能够利用消费品进行生产从而创造新资本，因此，企业家会理性地将财富全部投资于购买生产资本，并从居民手中融资以实现最大规模的生产；其二，金融摩擦主要源自于信息不对称所带来的状态检验和甄别成本（costly state verification，CSV）[①]，从而传统的 MM 定理不再适用，表现为内部融资与外部融资成本上的差异。企业家与居民之间的最优合约应在

---

① 状态检验成本之一摩擦最早是由 Townsend（1979）引入的。具体地，每一个企业家的技术都面临着某种无法被外部人所观测到的特异性冲击（idiosyncratic shock），对此进行甄别需要一定的（固定）成本。

充分限制企业家利用信息优势和最小化由信息成本（CSV）所带来的整体福利损失（deadweight loss）之间做出权衡[1]，其结果是该权衡通过一种标准债务合约（standard debt contract）得以达成，而且，潜在借款人的净财富越高，最优合约所要求的代理成本越低，内部融资与外部融资的成本差距越小。第二阶段以 BGG 模型（Bernanke，Gertler & Gilchrist，1999）和 KM 模型（Kiyotaki & Moore，1997）为代表，主要研究外部冲击经由金融体系而产生的动态放大效应（dynamic amplification effects）。一种放大效应源自于资本价格的变动，初始冲击通过资本价格变化导致资本市场价值与重置成本变化（托宾 Q 变化），这对企业投资决策（购买新资本品或购买现有资本品）产生显著影响；另一种放大效应源自于资本品的市场流动性，在技术非流动性的前提下，初始冲击会加大对生产能力较高企业的融资约束，进而引发对冲击的放大效应。第三阶段以 BS 模型（Brunnermeier & Sannikov，2010，2012；Phelan，2014；等）为代表，聚焦于系统的完全均衡动态，并初步探明了金融体系能够将外部冲击以非对称、非线性的方式放大的内部机制。此类模型的创新点主要在于：深入考察系统在稳态附近和远离稳态区域的不同动态运行路径；将金融中介资产负债表效应引入，研究非生产性部门净财富对经济波动的影响。Miller & Stiglitz（2010）指出，因高杠杆和抵押物资产价值过度上升所引发的资产价格泡沫崩溃会引发严重的"资产负债表式衰退"（balance sheet recession），然而，传统上的危机救助措施[2]未能将资产贱卖的负面影响内部化以支付债务，现代金融体系下，政府主导的深度金融干预是必要的，这包括资产购买、注

---

[1] 当借款人与贷款人之间存在信息不对称时，最优的金融安排将会引致一定程度的无谓损失（代理成本），这种成本在完全信息均衡条件下是不存在的。

[2] 通常的危机救助措施主要是降息等扩张性货币政策。但在次贷危机中，美国和英国两国政府的金融干预总量达到了 GDP 的 3/4，这几乎是其中央银行资产负债表规模的两倍之多。

资和资产结构重组、贷款给金融机构等，这些措施都能够直接、有效地作用于资产负债表，从而促进经济复苏。

第二类文献围绕融资过程中的抵押物及信贷市场展开研究，主要探寻债务约束（debt constraints）和抵押物资产价格波动性的影响——包括：对于抵押物资产价格波动性的不对称信息会通过金融杠杆（贷款价值比、保证金）引发信贷配给（Stiglitz & Weiss，1981）；债务约束与资产价格波动紧密相关，二者形成恶性反馈循环，即保证金上升螺旋（margin/haircut spiral），这将迫使企业在危机时期去杠杆并引发抵押物挤兑（Brunnermeier & Pedersen，2009；Garleanu & Pedersen，2011）；[①] Greenlaw et al.（2008）在次贷危机伊始便研究了金融杠杆和盯市的会计制度在危机传播中的重要作用，研究表明，次贷危机全部损失的仅一半来自于金融机构，正是金融机构资产负债表的急剧收缩引发了系统性危机，而其根源是超额杠杆导致的信贷市场崩溃和信贷可得性突然消失。Gorton & Ordonez（2012）研究了抵押贷款在危机形成中的作用机制和影响。近些年来，一些文献在一般均衡框架（不同于 Arrow – Debreu 经典框架）下研究了均衡杠杆率（保证金率）水平的决定（Geanakoplos，1997，2003，2010），其思路类似于 KM 模型，但其融资抵押约束的均衡水平是内生于经济均衡价格体系的，在此条件下，市场有可能是内生地不完全的（endogenously imcomplete）。进一步，Geanakoplos 等人建立起杠杆周期理论，这是与 KM 模型中建立的信贷周期模型不同的理论。大量文献指出，信贷和金融杠杆具有极强的顺周期性，金融中介杠杆对风险定价有重要影响（Adrian，Moench & Shin，2010；Adrian，Colla & Shin，2012；

---

① 传统的交易对手挤兑（counterparty run），即 Diamond & Dybvig（1983）中的银行挤兑，是指当所有存款者同时选择取款时银行被迫清算其长期投资而出现无力偿还的情况。而 Brunnermeier & Pedersen（2009）所研究的抵押物挤兑与此不同，它源自于保证金率（垫头）突然上升带来的融资约束迅速收紧现象。显然，抵押物违约是银行挤兑的一个现代版本。

Adrian，Etula & Muir，2013；Adrian & Shin，2013；）。Brunnermeier & Sannikov（2012）以及 Adrian & Brunnermeier（2011）提出了著名的"波动性悖论"（volatility paradox），即低波动时期往往伴随着金融杠杆水平的不断提高，这导致金融体系在未来的高风险和高波动性。Adrian & Boyarchenko（2013）研究了金融中介杠杆周期对金融稳定的影响，文章指出，金融中介在经济稳定期能够带来更高的消费水平和更低的消费波动率，其代价是其所引致的内生性系统性风险，并且，危机爆发时的强度和冲击决定于金融中介的杠杆水平和净财富，金融监管的作用在于通过系统性改变风险收益平衡从而降低了危机爆发的概率，但其通常导致较高的风险定价。

第三类文献研究金融杠杆与流动性的关系。历史上，经济危机几乎都伴随着流动性错配和突然枯竭的情况。[1] 大量文献研究了流动性对资产定价的影响（Gennotte & Leland，1990；Geanakoplos，2003；Allen & Gale，2004；Brunnermeier & Pedersen，2007），资产价格变化会导致投资水平的变化。然而，这并未充分阐释流动性的重要性和巨大影响，当资产价格与企业（包括金融企业）的资产负债表相联系时，债务约束和流动性螺旋就被引入，从而流动性、资产价格、金融杠杆三者的顺周期反馈循环得以形成。Adrian & Shin（2009）指出，金融企业与生产性企业不同，它能够利用（经济繁荣期）资产价格上升所产生的剩余资本（surplus capital）来扩张其资产负债表（加杠杆），即在资产方寻求新的资金贷出机会，在负债方提高其绝对债务水平，而这实际是（过剩）流动性创造的过程——因此，总流动性可以被理解为金融部门资产负债表扩张的速度，它体现了金融中介寻求潜在借款者的难易程度。[2] Brunnermeier，

---

① 对流动性的研究可分为贷款流动性、债务期限及流动性、资产的市场流动性、投资的技术流动性等。

② 金融冲击通过资产负债表渠道进行传播和放大的大量文献大多与此相关。

Markus & Pedersen（2009）研究了市场流动性和融资流动性问题，Brunnermeier & Sannikov（2011）研究金融中介与流动性的关系，Brunnermeier et al.（2012）通过收集到的主要金融机构的价值和流动性数据分析了金融机构的内生性反应在金融危机形成过程中的作用，建立了系统风险地貌学理论（Risk Topography）。Brunnermeier et al.（2013）则在全面考察了现代金融体系内的各类金融工具、产品和业务后，在前期理论模型和实证分析的基础上构建了流动性错配指数（LMI），用以衡量系统性风险的积聚情况。Mertens & Ravn（2011）研究了金融高杠杆在"流动性陷阱式衰退"（liquidity trap recession）中对冲击的放大作用。Korinek & Simsek（2014）指出，宏观经济去杠杆易于引发流动性陷阱，在此情形下，再通过降低利率的方式将无法引致总需求的增加，因而经济的均衡状态是受到约束且无效率的；然而，政府能够通过事前设定最高债务水平以及强制性的保险要求使得经济中的福利得到改善。

第四类文献研究金融杠杆将宏观经济波动在国家间传递过程中的作用。Kose & Yi（2006）发现，传统国际 RBC 模型并不能很好地解释各国经济周期的同步运动（co – movement）趋势。Imbs（2006）发现，在金融一体化程度更高的国家之间，其经济周期的同步性更强。Krugman（2009）指出，传统多国经济周期模型中缺乏一个关键性的"国际金融乘数"（international finance multiple），通过该乘数，一国金融冲击能够通过金融或资产负债表间的联系影响该国以及其他国家的投资。Devereux & Yetman（2010）的研究发现，与传统国际贸易渠道不同[①]，具有金融杠杆约束的金融渠道是近年来全球各国宏观经济波动联动性特征的重要诱因，这种影响在经济下行期更为显著。

---

① 传统的国际经济周期模型主要研究贸易渠道在宏观经济波动传递中的作用。

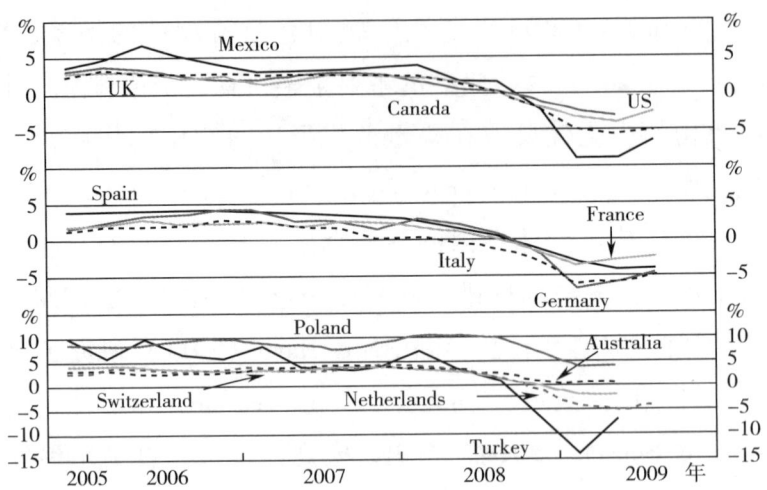

资料来源：RBA、Thomson Reuters。

图 3 - 6　金融一体化与真实经济增长

2. 顺周期的金融杠杆与资产负债表：一个简单模型

对金融杠杆顺周期形成机制的研究十分重要，我们以 Adrian & Shin（2009）为基础，尝试具体分析资产价格、金融杠杆、资产负债表、流动性创造的顺周期性。

一个典型金融机构资产负债表的资产方通常包括有形资产、有价证券、现金和存款等一般性资产以及向其他经济部门提供的抵押贷款（这是金融中介所特有的资产），显然，资产价格变化会同时影响各类资产的市场价值，在债务水平不变的情况下，会影响到其净财富。资产负债表周期的形成主要是资产价格和金融杠杆交互作用的结果。

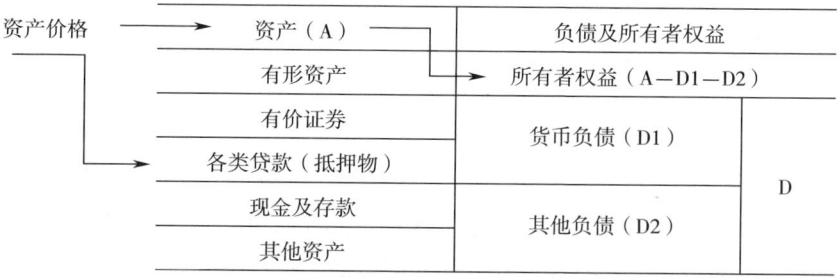

我们来具体分析一下这种流动性创造机制。假设金融中介的资产方仅包含有价证券（价值为 S），负债方为债务（D）和权益类资本（净财富，$NW = E$）。从而在时间 t，金融杠杆水平为 $L_t = A_t/E_t$。设资产方持有证券数量为 Q_t，价格为 P_t，从而 $L_t = P_tQ_t/(P_tQ_t - D_t)$。简单起见，暂且假设债务绝对水平及结构不变，当资产价格发生变化时，假设资产价格变化为 $\dot{p}_{t+1} = (P_{t+1} - P_t)/P_t = g_t$，从而 $L_{t+1} = A_{t+1}/E_{t+1} = A_t(1 + g_t)/[A_t(1 + g_t) - D_t]$，显然有 $L_{t+1} < L_t$。此时，金融企业拥有剩余资本（即维持原杠杆率水平所产生的资产负债表扩张空间）[1]，为此，它开始通过增加债务（ΔD_{t+1}）进行资产负债表扩张以维持原杠杆水平，从而有：$\Delta D_{t+1} = L_t \cdot g_t \cdot D_t$。这说明，因资产价格上涨所引致的剩余资本会促使金融企业以资产价格增速的 L_t 倍的大小来提高其债务水平，新债务水平为原先的 $1 + L_tg_t$ 倍。

资产 A	负债及净资本
证券 PQ	权益类资本 E 债务 D

资产 A	负债及净资本
证券 PQ 抵押贷款 C	权益类资本 E 债务 D

---

[1]　注意，这种剩余资本并非企业真正的权益类资本或自有资本，而是由资产价格上升所带来的资本市场价值超过账面价值或某一时刻历史价值的部分，它并不对应着企业在未来有实质性保障的现金流入或某类实物资产。这在某种程度上与部分准备金制度下的信用创造是一致的，它缺乏当期产出（或等值资本）或者未来产出（或等值资本）的支撑。

下面，我们引入金融企业所提供的抵押贷款，抵押物价格为 P_t^m，抵押物数量为 Q_t^m，从而抵押物价值为 $M_t = P_t^m Q_t^m$。假设银行对每单位价值抵押物提供的贷款额为 μ（即贷款价值比，LTV），显然有 $\mu > 1$，考虑到贷款价值比是抵押物当期数量、价格、价格变化以及贷款价值比上限的函数，故 $\mu_t = \mu(P_t^m, Q_t^m, \dot{p}_t^m, \overline{\mu})$。为引入抵押物价值变化带来的融资约束上的放大效应，同时考虑到计算上的方便性，我们假设 $\mu_{t+1} = \mu_t \cdot \lambda(\dot{p}_{t+1}^m) \cdot \dot{m}_{t+1}$，当 $\dot{p}_{t+1}^m > 0$ 时，$\lambda(\dot{p}_{t+1}^m) > 1$；当 $\dot{p}_{t+1}^m < 0$ 时，$\lambda(\dot{p}_{t+1}^m) < 1$——这样的假设与上面的线性假设在效果和经济含义上是相近的。$\mu_t \in (1, \overline{\mu})$ 的假设在于引入资产价格波动影响的非对称性。在时间 t，金融杠杆 $L_t = (P_t^s Q_t^s + \mu_t P_t^m Q_t^m)/(P_t^s Q_t^s + \mu_t P_t^m Q_t^m - D_t)$，假设在时间 $t+1$，证券价格和抵押物价格上涨率分别为 $\dot{p}_{t+1}^s = g_t^s$ 和 $\dot{p}_{t+1}^m = g_t^m$，从而有证券价值变化率 $\dot{s}_{t+1} = g_t^s$，此时对抵押物价值及抵押贷款而言：

$$M_{t+1} = (1 + g_t^m)M_t$$

$$\mu_{t+1} = \mu_t \lambda(\dot{p}_{t+1}^m)\Delta M_{t+1} = \mu_t \lambda(\dot{p}_{t+1}^m)g_t^m M_t$$

$$C_{t+1} = \mu_{t+1}M_{t+1} = (1 + g_t^m)M_t(\mu_t \lambda(\dot{p}_{t+1}^m)g_t^m M_t) = \mu_t \lambda(\dot{p}_{t+1}^m)g_t^m(1 + g_t^m)M_t^2$$

$$C_{t+1}/C_t = \lambda(\dot{p}_{t+1}^m)g_t^m(1 + g_t^m)M_t$$

显然，维持同等杠杆水平要求新增债务，即：

$$L_{t+1} = \frac{S_{t+1} + C_{t+1} + \Delta D_{t+1}}{S_{t+1}C_{t+1} + \Delta D_{t+1} - D_{t+1}} = L_t = \frac{S_t + C_t}{S_t + C_t - D_t}$$

将上述表达式代入，有：

$$\Delta D_{t+1} = \frac{g_t^s S_t + [\lambda(\dot{p}_t^m)g_t^m(1 + g_t^m)M_t - 1]C_t}{S_t + C_t - D_t} \cdot D_t$$

这实际上同不考虑抵押贷款时的结果是一致的，只不过债务倍增速度是一个加权平均的杠杆率，因为我们考虑了证券资产和抵押物资产不同的增速，当 $g_t^s = g_t^m = g$ 且不考虑抵押贷款额与抵押物价值之间的非线性关系（即 $\mu_t = \mu$）时，仍然有 $\Delta D_{t+1} = L_t \cdot g_t \cdot D_t$。因此，上面复杂情况下的债务增幅可以表示为：

$$\Delta D_{t+1} = L_t \cdot \tilde{g}_t \cdot D_t$$

$$\tilde{g}_t = \frac{g_t^s S_t + \left[\lambda(\dot{p}_t^m)g_t^m + (1 + g_t^m)M_t - 1\right]C_t}{S_t + C_t}$$

$$= \frac{S_t}{S_t + C_t}g_t^s + \frac{C_t}{S_t + C_t}\left[\lambda(\dot{p}_t^m)g_t^m(1 + g_t^m)M_t - 1\right]$$

显然，考虑抵押物价值变动的影响，资产价格上涨所引致的债务增长幅度仍然是资产价格增长率与前期杠杆水平的乘积，只不过这里的资产价格增长率是"加权平均"的复合增长率，而且还包含了 g_t^m 的平方项和 M_t 的乘积，即抵押物资产价格增速以及抵押物价值绝对水平都会显著影响债务水平的变化幅度。

上面我们仅考虑了维持杠杆水平不变所引致的债务水平变化。现实中，随着资产价格的不断高企，预期和信心会使得企业（特别是金融企业）产生足够的动力去加杠杆，即 $L_{t+1} > L_t$。因而，当经济进入加杠杆周期时，仅仅为维持金融杠杆水平的情况下，资产价格上涨所能支撑（或引致）的债务上涨速度会更快 $[L'(t) > 0]$。

现在考虑资产价格影响的不对称性。在繁荣期，由于上面的假设，$\mu_t \leqslant \bar{\mu}$，故而当抵押物价格达到一定限度时，出于理性选择，金融中介将不会再进一步提高贷款价值比，从而对债务的进一步增长有抑制作用。① 而在不景气时期，资产价格下滑会导致债务水平迅速下降，由于我们没有设定 μ_t 的下限（仅有 $\mu_t > 0$），因此这种冲击放大效应会很大。考虑到各类金融资产之

---

① 当然，随着抵押物价值 M_t 的提高，其所获得的相对贷款水平 μ_t 会有一定的提高，但同样不会使贷款价值比超过其上限，因为这意味着贷款风险的显著增加。

间价格下降的关联性 $[Cov(P_t^s,P_t^m)>0]$,这种由资产价格及信贷萎缩传染引发的下降螺旋会更惊人 ($g_t^s\downarrow,g_t^m\downarrow\Rightarrow\cdots\Rightarrow g_{t+1}^s\downarrow,g_{t+1}^m\downarrow\Rightarrow\cdots$)。

通常而言,在信贷紧缩和经济不景气时期,伴随着资产价格下降,宏观经济(特别是金融机构)会经历明显的去杠杆(delevering)过程。① 为此,我们考虑对上面的分析进行扩充,即 $L_{t+1}<L_t$ 的情况。设 $L_{t+1}/L_t=\varphi$,由于 $L_{t+1}=A_{t+1}/E_{t+1}$, $L_t=A_t/E_t$,从而 $A_{t+1}/a_T=\varphi\cdot E_{t+1}/E_t$ 。又假设 ΔK 为金融部门所经历的信用损失总量,κ 为新募集资本金占信用损失总量的比例,则 $E_{t+1}=E_t-\Delta K(1-\kappa)$ 。因此,$A_{t+1}/A_t=\varphi\cdot[E_t-\Delta K(1-\kappa)]/E_t$ 。根据这一去杠杆关系式,我们可以作出去杠杆幅度 $1-\varphi$ 与资本金补充比率 κ 的交叉表(见表 3-1)。如果设信用损失总量占原净资本的比例为 γ ,则金融部门资产负债表的变化比例为 $A_{t+1}/A_t=\varphi\cdot[1-\gamma(1-\kappa)]$,显然,去杠杆力度越大、信用损失量越高、资本补充比例越小,资产负债表的收缩越明显。

表 3-1　　　　　　去杠杆幅度、资本金补充与资产负债表规模

$\Delta K/E_t=1/10$		$1-\varphi$		
		0	5%	10%
κ	100%	1	19/20	9/10
	75%	39/40	741/800	351/400
	50%	19/20	361/400	171/200
	25%	37/40	703/800	333/400
	0	9/10	171/200	81/100

注:通过表中数据,我们能够很容易地计算出金融部门债务水平的变化,此处略去。

至此,我们利用数学分析简要讨论了金融企业在资产价格变化时调整其自身债务水平的有关情况,我们从资产负债表渠道发现了放大效应、不对称性、顺周期性(上升与下降螺旋)以及经典的债务—通货紧缩效应。对于非金融企业,这种效应同样存在,只不过在金融业日益发达的

① 此处所指的是一般情况下,在一些情况下(例如政府主导去杠杆、金融的逆周期监管、外部环境的改善等),前期信贷扩张并不意味着必然的去杠杆过程。

今天，非金融企业资产负债表的膨胀与萎缩在很大程度上是金融业整体资产负债表扩张与收缩、流动性创造与收紧的结果，而这正是金融异化的必然结果。[①] 事实上，上述分析中的证券价格 P_t^s 和抵押物价格 P_t^m 正是现实中影响金融与实体经济关系的两类资产价格（二者可以同一，也可不同），而 μ_t 和 L_t 则为两类杠杆，前者是与抵押贷款相关（即信贷市场上）的杠杆率 [第 1 章中已做细致说明，即抵押贷款的杠杆率 $L_t^m = \mu_t / (\mu_t - 1)$]，后者则是企业（金融与非金融）资产负债表上的杠杆率。诚然，现实中的情况更为复杂多样，金融中介也可以将资本投入到实体项目，同时非金融企业亦能够将资金直接投向资本市场而获利，但这些情况也仅是上面非一般均衡分析的特殊实现，其机理不曾有任何差异。

3. 金融异化与宏观经济波动：简单经济中的金融杠杆

下面，我们考察非金融企业以及金融中介资产负债表、金融杠杆以及资产价格之间的联动机制，并以此来分析这一联动机制下的金融异化过程。图 3 - 7 是企业以及金融中介的典型资产负债表图示，为方便分析与讨论，我们做如下基本假设：

① 经济中只有企业和金融中介两类微观经济主体，不考虑政府、个人以及国外部门的影响；②企业利用实体资本进行生产，但也会同时理性地选择将部分资产配置于既有的存量实体资产或金融资产，以获取更大收益；③金融中介不进行生产，但会理性地进行资产配置，选择进行信贷投资和金融资产投资的比例；④企业与金融中介的金融资产投资组合是一致的，即假设二者均投资于相同种类的资产和证券，其差别仅在于投资的具体数量上；⑤不考虑税收、存款准备金等因素的影响；⑥企业是同质的，金融中介也是同质的，因此，可以直接分析个体加总为整

---

① 下文将对非金融企业的资产负债表膨胀与收缩机制进行分析。

体的行为及后果。[①]

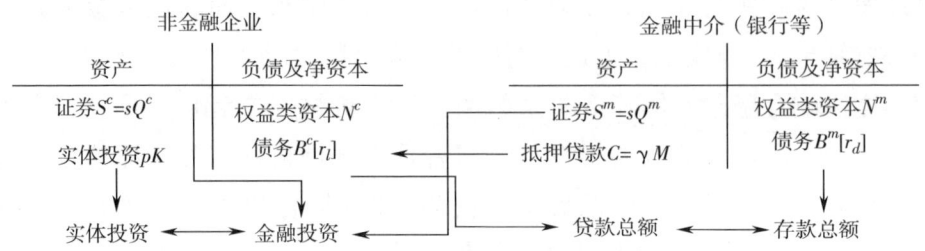

图3-7 企业与金融中介的典型资产负债表图示

（1）资产负债表的互动

假设全部企业在时间 t 的总资产为 A_t^c ，资本结构为 $A_t^c = B_t^c + N_t^c$，B_t^c 为来自金融中介的贷款，设其占总资产的比例为 ϕ_t ，则 $N_t^c = A_t^c(1 - \phi_t)$ ，企业的金融杠杆水平为 $\Psi_t = 1/(1 - \phi_t)$ 。同时，企业所持有的证券总价值为 $S_t^c = s_t^c \cdot Q_t^c = s_t Q_t^c$ ，其中，Q_t^c 为一揽子证券的数量，s_t 为对应于 Q_t^c 一揽子证券价格，$Q_t^c = (Q_t^{c,1}, \cdots, Q_t^{c,j}, \cdots, Q_t^{c,J})$，$s_t = (s_t^1, \cdots, s_t^j, \cdots, s_t^J)$ ，因此，$S_t^c = s_t \cdot Q_t^c = \sum s_t^j Q_t^{c,j}$ ，企业所能够用于实体投资的资本量为 $I_t = A_t^c - S_t^c$ ，设实体资本价格为 p_t ，实体资本数量为 K_t ，$p_t = (p_t^1, \cdots, p_t^h, \cdots, p_t^H)$ ，$K_t = (K_t^1, \cdots, K_t^h, \cdots, K_t^H)$ ，则 $I_t = p_t K_t = A_t^c - s_t Q_t^c$ ，显然，企业的总资产可以表示为 $A_t^c = p_t K_t + s_t Q_t^c$ 。企业的净财富来自于前期的资本性投资，包括实体投资和金融投资，故，$N_{t+1}^c - N_t^c = p_t K_t \cdot (1 + r_t^r) + s_t Q_t^c \cdot (1 + r_t^f) - \phi_t A_t^c \cdot (1 + r_t^l)$ ，其中，金融投资收益来自于金融资产价格的变化，即 $r_t^f = \dot{s}_t$ 。净财富能够显著影响企业的外部融资成本，净财富越高，企业外部融资的风险溢价越低，在信贷市场上，这意味着较低的保证金

[①] 这样的假设使得我们可以大体上将上文中典型企业的行为视作企业作为一个整体的行为特征，故下面的变量符号均代表企业部门或金融中介部门，而非某个企业或某个金融中介，变量的值代表总量或平均值，而非某个个体的具体值。

率或抵押率。为此，我们可以认为，抵押杠杆 γ_t 是企业资本性投资收益风险溢价的函数，即如果用 r_t 表示企业的加权平均资本性投资收益率，[①]那么风险溢价可表示为 $\eta_t = E(r_t/r_t^0)$ ，则 $\gamma_t = \gamma(\eta_t)$ 。

同理，我们假设金融中介在时间 t 的总资产为 A_t^m ，资本结构为 $A_t^m = B_t^m + N_t^m$ ， B_t^m 为来自国民经济其他各部门的存款，设其占总资产的比例为 φ_t ，则 $N_t^m = A_t^m (1 - \varphi_t)$ ，金融中介所持有的证券总价值为 $S_t^m = s_t Q_t^m$ ，其对企业所提供的抵押贷款总额为 $C_t = \gamma_t(\eta_t) M_t$ ，其中， M_t 为抵押物价值， γ_t 为抵押贷款比率，显然有 $C_t = B_t^c = \phi_t A_t^c$ （这是一个重要关系式），从而金融中介的总资产可以表示为 $A_t^m = \gamma_t M_t + s_t Q_t^m = B_t^c + s_t Q_t^m$ 。

在研究金融杠杆与流动性创造的顺周期特征时，我们已利用金融中介的典型资产负债表分析了资产价格变化对金融杠杆与资产负债表规模的影响机制，这里，我们进一步引入非金融企业，意图简要地分析企业、金融中介之间的互动以及这种互动所导致的经济金融化结果。

金融中介的资产负债表扩张通常伴随着信贷扩张和对金融资产投资的增加，同时，金融中介的资产负债表扩张决定了企业的信贷可得性以及企业的资产负债表扩张。[②]上文中指出，金融中介的债务变动幅度取决于前期金融杠杆、资产价格的"复合"增长率以及前期债务水平（即 $\Delta D_{t+1} = L_t \cdot \tilde{g}_t \cdot D_t$ ），资产负债表规模的扩张使得金融中介有更强的能力和意愿向企业提供信贷，从而，企业与金融中介的资产负债表膨胀与收缩通过"信贷"得以联动，其中的关键在于三个变量：金融中介的金融

---

① $r_t = \rho_t^c(1 + r_t^c) + (1 - \rho_t^c)(1 + r_t^f) - 1$ ，其中 $\rho_t^c = \dfrac{p_t K_t}{A_t^c}$ ， $1 - \rho_t^c = \dfrac{s_t Q_t^c}{A_t^c}$ 。显然， $r_t = \rho_t^c r_t^c + (1 - \rho_t^c) r_t^f$ 。

② 在信贷市场中，资产价格的上涨必然引发抵押物价值、贷款价值比（这是关键）的上升，其结果是企业信贷可得性的上升（当然还有因资产价格上涨引发的企业净财富的上升），不管怎样，这都会导致企业资产规模显著提高。

金融杠杆水平的适度性研究

杠杆水平 $1/(1-\varphi)$、企业的金融杠杆水平 $1/(1-\phi)$、抵押贷款中的贷款价值比 γ，前两者决定了单位净财富的负债承受能力，贷款价值比（抵押率）决定了单位抵押物的贷款能力。

现在假设实体资产与金融资产价格出现上涨，上涨率分别为 $\dot{p}_t$ 和 $\dot{s}_t (\dot{p}_t > 0, \dot{s}_t > 0)$，这直接导致企业以及金融中介的净财富和总资产出现上升，即企业在时间 $t+1$ 的总资产为 $A_{t+1}^c = p_t K_t (1 + \dot{p}_t) + s_t Q_t^c (1 + \dot{s}_t)$，金融中介总资产为 $A_{t+1}^m = \phi_t A_t^c (1 + r_t^l) + s_t Q_t^m (1 + \dot{s}_t)$。显然，各自的资产膨胀或收缩率为：

$$\text{企业：} \quad \xi_{t+1}^c = A_{t+1}^c / A_t^c = \frac{p_t K_t (1 + \dot{p}_t) + s_t Q_t^c (1 + \dot{s}_t)}{p_t K_t + s_t Q_t^c}$$

$$\text{中介：} \quad \xi_{t+1}^m = A_{t+1}^m / A_t^m = \frac{\phi A_t^c (1 + r_t^l) + s_t Q_t^m (1 + \dot{s}_t)}{A_t^m}$$

上式表明，资产膨胀率为"资产规模加权的"复合资产收益率，并且是两类投资收益率变化以及投资选择配置比例的函数。进一步，金融中介与企业都会按照本章所分析的流动性机制进行加杠杆（盯住杠杆率 $\psi_{t+1} = \psi_t$），其途径是债务水平的提高，即资产负债表规模将再次膨胀。根据假设，$\psi_{t+1}^c = \psi_t^c$，则 $B_{t+1}^c = (\psi_t^c - 1) A_{t+1}^c + (1 - \psi_t^c) B_t^c$,① 从而，$A_{t+1,(2)}^c = A_{t+1}^c + \Delta B_{t+1}^c = \psi_t^c A_{t+1}^c - \psi_t^c B_t^c$。则企业进行盯住杠杆操作后的资产负债表膨胀率为：

$$\xi_{t+1,(2)}^c = A_{t+1,(2)}^c / A_t^c = \frac{\psi_t^c A_{t+1}^c - \psi_t^c B_t^c}{A_t^c} = \psi_t^c \left(\frac{A_{t+1}^c}{A_t^c} - \frac{B_t^c}{A_t^c} \right) = \psi_t^c (\xi_{t+1}^c - \phi)$$

显然，资产负债表的最终膨胀率与初始金融杠杆水平 ψ_t^c 正相关、与资产

---

① 在企业盯住杠杆水平的前提下，资产价格上涨引致的企业总资产价值上升，必然要求企业增加负债以维持原有杠杆水平，假设新增债务规模为 ΔB_{t+1}^c，则 $\frac{A_{t+1}^c + \Delta B_{t+1}^c}{A_{t+1}^c + \Delta B_{t+1}^c - B_{t+1}^c} = \Psi_t^c$，从而有：$\Delta B_{t+1}^c = (\psi_t^c - 1) A_{t+1}^c - \psi_t^c B_t^c$，或写作 $B_{t+1}^c = (\psi_t^c - 1) A_{t+1}^c + (1 - \Psi_t^c) B_t^c$。

负债表的第一阶段膨胀率 ξ_{t+1}^c 正相关（源于资产价格的上涨）、与初始债务率 ϕ_t 负相关。资产负债表的膨胀经历了 $A_t^c \xrightarrow{\dot{p}_t,\dot{s}_t} A_{t+1}^c \xrightarrow{\psi_t^c,\phi_t} A_{t+1,(2)}^c$ 的过程。值得注意的是，企业的金融杠杆水平与其资本性投资收益风险溢价 η_t 正相关，即 $\partial\psi_t^c/\partial\eta_t > 0$，从而内部融资率 $(1/\psi_t^c)$ 与外部融资溢价负相关。[①] 金融杠杆水平越高，企业进行外部融资的成本越高（因为风险越高），即要求的外部融资溢价越高，这对应于更高的资产投资回报率，那么必然要求资产价格有更大、更快地上涨，这会引发金融泡沫。对金融中介而言，上述过程是大体一致的，同样有：$A_{t+1,(2)}^m = A_{t+1}^m + \Delta B_{t+1}^m = \psi_t^m A_{t+1}^m - \psi_t^m B_t^m$，以及 $\xi_{t+1,(2)}^m = \psi_t^m(\xi^m t + 1 - \varphi_t)$。然而，同样是负债规模扩张，金融中介与企业所为此支付的成本有显著不同，金融中介的增量债务成本为 $\Delta B_{t+1}^m r_{t+1}^d$，企业则为 $\Delta B_{t+1}^c r_{t+1}^l$，$r_{t+1}^l > r_{t+1}^d$——这说明，即便是同样的债务增量，企业在未来的增量债务负担也要大于金融中介，因为银行等金融中介要从中赚取借贷利差，也就是说，除非企业违约，否则企业只有将自身的一部分资产用作对金融中介提供信贷资金的补偿（这里我们假设金融中介能够从居民部门获得足够的存款）。至此，我们较为细致地分析了金融中介以及非金融企业由于资产价格上涨所实施的资产负债表扩张和流动性创造活动，很明显，这种扩张通常会先后经历两个阶段，而途径则主要是加大举债力度，而非增加自有资本，前者的结果是加杠杆，后者则是去杠杆，这实是金融脆弱性不断加剧的本质。现实中，由于乐观预期"作祟"，企业将有更大的意愿和能力获得更大规模的信贷，因而金融杠杆率会在泡沫形成初期展现出加速上升的趋势（为此，我们将在下面引入资产价格）。

另一方面，如果从全社会的角度看，在时间 t，经济中的金融中介信

---

① 这一点在 BGG 模型中进行了具体而深入地论证，在此不作赘述和推导。

贷总量为 C_t、资产总量为 A_t^m，资本市场总规模为 $s_t(Q_t^c + Q_t^m)$，所以，金融体系结构 Ψ_t 可以表示为银行总资产/证券市场市值，从而有：$\Psi_t = A_t^m / s_t(Q_t^c + Q_t^m)$。在时间 $t+1$，信贷总量 $C_{t+1} = B_{t+1}^c = (\psi_t^c - 1)A_{t+1}^c + (1 - \psi_t^c)B_t^c$、资产总量为 $A_{t+1,(2)}^m$，假设企业与金融中介持有的金融资产（证券等）数量不变（这一假设在下文中将被放开），则资本市场总规模为 $s_t(1 + \dot{s}_t)(Q_t^c + Q_t^m)$，从而有：$\Psi_{t+1} = A_{t+1,(2)}^m / s_t(1 + \dot{s}_t)(Q_t^c + Q_t^m)$。判断金融体系结构变化的关键是比较 Ψ_{t+1} 和 Ψ_t，我们用 Ψ_{t+1}/Ψ_t 来判断，显然，这取决于资产负债表规模变化速度与资产价格上涨速度。[1] 上文已指出，资产的第一阶段膨胀系数 ξ_{t+1}^m 是加权平均的复合资产收益率，即可以表示为 $\xi_{t+1}^m = \lambda(1 + \dot{p}_t) + (1 + \lambda)(1 + \dot{s}_t)$ 的形式（$0 < \lambda < 1$），显然，当 $\dot{p}_t = \dot{s}_t$ 时，$\xi_{t+1}^m = 1 + \dot{s}_t$，当 $\dot{p}_t < \dot{s}_t$ 时，$\xi_{t+1}^m < 1 + \dot{s}$，当 $\dot{p}_t > \dot{s}_t$ 时，$\xi_{t+1}^m > 1 + \dot{s}_t$。这说明，实体投资的收益增长率越高，则资产负债表的第一阶段膨胀率越高，则金融体系结构 Ψ_{t+1}（相对于 Ψ_t）的数值越大，即金融体系越倾向于银行主导型。综合而论，当 $\dot{p}_t \geqslant \dot{s}_t$ 时，有 $\xi_{t+1,(2)}^m > \xi_{t+1}^m \geqslant 1 + \dot{s}_t$，则有 $\Psi_{t+1}/\Psi_t > 1$。这与本书此前宏观总量模型的结论是一致的，即实体投资的收益率越高、增速越快，则金融将更多地表现为对实体投资的支持（渠道效应），银行贷款是重要渠道。事实上，企业与金融中介资产负债表扩张的前提是资产价格的上涨，这显然意味着资产市场中需求的上升，那么，企业与金融中介都必然是将其资产的一部分用于金融资产投资。当我们深入分析投资分流效应的时候，资产价格、资产负债表、金融杠杆、流动性乃至融资偏好和金融体系结构的逻辑运动机制将得以充分显露。

（2）投资分流与金融体系变化

---

① $\dfrac{\Psi_{t+1}}{\Psi_t} = \dfrac{A_{t+1,(2)}^m}{A_t^m} / (1 + \dot{s}_t) = \xi_{t+1,(2)}^m / (1 + \dot{s}_t) > \xi_{t+1}^m / (1 + \dot{s}_t)$。

根据上文的分析和假设，企业在进行投资时，会根据其资产负债表状况和投资前景来进行决策，它们会用总资产与证券资产的差额来计算出可供投资的规模，即 $I_t = A_t^c - s_t Q_t^c$。具体地，理性的企业还会选择将 I_t 的多大比例分别用于实体投资和金融（证券投资），设投资实体资本的比例为 α_t，则投资于金融资产的比例为 $1 - \alpha_t$。上文中对资产负债表膨胀的讨论主要以金融杠杆为关键变量，而在资产方，两类投资的收益率以及由此作出的投资决策则是核心。

在时间 $t+1$，企业资产规模与原持有证券的市值之差是可供其投资的资金规模，即 $I_{t+1} = A_{t+1,(2)}^c - s_{t+s} Q_t^c$，[①] 由于，$A_{t+1,(2)}^c \geqslant A_{t+1}^c$，[②] 且 $A_{t+1}^c = \xi_{t+1}^c A_t^c$，从而有，$I_{t+1} = A_{t+1,(2)}^c - s_{t+1} Q_t^c \geqslant A_{t+1}^c - s_{t+1} Q_t^c = \xi_{t+1}^c A_t^c - s_{t+1} Q_t^c$。又根据之前的讨论，$\xi_{t+1}^m = \lambda(1 + \dot{p}_t) + (1 - \lambda)(1 + \dot{s}_t)$，令 $\xi_{t+1}^c = 1 + \dot{g}_t$，从而：

$$I_{t+1} \geqslant (1 + \dot{g}_t) A_t^c - (1 + \dot{s}_t) s_t Q_t^c = (A_t^c - s_t Q_t^c) + (\dot{g}_t A_t^c - \dot{s}_t s_t Q_t^c)$$

将上式变形，有：$\Delta I_{t+1} \geqslant \dot{g}_t A_t^c - \dot{s}_t s_t Q_t^c$。可利用投资规模的变化是否为正，取决于 $\dot{g}_t A_t^c - \dot{s}_t s_t Q_t^c$ 的符号。如果 $\dot{g}_t > \dot{s}_t$，那么有 $\Delta I_{t+1}/I_t > \dot{s}_t$。[③] 这说明，如果企业投资的复合增长率高于证券价格增速，则可利用投资额增速也高于（不低于）证券价格增速。这一点颇具意味，即在资产价格上涨的初期，资产负债表的膨胀使得企业可利用的投资规模增大，且增速超过资产价格上涨速度，"如果"企业将所有这些资金都用于实体投资，那么

---

① 这类似于上文总量配置模型中的可供利用的新增投资总量 I。

② 在这里，我们并没有取严格大于号 " > "，这是因为，资产价格上涨所引起的资产负债表扩张并不一定包含第二阶段，即盯住金融杠杆率所引致的债务规模和总资产规模上升。上文中我们之所以用 " > "，完全是为了从理论上分析资产价格上涨引发资产负债表扩张的具体机制和典型变化规律。现实中，非金融企业以及金融中介完全可能因为某些原因而放弃盯住杠杆，因而其资产负债表的扩张膨胀程度会低于理论预期。

③ 当 $\dot{g}_t > \dot{s}_t$ 时，有 $\dot{g}_t A_t^c - \dot{s}_t s_t Q_t^c > \dot{s}_t (A_t^c - s_t Q_t^c) = \dot{s}_t I_t \Rightarrow \Delta I_{t+1} > \dot{s}_t I_t \Rightarrow \dfrac{\Delta I_{t+1}}{I_t} \dot{s}_t$。

经济增长的前景将是好的；然而，这里有两个"不和谐"因素：其一，随着实体投资规模的上升，边际产出是下降的，因而实体投资的回报率将开始出现增速放缓或出现下降；其二，$G_t > \dot{s}_t$ 的情况将随着 $\dot{g}_t$ 和 $\dot{s}_t$ 的变化而不再成立 $[\dot{g}_t \downarrow, \dot{s}_t \uparrow \Rightarrow (\dot{g}_t - \dot{s}_t) \downarrow]$。所以，有理由预期，$\dot{i}_t = \Delta I_{t+1}/I_t$ 将呈现出先增后减的运动趋势，其背后是实体投资与金融投资相对收益率的变化。特别地，当 $\Delta I_{t+1}/I_t = \dot{s}_t$ 时，意味着 $\dot{g}_t \leqslant \dot{s}_t$，或 $\psi_{t+1} \leqslant \psi$，即实体资产价格的增速已开始低于金融资产价格增速（实体投资不再受青睐），或企业的金融杠杆水平已经处于较高水平，资产负债表的第二阶段膨胀受到抑制（因为贷款抵押率不可能无限制上升）。[①] 根据前面的总量配置模型和企业的微观投资决策分析，理性的企业将会进行更大比例与规模的金融投资（即 $\alpha_{t+1} < \alpha_t$），此时，企业的金融投资规模将增加至 $S_{t+1}^c = s_{t+1}Q_{t+1}^c = s_{t+1}Q_t^c + (1 - \alpha_{t+1})\Delta I_{t+1}$。

对金融中介而言，上述分析大体可以沿用。唯一需要注意的是，金融中介资产负债表中包含了贷款和证券投资两类资产，前者的规模取决于企业前期的债务水平（金融杠杆水平）、贷款抵押率、抵押物的价值、借贷利差以及银行的代理监督成本。[②] 简单起见，在此假设金融中介贷款总额等于企业部门的全部抵押贷款总额，即 $C_{t+1} = B_{t+1}^c$，则 $\Delta C_{t+1} = \Delta B_{t+1}^c$，

---

① $\Delta I_{t+1}/I_t = \dot{s}_t$ 是一个重要状态，因为可供投资的资金增速不再高于资产价格增速，这种状态的达到通常有两个原因：其一，是实体资本的价格增速低于金融资产价格增速（$\dot{g}_t \leqslant \dot{s}_t$），这时，如果企业将全部新增投资用于实体投资，则显然并非理性选择，因为实体资本的价格增速变小往往意味着实体投资存量已经较高，实体投资的收益率出现下滑，从实体资本市场的角度看，这说明对实体资本的需求开始下降；其二，是企业开始去杠杆（$\psi_{t+1} \leqslant \psi_t$），这大多发生于负债过度的情况之下，过度的金融杠杆水平早已对实体投资产生抑制作用，进而使企业的资金更多地流向金融体系，其结果是资产负债表的扩张几乎完全被金融资产投资的增加所消耗，可供利用的投资额增量自然逐渐减小，这时候，金融中介会紧缩信贷，贷款抵押率开始上升，这迫使企业进行去杠杆。当然，所有这些分析的前提是，企业在前期经历了可供投资资金的快速增长，即我们的讨论是从经济繁荣期开始；如果是从衰退期开始，则情况恰好相反。

② CF 模型、KM 模型、BGG 模型都对此进行了研究。

且金融中介可用于金融投资的规模为 $S_{t+1}^m = A_{t+1,(2)}^m - B_{t+1}^c$ ，从而，银行的增量证券投资为 $\Delta Q_{t+1}^m = (A_{t+1,(2)}^m - B_{t+1}^c - A_t^m)/s_{t+1}$ 。同时，根据金融中介的资产负债表，有：

$$\left. \begin{array}{l} S_{t+1}^m = A_{t+1,(2)}^m - B_{t+1}^c \\ S_t^m = A_t^m - B_t^c \end{array} \right\} \Rightarrow \Delta A_{t+1}^m = \Delta S_{t+1}^m + \Delta B_{t+1}^c$$

从而，$\Delta Q_{t+1}^m = (\Delta A_{t+1}^m - \Delta B_{t+1}^c)/s_{t+1}$ 。

因此，在资产价格上涨的影响下，企业、金融中介的资产负债表交互影响而膨胀，银行信贷促进企业资产负债表膨胀，企业的贷款上限决定了银行用于金融资产投资的规模。信贷扩张首先提高了企业可供投资的资金规模（$\Delta I_{t+1} \uparrow$），但随着信贷供给的进一步增加，企业逐渐产生了超出其理性需求的信贷需求，它们将把这些额外获得信贷资金用于非生产性用途，金融中介方面，在吸纳存款不存在技术障碍时，提供给企业的超额信用意味着银行存在着资产负债表的过度膨胀。之后，随着实体生产的边际产出递减和两类投资相对收益率的变化，我们有 $\Delta I_{t+1} \downarrow$ 。

在时间 $t+1$ ，全部证券价值的变动总额为：

$$\Delta S_{t+1}^c + \Delta S_{t+1}^m = (1 - \alpha_{t+1})\Delta I_{t+1} + (\Delta A_{t+1}^m - \Delta B_{t+1}^c) > 0$$

从而 $\Delta S_{t+1} > 0$ 。由于资产价格的变化显然根源于资产市场中的供求变化，即 $\Delta s_{t+1} \doteq \Delta S_{t+1} - \Delta Q_{t+1}$ ，假设这一过程中不存在新股权融资、证券回购等影响证券市场存量规模的因素（$\Delta Q_{t+1} = 0$），那么对既有证券存量的增量投资必然引发资产价格的上涨（$\Delta s_{t+1} \doteq \Delta S_{t+1}$），并进而引发资产负债表的新一轮膨胀；另一种情况，即存在着新股权融资等改变既有证券存量的交易，这意味着发行证券的微观主体的净财富上升（$N_{t+1} \uparrow$），则其信贷可得性进一步增强。两种情况都会使增量资金涌入金融体系，使金融资产价格的上涨得到支撑。现实中，第二种情形相对而言更可取，但是，问题的关键在于企业通过股权融资而获得的资金投向何处、金融中介通过股权融资而获得的资金用在何处，如果新资金不被用于生产性活动而仅被投资于"旧资产"，则对实体经济的增长是无益的。

下面，我们再次考察金融体系结构的变化：

$$\Psi_{t+1} = \frac{A_{t+1,(2)}^m}{S_{t+1}} = \frac{C_{t+1} + S_{t+1}^m}{S_{t+1}^c + S_{t+1}^m} = 1 + \frac{C_{t+1} - S_{t+1}^c}{S_{t+1}^c + S_{t+1}^m} = 1 + \frac{B_{t+1}^c - S_{t+1}^c}{S_{t+1}^c + S_{t+1}^m}$$

Ψ_{t+1} 绝对水平以及 Ψ_{t+1}/Ψ_t 的相对变化都很重要。根据上式，显然，当 $B_{t+1}^c > S_{t+1}^c$ 时，$\Psi_{t+1} > 1$，即如果企业的间接融资额大于其金融投资总额（包括其自身的直接融资），那么在全社会层面，金融体系表现为以间接融资为主导。对于金融体系结构的变化，我们有：

$$\frac{\Psi_{t+1}}{\Psi_t} = \frac{A_{t+1,(2)}^m}{A_t^m} \cdot \frac{S_t}{S_{t+1}} = \xi_{t+1,(2)}^m \cdot \frac{1}{(1 + \dot{s}_t)(1 + \dot{Q}_t)}$$

当 $\xi_{t+1,(2)}^m < (1 + \dot{s}_t)(1 + \dot{Q}_t)$ 时，即 $\frac{A_{t+1,(2)}^m}{A_t^m} < \frac{S_{t+1}}{S_t}$ 时，有 $\frac{\Psi_{t+1}}{\Psi_t} < 1$，这说明，如果金融中介的资产负债表膨胀率小于证券市场总市值的增长率，那么金融体系结构将向金融市场主导型方向转变——事实上，这隐含着金融中介对外贷款额的增速小于证券投资增速。相应地，当金融中介的对外贷款额增速高于证券投资增速时，金融体系将倾向于银行主导型（与上文的讨论一致，此时的实体投资通常更有效率）。在现代金融体系中，货币供应量 M_2 早已不能代表宏观经济中真实的信用总量，非银行体系的信用创造日益占据更重要的位置。

（3）逻辑分析

为了分析上的简明扼要，这里拟利用文字性的推理来代替烦琐的数学推导。一般意义上，由资产价格上涨所引发的资产负债表膨胀可以表示为：$P \uparrow$（即 $(p_t, s_t, \cdots) \rightarrow N_t \uparrow$，$A_t \uparrow \rightarrow L_t \downarrow \rightarrow B_t \uparrow$，$L_t \uparrow \rightarrow A_t \uparrow \rightarrow I_t \uparrow \rightarrow \cdots$）。

随着可利用投资规模的上升，实体投资的收益率将会呈现下降趋势[①]，这进一步使得在业已增加的可供投资规模中用于金融投资的比例上升，从而可供投资中分流向金融投资的规模日益增加。在金融资产市场上，资产需求的快速增加导致了资产供给（对应于债务的累积）与价格的进一步上升，其结果是经济中微观主体资产负债表的不断膨胀和债务水平的大幅提高。与此同时，投资金融资产的收益率因资产价格的高企而被非理性推高，资产价格泡沫得以维持，这与被不断压缩的实体投资相对应，进一步恶化两种投资的比例。

现实中，金融资本对实体资本的完全替代很难发生，这是因为资产价格泡沫无法支撑到这一时刻。抵押贷款杠杆率是一个不可或缺的"稳定"机制。理性的投资者不可能愿意将资金贷给经营杠杆已经严重超高的企业和个人，因而抵押贷款市场中的价格（贷款利率和杠杆率）能够充分显示人们对于"风险"的预期和判断。显然，抵押贷款杠杆率的变化包含了加速上升（繁荣初期）、减速上升（繁荣后期）、加速下降（衰退初期）和减速（衰退后期和复苏期）下降四个经典阶段，这也从根本上决定了信贷市场"繁荣、崩溃、衰退与复苏"的周期性特征。

至少从资产负债表的角度看，金融杠杆的上升是前期信贷扩张的结果，同时是后期资产负债表膨胀的动力。由于实体生产扩张的局限性（在不考虑技术的长周期情况下），信贷扩张→加杠杆→实体投资规模扩张的逻辑在金融杠杆达到某个水平后必然发生改变，变为信贷扩张→加杠杆→金融投资规模扩张→挤出实体投资，而金融投资的扩张在理论上

---

① 这是因为，产出具有边际递减趋势，设 $Y_t = \chi_t K_t^\beta L_t^{1-\beta}$ ，显然，假设技术和劳动力投入不变 $(\chi_t = \bar\chi, L_t = \bar L)$ ，$\partial Y_t / \partial K_t = \beta\bar\chi \bar L K_t^{\beta-1} > 0$ ，但 $\partial^2 Y_t / \partial K_t^2 = \beta(\beta-1)\bar\chi \bar L K_t^{\beta-2} < 0$ 。而且，随着实体投资的增加，一方面，实体资本（如固定资产等）的前期折旧不断增加（用于弥补前期折旧的投资量上升），另一方面，实体资本的价格将出现上升（源于稀缺性），这不仅会增加资本成本，还会因为重置成本的上升而降低托宾 Q 值，这都会导致实体投资"增量"的减少，其结果必然是增加对"旧"资产与金融资产的投资规模和比例。

是无限的，现实中以泡沫的崩溃为界。上述过程的两个阶段对应于金融加杠杆的效率与稳定的分野，对应于金融资本与实体资本的不同关系，对应于金融发展的不同阶段，因而是分析宏观经济增长与波动的微观逻辑基础。

第4章　金融杠杆水平的决定因素

4.1　直觉判断

大道至简。人类社会的一切财富根源于生产性活动，故实体经济是"根本"，它"滋养万物"、"万品禀其变易"，是"藏精吐气"从而推动经济的物质态与非物质态相互转化的基础。也可看作是经济的物质态与信息态之间的"二元容介态"（Rong-jie State）。[①]驱动金融杠杆水平变化的因素，不外乎来自金融与实体经济，以及那些影响金融与实体经济的社会性因素；而变化之源还是在实体经济上。

从金融杠杆的定义来看，金融因素在分子，实体经济因素在分母。直观上，金融体系所提供的信用水平越高，金融杠杆水平越高；而一定时期内的国民生产总值越高，则金融杠杆水平越低。现实中，金融杠杆的确随金融发展而具有上升的趋势，这反映了金融部门信用创造能力和金融体系功能的提高（相当多文献以私人部门信贷与GDP之比作为金融

[①] 容介态，最早由林左鸣在其发表于《前沿科学》的三篇文章中提出，他指出，世界万物乃至宇宙、人的思维和智慧，都以"物质态"或"信息态"这样两种状态形式存在，两种状态在时空变化中不断地相互转化，这种转化不是一种简单的变化，而是一种哲学意义上的"升华"，是《周易》中"太极生两仪，两仪生四象，四象生八卦"、是《道德经》中"道生一、一生二、二生三、三生万物"的过程（林左鸣、尹国平，2011）。

发展的重要指标之一）；另一方面，经济增长越快，金融杠杆水平则相对越低或上升较慢，这是因为较快的实体经济增长能够支撑相对较快的金融规模膨胀和金融债务发行。从根本上，金融杠杆水平的动态变化，是实体经济与金融体系之间力量对比关系变化的结果。从第2章的分析中不难看出，金融体系的规模增速一直高于实体经济增速，因而金融体系规模增长对实体经济增长在绝大多数时期是富有弹性的，其结果是金融相关比率的持续提高和金融杠杆水平的快速攀升。但各国经济运行的最佳状态往往出现于资本形成较快、经济增长稳健的时期，此时的金融发展是"有源之水、有本之木"，故而能够与实体经济发展相得益彰。

具体地，我们简要地从金融与实体经济两个角度稍作展开分析：

其一，实体经济方面。经济发展水平从根本上决定了一国经济创造产出、价值与财富的能力和速度，并直接决定了该经济体所能承受的负债水平。对经济增长而言，资本、劳动和技术是三大核心要素，而决定上述三要素的基础因素是储蓄、消费、投资、人口结构等因素。任何社会中，闲散资金必须通过特定的方式（储蓄或有价证券）被集中，而后通过特定的渠道（中介或资本市场）进行投资，从而实现资金向资本的转化。进一步，决定上述基础因素的则是一系列"价格"，包括资金价格、资产价格、劳动力价格、一般性商品价格等。这些价格变量不是独立的，而是相互作用的。从而，分析经济增长对金融杠杆水平的影响，必须研究资本形成、经济结构调整、各类价格之间的"互动"、财富分配、人口结构变迁等内部机制。

其二，金融体系方面。经济中的信用总量直接决定于货币和信用创造过程。从货币创造角度看，货币总量决定于基础货币、银行体系的法定准备金率以及银行体系内部的结构特征等因素。另一方面，根据 $MV = PQ$ 的关系，经济的货币化率与货币流通速度成反比。抛开这一关系式的时效性问题，货币流通速度 V 确乎是影响杠杆率水平的因素。此外，经济货币化率表示的是单位产出（GDP）所需的货币量，体现的是一国在宏观层面上的资金利用效率（资本投入产出比），同理，经济中微观主体运用资金的效率同样是不容小觑的因素。[①] 考虑到杠杆率中涉及其他信用工具总量/GDP 的部分，则需要分析金融体系及其结构对杠杆率施加的影响——此处作简要分析：金融体系大体可分为传统上的银行主导型（德、日模式）和市场主导型（英、美模式）以及混合型三大类。[②] 在银行主导型中，非金融部门的资金来源主要是贷款（现金＋存款），杠杆率＝信用总量/GDP＝货币总量/GDP；在市场主导型中，非金融部门的资金来源主要是贷款和其他信用工具（非金融部门的信用工具发行），杠杆率＝信用总量/GDP＝（货币总量＋其他信用工具总量）/GDP；在混合型体系中，既有影子银行，又有银行的影子，杠杆率＝（现金＋存款＋非金融部门持有的信用工具＋金融部门持有的信用工具）/GDP。可见，杠杆率与金融体系的结构（银行中介、非银行金融机构的规模比例关系）、金融产品与创新程度（资产证券化和各种信用衍生品）有直接关系。

　　金融与实体经济间存在着持续性的互动：经济运行中，其实体经济方面与金融方面是紧密关联的，实体经济波动必然引致金融体系的周期性波动，二者的差异仅在于时滞与振幅。这是因为，实体经济与金融体系波动的诱因如出一辙，都源自于人的动机、市场机制、制度基础，前者通过商品（和资源要素）价格的变动来发挥作用，而后者则通过金融要素价格（信贷的价格）的变动来实现。人的行为兼具主观性与客观性，与此同时，人们也往往具有资金供给者和资金需求者的"二重性"。资金

---

　　① 不难认识到，微观主体（比如企业）将资本投入转化为产出的能力同样受到资金可得性、财务制度、投资能力、市场地位、技术研发投入、产权关系乃至外部的政策、法律、税收等诸多因素的影响。

　　② Goldsmith（1969）系统论述了金融体系结构变迁的一般规律，指出了金融发展与深化是从银行货币创造向金融体系信用创造的过渡。

需求来源于实体经济的价值创造过程，而资金供给则离不开金融体系的信用创造过程。大危机的可怕之处在于，实体经济与金融体系同时陷入困境，正如 Fisher（1933）所指出的，唯有当"债务"和"通货紧缩"相遇时，才会引发严重的经济危机以及危机后的严重衰退。本书在此希望强调的是，金融杠杆水平的变化在形式上表现为金融与实体经济的相对变化，在逻辑上则体现了个体选择的社会后果。[①] 人的选择离不开人所身处的制度环境，因此，不仅是经济与金融制度，历史因素、文化传承、法律渊源、政治体制等因素在长期也可能对金融杠杆有所影响。这些制度性因素往往交织在一起共同发挥作用，因为制度变迁正源于这些因素的合力。

上面的分析表明，金融杠杆是内生于经济与社会体系之中的，作为经济和金融发展的一个高阶段表现形式，它的高与低体现了经济与社会体系的不同运行状态与矛盾对立阶段。下文中，我们将对上述来自实体经济、金融体系和人文社会因素的影响强度和方向进行实证研究，并探讨这些因素加总在一起究竟会使杠杆率水平的变化出现何种时空趋势。

4.2　样本、变量与数据

4.2.1　样本选定

金融杠杆水平决定因素的实证分析是研究杠杆水平跨越时空的变化规律，因而样本选择需要在时间序列与横截面数据的可得性之间作必要的权衡。我们最终选取 1980—2012 年 102 个主要国家和经济体的面板数

---

①　经济与金融活动是一切微观主体经济行动的总和。历史上，人的需求和动机推动了货币从实物向金属货币、纸质信用货币乃至符号货币的演进。

据作为代表性样本。样本国家基本上涵盖了宏观经济研究常用的代表性国家，包括主要的发达国家与发展中国家、高收入国家与中低收入国家、各大洲国家以及具有不同文化传统和民族特征的国家。

　　具体地，这些国家包括：亚洲国家 18 个（中国、日本、韩国、印度尼西亚、马来西亚、菲律宾、新加坡、泰国、阿联酋、伊朗、约旦、沙特阿拉伯、孟加拉国、不丹、印度、斯里兰卡、尼泊尔、巴基斯坦）、欧洲国家 24 个（奥地利、比利时、瑞士、德国、丹麦、西班牙、芬兰、法国、英国、希腊、匈牙利、爱尔兰、冰岛、意大利、荷兰、挪威、波兰、葡萄牙、罗马尼亚、俄罗斯联邦、瑞典、土耳其、马耳他、以色列）、美洲国家 25 个（阿根廷、安提瓜和巴布达、伯利兹、玻利维亚、巴西、巴巴多斯、智利、哥伦比亚、哥斯达黎加、多米尼加共和国、厄瓜多尔、格林纳达、圭亚那、洪都拉斯、圣卢西亚、墨西哥、巴拿马、秘鲁、苏里南、特立尼达和多巴哥、乌拉圭、圣文森特和格林纳丁斯、委内瑞拉、加拿大、美国）、非洲国家 32 个（阿尔及利亚、埃及、突尼斯、布隆迪、贝宁、布基纳法索、博茨瓦纳、中非、科特迪瓦、刚果（布）、科摩罗、佛得角、加蓬、加纳、冈比亚、肯尼亚、莱索托、马达加斯加、马里、毛里求斯、马拉维、尼日尔、尼日利亚、苏丹、塞内加尔、塞拉利昂、斯威士兰、塞舌尔、乍得、多哥、南非、赞比亚）、大洋洲国家 3 个（澳大利亚、新西兰、斐济）。

　　在时间范围选择上，大多数变量的统计开始于 1980 年，因此，虽然不少变量的统计开始于 1960 年，但考虑到数据完整性以及实证分析中数据缺失对估计结果的影响程度等问题，我们选择舍去 1960—1979 年的数据。另一方面，由于一些指标的最新数据（2013 年、2014 年）并不完整，且这两年全球经济和金融的"系统性"变化并不明显，故而同样予以舍去。所以，我们的数据样本期间为 1980—2012 年，共计 33 年。需着重说明的是，我们在第 1 ~ 3 章中曾反复强调了国际货币体系对经济金融发展和金融杠杆水平变化的关键性影响，而由于我们的样本数据期间整体位于牙买加体系运行期（1976年至今）内部，从而无法考察货币制度变迁对金融杠杆水平的系统性影响，故不考虑引入货币制度虚拟变量或进行分时期回归，对布雷顿森林体系之经济和金融影响的分析和讨论参见第2章的历史经验分析和第3章的理论分析。[①]

表4-1　　　　　　　　　　102个样本国家信息

所属地区	国家名称	收入组别	OECD国家
东亚及太平洋地区 （11个）	澳大利亚	高	√
	中国	中等偏上	
	斐济	中等偏上	
	印度尼西亚	中等偏下	
	日本	高	√
	韩国	高	√
	马来西亚	中等偏上	
	新西兰	高	√
	菲律宾	中等偏下	
	新加坡	高	
	泰国	中等偏上	
欧洲及中亚地区 （22个）	奥地利	高	√
	比利时	高	√
	瑞士	高	√
	德国	高	√
	丹麦	高	√
	西班牙	高	√
	芬兰	高	√

---

① 这种对数据周期的人为"截断"必然带来数据信息的损失，这其中的一个重要信息便是国际货币制度变迁的影响，显然，数据分析起始于1980年，将使我们无从考察布雷顿森林体系以及牙买加体系对金融杠杆水平的影响，但这或可从货币发行、金融发展以及金融一体化等变量中获得一定程度的信息补偿。而且，本书第2章的历史经验分析也可作为对此损失的另一补偿。

续表

所属地区	国家名称	收入组别	OECD 国家
欧洲及中亚地区 （22 个）	法国	高	√
	英国	高	√
	希腊	高	√
	匈牙利	中等偏上	
	爱尔兰	高	√
	冰岛	高	√
	意大利	高	√
	荷兰	高	√
	挪威	高	√
	波兰	高	√
	葡萄牙	高	√
	罗马尼亚	中等偏上	
	俄罗斯联邦	高	
	瑞典	高	√
	土耳其	中等偏上	
拉丁美洲及加勒比地区 （23 个）	阿根廷	中等偏上	
	安提瓜和巴布达	高	
	伯利兹	中等偏上	
	玻利维亚	中等偏下	
	巴西	中等偏上	
	巴巴多斯	高	
	智利	高	
	哥伦比亚	中等偏上	
	哥斯达黎加	中等偏上	
	多米尼加共和国	中等偏上	
	厄瓜多尔	中等偏上	
	格林纳达	中等偏上	
	圭亚那	中等偏下	
	洪都拉斯	中等偏下	

续表

所属地区	国家名称	收入组别	OECD 国家
拉丁美洲及加勒比地区 （23个）	圣卢西亚	中等偏上	
	墨西哥	中等偏上	
	巴拿马	中等偏上	
	秘鲁	中等偏上	
	苏里南	中等偏上	
	特立尼达和多巴哥	高	
	乌拉圭	高	
	圣文森特和格林纳丁斯	中等偏上	
	委内瑞拉	中等偏上	
中东及北非地区 （9个）	阿联酋	高	
	阿尔及利亚	中等偏上	
	埃及	中等偏下	
	伊朗	中等偏上	
	以色列	高	√
	约旦	中等偏上	
	马耳他	高	
	沙特阿拉伯	高	
	突尼斯	中等偏上	
北美地区 （2个）	加拿大	高	√
	美国	高	√
南亚地区 （6个）	孟加拉国	低	
	不丹	中等偏下	
	印度	中等偏下	
	斯里兰卡	中等偏下	
	尼泊尔	低	
	巴基斯坦	中等偏下	
撒哈拉以南非洲地区 （29个）	布隆迪	低	
	贝宁	低	

续表

所属地区	国家名称	收入组别	OECD 国家
撒哈拉以南非洲地区 （29 个）	布基纳法索	低	
	博茨瓦纳	中等偏上	
	中非	低	
	科特迪瓦	中等偏下	
	刚果（布）	中等偏下	
	科摩罗	低	
	佛得角	中等偏下	
	加蓬	中等偏上	
	加纳	中等偏下	
	冈比亚	低	
	肯尼亚	低	
	莱索托	中等偏下	
	马达加斯加	低	
	马里	低	
	毛里求斯	中等偏上	
	马拉维	低	
	尼日尔	低	
	尼日利亚	中等偏下	
	苏丹	中等偏下	
	塞内加尔	中等偏下	
	塞拉利昂	低	
	斯威士兰	中等偏下	
	塞舌尔	中等偏上	
	乍得	低	
	多哥	低	
	南非	中等偏上	
	赞比亚	中等偏下	

4.2.2 变量选定与数据来源

本书的研究目标是金融杠杆水平的适度性，为此我们将在下文中系统考察一国金融杠杆水平的决定因素。理论与实证上，通常以经济货币化率和私人部门杠杆率作为宏观金融杠杆水平的代理变量，然考虑到经济金融化的现状和金融发展早已进入"信用时代"，故而我们将采用私人部门杠杆率（国内私人部门信贷/GDP）作为被解释变量。当然，我们也可按宏观总杠杆在结构上的分解来依次考察政府部门杠杆、居民部门杠杆、金融部门杠杆和企业部门杠杆的决定，但对于各个经济部门杠杆水平的决定因素分析的现实意义并不强，与本书的研究目标并不吻合，故而放弃；此外，由于特定时间、特定国家的上述数据并非同时可得，故而直接考察宏观总杠杆水平的决定并不可行，因而我们采用世界银行的国内私人部门信贷占比（％GDP）作为被解释变量，私人部门信贷包括了金融体系向全部非政府部门提供的金融资源，能够较好地体现出宏观经济中信贷工具发行规模与实体经济规模的比例关系。[1]

金融杠杆是金融与实体经济在规模和结构上的对比关系，因此，在解释变量方面，我们力图引入经济、金融层次的核心因素，同时引入那些影响经济和金融的第三因素（包括社会、文化、法律、政治等）。具体地，我们将影响因素分为五个不同层次：

（1）在宏观经济层面，我们使用经济增长率（GDP增速）、人均

---

[1] 本书致力于研究宏观金融杠杆水平的决定因素，故对企业、金融机构等的微观金融杠杆及其决定不作深入讨论，变量和数据也均来自宏观经济领域。另一方面，对于宏观金融杠杆水平之代理变量的选择也是一个重要问题，现实中，我们还可以采用银行私人部门信贷占比、其他部门信贷占比、金融部门提供全信贷占比等指标，但一来数据可得性存在问题，二来这些指标要么不能代表金融体系整体，要么将私人部门以外的公共部门也纳入，从而代表性不强。其中，金融部门提供全部信贷占比或许是个可在未来尝试的指标。对金融杠杆水平的统计方法和口径颇多，本书力图做到数据使用上的前后一致，但在引用其他口径数据时会做必要的说明。

GDP、贸易总规模（贸易总额/GDP）、经常项目余额（经常项目余额/GDP）、国内投资率（国内投资总额/GDP）、国内储蓄率（国内储蓄总额/GDP）、通货膨胀水平、政府债务率（中央政府总债务/GDP）。[①]

（2）在经济结构层面，我们使用资本形成率（资本形成总额/GDP）、农业附加值占比（农业附加值/GDP）、工业附加值占比（工业附加值/GDP）、服务业附加值（服务业附加值/GDP）。[②]

（3）在金融层面，我们使用存款利率、货币供给增速（M_2增长率）、银行资产规模（银行资产/GDP）、股票市值规模（股票市场总市值/GDP）、金融体系结构（银行资产/股票总市值）、外汇储备规模（外汇储备/GDP）、存款保险制度、银行业集中度、金融危机（包括货币危机、债务危机和银行危机）等。[③]

（4）在人口与城市发展层面，包括人口增长率、城镇人口占比、城镇人口增速、老龄化程度、居民消费支出占比（居民部门消费支出/GDP）、居民消费支出增速等。[④]

（5）在人文社会层面包括法律渊源（包括英国法、法国法、德国法、

[①] 宏观经济层面各指标均为文献中所常用的指标，这些指标中包含了经济总规模、人均规模和构成国民生产总值按来源的分解（储蓄、投资、进出口总量与差额、政府部门等）。

[②] 一国金融体系所创造的货币与信贷会通过各种渠道进入经济的不同部门，而经济在结构上的变化会影响信贷资源的流向以及信贷资源对实体经济在正反两个方向的影响。资本形成一直是实体经济增长的最关键动力，这在本书前三章中已多次强调；而经济中的农业、工业和服务业占比则能够充分体现一国经济和社会发展所处的阶段。

[③] 金融发展关系到金融总体规模和结构的变化以及金融体系与实体经济的互动关系，Goldsmith、Mckinnon 等学者早已有深刻论述。在此，我们使用有关货币和信贷供给、金融中介与市场的规模和相对规模、金融制度、金融稳定性等指标作为关键变量来捕捉金融发展对金融杠杆水平的影响。

[④] 经济发展能够充分体现在人口增速、年龄结构变化、城市化进程以及居民消费水平的变化上，不同年龄结构的社会、不同的城市化水平、不同的居民生活水平和消费意识都会引致截然不同的投资、储蓄和消费倾向和特征，这会从根本上影响一国的内生金融需求和实体经济增长动力，从而显著影响金融杠杆水平。

斯堪的纳维亚法等）、宗教信仰、文化类型（六个维度）等。[①]

表 4 - 2　　　　　　　　　　变量的经济含义与数据来源对照表

变量		经济含义与说明	数据来源
被解释变量	私人部门杠杆 *PSFL*	私人部门信贷总额/GDP。其中，私人部门国内信贷意指由金融企业提供给国内私人部门的金融资源，包括贷款、证券购买、贸易信贷以及应收账款融资等（对某些国家则可能包含了对于国营企业的索取权）。金融企业包括货币当局、存款货币银行以及其他能够获得公开数据的金融企业（如融资租赁公司、放款性企业、保险公司、养老基金等）。	World Bank
	经济货币化率 M_2GDP	M_2 与 GDP 之比。M_2（具体见 IMF IFS 统计）包括银行体系外的货币，非中央政府部门的活期存款，居民部门（非中央政府部门）的定期存款、储蓄存款和外汇存款。	World Bank
解释变量：宏观层面	经济增长率 *gdpgr*	以每年的名义 GDP 增速表示。该指标越高，说明经济增长速度越快。	World Bank
	人均 GDP ln*pcgdp*	人均 GDP 的对数表示。人均 GDP 考虑了一国经济总量及人口这两个因素，故而能够较好地反映其经济发展水平。人均 GDP 越高，说明经济发展水平越高。	World Bank
	贸易总规模 *trade*	进出口总额/GDP。该指标越高，说明一国对外贸易在国民经济中的地位越重要。	World Bank
	经常项目余额 *ca*	用经常项目余额占 GDP 的比例来表明一国通过贸易所形成的债权或者债务与 GDP 的对比关系。经常项目余额能够反映一国国际收支情况。	World Bank （WBO）

　　[①]　人文社会因素是推动制度演进的核心动力之一，是形塑人类行为、习俗和社会规则的最重要因素（North，1991），因而，将一国人文和社会领域的重要因素纳入对金融杠杆水平的分析研究是必要的。

续表

变量		经济含义与说明	数据来源
解释变量： 宏观层面	国内投资率 gdi	国内投资总额/GDP。该指标越高，说明一国实体经济（相对于经济总量的）投资水平越高。	World Bank （WBO）
	国内储蓄率 gds	国内储蓄总额/GDP。国内储蓄总额等于 GDP 与最终消费支出（总消费）之差。	World Bank
	通货膨胀水平 infl	用 GDP 平减指数来表示价格的变动情况，是较好的通货膨胀率代理变量。	World Bank
	政府债务率 dbt	中央政府债务总量/GDP，包括中央政府内债和外债，不包含地方政府债务，能够反映中央政府的总体债务负担。	World Bank （HPDD）
解释变量： 经济结构层面	资本形成率 cf	资本形成总额与 GDP 之比。资本形成总额包括了用于经济中固定资产的支出和开销以及经济中库存的净变化，用当前美元计算。相关统计口径和说明见联合国（UN）国民经济核算体系 SNA。	World Bank
	资本形成增速 cfgr	资本形成的年增速（%）。该指标越高，说明国内的实体投资和资本形成增速越快，从而实体经济增长的动力越足。	World Bank
	农业化程度 agril	农业增加值/GDP。该指标越高，说明一国农业（第一产业）在国民经济中的比重越高。	World Bank
	工业化程度 indus	工业增加值/GDP。该指标越高，说明一国工业（第二产业）在国民经济中的比重越高。	World Bank
	服务化程度 serv	服务业增加值/GDP。该指标越高，说明一国服务业（第三产业）在国民经济中的比重越高。	World Bank
解释变量： 金融层面	存款利率 dpr	存款利率反映了一国商业银行的资金成本，是影响持币需求（流动性偏好）、实物资产投资、证券投资等的重要变量。存款利率越高，对银行体系货币和信用创造的约束越强，对经济中的杠杆有收紧作用。	World Bank

变量		经济含义与说明	数据来源
解释变量：金融层面	货币供给增速 M_2gr	M_2 增速。该指标越高，一国货币和信贷的增长越快，经济加杠杆的倾向越明显，发生通货膨胀的可能性也越大。	World Bank
	银行资产规模 ba	存款货币银行总资产/GDP。该指标越高，说明银行体系在经济中的地位和作用越重要。	IMF Financial Development and Structure Dataset
	股票市值规模 $stmktcap$	上市公司市值与GDP之比。反映了资本市场相对于国民经济的总体发展规模和情况。该指标越高，说明一国的资本市场越发达或一国企业通过资本市场进行直接融资的比例越高。	IMF Financial Development and Structure Dataset
	金融体系结构 fs	银行总资产/金融市场市值，即B/M。该数值越大，说明金融体系越倾向于银行主导型，反之则倾向于市场主导型。	作者的计算
	外汇储备规模 res	不含黄金的外汇储备总量与GDP之比。	World Bank
	存款保险制度 $insur$	如果设立了显性存款保险制度，赋值为1，否则为0。	国际存款保险协会（IADI）
	银行业集中度 $concen$	资产规模最大的三家银行在所有商业银行资产总规模中的占比。	Bank Scope Database/ Financial Development and Structure Dataset
	金融危机 $cris$ $bcris$ $ccris$ $dcris$	一国金融体系是否爆发危机，能够显著影响经济中的杠杆水平。通常而言，在危机前，伴随着信贷扩张会出现明显的加杠杆现象，而在危机后则会出现显著的去杠杆现象。所以，无论是货币危机（ccris）、债务危机（dcris）、银行危机（bcris）或是系统性金融危机，都会对金融杠杆水平有一定的影响。cris表示发生上述任何一种危机。	Laeven & Valencia (2008)

变量		经济含义与说明	数据来源
解释变量：人口与城市发展层面	人口增长率 *popgr*	该指标反映一国总人口的年增长速度，与诸经济总量指标参照，能够充分反映一国经济社会的真实发展效果。	World Bank（WBO）及作者的计算
	城市人口占比 *urban*	城镇人口占比为居住在城镇地区的人口总数与一国全部人口总数之比，能够反映一国城镇化程度。该比例越高，说明一国的城镇化水平越高，从而工业、服务业增加值的 GDP 占比将越高，经济发展水平也很可能越高。	World Bank
	城市人口增速 *urbangr*	城镇人口增速反映了一国城镇化的速度。该指标越高，则可以预期一国经济发展速度越快，各类固定资产（土地、房屋等）、基础设施的投资增速越快，对金融资源的需求也将越大。	World Bank
	老龄化程度 *age*	年龄在 65 岁以上人口占总人口的比重，能够反映一个国家老龄化的程度。该比重越高，老龄化程度越高。	World Bank
	居民消费支出占比 *hdc*	家庭消费支出/GDP。家庭最终消费支出是居民所购买的全部商品和服务的市场价值总和，不包括购房支出，但包括房屋租金以及为获得相关许可权而支付给政府的费用等。	World Bank
	居民消费支出增速 *hdcgr*	家庭消费支出的增速越快，表示一国经济中家庭部门用于消费的支出增长越快。	World Bank
解释变量：人文社会层面	法律渊源 *legor_uk* *legor_fr* *legor_ge* *legor_sc* *legor_so*	法律体系类型分为大陆法系、普通法系等，也可以进一步细分为英国法律渊源、法国法律渊源、德国法律渊源、斯堪的纳维亚法律渊源、社会主义法律渊源。法律体系的起源和类型关系到一国金融体系的结构和发展。不过该变量的影响很可能被"金融体系结构"所捕捉，虽然法律体系的数据不全，但可以利用数据完整的"金融体系结构"变量来进行回归。	La Porta, López – de – Silanes & Shleifer（2008）

续表

变量		经济含义与说明	数据来源
解释变量：人文社会层面	文化类型 *pdi* *idv* *mas* *uai* *ltowvs* *ivr*	Hofstede 将国家文化划分为 6 个维度，这些维度能够从多个侧面反映人们的思想、动机和行为，构成国家间可比的文化 6 维矩阵。不少文献指出，各个维度上的不同得分确实对经济（发展）和金融（结构）有显著影响。	Hofstede（2001） Hofstede et al.（2010）
	宗教信仰 *cath* *othchrist* *orth* *easrel* *muslim* *buddis* *hindu* *jews* *prot* *othrel*	宗教信仰对经济运行有显著影响，这是因为信仰决定了人们在社会中（特别是经济和金融领域）的一些行为准则，从而对经济和金融的运行结果产生特别的影响。不同宗教有不同的基本教义和行为准则，故而在经济和金融研究中对宗教信仰进行划分是有必要的。然而，任一国家的宗教信仰并不是唯一的，有可能某一宗教占据统治地位，也可能几个宗教能够分庭抗礼，抑或该国无宗教信仰的人群占多数。而且一国宗教信仰的结构和比例还会随着时间而发生变化。为此，对宗教的统计数据通常分为两类，一类数据将宗教分为 10 大类，统计一国在某一时期在这 10 类宗教中的信众比例，另一类则是编制一个宗教信仰指数（如 Herfindahl 指数），这类指数通常在 0 与 1 之间，用来表示一国宗教多元化的程度。	Barro & McCleary（2003）

　　遗憾的是，限于数据可得性，我们不得不舍弃一些重要的影响因素，这些指标均具有很强的经济含义，且与金融杠杆水平的决定以及金融杠杆的经济影响关系密切。清晰起见，我们同样列表予以说明（见表 4-3）。这些因素涵盖了生产力、制度、价格与风险、分配公平性等领域，

关系到实体经济的长期增长和宏观经济、金融的稳定性，与宏观及微观金融杠杆水平有紧密的内在联系，值得在未来予以深入考察。①

表 4 – 3　　　　　　　　　　　　遗漏变量及经济含义

变　量	经济含义与说明
研发开支占比	研发开支/GDP。研发开支是指为系统性提高各类知识技术并进行知识技术应用而投入的资金和资本。该指标越高，说明一国更重视科技和创新，因而越可能形成现代经济增长模式（即内涵式发展）。
全要素生产率	全要素生产率体现一国的科技与生产力水平，该指标越高，则一国经济增长的动力越足，经济增长模式越体现为内涵式增长，而且微观企业利用资本的效率也通常更高，从而有理由预期会产生更高的经济增速。
货币国际化	是否为国际货币或一国货币的国际化指数。国际货币为1，非国际货币为0。依本书第3章的分析，国际货币制度对于经济发展、金融稳定乃至金融杠杆水平有关键性影响，从而发行国际货币的国家能够在国际上拥有更多话语权并获得更大利益。
法定准备金率	央行规定的银行法定准备金率，不含超额准备金部分。法定准备金率从根本上决定了一国银行体系货币和信用创造的能力，对银行体系乃至宏观金融杠杆水平有重要影响。
贷款利率	贷款利率是向私人部门提供融资的银行利率，贷款利率通常因借款者的信用水平而异，而且，贷款利率通常高于存款利率。贷款利率越高，说明借款者的资产状况或信用水平较低，贷款的风险越大，从而要求较高的收益率，这实际上有收紧杠杆的作用。
借贷利差	贷款利率—存款利率。该指标表明了银行传统信贷业务的利润大小。同时，也体现了资金在发挥不同作用时的价格差，这种差异决定了借贷市场中的行为，进而影响杠杆水平。
贷款风险溢价	贷款利率—无风险利率，体现了贷款的风险和风险溢价。
实际利率	实际利率是经 GDP 平减指数调整后的贷款利率，能够在排除通胀因素影响的基础上来考察一国经济中实际的资金成本。

① 这些变量的系统性统计大多开始于 1990—2000 年前后，因而，随着时间的推移，在未来（2020 年后），我们将有可能在研究 1990—2020 年这 30 年间（或至少为 2000—2020 这 20 年）金融杠杆水平变化的决定因素中纳入这些重要因素。

金融杠杆水平的适度性研究

变　　量	经济含义与说明
实际有效汇率	实际有效汇率是名义有效汇率经价格平减指数折算后的汇率，能够反映一国货币的实际价值。
股票价格波动性	股票价格波动率体现了一国资本市场中股票价格的波动频率、幅度和周期性特征，通常用一国股票市场指数在一年（按 360 天计）内的平均波动率来计算。该指标越高，说明一国股票价格的不确定性和风险越大，既体现出投资者的预期，也对投资者的投资决策和信心有负面影响，因而对金融杠杆水平有降低作用。
房地产价格	房地产价格是宏观经济投资景气度的重要体现，也是资产价格是否存在泡沫的重要表征，而且还是抵押贷款和资产证券化的重要标的资产，故而对于实体经济投资、资产价格、信贷水平等核心经济指标有重要影响。通常以房地产价格指数来度量。
抵押利率（保证金率）	抵押利率是微观金融杠杆的直接反映，充分反映了资金融出者对未来投资风险的预期。该指标越高，则金融杠杆水平越低。
税收占比	所得税、利润税、资本利得税占总收入的比重。
政府债务结构	政府债务的风险不仅在于总规模，更在于债务在内外、期限上的规模结构；此外，短期债务的风险远高于长期债务，因而一国外汇储备与短期债务之比、经常项目余额与短期债务之比、短期债务与长期债务之比都是债务期限结构与风险的重要体现。政府外债体现的是一国政府对外负有的债务，与内债一起共同决定了一国政府的债务结构。
基尼系数	基尼系数反映了一国收入分配的公平程度。货币和信用的非中性使得金融资源的配置也极易产生不公平性，从而对之后的收入分配造成影响；另一方面，收入分配越不公平，则不同部门、不同企业、不同个人的财富和禀赋差距越大，从而金融资源的可获性、获取成本都很可能是不同的。
收入分配	货币、信用以及金融体系的非中性正体现在其分配效应上，因而，禀赋条件上的差异、制度环境等方面的缺陷会使金融资源的配置缺乏效率和公平性，这会显著影响收入分配，这种分配失当将导致严重的"强制储蓄"现象，对经济的可持续发展和金融的长期稳定有巨大负面影响。具体地，可考虑按收入层次进行分类，并考虑各层次的收入占比情况（如收入前 20% 人群总收入占比，收入最低 20% 人群总收入占比）。

4.2.3　描述性统计与相关性分析

以下是全部变量（时变与非时变）的描述性统计，时变变量基本上都是经济和金融因素，而非时变变量则均为反映一国国家特性的因素。从描述性统计来看，大多数变量的数据完整度比较理想（90%以上），个别重要变量（如银行资产/GDP、股票市值/GDP、银行业集中度）由于数据起始时间较晚，故观测数较少。因此，我们会在必要时考虑缩短样本期间，以探求这些变量的边际影响。

表 4 - 4　　　　　　　　　　时变变量描述性统计

变量	观测数	数据完整度	均值	标准差	最小值	最大值
金融杠杆	3299	98.01%	48.8116	43.45616	1.542269	319.4609
M_2/GDP	3185	94.62%	55.21657	39.78491	6.546494	241.9432
GDP	3343	99.32%	3.08E+11	1.12E+12	60300000	1.62E+13
经济增速	3340	99.23%	3.434228	4.398692	-19.01291	33.73577
人均 GDP	3341	99.26%	10156.73	13757.36	143.7835	81947.24
人均 GDP 增速	3334	99.05%	1.742525	4.356128	-19.70795	30.34408
贸易总额/GDP	3284	97.56%	76.86992	48.41325	6.320343	439.6567
经常项目余额/GDP	3338	99.17%	-3.03797	8.816977	-90.834	39.583
投资率	3302	98.10%	22.84873	8.406912	-8.629	76.681
储蓄率	3220	95.66%	18.47568	14.3632	-103.4216	77.74617
通货膨胀率	3339	99.20%	24.78144	263.7603	-29.17266	12338.66
政府债务率	3211	95.40%	64.66794	54.45572	1	784.4
资本形成率	3224	95.78%	22.75203	8.00875	-2.424358	74.82202
资本形成增速	2639	78.40%	5.088749	18.52483	-62.2	254.4129
农业化程度	3060	90.91%	15.75475	13.93916	0.0356744	62.24989
工业化程度	3227	95.87%	30.05149	11.09638	6.467148	77.41366
服务化程度	3060	90.91%	54.37968	13.25119	12.87196	83.77787
名义存款利率	2803	83.27%	29.29036	409.7984	0.01	17235.81
M_2 增速	3176	94.36%	29.37508	203.118	-57.23532	6987.877

变量	观测数	数据完整度	均值	标准差	最小值	最大值
银行资产/GDP	2886	85.74%	53.91186	43.48454	0.5552159	275.2592
股票市值/GDP	1446	42.96%	48.93214	48.72242	0.0124085	281.3883
金融体系结构	1409	41.86%	4.170904	27.06688	0.1899813	978.0281
银行业集中度	1188	35.29%	70.44736	20.74442	21.39901	100
外汇储备/GDP	3304	98.16%	0.1309959	0.1575781	0.0001714	1.240099
银行危机	3366	100.00%	0.022579	0.148578	0	1
货币危机	3366	100.00%	0.030897	0.173065	0	1
债务危机	3366	100.00%	0.011587	0.107031	0	1
危机爆发	3366	100.00%	0.058229	0.234211	0	1
人口数量	3302	98.10%	22.84873	8.406912	−8.629	76.681
人口增速	3201	95.10%	0.0165159	0.4314927	−11.82595	10.57799
城镇人口增速	3366	100.00%	2.539137	2.08158	−3.357953	17.76282
城镇人口占比	3366	100.00%	53.7697	24.22384	4.339	100
老龄化程度	3366	100.00%	7.130721	4.736649	0.3348984	24.3977
居民部门消费/GDP	3200	95.07%	65.56449	14.76518	12.26698	190.5625
居民部门消费增速	2635	78.28%	3.435515	6.879827	−43.80422	92.51275

表4−5 国家特性（非时变）变量描述性统计

变量	观测数	数据完整度	均值	标准差	最小值	最大值
权力距离	2574	76.47%	62.29487	20.54857	11	104
个人主义	2574	76.47%	38.55128	22.23772	8	91
男性主义	2574	76.47%	48.46154	16.01168	5	95
风险规避	2574	76.47%	63.70513	20.32894	8	112
长期取向	2541	75.49%	36.66234	21.82446	9	100
自我约束	2508	74.51%	52.88158	20.5608	0	100
英国法	3300	98.04%	0.38	0.48546	0	1
法国法	3300	98.04%	0.49	0.4999757	0	1
德国法	3300	98.04%	0.08	0.2713343	0	1
斯堪的纳维亚法	3300	98.04%	0.05	0.217978	0	1
社会主义法	3300	98.04%	0	0	0	0
显性存款保险	3366	100.00%	0.411765	0.492226	0	1

在进行决定因素分析前，有必要先考察一下各变量之间的相关性。首先，我们考察金融杠杆之间的相关性，包括私人部门杠杆、经济货币化率、国家债务率以及其各自一阶滞后项之间的两两相关性。结果显示，除国家债务率与私人部门杠杆之间呈显著负相关外，其余两两相关均为显著正相关，且显著水平均为1%（用"＊"表示）。

表 4-6　　　金融杠杆及一阶滞后项之间的两两相关性（p=1%）

	PSFL	M₂GDP	DBTGDP	L. PSFL	L. M₂GDP	L. DBTGDP
M₂GDP	0.8382＊	1				
DBTGDP	−0.0600＊	0.0786＊	1			
L. PSFL	0.9865＊	0.8339＊	−0.0555＊	1		
L. M₂GDP	0.8262＊	0.9862＊	0.0812＊	0.8359＊	1	
L. DBTGDP	−0.0811＊	0.0569＊	0.9672＊	−0.0726＊	0.0683＊	1

下一步，我们考察了金融杠杆（私人部门杠杆）与各类潜在影响因素之间的两两相关性（统一使用5%的显著水平，同样用"＊"表示）。数据显示，经济增速、通货膨胀率、资本形成增速、金融体系结构、经济危机、城市人口占比增速、人口增速、权力距离、不确定性规避、大陆法渊源、东正教、伊斯兰教、印度教与金融杠杆呈显著负相关；人均GDP、贸易总额（或称经济开放度）、经常项目余额、资本形成占比、显性存款保险、人口老龄化、城市人口占比、个人主义社会、男权社会、长期导向性、自我约束性、德国及斯堪的纳维亚法律渊源、天主教、基督教等与金融杠杆呈显著正相关。需要注意的是，这里所有相关性均为"两两相关"，而且没有考虑时间与国别的因素，只是一个比较笼统的分析，后面的回归分析中将进行更为严谨的探讨与分析。

表 4 – 7　　　　　金融杠杆与宏观经济因素的两两相关性（p = 5%）

	PSFL	gdpgr	lnpcgdp	trade	ca	infl	cf	cfgr
gdpgr	– 0. 0860 *	1						
lnpcgdp	0. 6545 *	– 0. 1029 *	1					
trade	0. 1649 *	0. 1154 *	0. 1937 *	1				
ca	0. 1694 *	0. 0214	0. 3083 *	0. 0549 *	1			
infl	– 0. 0349 *	– 0. 0852 *	– 0. 0262	– 0. 0594 *	– 0. 0003	1		
cf	0. 1274 *	0. 2635 *	0. 1034 *	0. 3067 *	– 0. 1982 *	– 0. 0299	1	
cfgr	– 0. 0989 *	0. 4875 *	– 0. 0970 *	0. 0254	– 0. 0576 *	– 0. 0083	0. 1812 *	1

表 4 – 8　　　　　金融杠杆与金融体系因素的两两相关性（p = 5%）

	PSFL	M_2gr	dpr	fs	bcris	ccris	dcris	insur
M_2gr	– 0. 0232	1						
dpr	0. 0075	0. 3956 *	1					
fs	– 0. 0545 *	0. 0346	0. 0706 *	1				
bcris	– 0. 0213	0. 0358 *	0. 1825 *	0. 0257	1			
ccris	– 0. 0797 *	0. 031	0. 0103	– 0. 0036	0. 0769 *	1		
dcris	– 0. 0365 *	– 0. 0034	– 0. 0005	– 0. 0037	0. 1330 *	0. 1732 *	1	
insur	0. 2161 *	0. 0477 *	0. 0606 *	0. 0209	0. 0435 *	0. 0146	0. 0109	1

表 4 – 9　　　　　金融杠杆与社会发展因素的两两相关性（p = 5%）

	psfl	age	age2	urban	urbangr	popgr
age	0. 6411 *	1				
age2	0. 6215 *	0. 9766 *	1			
urban	0. 4712 *	0. 5898 *	0. 5457 *	1		
urbangr	– 0. 3767 *	– 0. 6338 *	– 0. 5540 *	– 0. 4037 *	1	
popgr	– 0. 0409 *	– 0. 0422 *	– 0. 0354 *	– 0. 0242	0. 0451 *	1

表 4 – 10　　　　　金融杠杆与文化特性的两两相关性（p = 5%）

	PSFL	pdi	idv	mas	uai	ltowvs	ivr
pdi	– 0.4438 *	1					
idv	0.4942 *	– 0.6322 *	1				
mas	0.1050 *	0.0850 *	0.1231 *	1			
uai	– 0.0875 *	0.1323 *	– 0.0646 *	0.1334 *	1		
ltowvs	0.4705 *	– 0.2420 *	0.3126 *	0.0998 *	0.1044 *	1	
ivr	0.0506 *	– 0.2106 *	0.0500 *	– 0.0341	– 0.2064 *	– 0.4438 *	1

表 4 – 11　　　　　金融杠杆与法律渊源的两两相关性（p = 5%）

	PSFL	legor_uk	legor_fr	legor_ge	legor_sc
legor_uk	– 0.0141	1			
legor_fr	– 0.2451 *	– 0.7674 *	1		
legor_ge	0.3351 *	– 0.2309 *	– 0.2890 *	1	
legor_sc	0.1798 *	– 0.1796 *	– 0.2249 *	– 0.0677 *	1

表 4 – 12　　　　　金融杠杆与宗教信仰的两两相关性（p = 5%）

西方信仰	PSFL	东方信仰	PSFL
cath	0.0399 *	easrel	0.1581 *
othchrist	– 0.0241	muslim	– 0.2577 *
orth	– 0.0343 *	buddis	0.1500 *
prot	0.2194 *	hindu	– 0.0594 *
jews	0.0555 *		

4.3　决定因素分析

4.3.1　混合回归

在对 102 个国家进行 33 年的面板回归之前，我们首先对全样本进行混合回归（Pooled OLS Regression），这样能够初步判断一下各类因素对金融杠杆水平的大体影响，作为后续回归分析的起点。

在此，假设所有个体拥有完全一样的回归方程，其基本假设是不存在个体效应，亦即所有个体拥有完全一致的截距项，从而，混合回归的方程可表示为如下形式：

$$y_{it} = \alpha + \gamma y_{i,t-1} + x'_{it}\beta + z'_{i}\delta + \varepsilon_{it}$$

其中，y_{it} 为被解释变量，即金融杠杆（PSFL 以及 M_2GDP）；$y_{i,t-1}$ 为被解释变量的一阶滞后项；[①] x_{it} 为解释变量（主要是经济增长、经济发展水平等），z_i 为非时变的个体属性变量（如国家的法律渊源、宗教信仰、文化类型等）。因而，我们可以像进行横截面回归那样对面板数据进行 OLS 回归。然而，面板数据的特点使得同一个体在不同时期的扰动项之间存在自相关，即 $cov(\varepsilon_{ik}, \varepsilon_{il}) \neq 0$，此时，我们应使用聚类稳健标准差来处理同一国家不同时期样本的自相关问题。具体地，我们分别考察 PSFL 和 M_2GDP 这两个不同金融杠杆的决定，通过依次引入宏观经济变量、金融体系变量、社会发展变量、文化、法律等变量来考察各变量系数的显著性，同时所有模型中都包含了被解释变量的一阶滞后项。值得说明的是，由于金融体系结构这样一个重要变量的数据严重缺失，我们并没有在引入金融体系变量时将其加入，这是为了避免后续在引入其他变量时模型样本过少。

数据显示，金融杠杆的一阶滞后项系数均为正，且在 1% 的水平上显著；人均 GDP、资本形成率、M_2 增速、老龄化、城市人口占比增速、普通法渊源等变量的系数为正；而经济增速、工业化程度、国家债务水平、

---

① 引入金融杠杆滞后项的原因在于前一期金融杠杆水平会对当期产生影响，即金融杠杆在时间上存在正相关关系，这一点在既有的大量文献中多有提及。事实上，经济变量大多具有这样的性质，如经济增长率、人均 GDP 水平、资本形成、总投资等。此处在混合回归中引入一阶滞后项，能够为后续的面板回归分析做好铺垫与准备。之所以只引入一阶滞后项，是因为实证分析中，更高阶滞后项的影响迅速变小，系数不再显著。

存款保险、存款利率等变量的系数为正；金融体系结构的系数虽然显著，但由于数据量较少且是在最后一个方程中进行考察，故而可信度不高，留待后续讨论。从回归结果可知，私人部门杠杆（PSFL）与经济货币化率（M_2GDP）的决定因素大体一致，但从混合回归的情况看，二者决定因素的系数及显著性情况有一定差异，考虑到金融自由化以来（20 世纪 80 年代以来）货币供给与信用供给上走势出现差异，这样的回归结果是合理的。[①] 有鉴于此，我们在下文将主要以私人部门杠杆为被解释变量来研究其决定因素。

表 4 – 13　　　　　　　　私人部门杠杆的决定因素（OLS 回归）

	（1）	（2）	（3）	（4）	（5）	（6）	（7）
L. psfl	0.991 ***	0.981 ***	0.992 ***	0.992 ***	0.982 ***	0.978 ***	0.959 ***
gdpgr	0.0383	– 0.00935	– 0.00871	– 0.00299	– 0.0591	– 0.0713	– 0.190 *
lnpcgdp	0.684 ***	1.067 ***	0.883 ***	0.764 **	0.866 **	0.841 **	0.999 *
infl		– 0.000931	– 0.013	– 0.013	– 0.0288 *	– 0.0288 *	– 0.0519 ***
trade		– 0.00259	– 0.00154	– 0.00141	– 0.00129	– 0.00183	– 0.00191
indus		– 0.0729 ***	– 0.0648 ***	– 0.0664 ***	– 0.0804 **	– 0.0768 **	– 0.0645
cf		0.156 ***	0.133 ***	0.136 ***	0.206 ***	0.225 ***	0.343 ***
cfgr		0.0146	– 0.000647	– 0.00159	0.00289	0.00252	– 0.0271
M_2gr			0.0209	0.0209	0.0292 *	0.0291 *	0.0421 ***
dbt			– 0.0158 **	– 0.0157 **	– 0.0241 ***	– 0.0213 **	– 0.0151
insur			– 0.777 *	– 0.765 *	– 0.785	– 1.164 **	– 2.435 ***
dpr			– 0.00590 ***	– 0.00588 ***	– 0.00174	– 0.00166	0.0033
age				0.0223	0.0631	0.118	0.151
urbangr				– 0.0823	0.0411	0.0948	0.229
popgr				0.000612	– 0.00767	– 0.00812	0.0353
uai					– 0.0122	0.00482	2.119 *

---

① 我们的数据样本期间为 1980—2012 年，如果考察部分国家 1960—1980 年的情况，或许能够证实这一观点。

续表

	（1）	（2）	（3）	（4）	（5）	（6）	（7）
legor_uk						1. 700 **	0. 0121
fs							− 0. 0326 *
_cons	− 4. 163 ***	− 7. 664 ***	− 5. 269 ***	− 4. 328 **	− 4. 947 *	− 6. 930 **	− 9. 732 *
N	3177	2454	1922	1905	1486	1486	842

注：表中，* $p < 0.05$，** $p < 0.01$，*** $p < 0.001$。如无特殊说明，以下统计结果显著性标识与此相同，故下文中不再重复。

表 4 - 14　　　　　　　　经济货币化率的决定因素（OLS 回归）

	（1）	（2）	（3）	（4）	（5）	（6）	（7）
L. M_2	0. 999 ***	1. 001 ***	1. 012 ***	1. 011 ***	1. 007 ***	1. 005 ***	0. 997 ***
gdpgr	− 0. 122 **	− 0. 131 **	− 0. 118 **	− 0. 121 **	− 0. 158 **	− 0. 163 **	− 0. 323 **
lnpcgdp	0. 366 **	0. 378 *	0. 233	0. 161	0. 183	0. 145	0. 182
infl		− 0. 00186	− 0. 0154 ***	− 0. 0154 ***	− 0. 0288 ***	− 0. 0287 ***	− 0. 0468 ***
trade		0. 000603	0. 00291	0. 00347	0. 00316	0. 00296	0. 00506
indus		− 0. 0256	− 0. 0214	− 0. 0181	− 0. 0104	− 0. 00808	0. 0143
cf		0. 0553 *	0. 0313	0. 0277	0. 0664	0. 0771 *	0. 125 *
cfgr		0. 000251	− 0. 00597	− 0. 00443	− 0. 0142 *	− 0. 0143 *	− 0. 0354
M_2 gr			0. 0230 **	0. 0230 **	0. 0289 ***	0. 0289 ***	0. 0384 ***
dbt			− 0. 00856 *	− 0. 00889 *	− 0. 0124	− 0. 0105	− 0. 0163
insur			− 0. 285	− 0. 283	− 0. 372	− 0. 578	− 0. 93
dpr			− 0. 00508 ***	− 0. 00505 ***	− 0. 00135	− 0. 00132	0. 00251
age				0. 0605	0. 091	0. 121	0. 146
urbangr				0. 0999	0. 212	0. 235	0. 437
popgr				− 0. 00134	0. 00615	0. 0058	0. 00136
uai					− 0. 00922	0. 00079	0. 784
legor_uk						0. 946 *	0. 00884
fs							− 0. 00106
_cons	− 1. 337	− 1. 924 *	− 0. 573	− 0. 665	− 1. 137	− 2. 137	− 3. 488
N	3068	2357	1930	1913	1494	1494	842

表 4 – 15　　　　　　　　金融杠杆决定因素的回归系数及显著性

解释变量	私人部门杠杆		经济货币化率	
	系数符号	显著性	系数符号	显著性
一阶滞后项	+	强显著	+	强显著
经济增长率	—	不显著	—	强显著
人均 GDP	+	强显著	+	弱显著
通货膨胀率	—	不显著	—	强显著
贸易总量	—	不显著	+	不显著
工业化程度	—	强显著	—	不显著
资本形成率	+	强显著	+	弱显著
资本形成增速	?		?	
M_2 增速	+	弱显著	+	强显著
国家债务率	—	强显著	—	弱显著
存款保险制度	—	弱显著	—	不显著
存款利率	—	弱显著	—	弱显著
金融体系结构	—	弱显著	—	不显著
老龄化程度	+	不显著	+	不显著
城市人口增速	+	不显著	+	不显著
人口增速	?		?	
不确定性规避	?		?	
普通法渊源	+	弱显著	+	弱显著

注：" + "、" – "、"?"分别代表正相关、负相关、相关性不明。

4.3.2　静态面板回归

上面 OLS 回归结果基本上与现实情况相吻合，我们猜测，某些变量系数的不显著很可能源自于模型设定的偏误，即首先来自于混合回归的假设错误。为此，我们用静态面板回归的固定效应模型进行验证，回归结果的 F 检验强烈拒绝原假设（H_0：所有个体拥有相同的截距项，即 $u_i = 0$，$\forall i$），即 FE 明显优于 OLS 回归，故应采用面板回归模型，并重新对模型进行设定。在此，我们使用 LSDV 法对个体的"国情"差异性进行检验，结果（见表 4 - 16）证实，确实存在固定效应（表现为很多国家聚类虚拟变量系数的显著性）。

表 4 - 16　　　　不同类型回归的比较与个体效应的存在性

Variable	OLS	FE	LSDV
L1. psfl	0.98388183 ***	0.92265407 ***	0.92265407 ***
gdpgr	− 0.0195733	− 0.09733447 ***	− 0.09733447 ***
lnpcgdp	0.42552109 ***	4.9314901 ***	4.9314901 ***
cf	0.10886646 ***	0.17866323 ***	0.17866323 ***
trade	− 0.00134444	− 0.01244118	− 0.01244118
infl	− 0.0010903	− 0.00094605	− 0.00094605
age	0.16854338 **	0.42239232	0.42239232 **
urbangr	0.09013038	0.31972042 **	0.31972042 ***
popgr	0.00226746	0.00229895	0.00229895 *
countryid			
2			2.9375867
3			4.0136851
4			− 0.59591812
5	国		− 0.8965348
6	家		21.59135 ***
7	虚		− 2.2252978
8	拟		16.502785 ***
…	变		…
99	量		7.8751298 **
100			3.8200972
101			14.744559 ***
102			15.416975 ***
_cons	− 5.2450621 ***	− 41.707674 ***	− 50.710043 ***

因此，我们将模型重新设为如下固定效应模型：

$$y_{it} = \gamma y_{i,t-1} + x'_{it}\beta + z'_t\delta + u_i + \varepsilon_{it}\text{[①]}$$

我们仍然采用上一节中的方法依次加入解释变量，来考察各因素影响的方向与显著性，系数估计采用聚类稳健标准差。结果显示，金融杠杆的一阶滞后项、经济增长率、人均 GDP 水平、通货膨胀率、工业化程度、资本形成率、M_2 增速、国家债务水平、存款利率等因素的影响是显著的，且相应符号与 OLS 回归基本一致。遗憾的是，固定效应模型无法对非时变因素进行估计，从而无法考察存款保险、文化特性、法律体系渊源、宗教信仰等因素的影响。

表 4 – 17　　　　　　　　金融杠杆决定因素（固定效应）

Variable	M1	M2	M3	M4	M5	M6
L1. psfl	0. 92776935 ***	0. 91750998 ***	0. 91586574 ***	0. 91352985 ***	0. 90353077 ***	0. 85978529 ***
gdpgr	− 0. 04087924	− 0. 10492057 **	− 0. 07272786	− 0. 07781605	− 0. 13430851 **	− 0. 31399653 ***
lnpcgdp	5. 0428801 ***	6. 2092013 ***	5. 1477829 ***	5. 2601333 ***	5. 4591488 ***	5. 6827934 **
infl		− 0. 00079773	− 0. 01297393 *	− 0. 01298796 *	− 0. 02875317 **	− 0. 05255515 ***
trade		0. 00163201	0. 00786944	0. 00537697	0. 00178501	0. 00223008
ca		− 0. 0436578	− 0. 07370028 ***	− 0. 069457 **	− 0. 06663784	− 0. 0584047
indus		− 0. 09980513 *	− 0. 09174318 **	− 0. 08989437 **	− 0. 15894272 *	− 0. 13714911
cf		0. 18389486 ***	0. 13318657 ***	0. 13635919 ***	0. 22187867 ***	0. 41876805 ***
cfgr		0. 01152183	− 0. 00429399	− 0. 00564612	− 0. 00349812	− 0. 02450577
$m_2$gr			0. 02075862 *	0. 02075558 *	0. 02886196 **	0. 04247948 ***
dbt			− 0. 02425676 ***	− 0. 02530437 ***	− 0. 03513286 ***	− 0. 07038436 ***
dpr			− 0. 00508805 ***	− 0. 0050627 ***	− 0. 00082604	0. 00465937 *
age				0. 10405443	0. 19316831	0. 59285224
urbangr				0. 16887994	0. 38244943	0. 38524453
popgr				0. 00177915	− 0. 00452549	0. 03199948
fs						0. 0173703
_cons	− 36. 322069 ***	− 46. 743165 ***	− 35. 999609 ***	− 37. 810493 ***	− 39. 162506 ***	− 45. 055685 **
Obs.	3177	2439	1908	1905	1486	842
Country	102	94	85	85	67	53

---

① 在此，我们暂不考虑双向固定效应模型，即不考虑引入时间趋势项。而且，含有时间效应的固定效应模型，其估计系数与不含时间效应的固定效应模型差异不大（陈强，2010）。

相比固定效应模型，随机效应模型回归结果更为理想（见表4－18），主要变量系数均符合现实情况，且较为显著；同时，随机效应回归给出了对非时变变量（与国家特性相关）的估计，从结果看，显性存款保险制度对金融杠杆有抑制作用，而普通法系国家的金融杠杆水平通常较高，结果符合理论与实际。在下一节中，本书将对国家特性的影响作展开分析。

表4－18　　　　　　　　　金融杠杆决定因素（随机效应）

Variable	M1	M_2	M3	M4	M5	M6
L1. psfl	0.99075133 ***	0.98091607 ***	0.99312193 ***	0.99323451 ***	0.97968462 ***	0.96057476 ***
gdpgr	0.03834135	− 0.00364533	0.00144175	0.00417615	− 0.06298718	− 0.18071046 **
lnpcgdp	0.68370026 ***	1.0896353 ***	0.90131436 ***	0.77768291 ***	0.85041575 ***	0.98174753 ***
infl		− 0.00092658	− 0.01296938 *	− 0.01296884 *	− 0.0287614 **	− 0.05191104 ***
trade		− 0.0027678	− 0.00094647	− 0.00029636	− 0.00053488	− 0.00009119
ca		− 0.01931504	− 0.04050655 *	− 0.0406121 *	− 0.04430253	− 0.05273733
indus		− 0.07179532 ***	− 0.05614746 ***	− 0.05318788 ***	− 0.06081619 **	− 0.04630797
cf		0.14945982 ***	0.11704486 ***	0.11840731 ***	0.20607742 ***	0.32115219 ***
cfgr		0.01430689	− 0.00127444	− 0.00176028	0.00193551	− 0.02626467
M_2gr			0.02086443 *	0.02088676 *	0.02912483 **	0.0421443 ***
dbt			− 0.01592688 ***	− 0.01645222 ***	− 0.02164447 ***	− 0.01541439 *
insur			− 0.63670099 *	− 0.6774162 *	− 1.0445532 ***	− 2.2670903 ***
dpr			− 0.00591939 ***	− 0.00590368 ***	− 0.00168851	0.00329086 *
age				0.02426121	0.11989132 *	0.16034043 *
urbangr				− 0.08096201	0.10020236	0.21681828
popgr				0.00034978	− 0.00803588	0.03288766
uai					0.00219853	0.00778221
legor_ uk					1.6027059 ***	2.0067404 **
fs						− 0.03269659 **
_ cons	− 4.1629915 ***	− 7.8316598 ***	− 5.6272344 ***	− 4.7225565 ***	− 7.220932 ***	− 9.7839511 ***

4.3.3　金融体系结构的影响

在上面的回归分析中，我们都选择在最后一个模型中加入"金融体系结构"（FS）作为解释变量，其目的在于避免使前面几个模型中的样本数据量过小，这是因为金融体系结构的数据大多开始于 1990 年前后，即便是到 2000 年，仍有不少国家的数据是缺失的。[①] 从上文结果看，金融杠杆与金融体系结构二者之间存在负相关关系，即一国金融体系越倾向于市场主导型（即 FS 值越小），则该国私人部门杠杆水平相对越高。经验上我们知道，全球范围内，各国的金融体系平均而言体现出金融市场规模与作用逐步提高的趋势（表现为 FS 变小），这"看上去"与全球范围内金融杠杆水平不断上升之间的确具有较明显的负相关关系。但需要强调的是，在相当长的历史时期内，银行在大多数国家的金融体系中占主导地位，金融杠杆水平在同期仍呈现出基本的上升趋势（见本书第 2 章）；而且，近 20 年来，不同类型的金融体系同样表现出了加杠杆的趋势。那么，金融杠杆水平的变化与金融体系结构的关系到底有多密切呢？

为此，我们分别从 FS 的数值以及时间两个角度进行样本分组。首先，按数值分类，我们选取 FS 的几个重要分位数作为分组依据，具体分组如下：组 1，FS $<$ 36；组 2，FS $<$ 5；组 3，FS $>$ 5；组 4，FS $<$ 1；组 5，FS $>$ 1。其次，按时间分组，具体分组如下：组 6，Year $<$ 1990；组 7，Year $>=$ 1990；组 8：Year $<$ 2000；组 9：Year $>=$ 2000。从描述性统计看，不同组别的样本数差异较大，因此，我们舍去样本数过少的组别

[①]　如果单从金融体系结构来看，原先平衡的面板数据就不再平衡。而且，金融体系结构的分布非常不均衡，99% 的数据样本分布在 FS $<$ 36 以内，97% 的 FS 数据样本分布在 1990—2012 年。

（即 FS > 36 和 Year < 1990 两组）。① 回归结果显示，在控制了其他核心解释变量后，金融体系结构并不是金融杠杆水平的显著决定因素，表现在不同组别金融体系结构变量（fs）回归系数的符号及显著性差异较大。

本书第 2 章以及大量文献均已指出，随着经济与金融的发展，全球范围内各国的金融体系结构都在发生着"市场化程度不断提高"的变化，然而，Goldsmith 早已断言的"金融市场的兴起"，却并非金融杠杆水平持续上涨的本因。金融体系结构虽然会显著地影响金融体系的功能和经济主体的融资行为，但其终究是外部融资的配置问题，而金融杠杆不仅决定于外源性融资的配置，还取决于内源性融资与外源性融资的相对规模。

表 4 – 19　　不同金融体系结构下的金融杠杆决定（分组回归）

Variable	FS_36_lower	FS_5_lower	FS_5_plus	FS_1_lower	FS_1_plus
fs	1.4290058 ***	5.4852217 ***	− 0.01661624 **	− 0.33422501	0.00110914
gdpgr	− 1.3975649 ***	− 1.118013 ***	− 1.6603594 ***	− 0.31804284	− 1.6486442 ***
lnpcgdp	49.46307 ***	49.369492 ***	1.9841768	33.682763	50.180789 ***
trade	0.20255085	0.27817122 *	− 0.00257398	0.16953953	0.21868134
cf	0.85670984 **	1.1866551 ***	0.51064958	0.67006541 ***	0.82551661
indus	− 1.2854818 **	− 1.3808193 **	0.73660422	− 1.5954768 **	− 1.1006952
$M_2 gr$	0.02020143 *	− 0.01339733	0.03872018 ***	0.13346325 **	0.01857311
dbt	− 0.10666014	− 0.12958182 *	− 0.07313216	− 0.11659066	− 0.09128703
infl	− 0.01312841 ***	0.01526558	− 0.01051061 ***	0.04028197	− 0.00896438 ***
age	1.1494258	1.3945855	10.378537 **	− 0.30054803	0.52268435
_cons	− 357.29204 ***	− 377.51682 ***	− 68.083447	− 197.47786	− 358.46184 ***

---

① 各组别的样本数统计如下表：

条件	FS<36	FS>36	FS<5	FS>5	FS<1	FS>1
样本数	1395	14	1221	188	306	1103
条件	Year<1990	Year≥1990	Year<2000	Year≥2000		
样本数	40	1369	620	789		

表 4 - 20　　　　　不同时期的金融杠杆与金融体系结构（分组回归）

Variable	FS_post1990	FS_pre2000	FS_post2000
fs	- 0. 00210061	- 0. 01068984	1. 134678
gdpgr	- 1. 5305303 ***	- 0. 83944233 ***	- 0. 99214117 ***
lnpcgdp	42. 723546 ***	44. 420205 ***	31. 853784 *
trade	0. 17635249	- 0. 03923616	0. 19723667
cf	0. 8452354 **	0. 13440245	0. 83737761
indus	- 1. 2615504 **	0. 67686717	- 1. 3012901 **
M_2gr	0. 01303651	0. 01777532 **	0. 11388804
dbt	- 0. 10678872	- 0. 07576062	0. 00424854
infl	- 0. 0049466 *	- 0. 0139257 ***	- 0. 30066094 ***
age	1. 055561	4. 4138164 *	3. 2763805
_cons	- 292. 35084 ***	- 368. 5936 ***	- 227. 77522 *

4.3.4　文化、法律与宗教的影响

4.3.4.1　模型设定与研究思路

在探讨了金融杠杆受时变（time - variant）因素的影响后，我们还关心非时变（time - invariant）因素（即国家特性或禀赋）的潜在影响。对面板数据而言，研究和估计非时变因素的影响具有一定难度，因为不能使用一阶差分方法。对于面板数据中的非时变变量系数的估计方法，传统上使用的是 Hausman - Taylor 方法（Hausman & Taylor，1981），该方法适用于随机效应的静态面板模型；其后，Amemiya & MaCurdy（1986）建立了 Amemiya - MaCurdy 方法；两种方法的本质都是建立在工具变量（IV）的基础之上，并且都假设某些解释变量与个体层次的随机效应（M_i）相关。[①]

---

　　① Stata 中，得到 Hausman - Taylor 或者 Amemiya - MaCurdy 估计的命令是 xthtaylor。而与此不同，xtivreg 的使用则基于不同的假设，即假设某些解释变量与不可观测的残差 ε_{it} 相关。

Roodman（2009）、Kripfganz & Schwarz（2013），选择使用静态面板方法研究如下形式的模型：

$$y_{it} = \gamma y_{i,t-1} + x'_{it}\beta + z'_i\delta + u_i + \varepsilon_{it}$$

其中，$z_i = (z_{1i}, z_{2i}, z_{3i})$，$z_{1i}$ 为国家文化特性，z_{2i} 为国家法律体系渊源，z_{3i} 为国家宗教信仰，当然，还可以有其他国家属性，总体而言，z_i 表示国家在总体上的制度特性。制度变迁是诸多因素综合作用的结果，同时制度变迁也通过型塑微观行为人的选择而对社会的经济、金融产生深远影响。下面，本书将分别从文化、法律和宗教三个方面来逐一分析其对一国金融杠杆水平的影响与机制。为清晰起见，我们将模型重写为：

$$y_{it} = \gamma y_{i,t-1} + x'_{it}\beta + culture'_i\delta_{1t} + law'_i\delta_{2i} + religion'_i\delta_{3i} + u_i + \varepsilon_{it}$$

$$culture_i = (pdi_i, idv_i, mas_i, uai_i, ltowvs_i, ivr_i)$$

$$law_i = (legor\_uk_i, legor\_fr_i, legor\_ge_i, legor\_sc_i, legor\_so_i)$$

$$religion_i = (cath_i, prot_i, orth_i, othchrist_i, islamic_i, hindu_i,$$
$$buddis_i, eastrel_i, jews_i, othrel_i)$$

下文将分别研究三个系数 δ_{1i}、δ_{2i}、δ_{3i} 的估计值和显著性，并据此分析制度性因素对金融杠杆的综合性影响机制。

4.3.4.2 文化类型

此处所说的文化类型，是狭义上的文化，主要是就社会层级、价值取向等关于人与社会关系的国家文化属性。历史上，太多学者对此进行过分析、研究，在此不做复述。既然是量化研究，本书仅就 Hofstede 等人所建立的文化维度理论及其指标体系来研究不同文化类型对金融杠杆水平的影响。

在"文化六维度"模型中，权力距离维度（pdi）用来反映一个国家中人们之间的相互依赖关系和层级关系，多数亚洲国家和南欧国家的权力距离指数较高，而多数西欧国家的权力距离指数比较低，该指标越高，则人们对于不平等的接收程度越高，弱势群体也倾向于依赖强势群体。个人主义—集体主义维度（idv）用来反映国家中人们之间各种联系的松散与紧密程度，西方发达国家得分普遍较高，而亚洲国家得分则普遍较低，该指标越高，个体越能在相对独立的环境中寻求自我发展并实现自我价值，社会表现出较强的个人主义倾向，而集体主义的存在则首先强调个人价值的实现必须依赖于集体。男性社会维度亦称阳刚气质维度（mas），与之对应的是阴柔气质，二者的差别源自于社会性别的角色差异，反映社会对于不同性格品质的倾向，英语语系国家、德国，亚洲的日本、中国、菲律宾等国评分较高，而北欧国家、拉丁语系国家、亚洲的韩国和伊朗、欧洲的法国和俄罗斯等国的评分较低，该指标越高，则国家的阳刚气质越强，然而，随着国家发展、生活水平提高以及老龄化，社会显现出向阴柔气质转变的倾向，但这种倾向仅存在于相对发达的国家中。不确定性规避维度（uai）反映了社会中的人们对于不确定性的厌恶态度和容忍程度，俄罗斯、德国、南欧国家、拉丁美洲国家以及亚洲的日本和韩国得分较高，而除日韩外的其他亚洲国家、英语语系国家、北欧国家及其以前的殖民地得分较低，该指标越高，则人们在面对不确定性时所感到的威胁程度越高，进而引发更严重的紧张感与恐慌感，并越容易产生消除这种不确定性的倾向。长期导向—短期导向维度（lto-wvs）反映社会中人们在长期目标与短期目标之间的不同关注程度和具体设定，该指标最高的前 3 名分别是韩国（100）、日本（88）、中国（87），而欧美国家的得分，总体上要低于亚洲国家，该指标越高，人们越注重长远发展和长期利益，而不会追求当前的生活和享受，愿意为未来牺牲当前利益。自我放纵与约束维度（ivr）反映社会对于人类自身内在的享受生活（享乐）的态度，英国、美国、南美国家普遍得分较高，而德国、法国、意大利、俄罗斯、亚洲国家、伊斯兰国家则较低，该指标越高，则社会对人身的规则性、规范性约束越弱，反之则社会制度性与道德性约束越强。

我们将在上述分析的基础上考察这六个维度对经济、金融的影响。既有文献大多涉及 uai 指标与金融的联系，认为 uai 越高，金融体系越倾向于银行主导型（Kwok & Tadesse，2006）。然而，该研究并不系统，因为它并未充分考察文化六维度之间的内在联系——这是因为，同一个国家，首先具有不同维度上的不同得分，得分是连续的，而不是特征值或某几个离散值，因而差异也并非表现为"非此即彼"的排他性，而是同时体现出一定的"相容性"；另一方面，某一个维度上的得分，必然与另外某个维度上的得分具有某种"稳定"的联系，正是六个维度之间的这种两两相关性产生出不同国家文化上的多样性以及蕴藏在多样性中的共性。因而，分析文化对经济与金融的影响，需要以文化六维度的相关性分析为起点。表 4 – 21 给出了基于样本国家的文化六维度间的两两相关性（"∗"表示 1% 的显著水平）。

表 4 – 21　　　　　　　　　文化六维度的相关性　（p = 1%）

	pdi	idv	mas	uai	ltowvs	ivr
pdi	1					
idv	− 0. 6699 ∗	1				
mas	0. 0668 ∗	0. 1224 ∗	1			
uai	0. 1505 ∗	− 0. 0448	0. 1866 ∗	1		
ltowvs	− 0. 2509 ∗	0. 3132 ∗	0. 0998 ∗	0. 1046 ∗	1	
ivr	− 0. 2106 ∗	0. 05	− 0. 0341	− 0. 2064 ∗	− 0. 4480 ∗	1

下面，我们仍以金融杠杆为被解释变量，并将所有六个文化维度都作为核心解释变量进行面板回归 [即 $culture_i = (pdi_i, idv_i, mas_i, uai_i, ltowvs_i, ivr_i)$]，并用 Hausman—Taylor 方法获得系数的估计值 $\hat{\delta}_{1i}$。[1] 结果

---

　　[1]　我们无法使用 Amemiya – MaCurdy 方法得到系数的估计值，这是因为该方法要求完全平衡的面板，即所有个体数据的起始日期完全相同。

显示，主要控制变量的系数均十分显著，且表面上符合现实情况与理论逻辑。六个文化维度中，mas 和 uai 在不同模型中的系数均显著，且符号与既有文献以及上面的分析相符。

表 4 - 22　　　　　　　文化六维度对金融杠杆的影响（线性模型）

Variable	M_1	M_2	M_3	M_4
pdi	1. 3836515 ***	0. 76230555	0. 85553679 *	0. 84840542
idv	- 0. 59260941	- 0. 79912479 **	- 0. 73171639 **	- 0. 48077851
mas	0. 64155828 *	0. 5563047 *	0. 60172785 *	0. 70548117 **
uai	- 0. 72654494 **	- 0. 7891423 ***	- 0. 70087885 ***	- 0. 72341364 **
ltowvs	- 0. 33031167	- 0. 41175904	- 0. 13946318	- 0. 16431001
ivr	- 0. 3893621	- 0. 49064918	- 0. 33750851	- 0. 34405857
trade	0. 21104281 ***	0. 17697583 ***	0. 17375088 ***	0. 11002553 **
cf	- 0. 29821412 ***	- 0. 10558413	- 0. 10266911	0. 67293957 ***
infl	0. 00506191 **	- 0. 01224385 ***	- 0. 01222241 **	- 0. 01284992 **
gdpgr	- 1. 042181 ***	- 1. 096801 ***	- 1. 0947406 ***	- 1. 9022875 ***
lnpcgdp	49. 599602 ***	37. 39352 ***	37. 201921 ***	34. 878011 ***
M_2 gr		0. 01955318 ***	0. 0195648 ***	0. 01945234 ***
dbt		- 0. 02517847	- 0. 02551417	- 0. 14908742 ***
age		2. 5881669 ***	2. 6069491 ***	3. 1882266 ***
popgr		0. 01253838	0. 01248049	0. 00636445
insur			- 25. 959947 **	- 20. 307422
fs				- 0. 01562591
_cons	- 377. 72021 ***	- 231. 81151 ***	- 250. 59525 ***	- 255. 57104 ***
Obs.	2230	1944	1944	1050
Countries	72	72	72	57
rho	0. 84644962	0. 82540482	0. 80989035	0. 84725495

　　然而，由于 pdi 与其他五个维度都高度相关（上面分析），因而当我们同时将六个维度引入时，很可能存在着多重共线性。经检查，模型中确实存在较明显的多重共线性（条件数 = 45. 17），为此，我们先后去掉

pdi、idv、ltowvs 和 ivr，条件数则迅速下降到 23.94，此时基本上去掉了多重共线性。此时，mas 和 uai 的回归系数虽然未变，但却不再显著，这说明 mas 或 uai 与金融杠杆之间可能存在着非线性关系，[①] 或者 mas 以及 uai 对金融杠杆的影响本就并不显著或在不同样本国家、不同时期内有不同的规律。

表 4 – 23　　　　　　　mas 与 uai 对金融杠杆的影响（线性模型）

Variable	M1	M2	M3	M4
mas	0. 5248624	0. 47738021	0. 59881224	0. 69182653
uai	− 0. 48151947	− 0. 46174343	− 0. 35102652	− 0. 45017325
trade	0. 22216878 ***	0. 19177168 ***	0. 19123953 ***	0. 13715292 ***
cf	− 0. 29990833 ***	− 0. 10893007	− 0. 1054092	0. 69372065 ***
infl	0. 00511071 **	− 0. 01219951 **	− 0. 0121882 **	− 0. 0128994 **
gdpgr	− 1. 0457714 ***	− 1. 1029277 ***	− 1. 1018278 ***	− 1. 9072024 ***
lnpcgdp	49. 628718 ***	37. 730795 ***	37. 564794 ***	34. 578142 ***
m_2 gr		0. 01952262 ***	0. 01952968 ***	0. 01948185 ***
dbt		− 0. 02359831	− 0. 02364032	− 0. 14933836 ***
age		2. 4140762 ***	2. 4077446 ***	3. 0424179 ***
popgr		0. 01249878	0. 01237589	0. 00304398
insur			− 36. 537592 ***	− 19. 790781
fs				− 0. 01575539
_cons	− 358. 41628 ***	− 276. 27566 ***	− 267. 95336 ***	− 267. 06707 ***
Obs.	2230	1944	1944	1050
Countries	72	72	72	57

　　为此，我们考虑引入 mas 与 uai 的平方项以及按指标高低将 mas 和

---

　　①　通过散点图能够清晰地看出 mas、uai 与金融杠杆之间存在着"正 U 型"关系，拐点出现在中间位置。理论上，对非线性关系的回归判断需要引入解释变量的平方项（或倒数项），并利用回归结果中一次项与平方项的估计系数来计算出拐点位置。正 U 形关系的一次项回归系数为负，二次项回归系数为正。假设 $\hat{\beta}_1$ 为一次项回归系数，$\hat{\beta}_2$ 为二次项回归系数，则拐点位置为 $-\hat{\beta}_1/2\hat{\beta}_2$。

uai 划分为几个不重叠（不嵌套）区间进行面板回归。但非时变变量的平方项在面板数据中必然存在共线性问题，所以，引入平方项不可行；此外，分区间的面板回归结果显示，核心解释变量（以 uai 为例）的系数符号不稳定，且不显著，这说明，现有样本并不足以支持 uai 对金融杠杆存在着显著的单调性影响，但也可能是因为各区间样本数较少。①

上述利用面板回归来确定 mas 以及 uai 对金融杠杆的影响的尝试都是不成功的，我们转而寻求利用截面数据来对此进行研究，以考察 mas 和 uai 对金融杠杆（按国家）的平均影响。② 事实上，非时变变量对被解释变量的影响在面板数据中必然存在拟合误差，这是因为对同一个体而言，非时变变量在不同时期的取值是完全相同的，因而很难清晰地刻画出变量间的真实关系，所以上述结果可能是误导性的。如果对所有变量取平均值，所得到的截面数据将能够较好地剔除这种问题。为此，我们进行如下线性截面回归（$M_1 \sim M_7$）。结果显示，不论是单独引入 uai，还是同时引入 mas 和 uai，uai 的系数都显著为负。③ 这证实了我们的最初猜想，也与既有文献的逻辑相吻合。④

至此，我们基本了解了 6 个文化维度对金融杠杆的影响，总结如下：其一，除 uai 以外，其他 5 个维度对金融杠杆没有显著影响；其二，风险规避程度 uai 总体上对金融杠杆有抑制作用，但这仅限于截面回归，当分析扩展到面板数据时，虽然系数的符号仍为负，但并不显著——这很可能源自于模型设定以及数据样本等问题；其三，与其他文献类似，文化

---

① 在此，我们略去这两种尝试的相关回归结果。事实上，对平方项所带来的多重共线性问题而言，即便对所有样本国家在样本期间求各个变量的均值，仍然无法解决一次项与平方项的共线性问题，截面回归也的确证实了这一点。此外，分区间回归分析中，鉴于各区间样本数较少且回归结果并不显著，因而该尝试并不成功。

② 对 mas 的相关分析与 uai 雷同，故相关结果略去。

③ 事实上，当我们依次引入其他 5 个文化维度，uai 的系数依然为负，且依然显著。

④ 截面回归在很多实证研究中都作为一种重要的方法，它不仅通过取均值消除了周期性影响，而且，能够利用较为简单的实证技术发现经济运行中的某些显著性规律。

对金融体系及杠杆水平的影响主要根源于人们对于风险的态度，这与人们在信贷市场中的行为休戚相关，进而在很大程度上决定着信贷市场中的保证金率、贷款价值比（LTV）等重要变量。

表 4 – 24　　　　mas 和 uai 对金融杠杆的影响（截面回归）

Variable	M1	M_2	M3	M4	M5	M6	M7
uai	− 0. 32293512 **	− 0. 31494329 *	− 0. 32320414 *				− 0. 36395288 **
mas				0. 2088945	0. 25749132	0. 28683287	0. 34616024
gdpgr	3. 1678021	3. 8899749 *	3. 968965 **	4. 5278293 **	5. 2652948 **	5. 4394337 **	4. 5361944 **
lnpcgdp	18. 27078 ***	10. 680416 ***	10. 855572 ***	18. 001647 ***	10. 043448 **	10. 199413 **	10. 492075 ***
trade	− 0. 08340392	− 0. 02579978	− 0. 03153121	− 0. 0420362	0. 02157014	0. 01773066	− 0. 01485941
cf	0. 45125274	0. 32842394	0. 35079276	0. 10000923	− 0. 04430224	− 0. 04511688	0. 13163013
infl	− 0. 06530126	− 0. 30818502 **	− 0. 28781384 **	− 0. 08363561 *	− 0. 33210966 **	− 0. 30678442 **	− 0. 23683618
M_2gr		0. 26660252 **	0. 25542986 **		0. 27536686 *	0. 26071375 *	0. 21692756
age		2. 9796309 **	3. 095246 ***		3. 170492 **	3. 3277406 **	3. 4074563 ***
popgr		− 0. 35366048	− 0. 41701613		− 0. 26580858	− 0. 33528434	− 0. 42130826
insur			− 5. 0688557			− 5. 9258474	− 7. 2478244
_cons	− 91. 563417 ***	− 56. 829696 ***	− 56. 45788 ***	− 119. 13556 ***	− 84. 818436 ***	− 86. 05388 ***	− 67. 24816 ***
Obs.	77	76	76	77	76	76	76

4.3.4.3　法律体系

20 世纪末，理论界产生了"法律金融理论"（law and finance view）[①]，该理论认为，一国在历史上（通过各种原因）所形成的法律体系渊源与该国对投资者权益进行保护以及执行私人合约的意愿和能力直接相关，而这又进一步影响了潜在投资者持有金融资产的意愿以及该国的金融发展水平（La Porta et al. , 1997，1998；Beck et al. , 2002；Beck & Levine，2004）。La Porta et al. （1998）将现代社会的商法划分为两大

---

① 法律金融理论重点研究两个核心问题：不同法律体系对不同国家的股权所有者以及债权人的保护程度差别，以及上述区别对企业融资、治理等政策的影响。

渊源——起源于英国的普通法传统以及民法传统，民法系统又包括三个分支，即法国民法、德国民法以及斯堪的纳维亚民法。不同法律体系在对投资者的权益保护力度、执法质量、资本市场重要性显著不同（La Porta et al.，1997，1998；Beck et al.，2002）。Bordo & Rousseau（2005）指出，既然法律的适应性（legal adaptability）直接关系到对投资者及其产权的保护，那么可以预见，在以英国判例法为渊源的国家将拥有规模最大的金融部门，之后依次是以德国、斯堪的纳维亚和法国民法为渊源的国家。然而，在法律与金融的关系研究中，总体上得出了法律渊源对金融体系结构有显著影响，[①] 但并未得出法律渊源与金融体系规模（及其扩张）之间的逻辑关系。

值得注意的是，法律体系的形成通常与一国的历史、政治和文化密切相关，因而对法律因素影响金融体系的研究便不可避免地同时也将其他因素的影响引入分析之中。从社会科学的角度来看，法律传统的形成与一国的地理环境、历史文化、政治制度等有着千丝万缕的联系，因而，理论业界已得出的法律传统与金融体系结构之间的因果关系，有可能在本质上是其他因素作用的驱动的结果。显然，在金融杠杆与法律渊源的关系分析中，同样应注意这一问题。

为此，我们首先列出了不同法律渊源国家在经济与金融表现上的统计性差异。数据显示，英国普通法、法国大陆法国家的金融杠杆水平较低，而德国法、斯堪的纳维亚法国家的金融杠杆水平较高，这与我们的直觉和常识相悖。事实上，英国法国家的人均 GDP 水平为 9166 美元，法

[①]　综合而言，在 LLSV 的系列研究中，他们强调了法律传统在决定金融市场发展过程中的重要决定作用，并指出，遵从于法国民法系统的国家，其法律对投资者的保护力度最低，其法律规则与执法效率最弱，因而其金融市场发展水平也最低，倾向于产生"银行主导"的金融体系，而普通法系国家则恰好相反，美国与英国发展出了成熟的市场导向的金融体系，易于产生"市场主导"的金融体系。

国法国家为 5955 美元，德国法国家为 21941 美元，斯堪的纳维亚法国家则高达 40498 美元——根据本章前面的分析，金融杠杆水平与人均 GDP 水平显著正相关；另一方面，四类国家的老龄化人口占比依次为 5.71%（英国法）、6.52（法国法）、12.79%（德国法）、14.77%（斯堪的纳维亚法）——同样根据本章前面的分析，金融杠杆水平与老龄化人口比例亦成显著正相关；因此，我们有理由认为，法律体系渊源对金融杠杆水平的影响很小，四类国家在金融杠杆水平上的差异主要来自于人均 GDP 及老龄化程度。回归结果显示，当我们在解释变量中加入人均 GDP 以及老龄化程度两个变量，法律渊源变量并不显著，且系数符号并不稳定（相关统计结果省略）。可见，法律渊源对金融杠杆水平的影响并不显著，或至少它并不直接作用于金融杠杆水平（对此的逻辑分析参见本书第 3 章）。[①]

表 4 - 25　　　　　　　　　　英国法渊源的描述性统计

Variable	Obs	Mean	Std. Dev.	Min	Max
gdpgr	1252	3.9125	4.477517	- 19.01291	33.73577
pcgdp	1254	9166.531	13040.08	179.9065	81947.24
age	1254	5.711759	3.620811	0.3348984	17.1634
psfl	1239	48.25799	43.34593	1.542269	232.0975
fs	557	2.156748	2.385489	0.1899813	18.82807

表 4 - 26　　　　　　　　　　法国法渊源的描述性统计

Variable	Obs	Mean	Std. Dev.	Min	Max
gdpgr	1604	3.146017	4.471034	- 17.14604	33.62937
pcgdp	1602	5955.416	8627.746	143.7835	42467.27
age	1617	6.521141	4.44085	1.975799	20.82288
psfl	1579	38.06122	33.51545	2.097239	215.0615
fs	591	6.161377	41.07138	0.2494696	978.0281

---

① Bordo & Rousseau（2005）的系统研究也得出了类似结论，即法律体系的确对一国的经济和金融发展有影响，但这种影响的显著性在不同时期和不同国家是不尽相同的。

表 4 - 27   德国法渊源的描述性统计

Variable	Obs	Mean	Std. Dev.	Min	Max
gdpgr	253	3. 615481	3. 980313	- 11. 89204	15. 17602
pcgdp	254	21941. 55	15768. 67	221. 6543	55377. 97
age	264	12. 79125	4. 404736	3. 861781	24. 3977
psfl	256	99. 03776	51. 25864	16. 89332	227. 7525
fs	163	5. 104449	13. 06312	0. 6022363	158. 4498

表 4 - 28   斯堪的纳维亚法渊源的描述性统计

Variable	Obs	Mean	Std. Dev.	Min	Max
gdpgr	165	2. 266653	2. 669242	- 8. 538613	8. 545939
pcgdp	165	40498. 8	11013. 81	21702. 17	67804. 55
age	165	14. 77228	2. 275247	9. 859859	18. 91213
psfl	159	83. 63861	50. 32914	26. 9619	319. 4609
fs	98	2. 062211	1. 728113	0. 2331737	10. 26054

4.3.4.4 宗教信仰

下面，我们希望分析宗教信仰对金融杠杆水平的影响。首先需要强调的是，宗教信仰是文化之广义内涵的一部分，因而，不证自明地，宗教信仰与文化之间存在着显著的相关性。因此，下面对于宗教信仰影响显著性的分析将不会同时考察上面的文化因素。根据第 2 章的历史经验分析，伊斯兰国家的金融体系与其他国家差异较大，传统伊斯兰金融是不允许收取利息的（Ayub，2008；Haron，2009）；另一方面，根据以往文献，基督教国家（特别是新教）大多倾向于市场主导型的金融体系；还有不少文献比较了儒教、印度教、佛教等不同宗教信仰对经济的影响。

样本数据显示，不同宗教信仰国家的金融杠杆水平（在历史上）有显著差别，并且这种差异至今仍广泛存在，这是"文明冲突"在金融领域的体现。表 4 - 29 显示，伊斯兰国家金融杠杆水平的历史均值仅为27.69%，而即便是同为基督教的不同类别，其金融杠杆水平也大相径庭，其中，东正教国家仅为 38.69%，天主教国家为 50.96%，新教国家则为 72.77%。

表 4-29 不同宗教信仰的金融杠杆水平（描述性统计）

宗教信仰	观测数	均值	标准差	最小值	最大值
伊斯兰	724	27.69502	25.49228	1.615531	158.5048
印度教	132	36.17931	19.10321	8.095971	100.8053
东正教	70	38.68618	27.5509	7.115415	121.8769
天主教	1300	50.96293	41.92012	2.097239	232.0975
新教	451	72.77217	43.68422	19.18237	319.4609
犹太教	32	73.16174	13.11996	52.65071	94.41572
佛教	129	81.12459	71.58376	2.508195	227.7525
东方信仰	99	87.87156	28.25244	38.94112	148.3405

注：表中均值为百分数（%）。且数据为各类别的历史平均值，时间范围为 1980—2012 年。东方信仰包括儒教、日本神道教等东方宗教信仰。

为考察宗教信仰对金融杠杆的影响，我们首先将样本分为五组，组 1 为全体国家（99 个），组 2 为伊斯兰国家（22 个），组 3 为天主教国家（38 个），组 4 为新教国家（14 个），组 5 为东正教国家（3 个）。1-5 组的面板回归均采用固定效应模性，且选择同样的解释变量。结果显示，不同宗教信仰的国家，其金融杠杆决定因素的系数大小、符号和显著性不尽相同。其中，伊斯兰国家的金融杠杆水平更多地受到历史杠杆水平的影响（系数 0.906），而东正教国家则最低（系数 0.412）；新教国家杠杆水平受经济增长率的负面影响最大（系数 -0.657），而伊斯兰国家则受冲击最小（系数 -0.095），这可能源自于新教国家普遍经济增长较快而伊斯兰国家的经济发展缓慢，从而 GDP 增速的影响在这两类国家中大相径庭；东正教国家杠杆水平受人均 GDP 影响最大（系数高达 48.265），而伊斯兰国家则很低（系数仅为 1.104）；伊斯兰国家工业化水平对金融杠杆有显著的正向影响，而基督教国家（天主教、新教和东正教）则为负向影响，这体现了两类国家在经济发展水平、工业化程度以及金融资源投向上的差异，金融资源更多地投向了工业化和基建项目中；此外，其他因素的影响也存在一定差异。这说明，宗教信仰对其他经济、金融因素作用于金融杠杆的力度和方向有显著影响。而且，我们有理由认为，宗教信仰对金融杠杆的影响主要源自于其对经济和金融运行的影响，对此的研究文献并不罕见。

表 4 – 30　　　　　宗教信仰对金融杠杆的影响（固定效应）

Variable	FE_All	FE_Muslim	FE_Cath	FE_Prot	FE_Orth
L1. psfl	0.91041874 ***	0.90591484 ***	0.89225183 ***	0.8488838 ***	0.41209429 **
gdpgr	– 0.10635966 ***	– 0.09473415 **	– 0.18541754 **	– 0.65722835 ***	– 0.52805229
lnpcgdp	5.3952201 ***	1.104059	9.0037277 ***	15.674813 *	48.264825 ***
infl	– 0.01415673	– 0.09718136 ***	– 0.01315778	– 0.42861476 ***	0.00337212
trade	– 0.00373488	– 0.03732202 *	0.02798261 *	0.04894592	– 0.23580025
indus	– 0.09918986 **	0.09709469 **	– 0.11160837 **	– 0.60258552	– 0.37226171
cf	0.16268595 ***	0.15741361 **	0.13415386 ***	0.27087476	– 0.18556415
M_2gr	0.0199396	0.05741953 **	0.0185994	0.28604684 **	– 0.03245801
dbt	– 0.01457143 ***	– 0.00144332	– 0.00810548	– 0.28266757 **	0.24040242 *
age	0.19676673	0.8416811 **	0.1163353	– 0.49199285	1.4776801
urbangr	0.25787903 *	0.51959563 **	0.48933259	0.11168961	– 3.4275506
popgr	0.0029254 *	0.00543977	0.00135731	0.1691078	0.13480336
_cons	– 39.111999 ***	– 12.847977	– 72.624595 ***	– 111.12632	– 397.38903 ***
Obs.	2725	637	995	389	43
Countries	99	22	38	14	3

注：表中缩写 Muslim 代表伊斯兰教，Cath 代表天主教，Prot 代表新教，Orth 代表东正教。

另一种方法是以宗教信仰（伊斯兰教、新教）为核心解释变量，在控制其他解释变量的情况下研究宗教信仰对金融杠杆水平的影响。综合均值、样本观测数以及国家数，我们选择伊斯兰国家和新教国家金融杠杆水平决定中的宗教因素进行研究。为得到对宗教信仰虚拟变量的系数估计，我们使用如下随机效应模型：

$$y_{it} = x'_{it}\beta + islamic_i\delta_1 + prot_i\delta_2 + u_i + \varepsilon_{it}$$

其中，$islamic_i$ 为伊斯兰教虚拟变量[①]，$prot_i$ 为新教虚拟变量，x_{it} 为核心控制变量（根据上文的回归结果酌情选取）。我们先后引入实体经济变量（M1）、金融体系变量（M2）以及金融杠杆的一阶滞后项（M3），发现伊斯兰国家的系数显著为负，且新教国家的系数为正（但不显著），这基本上与预期相符。然而，当在模型中（M4、M5）加入人均 GDP 和老龄化（事实上可以加入其他相关变量）变量后，伊斯兰国家和信教国家的系数完全反转，甚至还是显著的——这使我们怀疑方程 M4 和 M5 的系数有效性。通过相关性分析发现，人均 GDP、老龄化与伊斯兰教虚拟变量负相关、与新教虚拟变量正相关，且相关系数在 1% 的显著水平上高度显著，因而，可以使用人均 GDP 以及老龄化作为解释变量来代替宗教信仰。这是因为，伊斯兰国家的人均 GDP 水平仅为新教国家的 1/5，而老龄化比例仅为新教国家的 1/4。因此，我们可以这样认为：其一，宗教信仰通过影响经济增长和社会发展进而影响金融体系及金融杠杆水平；其二，不同宗教信仰对经济发展和金融杠杆水平的影响具有差异性，两个比较明显的极端类型是伊斯兰教和基督教中的新教，前者代表了审慎保守的金融发展路径，而后者则代表了乐观激进的金融市场化发展路径，这是制度变迁的经济后果。此外，二者在经济增长速度上的差异，不能简单地归因于金融杠杆水平的高低，而必须同时考虑这两类国家既有的经济、金融与社会发展水平。

---

① 回归模型中的变量名称为 muslim。

表 4 – 31　　　　　　　　　　宗教信仰对金融杠杆的影响

Variable	M1	M2	M3	M4	M5
infl	0. 00010014	– 0. 0116795 ***	– 0. 01415709 ***	– 0. 01425366 ***	– 0. 01424305 ***
trade	0. 40016434 ***	0. 3940226 ***	0. 01203152 *	0. 00499929	0. 005789
gdpgr	– 0. 73079156 ***	– 0. 77947518 ***	– 0. 0776103 **	– 0. 08723307 **	– 0. 06580232 *
cf	0. 10595204	0. 10724478	0. 17180775 ***	0. 17175513 ***	0. 18969281 ***
indus	– 1. 2263193 ***	– 1. 2125992 ***	– 0. 10041977 ***	– 0. 12962039 ***	– 0. 06187826 ***
muslim	– 18. 671152 *	– 20. 214456 *	– 1. 9210859 **	1. 9839584	0. 35238299
prot	15. 45212	14. 640921	1. 7829396	– 3. 0640597 *	– 0. 1911427
m2gr		0. 01794564 ***	0. 01961301 ***	0. 01997815 ***	0. 01984124 ***
dbt		– 0. 03639594 ***	– 0. 01648848 ***	– 0. 01204805 ***	– 0. 01523947 ***
L1. psfl			0. 9393783 ***	0. 9226614 ***	0. 95129062 ***
lnpcgdp				3. 6672454 ***	
age					0. 49150614 ***
_ cons	57. 458768 ***	61. 801949 ***	3. 7554495 ***	– 24. 257164 ***	– 1. 8012386
Obs.	3074	2841	2767	2835	2841
Countries	100	100	100	100	100
rho	0. 80246232	0. 82089378	0. 18931778	0. 85365594	0. 70906373

表 4 – 32　　　　　　宗教信仰与关键变量的相关性（p = 1%）

	psfl	muslim	prot	lnpcgdp	age
psfl	1				
muslim	– 0. 2577 *	1			
prot	0. 2194 *	– 0. 2092 *	1		
lnpcgdp	0. 6545 *	– 0. 3497 *	0. 3677 *	1	
age	0. 6411 *	– 0. 4059 *	0. 3631 *	0. 7811 *	1

表4-33　　　　新教与伊斯兰国家的经济对比（1980—2012年）

stats	经济增速（%）		人均GDP（$）		老龄化比例（%）		私人部门杠杆（%）	
	Prot	Muslim	Prot	Muslim	Prot	Muslim	Prot	Muslim
均值	2.443859	3.887657	30060.44	4163.957	13.46754	3.487861	81.91234	28.69228
标准差	2.257784	4.719357	14631.42	10339.39	4.395011	1.138297	44.17835	25.64881
最小值	-8.538613	-19.01291	495.5686	243.5109	2.615031	0.3348984	20.6451	1.615531
最大值	7.177556	33.73577	67804.55	81947.24	21.1009	7.259194	223.8732	158.5048

4.4　实证结论与讨论

通过较为细致的实证研究，我们得出如下结论（有些结论是较为直观的）：

1. 金融杠杆水平与实体经济增速、工业化程度、资本形成增速负相关，与资本形成、服务化程度正相关。

2. 金融杠杆水平与经济发展水平（以人均GDP表示）、人口老龄化程度、城镇化率、城镇化增速等一系列表征经济与社会发展水平的变量正相关。

3. 金融杠杆水平与既有债务水平（如政府债务）、利率水平、通货膨胀水平负相关，与货币和信贷增速、经济货币化率正相关。正如经济增长（绩效）与金融体系结构的关系一样，金融杠杆水平与金融体系结构的关系同样不明确。

4. 金融杠杆水平受到不同国家文化制度的影响，其影响机制主要是"微观主体对待风险的态度"，风险规避性越强，则金融杠杆水平越低，其他文化维度（特征）的影响并不显著。

5. 法律体系、宗教信仰对金融杠杆水平的影响是间接的，它们是通过制度层面长期影响实体经济或金融体系的发展进而通过我们业已发现的人均 GDP（经济发展水平）和老龄化两大变量来影响金融杠杆水平的。①

　　实证分析的主要结论与本书第 2 章历史研究的经验性结论以及本章最开始的直觉判断是一致的。金融杠杆水平的多元决定性意味着，其适度水平在时空上具有较大"弹性"（差异性），因而对其的分析需要内嵌于特定的制度环境之中。

---

　　① 可见，"第三因素"对金融杠杆水平的影响机制是复杂的，而且是间接的，这种影响通过制度变迁而实现，通过经济与社会发展水平而实现。

第 5 章　适度性假说

5.1　对最优的偏好"落空了"

西方主流经济理论一直对"最优"青睐有加，理想化的假设是二者之间天然的"桥梁"。如同牛顿经典力学一般，新古典经济与金融理论人为地忽略系统摩擦，理想化的经济系统因而便会自发地（spontaneously）趋于最优稳态。

然而，残酷的现实击碎了形式主义的理论体系，旧的分析范式使理论分析陷入泥淖。20 世纪末以来，在 Merton 和 Bodie、Stiglitz 和 Greenwald 等学者的努力下，新古典金融学理论逐渐向"新制度分析范式下"的货币与金融理论演进。[①] 制度分析与新古典分析两种范式的本质区别在于如何看待并分析微观"人"的行为，前者强调人与人之间的博弈规则以及由此形成的对人的行为的社会约束条件，后者则强调人依个体及市场理性而从事利益最大化的行为[②]。显然，制度约束为人的行为划定了

---

① 制度金融学的起源可以追溯到奥地利学派代表人物 Menger、美国学者 White、英国学者 Hicks 与 Clower 等人对货币产生、发展与制度的深入探讨之中，对货币制度演进的理论分析既是制度金融学理论的重要部分，也是制度金融学分析框架中相对而言最为成熟的部分。

② 这也就是为什么 Adam Smith 写作《道德情操论》的原因，因为在市场原教旨主义下，人的"理性"自利会导致宏观加总后的"非理性"，因而必须对人的行为施以必要的约束和限制，而这正是制度的必要性。

"边界"与"条件",从而自始至终与理想化的理论"无缘"。在此情景下,最优充其量是一种"目标"、"方向"和"趋势"。前文已指出,经济系统就像钟摆,在外力、重力与摩擦力的作用下左右摆动,难求其中正。问题是,如何确定某个"度",在此范围内经济系统能够(以较大的概率)处于有利于经济发展、民生改善和社会进步的良性状态——这已经从寻求普适性"最优"转变为寻求特定情景下的"次优"问题了。本书将这种"次优"冠之以"适度性"之名。

那么,对本书的研究对象而言,为什么不存在最优的金融杠杆水平?根据制度经济学的基本先验命题,金融制度是内生于经济与社会之中的,它是经济制度与社会制度的产物,受其影响而不断演化。进一步,金融体系的功能是外生的,而结构是内生的,那么,金融制度的结构与安排同样内生于经济与社会制度的动态变迁之中。制度的路径依赖特征与多样性决定了现实中不存在普适性的金融制度安排。故此,适度的金融杠杆水平首先内生于与一国制度基础相适应的金融制度安排,并从根本上决定于该国的经济制度与社会制度。

讨论金融杠杆,离不开货币与信用这对矛盾。历史上,商品货币是一种次优选择,因为随时随地的可信承诺(信用)并不可得。但分工的演进要求逐步提高货币中的信用含量,要求可信承诺的大量使用,从而推动了自身具有价值的传统商品货币向信用货币的发展。[1] 这意味着,信用与杠杆的使用与现代经济是相匹配的,现代经济制度要求金融制度与之俱进。无疑,金融杠杆是必要的,但有个"度"的约束。制度金融学指出,金融制度的结构与安排不能简单照搬他国经验,因为不同国家的制度环境迥然不同。激进的金融自由化与东欧剧变的失败本质是一致的,

---

① 这与 Simmel 的分析看似不同,但实际上他们所谈论的是货币向信用演变的不同阶段和不同问题。Simmel 并未否定信用货币的作用和优势,他只是力图强调信用货币的使用需要"工具理性",并且不要颠倒了经济学中的"目的"与"手段"。

与自身发展和禀赋不相匹配的金融自由化和高杠杆不仅是无助于经济发展的,反而会引发危机(如东南亚国家,特别是马来西亚)。因此,金融发展绝不能停留在对金融投资收益的关注上,而要全面关注金融资源向实体经济增长潜力的转化。Mckinnon 所反复强调的"金融压抑"问题以及 Soto 所深入剖析的发展中国家"资本之谜",都可以纳入到制度分析框架下——在金融发展水平较低的国家,利用金融促进经济增长的唯一途径就是提高储蓄率,这可以使发展中国家享受到金融资本与货币资本的互补效应,而这需要市场机制,因此,金融的部分、有序自由化是金融制度迎合经济制度变迁的必要改变(Mckinnon,2006);发展中国家超额信用—高杠杆导致危机的关键还在于,其社会制度(法律、政治等)并未产生完备的所有权制度,从而金融资产并不能顺畅地转化为投资于实体经济的"活"资本,这使得其金融发展停留在片面追求金融资产扩张的低级阶段,只有高杠杆,没有真发展,却有大危机,金融制度与经济制度、社会制度的发展水平不相适应是其金融膨胀而经济停滞的根源(de Soto,2000)。另一方面,全球化为各国制度变迁附加了"同步器",因而制度变迁在一定程度内有趋同和收敛倾向。这一点在金融领域主要表现在金融体系结构、金融高杠杆等方面。简要分析一下,当信用货币中"信用"含量提高到一定程度,必然使得货币和信用的联系基础发生松动,经济过度虚拟化本质上是金融制度发展脱离制度环境约束的一种表现,因为信用使得人们不必保有足够的实物及货币资本,杠杆使得人们不必足额支付而能享有数倍于自身的资本量,而这一资本量又显然没有足额的实物资本和价值作为支撑,这是"外生性"金融制度功能发生异化的明确"信号",信用货币"逆袭"而成为经济交易的"目的"之一正是因为金融膨胀日益成为金融发展的"目的"之一。[①]　可见，金融杠杆虽然是必要的，但却不可"过度"，过犹不及。钟摆的两边，一边是增长，一边是危机。

至此，我们较为凝练地阐明了最优金融杠杆水平是不存在的，但金融杠杆应有一个适度的水平。实际上，此处的分析只是利用制度分析视角对本书第 1~4 章所论述内容及相关结论的新诠释，下文将围绕适度性展开分析。

5.2　适度性是一个动态的"范围"、"区间"

探讨金融杠杆水平的适度性，需要解决"度"的量化，同时分析超越"度"的后果。从哲学上讲，无常与变易是亘古不变的法则。对金融杠杆这一微观事物与机制而言，变易与不易的道理是一致的。万物的"顺生逆克"都遵循着同样的法则，这一法则主导着由弱到强、从阴至阳的顺变过程，也引导着由强变弱、由阳转阴的逆变过程。显而易见，任何事物的发展都必然经历从年轻到成熟再到衰老的过程，而成熟就是发展的顶点或极点。经济学上，无论是 Kuznets 还是 Lewis，其所发现的"倒 U 形"关系无非是此理在经济领域的具体实现，前文多次提及的 Mckinnon 实物资本与货币资本的关系理论以及 Simmel 的货币符号化，也情同此理，绝无例外。

宏观金融杠杆水平体现的是金融体系与实体经济的匹配程度，衡量契合程度的便是"适度性"，适度的就是和谐的（协调的、匹配的）。

---

① 注意，这与发展中国家片面追求金融发展不同，发达国家由于去工业化，导致其金融体系的规模远超过实体经济规模，从而遵循市场理性的行为必然是在金融自循环中寻求收益。发展中国家的金融加杠杆则是照搬西方金融体系安排的结果，这些国家一没有疏解金融体系泡沫和金融风险监管的足够能力，二没有强大的实体经济支撑，故而危机来时无可阻挡。

然而，从和谐到不和谐，不是"突变"，而是潜移默化进行的。在经济金融领域，和谐对应于适度性，不和谐对应于不足与过度性，从而存在着两个阶段：杠杆不足→加杠杆→杠杆适度→杠杆过度→去杠杆→杠杆适度（或杠杆过度→去杠杆→杠杆不足），前者是顺变，后者是逆变。这其中，杠杆适度与杠杆过度是两个关键状态，而加杠杆与去杠杆是两大方向相反的"力"或冲击。众所周知，前一阶段正体现为金融杠杆的顺周期性，而后一阶段则需要某种"外力"来彻底扭转金融杠杆的"亢进"趋势——这在经济和金融学理论中被认为是资产价格的变化、信心逆转与悲观性预期、金融危机爆发、逆周期金融监管与宏观调控等。

因此，加杠杆要加到适度但不至于过度，去杠杆要挤出泡沫但不至于压抑经济，从而使经济系统运行于相对稳定与持续发展的一侧。这有三点要强调，其一，适度不是一个单一的"值"，而是一个区间、范围，因为从适度到过度不是 0、1 的转换，而是 $0,1/n,2/n,\cdots,(n-1)/n$ 和 n/n 的区别，"最后一棵稻草"的作用效果是其自身与前面所有"稻草"的重力作用之和，金融杠杆从适度到过度是存量与流量的变化动态（本章的最后将对此作展开讨论）。其二，经济向好时 150% 的金融杠杆水平与经济萧条时 150% 的金融杠杆水平是截然不同的，这不仅是因为很多学者所反复强调的前期债务积累和信用存量问题，同时也必须考虑到不同国家实体经济的健康程度，历史上，因超额信贷和高杠杆引发的危机大都发生在经济生产低迷（或生产过剩）、前期投机严重的时期。因此说，金融杠杆的适度水平是因时而异的，它取决于金融与实体经济的相对运行状态，二者应是互为促进又相互制衡的。其三，同样是 150% 的杠杆水平，对美国、德国、中国、俄罗斯、马来西亚、阿联酋而言，其影响是迥异的，这源于其所处的经济、社会、文化等制度环境的差异。因而金融杠杆的适度水平也应该是因具体国家的国情与禀赋而异的，"时"与

"位"是分析杠杆水平适度与否的两大要素。

经济、金融系统运行的复杂性全然源自于人类行为的复杂性。人类行为在不同时空和制度环境下所表现出的多样性和差异性必然导致金融杠杆水平的适度性是一个动态的区间和范围。对于希望找到某个适度性量化法则的研究者而言，在某种程度上，适度性在国别上的差异能够通过一个动态的区间涵盖。[①] 这也在一定程度上意味着，试图找到一个具体的危机爆发的金融杠杆临界值是不可行的。

5.3 判定原则：初步猜想

在研究"度"的衡量之前，确定衡量"度"的标准或区分"度"的依据是必要的。判定金融杠杆水平是否适度，总体上有几个核心原则，它们来自于历史经验、文献梳理与理论演绎（参见本书第 1 ~ 4 章），是基于一些先验事实和规律而建立的初步猜想。

5.3.1 原则 1：实虚匹配

货币与金融"非中性"，是探讨实虚匹配问题的前提。实体经济与金融体系就像是一驾马车的两匹马，像是咬合的齿轮，像是生物体的肌肉骨骼与血脉，二者之间有合作、有对抗、有交叉，时而冲突、时而调和，其内在的相互作用机制可谓"错、综、复、杂"。因而，分析实虚匹配问题要"八面玲珑"，即要正看、反看、旁看、换立场看、内看、外看、变

---

① 如果我们根据某些规则对国家进行分类，则预期可以得到较小的区间，但这并非本书的重点，本书希望利用全样本历史数据去获得金融杠杆水平的一个相对普适性的适度性区间，可以预期，该区间必然有较大的跨度。但这种不确定性并不意味着"含糊"和"不可测"，而是提供了分析适度性问题的基准，无论在自然科学还是社会科学领域，精确并不代表真理，模糊在很多情形下却是对系统的忠实描述。

化的看、不变的看。对于金融杠杆而言，它是金融体系与实体经济对比关系的一种度量，某一个特定的金融杠杆水平，对其的分析是多角度的，它是在那一特定时刻的杠杆水平，是经由过去而演变至此的杠杆水平，是考虑到未来杠杆水平上限而审视当前的水平，是一国的杠杆水平，也是他国看此国的杠杆水平，是正在运动着的实体经济与金融体系力量对比关系的一个中间状态，也是将变化视作常态而后看到的在某一不变区域进行上下波动的水平……所以，适度就是实虚匹配关系在时空变动中的平衡，是一种"相对论"，关键在于把握"动态性"和"相对性"，核心是实虚之间的调和（和谐），即一种协调发展、相互促进的状态。

5.3.2 原则2：兼顾效率与稳定

毋庸置疑，金融杠杆的使用是"双刃剑"。具有良好金融功能的金融体系要兼顾效率与稳定，适度的金融杠杆水平也体现为金融体系在调剂资金余缺、配置金融资源上的效率以及金融与宏观经济的相对稳定。金融撬动实体经济既要寻求"省力"的方法，也要避免"用力过猛"或"力臂过长"而引发杠杆失衡。显然，这同样是一个"度"的问题。逻辑上易明，存在着一个金融杠杆水平的区间，或存在着某个阈值 $\bar{L}$，当 $L \leqslant \bar{L}$ 时，金融杠杆所产生的收益（倍增效应）大于成本（即债务负担），当 $L > \bar{L}$ 时，其成本大于收益。因而，金融杠杆的适度水平应（在大多数情况下）不高于 $\bar{L}$（下文将作展开分析）。在没有外力干预的情况下，金融杠杆具有内生的扩张性，前提是用于获得信用的抵押物或承担保证金功能的资产的价格持续上升，这有赖于经济的繁荣，而本质上是人的预期和信心起决定性作用。正如人性具有理性与非理性、客观与主观、利己与利他的多重对偶矛盾一样，效率与稳定也本是"一体"的"两面"，是同一事物和问题的"两极"，它必然表现为相互制约、互为条件、相互转化、动态权衡的特点。因此，现实中不可能实现无条件的效率最大化或脆弱性（不稳定性）

最小化。从这个意义上讲，金融杠杆的适度性水平，是使得经济能够在运动中较好地兼顾增长与稳定的水平，增长多一点或稳定多一点取决于各方的具体条件和情况——这是"现实主义"进路。在探求适度的金融杠杆水平时，理性的规则与实践中的"试错"都是必要的。

5.3.3　原则3：国家禀赋"非中性"

　　"淮南为橘，淮北为枳"是金融发展所必须遵循的重要参考原则。经济、金融发展离不开国家特性和制度环境的影响，大量文献证明了政治体系、法律渊源、文化社会等对一国经济和金融的深刻影响，这些因素共同构成一国的国家特性与禀赋。信奉新教的国家与信奉伊斯兰教、儒教的国家，其对待金融的态度有着根本差别；具有普通法系渊源的国家与大陆法系渊源的国家，其法律纳入日常习俗变化和判例的传统、机制大相径庭，因而对于金融活动的保护力度差距显著；强调道德规范与崇尚契约精神的国家，其对待金融交易的态度截然不同；同样，具有较高风险耐受力的国家与风险规避型国家，人们在面对风险性交易时的动机和行为是迥异的……事实上，经济本身并非如经济学理论所宣称的那样是一个"自主体"，相反，它实际上必须服膺于政治、宗教乃至社会关系，显然，经济是"嵌含"（embedded）于社会的，Karl Polanyi 指出，人类社会不可能创造出一个"脱嵌"且完全自律的市场经济。[①] 这里还要提到，每个国家的国情都是过去、现在甚至未来所共同塑造的，路径依赖性是制度变迁的核心特征，而这必然制约着经济、金融的发展。因

---

　　①　Polanyi 之所以认为经济无法脱嵌于社会，是因为完全自律的市场经济必须将人与自然变为商品，而这必然导致这两者的毁灭。他认为，人类会自发地在市场经济发生某种不良影响时产生对其的抗拒。他还指出，社会中的商品，唯有那些被用于市场销售的商品才可称之为真实商品，而像土地（自然的一部分）、劳动力（人类）、货币等则只是虚拟商品，这些虚拟商品本身就决定了经济无法脱嵌于社会，国家在经济中必然发挥重要作用。

而，与国家有关的特性从制度层面决定了其金融杠杆的适度性水平，它是与本国制度变迁所内生的经济金融制度、发展程度相适应的水平。

5.3.4 原则4：周期性

周期性是全部人类（经济）活动的突出特征，这是自然规律与社会规律（人性规律）共同作用的结果。所有典型周期都具有四个阶段，两个上升期与两个下降期。对于实体经济和金融体系而言，其各自的周期因二者的紧密关联而产生显著的叠加效应，这引发了人们对于信贷市场周期和金融杠杆周期的关注。对于周期性与金融杠杆的适度性水平，有三点值得一谈：

其一，周期性的特点在于波动频率和振幅，对经济系统而言，波动性越小则越好，因而，金融杠杆水平的适度性不仅需要体现为绝对水平的相对稳定与合理，还意味着金融杠杆水平不应出现短时期内的快速、显著波动。金融杠杆既能"以小博大"、"以巧拨千斤"，也同样可以"牵一发而动全身"。

其二，经济也有自然的生命周期，经济周期不可避免。历史上，"自然的"（natural）信贷周期的自发循环往往受到外部干预，因而其周期长度会被人为地改变（拉长），这使得历史上任何一次信贷周期都是独一无二的，无法被划归于某个或某几个单一、重复的模式。这种打上人为"烙印"的信贷周期究竟是好是坏，至今尚无定论。[①] 事实上，人为地对经济系统的固有"大周期"进行改变的尝试不是明智之举，政策作用的边界是在尊重经济系统既有大周期的基础上在关键时间、关键位置对周期的局部运行进行适度调整和修正（在微观层面上，是指当市场机制

---

① 宏观经济政策有的顺势而为，有的逆风行事，有的以邻为壑，有的隔靴搔痒，适时、适度的政策措施能够熨平经济波动，而过激的、不得其时的政策却事与愿违，成为推波助澜的工具。

"失灵"，亦即市场中的交易主体的行为引发了显著的、非同一般的市场波动（包括价格、交易量等）时，需要政府来纠正市场中的非理性的"狂热"投机行为，从而使市场及宏观经济运行于特定的适度性区间内）。因此，时间、位置、次序、力度的选择至关重要。对金融而言，这意味着不要等超额信贷和高杠杆出现后再行动，经济系统的信号通常早在"为时已晚"之前便已发出。一般情况下，不要任由信贷扩张和加杠杆，严格的金融杠杆约束是十分必要的，而这种金融约束不能仅靠自由市场机制，它离不开政府的宏观干预，这就为宏观经济政策预留了空间。需要强调的是，宏观调控在时空上应是充分"领先"的，即宏观调控决策的输入变量应包括当前以及未来的市场及公众对于宏观政策的反应，对政府与私人部门之间的博弈要给予充分重视，否则，出于稳定目的的调控政策就有可能产生放大经济波动的实际效果——政策周期对经济、金融周期的影响不容忽视。

其三，整个人类历史，是在循环的周期中不断提升的过程，是螺旋式上升。本书第 2 章已经多次说明了金融相关性比率、金融杠杆上升的历史大趋势；并且，金融发展与经济增长的关系也是因时而异的，彼时合理的实虚关系，此时未必依然适度，这需要在大周期律中寻求实虚互动的适度性。但正如经济增长的潜力不可能无限，金融发展的边界也不应该无限。所以，总会存在一个阈值，逾越之后的风险和成本增加要显著高于相应的机会和收益。一方面，金融杠杆在特定阶段的上升是大有裨益的，这一特定阶段的判断需要视具体国情而定；另一方面，金融杠杆的上升在某一特定阶段、在某些国家是益处颇多的，这又要视该国家所处特定阶段在其历史发展的时间序列中的位置和效用而定。金融体量超过或大大超过实体经济的体量与潜能则是有百害而无一利的，这在绝大多数情境下都是"铁律"——而这一铁律却必须有所变通，即不仅要因地制宜（所谓"淮南为橘、淮北为枳"），也要因时、因势利导（所谓

"夏葛冬裘")。

5.3.5　原则5：分配公平性

经济学是否应该关注伦理、道德、价值，这决定了经济学理论的分野。作为研究"人的行动"的社会科学，研究者本身就置身其中，因而不可能是与价值无涉的。对自由、平等的追求，是人类社会进步的原动力。Amartya Sen 所强调的"实质自由"，需要从根本上解决经济资源的可得性与配置的公平性。然而，且不说发达国家以邻为壑的宏观经济政策，也不必论当前的国际货币体系、国际贸易与生产领域的全球化分工，如此种种，我们仅考虑货币供应量增加本身的实际效果，强制性储蓄首先就是一种严重的不公平（见本书第3章）。时间拉近一些，在次贷危机中，那些被"精美包装"的次级债信用衍生产品（CDO），其设计与运作机制本身就存在着不公平的"基因"——通常，那些次级债市场的"乐观投资者"（leveraged buyers，或称 natural buyers）一开始就会买入，当资产价格高涨时，这些投资者能够用很少的资本金买入大量资产，而且，只要其看好未来形势，便可以一直从公众（public）手中借入资金进行投资，这无形中使这些乐观者手中持有了大多数资产，[①] 其结果是，经济繁荣，收益颇丰，经济下行，信用违约——这是内生的不公平，与投资行为、交易机制、市场走势密切相关（Geanakoplos，2009）。考虑经济的微观结构，金融资源天然地具有趋利避害、追逐简单利润的特性（人性使然），因而，随着金融体量达到一定的规模，金融资产自身的升值演变为一种重要的投资渠道，即便在实体经济内部，也同样存在着具有不同成本—收益（投入—产出）水平的领域，对经济转型和升级而言，大

---

① 无论是20世纪末的长期资本公司（LCTM）还是 Soros 所建立的量子基金帝国，且不论成功失败及其运作机制，二者在"最大可能地运用杠杆撬动最大规模的资本"这一点上是丝毫没有区别的。

量的前期投入压低了利润水平，单从投资效益角度看，此类投资在中短期内没有竞争力。因而，很多时候，信贷资源就会转而寻求其他投资领域。这说明，金融资源的投向（或称信贷结构）对实体经济的结构调整与发展至关重要。任由信贷自发地按市场机制配置，具有内生的不公平性和脆弱性。因此，同样的金融杠杆水平，对实体经济的作用和意义是不同的，这是适度性判断的难点。除此以外，初始的资源禀赋配置（特别是财富、资本的配置）在相当程度上决定了信贷可得性以及投资的收益水平，初始状态的差距在金融杠杆的作用下具有放大的倾向，这也是不平等的根源之一。[①] 经济中投资机会的创造从根本上取决于社会中各类企业和人群获得信贷资源的可能性和难易程度，金融发展中的不平等本身就是对投资机会进而对实体经济增长的损害。

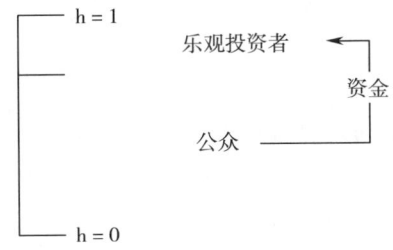

图 5 - 1　乐观投资者与信贷配置的不公平性

5.3.6　原则 6：绝对水平与内部结构

经济系统中有部门，部门内部有产业（行业），产业内部有企业……

---

① 根据 Thomas Piketty 的研究，社会中的资本收入比与储蓄率成正比，与经济增长率（国民收入增长率）成反比，在老龄化社会中，人口增长率很低，因而资本收入比与人均国民收入增速成反比。也就是说，一国国内的储蓄率越高、老龄化程度越高、人均国民收入增速越低，该国的资本收入比越高，相应地，该国未来收入中资本性收入占比越高（在同样的资本收益率条件下）。考虑到全社会资本配置的不均衡性，占有更多资本的阶层将获得更多的金融资源，同时也可以拥有更大的加杠杆空间。

信贷资源就像大河中的水流入条条支流。对金融杠杆而言，宏观总杠杆是其一，各部门杠杆是其二，总体与局部不是简单的"1＋1＝2"。因此，金融杠杆水平的局部适度不一定有总体适度，总体适度可能存在着局部的差异。对金融杠杆水平的监管与调控，不仅是技术，更是艺术。对于本书来说，我们考察的主要是分解为政府部门杠杆与私人部门杠杆的宏观总杠杆，并以私人部门杠杆为核心，但在私人部门内部也并不做更系统的细分，因而适度性更多地是从私人部门总杠杆角度提出的。而且，政府部门杠杆与私人部门杠杆之间的关系是复杂的，宏观总杠杆水平的适度性及内部结构的合理性是一个更艰巨的课题，不是本书所要重点解决的问题，但本书尽可能将对金融杠杆的结构适度性作必要的分析。[①]

5.4 "适度性"的量化：模型与实证

5.4.1 金融杠杆水平与经济发展的"倒U形"关系

经济思想史上对于金融发展与经济发展关系的论述不胜枚举，在此不作赘述。从实证角度看，金融发展与经济增长在长期亦被证实具有紧密的联系（King & Levine，1993a，b；Levine，1997，2003；Rajan & Zingales，1998；Levine et al.，2000；Beck & Levine，2004；Beck et al.，2000，2005；等）。这些文献大都指出，金融发展有助于经济效率的提高，高度发达的金融市场是效率增进的，因而，更多的金融总对应于更多的经济增长。在此影响下，20世纪末以来，人们对于金融体系与实体

---

① 对于宏观金融杠杆的结构分析，参见本书第2、3两章的相关内容。更为系统的研究参见李扬等（2015）。

经济关系的关注开始转向对于金融发展的决定因素及源动力的研究。[①] 直至此轮经济危机爆发，学者和政策制定者们才开始反思，并意识到金融发展与经济增长之间可能并非简单的"单调、线性"关系。金融体系的功能"失调"会直接或间接地浪费资源、抑制储蓄以及引发投机，并导致投资水平过低以及稀缺资源的错配，表现在宏观经济层面，就是经济停滞、失业率上升以及贫困问题的严重化。由金融体系而引发的实体经济显著下滑使得人们开始寻找是否存在着一个适度的金融体系规模[②]，在该规模下，实体经济能够获得持续性的发展。

近年来，一些研究发现了金融发展存在着一个阈值（或拐点），在此之下，越高的金融发展对应于越快的经济增长，而超越这一阈值后，金融发展则对实体经济增长起负面的"拖累"作用。这意味着金融发展与经济增长之间是一种非线性关系，确切地说，二者间存在着一种"倒 U 形"关系，即金融发展的外部影响有一个"拐点"，拐点两侧二者呈现出截然相反的相互作用关系（与机制）。事实上，在一些早期的理论模型中，学者们便已指出了金融发展可能产生的负面影响，这些文献指出，金融发展在降低交易成本和促进资源配置的同时也有可能产生对储蓄与投资影响显著的外部性（Stiglitz，1985；Bhide，1993；Beck & Levine，2004；等）。在具体分析金融杠杆水平对经济增长的复杂影响之前，我们先一览那些对二者非线性关系进行研究的文献与结论。

---

① 总体上，决定金融发展的主要因素包括：金融政策、法律体系、银行国有化、政治制度、文化、贸易和金融开放、金融机构治理等。

② 西方学者仍然用"最优"来表述金融体系与实体经济之间的非线性关系，但正如本书所反复指出的，最优并不适合于如此复杂的关系问题，或者西方学者本来也仅仅是用最优来表达"相对合理"这样一个含义，但不管怎样，本书都将用"适度的"来代替"最优"。

表 5 – 1　　　金融发展与经济增长的非线性关系（实证文献）

文献	样本国家	数据与时期	计量方法	相关结论
Rajan & Zingales (1998)	41 个国家的 37 个行业	截面数据 （1980—1990 年）	截面回归，研究不同国家不同行业的增长率。	在产业层面，同样存在着金融发展与经济增长之间的非线性关系，即越是依赖外部融资的行业，其增速越快；但是，金融发展的深度达到一定程度后，对经济开始起负面作用。
Deidda & Fattouh (2002)	119 个发达国家与发展中国家	截面数据 （1960—1989 年）	Hansen（2000）阈值回归，并将国家按高收入和低收入划分为 2 组。	金融与经济增长之间存在非线性关系。金融对高收入国家与低收入国家的经济促进作用不同，前者显著，而后者不显著。
Rioja & Valev (2004a)	74 个发达国家与发展中国家	面板数据 （1961—1995 年） 5 年为周期取各变量得算数平均值	动态面板 GMM 方法，并按金融发展水平将样本国家划分为低、中、高 3 个区域。	在金融中等发达国家，金融对于经济增长有显著的促进作用；在高度发达国家的促进作用有所减弱；在金融不发达国家则不显著。
Rioja & Valev (2004b)	74 个发达国家与发展中国家	面板数据 （1961—1995 年） 5 年为周期取各变量得算数平均值	动态面板 GMM 方法，并按收入水平将样本国家划分为低、中、高 3 组。	金融对较发达国家的生产力提高有显著促进作用；在低收入国家，金融对产出增长的促进作用主要是通过资本积累而实现的。
Shen & Lee (2006)	48 个发达国家与发展中国家	面板数据 （1976—2001 年）	混合 OLS 回归	股票市场与经济增长之间存在倒 U 形关系；银行发展与经济增长之间存在弱倒 U 形关系。
Fisman & Love (2007)	42 个国家的 37 个行业	面板数据 （1980—1993 年）	面板回归，研究了金融发展对不同国家不同行业在不同时期增长速度的影响。	金融发展对于那些具有良好成长潜力的行业而言具有正向的促进作用，金融在提高企业利用成长机会的能力方面作用巨大。金融发展作用于经济增长的机制不仅局限于外部融资，应该将视野放大到金融的配置效率的高度。

续表

文献	样本国家	数据与时期	计量方法	相关结论
Ergungor (2008)	46 个发达国家与发展中国家	截面数据（取 1980—1995 年算术平均）	2SLS（采用异方差稳健标准差）	在银行部门与经济增长之间存在非线性关系。在那些司法制度缺乏弹性的国家中，具有银行主导型金融体系的国家其经济增长更快。
Huang & Lin (2009)	71 个国家	截面数据（取 1960—1995 年算术平均）	Caner and Hansen (2004) 工具变量阈值回归（分别对高收入和低收入国家进行回归）	金融与经济增长之间存在非线性的正相关关系，且这种关系在低收入国家表现得更为明显。
Cecchetti & Kharroubi (2012)	50 个发达国家和新兴市场国家	面板数据（1980—2009 年，划分为几个子期间分别考察，后一时期比前一时期长 5 年）	混合 OLS 回归（采用稳健标准差）	金融与生产力增长之间呈倒 U 形关系。金融部门发展到一定程度表现出对生产力进一步增长的拖累作用。
Arcand et al. (2012)	超过 100 个发达国家与发展中国家	截面数据面板数据（1960—2010 年）	半参数估计	当私人部门信贷与 GDP 之比达到 100% 之后，金融发展与产出增长之间开始呈现出负相关关系，这与金融发展的"消失效应"① 是一致的。
Law & Singh (2014)	87 个发达国家与发展中国家	面板数据（1980—2010 年）	Kremer et al. (2013)② 动态面板阈值回归	在金融发展与经济增长二者之间有一个金融发展水平的阈值，应更多地关注金融的媒介职能而非金融部门的规模增长。

①　金融促进经济增长的"消失效应"（vanishing effect）由 Aghion et al.（2005）提出，文章指出，当金融发展水平达到一定程度之后，各国的经济增长率会出现收敛现象，因而金融发展对经济增长的正面影响会出现逐渐消失和减弱的趋势，这一规律对所有国家都适用。

②　Kremer et al.（2013）扩展了 Hansen（1999）的静态面板门限回归方法和 Caner & Hansen（2004）的横截面工具变量门限回归方法。

事实上，本书第 2、3、4 章已对金融发展（特别是金融杠杆水平的上升）与经济增长之间的"非线性"关系做了相关论述，本章的重点是进一步深入探讨这种非线性关系的特征和规律性。需要说明的是，大量文献在探讨金融发展时，都将私人部门杠杆水平作为一个重要参考指标。[①] 既然金融发展存在一个阈值（这可以看作是一个"度"），那么，这个阈值便可以看作是金融杠杆水平的一个"度"的标准，确切地说是"适度性"的"上界"。不妨设其为 L^*，当 $L < L^*$ 时，金融杠杆水平的上升之于经济增长是有益的（对应于上文中的 $dEGR/dLev = \theta > 0$）；当 $L > L^*$ 时，金融杠杆水平的攀升则会制约经济的增长（通过金融与实体经济的竞争和对实体投资的挤出而实现，对应于 $\theta < 0$）。

下面，我们分两步来考察金融杠杆水平变化对经济发展的影响：第一步，"横向"考察国别差异与共性，在此部分，我们还将考察不同时间段以及不同时期长度的差异与共性；第二步，"纵横结合"地考察时空变化中的共同趋势。

横向看。即将全体样本数据去掉时间影响（这样可以去掉经济周期的影响），仅相对静态地考察国别的影响，为此，我们对所有核心变量均取整个样本时期跨度的均值，这样，面板数据就转换为一维的横截面数据。在模型设定、变量转换[②]、计量方法上我们主要参考了 Beck & Levine

---

① 其他指标包括上市公司总市值、银行贷款规模、银行私人部门信贷水平等。

② 值得说明的是，在变量取对数时，由于不少经济变量存在数值为负的情况，因而必须对其进行相应的转换。总体上有两种不同的转化方法，一种是取正弦变换 $\dot{x} = x + \sqrt{x^2 + 1}$，另一种是取 $\dot{x} = 1 + x$，从而有 $x > 0$，$\ln\dot{x}$ 存在。但是，不同的经济变量适用于不同的方法，对于增长率类的变量，适宜用第二种变换方法，而对于比例类变量，则应采用第一种变换方法。具体变量的对应转换原则如是，在此不具体展开。此外，还有学者（Drukker et al.，2005；Khan & Senhadji，2001）对通胀率等变量采用半对数变换，即当 $x < 1\%$ 时取 $\dot{x} = x - 1$，当 $x \geq 1\%$ 时取 $\dot{x} = \ln x$。

（2004）和 Arcand et al.（2012）[1]，此外，还参考了有关经济增长决定因
素的文献。[2] 被解释变量方面，我们将分别选取人均 GDP 增长率以及
GDP 增长率，以考察金融杠杆水平对实质性经济增长以及经济总量增长
的影响。解释变量方面，我们仍以金融杠杆率作为核心解释变量，以初
始国民收入水平、外贸总量、资本形成率、通货膨胀率、老龄化、人口
增长率、城镇化增速作为控制变量，所有控制变量取自然对数。同时，
严谨起见，我们将分别对 1980—2000 年、1980—2005 年、1980—2012 年
（全样本）这三个时期做横截面回归，且每个时期都分别研究经济增长与
金融杠杆水平的线性关系模型与非线性关系模型，其他控制变量不变；
同时，我们对变量的观测值按每 5 年取均值的方法，从而既在一定程度
上消除了经济周期的影响，又获得了较多的观测数据。[3]

我们考虑如下模型：

$$Growth_i = \alpha + \beta_1 Lev_i + \beta_2 Lev_i^2 + X_i \gamma + \varepsilon_i$$

其中 $Growth_i$ 为人均 GDP 增长率，Lev_i 为金融杠杆水平，Lev_i^2 为金融杠杆水
平的二次平方项，用以验证金融杠杆与经济增长之间的"非线性"关系，

---

① 我们所采用的数据、变量与这两个文献中的并不完全相同，如金融杠杆率，本书使用的是私
人部门信贷/GDP，而非银行信贷/GDP 或银行私人部门信贷/GDP。此外，一些文献还将流动性负债
（liquid liabilities）、国内信贷占比（domestic credit to GDP）、股票换手率（turnover ratio）等作为衡量金
融发展的重要指标，且发现了这些指标与经济增长之间确存在显著关系，但是由于这些指标并非本书
研究对象，且与金融杠杆关系并不十分紧密，故而并未被纳入解释变量之中。

② 我们并没有像大多数文献那样引入教育年限这一关键性变量，但是，我们引入了老龄化、人
均 GDP 等变量，这些变量应可以部分地替代教育年限这一表明人力资本积累水平的作用。此外，很多
研究经济增长决定因素的文献中还包含了政府消费支出、投资率以及人口增长率等解释变量，但政府
消费支出的回归系数大多不显著，投资率可以被资本形成率代替，人口增长率与老龄化有较强关系，
故本书略去。

③ 具体做法是，比如考察 1980—2000 年的情况，按照前面的时期分组，1980—2000 年可以近似
看作是 1980—1984 年、1985—1989 年、1990—1994 年、1995—1999 年这四个子时期的样本总和
（2000 年不在其中，但影响不大），我们对变量 x 在上述子时期中分别取均值，即得到 $\bar{x}^1$、$\bar{x}^2$、$\bar{x}^3$、$\bar{x}^4$，
所有变量均按此操作，之后进行 OLS 横截面回归。这比其他文献简单地对全样本取均值要复杂一些，
但却更有意义。

X_i 为控制变量，ε_i 为随机误差项，$i = 1,2,\cdots,N$ 代表第 i 个国家。根据上文的分析，我们预期 $\beta_1 > 0$、$\beta_2 > 0$，从而金融杠杆对经济增长的边际影响可以表示为 $\partial Growth/\partial Lev$，它等于 $-\hat{\beta}_1/2\hat{\beta}_2$（$> 0$），这就是金融杠杆水平的阈值 L^*。利用 OLS 回归（采用稳健标准差），我们得到了表 5 - 2 所列示的不同时期的回归情况，模型 1～3 的样本时期分别为 1980—2000 年、1980—2005 年、1980—2012 年，且采用了上述每 5 年取均值的方法，模型 4 则为全样本，且对整个时间跨度（33 年）取均值，因而不同于模型 3。结果显示，金融杠杆的一次项系数显著为正、二次项系数显著为负，这证明了金融杠杆对于经济增长的影响确实存在一个拐点（阈值）。具体地，回归结果显示，$L_{pcEGR}^* \in [80.47\%, 98.24\%]$，这与 Arcand et al.（2012）、Law & Singh（2014）等文献的阈值区间大体相近。[①] 值得注意的是，在控制变量不变的前提下，随着时期长度的拉长，阈值 L^* 具有不断变小的趋势，这说明，随着经济发展水平的提高，金融发展对于经济增长作用的拐点将在更低的金融杠杆水平上出现。[②] 显然，对处于不同经济发展水平之上的不同国家，其金融杠杆水平的正向作用阈值亦不同，其大体上具有随经济发展水平而降低的趋势（这与 Rioja & Valev（2004a）、Aghion et al.（2005）、Arcand et al.（2012）、Law & Singh（2014）的结论相符）。[③]

---

① 考虑到本书与其他文献在金融杠杆变量的选取上的差别，经回归结果计算而得的阈值差异是可以接受的。

② 事实上，当我们分别将样本国家按收入水平划分为高、低两组并对两组样本分别进行同样回归时发现，两组回归的金融杠杆水平的一次项与二次项系数是截然相反的，且低收入国家不显著，这与 Deidda & Fattouh（2002）、Rioja & Valev（2004a）的研究结果是一致的。

③ Arcand et al.（2012）中分别计算了 1980—2010 年以及 1990—2010 年的阈值，分别为 100% 和 97%，同样显示出下降趋势。

表 5 – 2　　金融杠杆水平对经济增长的非线性影响 1（横截面回归）

Variable	M1（1980 – 2000）	M₂（1980 – 2005）	M3（1980 – 2012）	M4（1980 – 2012）
lev	3. 1578775 **	2. 3458684 **	2. 0837945 **	4. 7993066 ***
lev2	– 1. 607208 **	– 1. 2226139 **	– 1. 2947333 ***	– 2. 4864451 ***
INCOME	– 0. 554273 ***	– 0. 44362331 ***	– 0. 51382484 ***	– 0. 58551299 ***
OPEN	0. 31875512 *	0. 28743245 *	0. 22109046 *	– 0. 13582269
INFL	– 0. 14844157 *	– 0. 14192603 *	– 0. 12587033 *	– 0. 00834856
CF	2. 9658662 ***	2. 9261925 ***	2. 967754 ***	3. 8326077 ***
AGE	1. 7138648 ***	1. 4868168 ***	1. 6648687 ***	1. 4099109 ***
POPGR	0. 34720614 ***	0. 31013038 ***	0. 32254289 ***	0. 19532712 **
URBANGR	0. 11186348	0. 12490093	0. 11832762 *	0. 3237897
_cons	– 7. 8884843 ***	– 7. 8305478 ***	– 7. 283957 ***	– 9. 1096234 ***
Obs.	382	481	580	100
Threshold	98. 24%	95. 94%	80. 47%	96. 51%

注：被解释变量为人均 GDP 增速。

Lind & Mehlum（2011）指出，为检验倒 U 形关系的存在，必须要对下面的联合假设进行检验：

$$H_0 : (\beta_1 + 2\beta_2 Lev_{min} \leqslant 0) \cup (\beta_1 + 2\beta_2 Lev_{max} \geqslant 0)$$

$$H_1 : (\beta_1 + 2\beta_2 Lev_{min} \leqslant 0) \cup (\beta_1 + 2\beta_2 Lev_{max} \geqslant 0)$$

他们利用 Sasabuchi（1980）的似然比方法（likelihood ratio approach）构建了倒 U 形关系的 Sasabuchi – Lind – Mehlum 检验（以下简称"SLM 检验"）。表 5 – 3 中给出了基于模型 4 的 SLM 倒 U 形关系检验结果，正如我们预期的那样，经济增长与金融杠杆水平之间的倒 U 形关系存在，亦如表中的散点图所示（纵轴为经济增速、横轴为金融杠杆水平）。

表5－3　　　　　　　经济增长与金融杠杆水平的倒 U 形关系 1

	Lower bound	Upper bound
Interval	0. 0422727	1. 815022
Slope	4. 5891 ***	－ 4. 2266 ***
t － value	2. 952161	－ 2. 662414
P > t	0. 002012	0. 0045949

Overall test of presence of a Inverse U shape:

t － value = 2. 66

P > | t | = 0. 00459

同样地，我们考察金融杠杆对 GDP 增速（而非人均 GDP 增速）的影响，结果显示，金融杠杆的一次项、二次项系数符号与上面的回归结果一致，且非常显著。金融杠杆水平的阈值区间为：$L_{EGR}^{*} \in [80.44\%,$ $94.52\%]$，其上下界分别小于 L_{pcEGR}^{*} 区间的上下界。

表5－4　　　　金融杠杆水平对经济增长的非线性影响 2（横截面回归）

Variable	T1980—2000	T1980—2005	T1980—2012	1980—2012
lev	3. 083532 **	2. 3065716 **	2. 1951396 **	4. 7856937 ***
lev2	－ 1. 6311596 ***	－ 1. 2774059 **	－ 1. 3645295 ***	－ 2. 6375803 ***
INCOME	－ 0. 39526754 **	－ 0. 25653118 *	－ 0. 26970115 **	－ 0. 31642719 **
OPEN	0. 27544975 *	0. 2229736 *	0. 16975995 *	－ 0. 10387345
INFL	－ 0. 21810082 **	－ 0. 21389635 **	－ 0. 19097415 **	－ 0. 11995162
CF	2. 7233105 ***	2. 6858733 ***	2. 7077708 ***	3. 1294298 ***
AGE	0. 6270416 *	0. 29443401 *	0. 21812654	0. 07947277
POPGR	0. 35015445 ***	0. 31697972 ***	0. 33406127 ***	0. 17307842 *
URBANGR	0. 6719924 ***	0. 66237975 ***	0. 61533293 ***	1. 0466164 ***
_cons	－ 4. 7942815 ***	－ 4. 697151 ***	－ 4. 2265289 ***	－ 5. 9893808 **
Obs.	382	481	580	100
Threshold	94. 52%	90. 28%	80. 44%	90. 72%

注：被解释变量为 GDP 增速。

表 5 – 5　　　　　　　　　经济增长与金融杠杆水平的倒 U 形关系 2

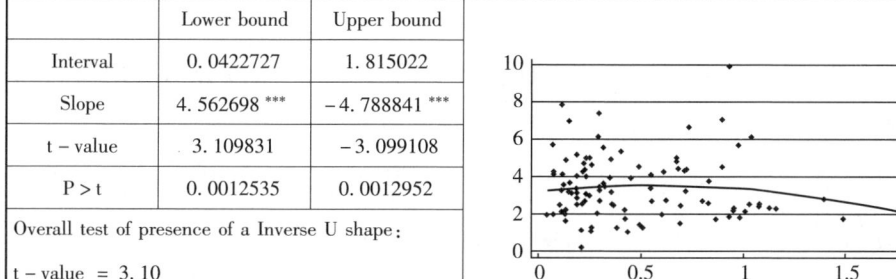

	Lower bound	Upper bound
Interval	0. 0422727	1. 815022
Slope	4. 562698 ***	– 4. 788841 ***
t – value	3. 109831	– 3. 099108
P > t	0. 0012535	0. 0012952

Overall test of presence of a Inverse U shape：

t – value ＝ 3. 10

P > | t | = 0. 0013

纵横结合。下面，我们利用面板回归来进一步验证金融杠杆水平与经济增长之间的倒 U 形关系。模型设定如下：

$$Growth_{it} = \beta_1 Lev_{it} + \beta_2 Lev_{it}^2 + X_{it}\gamma + \varepsilon_{it}$$

相关变量含义与上面的横截面回归模型相同，控制变量 X_{it} 中还包含经济增速的一阶滞后项，且可以分解为两个向量 X_{1it} 和 X_{2it}，其中，X_{1it} 为外生变量或前定变量，与随机扰动项不相关 $[\mathrm{cov}(X_{1it}, \varepsilon_{it}) = 0]$，$X_{2it}$ 则为内生变量，因而与 ε_{it} 相关 $[\mathrm{cov}(X_{it}, \varepsilon_{it} \neq 0)]$；除经济增速的一阶滞后项外，所有控制变量均取自然对数。计量方法上，我们采用系统 GMM（Arellano ＆ Bond，1991；Arellano ＆ Bover，1995；Blundell ＆ Bond，1998；等）以同时利用差分方程与水平方程的信息，并利用 Windmeijer（2005）的方法获得稳健标准差，[①] 工具变量选择上，我们参考了 Arellano ＆ Bover（1995）、Bick（2010）、Kremer et al.（2013）等文献的思路，纳入了被解释变量的滞后项，具体地，我们使用被解释变量的 p 阶滞后项（$Growth_{it-1}, Growth_{it-2}, \cdots, Growth_{it-p}$）作为工具变量，同时使用内生性变量

---

　　① 本书使用 Stata 进行动态面板回归，具体方法和操作则主要参考了 Roodman（2009）。如无特别说明，下面有关金融杠杆影响经济增长的回归，均采用动态面板回归方法，且均采用 Windmeijer（2005）的方法进行标准差调整。

（如 *INCME*）的滞后项作为工具变量进行估计。[①]。此外，与横截面分析一样，我们仍将整个样本按时期长度分为 4 组，分别为 1980—1995 年、1980—2000 年、1980—2005 年以及 1980—2012 年，用以分析金融杠杆水平阈值在不同时期的大小变化。

结果显示，金融杠杆的一次项、二次项系数符号以及显著性都与横截面分析时的结果一致，控制变量方面，前期经济增速、收入水平、老龄化程度（人口结构）都十分显著，其系数符号与横截面分析结果一致。从金融杠杆阈值来看，在 1995 年以前，L^* 较高（约为 GDP 的 1.25 倍），而 1995 年后，L^* 大体稳定在 93% ~ 98%。因此，如果仅考虑模型 2、3、4 的分析结果，有 $L_{pcEGR}^* \in [93.62\%, 97.99\%]$。[②]

下面，进一步考察金融杠杆水平对 GDP 增长率（而非人均 GDP 增长率）的影响。仍然如法炮制，结果显示，金融杠杆的一次项、二次项系数符号仍然分别为正、负，且十分显著（仅在 1980—1995 年缺乏显著性）。从而，在不考虑模型 5 的情况下，有：$L_{EGR}^* \in [89.55\%, 97.37\%]$。显然，$L_{EGR}^*$ 的上下界均小于 L_{pcEGR}^*，这与横截面回归结果是一致的。

表 5 – 6　　金融杠杆水平对经济增长的非线性影响 1（动态面板回归）

Variable	M1_80to95	M₂_80to00	M3_80to05	M4_80to12
L1. lev	31. 045352 **	30. 080272 **	24. 327045 ***	15. 599893 ***
L1. lev2	– 12. 492782	– 15. 356109 **	– 12. 992415 ***	– 7. 9599023 ***
L1. pcgdpgr	0. 16560851 *	0. 16147977 **	0. 20090429 ***	0. 21250337 ***
L1. INCOME	– 9. 2712254 ***	– 8. 0533714 ***	– 5. 382283 ***	– 3. 3915385 ***

---

① 实证结果将取决于 *p* 的选择（Roodman，2009）。

② 如果单从模型 1 ~ 4 的结果看，$L^* \in [93.62\%, 124.25\%]$，这与 Arcand et al.（2012）的结果非常接近（考虑到其起始时间是 1960 年以及金融杠杆统计口径上的细微差别），该研究的区间是 $L^* \in [90\%, 144\%]$，区间略高于本书的结果。

续表

Variable	M1_80to95	M₂_80to00	M3_80to05	M4_80to12
L1. OPEN	2. 8442975 *	1. 9920448	1. 1666809	0. 84409597
L1. CF	1. 1530461	1. 1763714	1. 1948052	0. 80240429
L1. AGE	16. 179227 ***	14. 920911 ***	9. 1335581 **	5. 6029002 **
L1. POPGR	0. 09630214	0. 05148427	0. 01539221	0. 01867013
L1. URBANGR	0. 2513943	0. 35476037	0. 04333442	0. 08639604
_cons	23. 127623 **	20. 20603 **	13. 973629 **	8. 7688829 **
Obs.	1304	1787	2281	2939
Country No.	96	98	99	100
Sargan Test	0. 000	0. 000	0. 000	0. 000
Hansen Test	0. 723	0. 999	1. 000	1. 000
AR（1）Test	0. 000	0. 000	0. 000	0. 000
AR（2）Test	0. 493	0. 504	0. 510	0. 661
IV No.	112	152	192	248
Threshold	124. 25%	97. 94%	93. 62%	97. 99%
Period	1980—1995	1980—2000	1980—2005	1980—2012

注：被解释变量为人均 GDP 增速。

表 5 - 7　金融杠杆水平对经济增长的非线性影响 2（动态面板回归）

Variable	M5_80to95	M6_80to00	M7_80to05	M8_80to12
L1. lev	33. 205331 **	29. 883609 **	23. 732107 ***	14. 077579 ***
L1. lev2	– 14. 392245	– 15. 344808 **	– 12. 919708 ***	– 7. 8606074 ***
L1. gdpgr	0. 1478738 *	0. 1425167 **	0. 19337814 ***	0. 2073685 ***
L1. INCOME	– 7. 842083 ***	– 7. 6442954 ***	– 4. 1844571 **	– 2. 2067347 **
L1. OPEN	2. 4088772 *	1. 8984949	0. 69454302	0. 55648173
L1. CF	0. 56921311	1. 0096131	0. 87171996	0. 60356583
L1. AGE	12. 593908 **	13. 367215 ***	6. 1153753 *	3. 1073513
L1. POPGR	0. 13144957	0. 06967609	0. 03278412	0. 04011642
L1. URBANGR	0. 65030273	0. 69615952	0. 38694367	0. 51270879 *

续表

Variable	M5_80to95	M6_80to00	M7_80to05	M8_80to12
_cons	22. 189507 ***	21. 8608 ***	13. 907861 **	7. 1696912
Obs.	1304	1787	2281	2940
Country No.	96	98	99	100
Threshold	115. 36%	97. 37%	91. 84%	89. 55%
Period	1980—1995	1980—2000	1980—2005	1980—2012

注：被解释变量为 GDP 增速。

考虑到金融危机（特别是银行危机）对信用、金融杠杆以及宏观经济的影响，我们进一步在控制变量中引入金融危机因素，即危机（$Cris$）以及银行危机（$BCris$）。其中，危机包括银行危机、货币危机和债务危机。为此，我们分别考察引入危机、银行危机后金融杠杆水平与经济增长之间的关系怎样。结果显示，危机的一期滞后项并不显著，而银行危机的一期滞后项则较显著，且系数符号为负。重要的是，金融杠杆仍呈现出与此前完全一致的影响强度和非线性模式（一次项系数为正、二次项系数为负，且均高度显著），求得阈值 $L_{pcEGR}^* \in [92.89\%, 98.86\%]$。下面，考虑到金融危机影响波及实体经济的迅速性，我们再将 t 期（当期）的银行危机变量引入控制变量，考察银行危机对经济增长的当期影响，并检验金融杠杆水平与经济增长的关系变化情况。[1] 结果显示，危机以及银行危机的当期影响都十分显著（1% 显著水平），而且，银行危机的一期滞后影响同样较显著（5% 显著水平）——这说明，银行危机对实体经济的负面冲击的持续时间较长，而货币危机与债务危机影响的持续期则稍短。我们看到，金融杠杆作用一如既往地表现为显著的非线性倒

---

① 引入当期金融危机变量，这不仅是由于银行危机 1 期滞后项的高显著性，还因为，历史上，银行危机爆发当年便往往造成对实体经济的巨大负面冲击，因此我们在此将 $bcris_t$ 引入 [这与 Arcand et al.（2012）的研究思路是一致的]，从而银行危机解释变量包括了 $bcris_t$、$bcris_{t-1}$，估计方法上我们使用 $bcris_t$、$bcris_{t-1}$、$bcris_{t-2}$、$bcris_{t-3}$ 作为工具变量。

U 形影响，求得阈值 $L_{pcEGR}^* \in [97.20\%, 100.49\%]$。从而有，$L_{pcEGR}^* \in [92.89\%, 100.49\%]$。[①]

表 5 - 8　　　　　　金融杠杆、金融危机与经济增长

Variable	M9_Crisis	M10_BCrisis	M11_Crisis2	M12_BCrisis2
L1. lev	8. 7278484 ***	10. 835113 ***	8. 9255459 ***	10. 967673 ***
L1. lev2	− 4. 6981271 ***	− 5. 4802594 ***	− 4. 5911214 ***	− 5. 4570043 ***
L1. pcgdpgr	0. 22361369 ***	0. 22243017 ***	0. 211753 ***	0. 2189733 ***
L1. INCOME	− 2. 5187662 ***	− 2. 8331567 ***	− 2. 575336 ***	− 2. 7494035 ***
L1. OPEN	0. 89497802 *	0. 77558983	0. 60694532	0. 73053465
L1. CF	0. 92063404	0. 93829753	0. 84691013	0. 87434854
L1. AGE	4. 6332591 ***	4. 8787377 **	4. 5683435 ***	4. 6012808 **
L1. POPGR	0. 01333297	0. 01198227	0. 006375	0. 01879871
L1. URBANGR	0. 08107508	0. 05466443	0. 09038174	0. 06657674
L1. cris	− 0. 77489802		− 0. 88559279	
cris			− 3. 1752056 ***	
L1. bcris		− 2. 4073668 **		− 2. 5144505 **
bcris				− 2. 7314649 ***
_cons	4. 8414448	6. 7680308 *	6. 9310922 **	6. 9450188 *
Obs.	2939	2939	2939	2939
Country No.	100	100	100	100
Threshold	92. 89%	98. 86%	97. 20%	100. 49%
Period	1980—2012	1980—2012	1980—2012	1980—2012

───────────

① 既然存在着金融杠杆水平的阈值（区间），那么我们便同样可以利用门限回归（阈值回归）的方法来进行估计。既有文献中，Hansen（1999，2000）提供了静态面板门限回归的思路，Caner & Hansen（2004）则开发了利用工具变量进行横截面回归估计的方法，Kremer et al. （2009，2011，2013）则综合了上述二者的方法，发展出动态面板门限回归的方法论。在此，我们参考 Kremer e. al. （2013）的方法将门限回归模型设为如下形式：

$Growth_{it} = u_i + \beta_1 Lev_{it} I(Lev_{it} \leq \phi) + \delta_1 I(Lev_{it} \leq \phi) + \beta_2 Lev_{it} I(Lev_{it} > \phi) + \gamma X_{it} + \theta_t + \varepsilon_{it}$

其中，u_i、θ_t 分别代表个体以及时间固定效应；金融杠杆 Lev 是门限变量，通过待估计的某个未知阈值 ϕ 来将全体样本划分为不同的子样本，或称之为不同的金融发展阶段模式（regime）；$I(\cdot)$ 是特征函数，当函数中的不等式为"真"时取值为"1"，否则为"0"；X_{it} 仍然为控制变量（包含被解释变量的滞后项）；δ_1 的设计是为了考虑到位于阈值两侧样本可能具有不同的截距项。显然，β_1（β_2）分别度量了金融杠杆相对较低（较高）国家金融发展对其经济增长的边际影响。

5.4.2　金融杠杆引发危机的"警戒线"

上文通过文献梳理与实证分析阐述了金融发展对经济增长之间的非线性关系，并得出了金融杠杆水平的阈值（区间）。事实上，金融加杠杆的负面作用主要体现在信用供给相对于经济规模增长的快速上升之上，这会加剧经济波动和宏观经济金融的脆弱性（Kaminsky & Reinhart，1999），因而会对实体经济产出产生负向冲击。而且，颇具意味的是，金融杠杆水平的经济增长阈值（L^*，即有利于经济增长的上界）恰好对应于金融杠杆水平开始加剧经济波动的下界（Easterly et al.，2000；Arcand et al.，2012）。

下面，我们以危机（包含银行危机、货币危机、债务危机）和银行危机为被解释变量，考察金融杠杆水平对金融稳定性的影响。具体地，模型形式如下：

$$Crisis_{it} = \beta_1 Lev_{it} + \beta_2 Lev_{it}^2 + X_{it}\gamma + \varepsilon_{it}$$

其中，$Crisis_{it}$ 仅可能取 0 或 1，即发生危机时 $Crisis_{it} = 1$，未发生危机时 $Crisis_{it} = 0$，显然这是一个二值选择回归问题。如果令 $\beta_1 Lev_{it} + \beta_2 Lev_{it}^2 = Z_{it}\beta$，则 $Crisis_{it} = Z_{it}\beta + X_{it}\gamma + \varepsilon_{it}$，故有 $\varepsilon_{it}1 - (Z_{it}\beta + X_{it}\gamma)$ 或 $\varepsilon_{it} = -(Z_{it}\beta + X_{it}\gamma)$。然而，根据上述模型所做的预测值 $Crisis^*$ 很可能出现 $Crisis^* > 1$ 以及 $Crisis^* < 0$ 的情况，这不符合现实中金融危机爆发的"0—1"模式。为此，我们做如下假定：

$$Crisis_{it} = \begin{cases} 1, Crisis^* > 0 \\ 0, Crisis^* \leqslant 0 \end{cases}$$

通过选择 $F(z,x,\beta,\gamma)$ 使得 $0 \leqslant Crisis^* \leqslant 1$，并将 $Crisis^*$ 理解为"$Crisis = 1$"发生的概率。如果 $f(z,x,\beta,\gamma)$ 为标准正态分布的累积分布函数（cdf），则上述模型为面板数据二值选择的 Probit 模型；如果 $F(z,x,\beta,\gamma)$

为逻辑分布的累积分布函数，则该模型为 Logit 模型。[①]

　　我们利用 Probit 模型进行估计并采用聚类稳健标准差，结果显示，模型 M1 ~ M6 金融杠杆的一次项系数为负、二次项系数为正，且均非常显著（1% 显著水平），这说明金融杠杆对危机或银行危机的影响是先负后正，也即二者呈"正 U 形"关系。理论上，随着金融杠杆水平的上升，金融体系功能得以提升，金融潜力得以释放，有力地推动了投资和资本形成，促进经济增长与繁荣，这有利于宏观经济的稳定；然而，随着金融杠杆攀升到较高水平，金融的"负面影响"开始显现，金融对实体经济投资的挤出和对产出的下拉作用导致经济和金融体系的脆弱性开始不断累积，金融危机在某一时点将不可避免。在此，我们同样得到了金融杠杆水平的某个阈值，不妨称之为 L^{**}，经计算，$L^{**} \in [95.77\%,$ $127.65\%]$。从这一阈值区间看，它总体上略高于 L^{*} 的区间，且与上面所估计的 L^{*} 区间有所交叉（嵌套），这也与 Easterly et al.（2000）的结论相一致。

表 5 - 9　　　　金融杠杆对经济稳定性的影响（Probit 模型）

	M1	M₂	M3	M4	M5	M6
Indep. V.	cris			bcris		
Expl. V.	Crisis_2000	Crisis_2005	Crisis_2012	BCrisis_2000	BCrisis_2005	BCrisis_2012
lev	- 1.3567268 ***	- 1.3417891 ***	- 1.2708559 ***	- 1.3010679 ***	- 1.1664142 ***	- 1.1118591 ***
lev2	0.61780106 ***	0.56775911 ***	0.49780507 ***	0.67929124 ***	0.58316448 ***	0.52596127 ***
gdpgr	- 0.06005446 ***	- 0.06681484 ***	- 0.06882903 ***	- 0.02225194	- 0.02920296 *	- 0.03108045 *
insur	0.06959046	0.0600846	0.06980653	0.16094172	0.16580541	0.17879827 *
dpr	0.00039991 ***	0.00042496 ***	0.00043483 ***	0.00043499 ***	0.0004409 ***	0.0004448 ***

　　[①]　这里，$F(z,x,\beta,\gamma)$ 中的 $F(\cdot)$ 实际上是 ε_{it} 的累积分布函数。对于 Probit 模型，$P(Crisis_{it} = 1 \mid x_{it}, z_{it}, \beta, \gamma) = \Phi(x_{it}\gamma + z_{it}\beta)$，对于 Logit 模型，$P(Crisis_{it} = 1 \mid x_{it}, z_{it}, \beta, \gamma) = \Lambda(x_{it}\gamma + z_{it}\beta) = \dfrac{e^{x_{it}\gamma + z_{it}\beta}}{1 + e^{x_{it}\gamma + z_{it}\beta}}$。

	M1	M₂	M3	M4	M5	M6
res	− 0. 01455946 **	− 0. 01932595 ***	− 0. 02698908 ***	− 0. 02125332 **	− 0. 02976005 ***	− 0. 03686882 ***
ca	0. 0104587 *	0. 00978465 *	0. 00985489 *	0. 00272526	0. 00299734	0. 00283875
infl	− 0. 0002394	− 0. 00024207	− 0. 00022744	− 0. 00034483	− 0. 00034163	− 0. 0003282
_cons	− 0. 75918278 ***	− 0. 75907983 ***	− 0. 78244665 ***	− 1. 3545711 ***	− 1. 3617175 ***	− 1. 3764637 ***
Obs.	1770	2209	2745	1770	2209	2745
Country No.	96	97	97	96	97	97
Threshold	109. 80%	118. 17%	127. 65%	95. 77%	100. 01%	105. 70%
Period	1980—2000	1980—2005	1980—2012	1980—2000	1980—2005	1980—2012

值得注意的是，金融杠杆对宏观经济稳定性的影响之所以呈现出"非线性"特征，这与金融杠杆—经济增长之间的非线性关系一样，是一枚钱币的正反两面。金融杠杆的"度"（阈值）就好像一枚钱币恰好立在桌面上，任何一个或大或小的力都足以使其倒向正面或背面。同理，金融发展和金融加杠杆也呈现出这种从一端走向另一端的内在连续性变化，如果这一过程持续下去，就会演化为一种突然的、激烈的矛盾爆裂状态，即危机。事实上，任何非线性（曲折型）发展模式，都能够被划分为若干个线性单调的发展阶段。同样地，金融杠杆水平的影响在不同经济、金融发展水平和阶段上必然是不同的。这一点我们可以用简单变量相关性矩阵进行说明：当我们无论是用人均 GDP、人口结构、老龄化等表明一国经济发展水平的因素作为划分标准时，处于上述变量不同水平之上的样本，其金融杠杆水平本身具有巨大差异，且金融杠杆与经济增长（GDP 增长率、人均 GDP 增长率）、经济稳定性（危机、银行危机）的相关系数有很大差异。

从发展经济学的角度看，人口结构、老龄化是经济发展的核心要素之一，它是一国经济生产中劳动力资本变化的终极决定因素。随着经济发展水平的提高，人均 GDP 将不断上升，但同时，人口增速通常呈现下降趋势，随着时间的推移，社会将逐步走向老龄化（年龄 65 岁以上人口占比）。从方法论个人主义的角度看，微观主体的动机和行为显然受到其个人禀赋、预期收入等诸多客观约束的影响，因此，不同类型的社会（无论源自于文化的、制度的抑或是人口结构的），其储蓄、消费、投资的倾向迥异，这是经济、金融、社会之间所有矛盾和"联动"的根源。

　　此处，以人口结构（老龄化）对样本进行划分，我们首先选择样本中位数（7.13%）作为标准，这恰好也是联合国对老龄化社会的最新判断标准（7%）。表 5 – 10 显示，在老龄化中位数的两侧，金融杠杆与经济增长的关系截然相反，且十分显著（1% 显著水平），这从一个侧面给出了金融杠杆—经济增长非线性关系存在的原因。对于经济稳定性而言，老龄化程度越高，经济增长的潜力越小，实体经济向上的动力越弱，金融发展所带来的负面冲击越大，危机的可能性也越大；Minsky 在 20 世纪 50 年代便指出，应给经济运行增加"制度上限和下限"，以此来制约经济急剧增长和出现危机的极端状况出现。这就为引入"大政府"的作用提供理论基础和现实必要性，他指出，政府"反周期"的预算活动能够通过自动稳定利润来稳定市场中的投资行为，从而熨平经济的剧烈波动。另一方面，老龄化程度越高，人们越倾向于减少投资、提高储蓄水平，经济面临去杠杆的压力，而一国经济事实上往往正处于较高的金融杠杆水平，去杠杆无论从老龄化角度还是金融杠杆的适度水平本身来说，都是势在必行的——因此，经济、金融危机爆发的机制是极为复杂的，一方面，前期加杠杆已经使经济处于金融过量的状态，经济金融体系的脆弱性不断积累，另一方面，老龄化使经济增长乏力且去杠杆压力加强，这两方面共同作用，使经济缺乏"软着陆"的基础，因为无论加杠杆还是去杠杆都不可能是一蹴而就的,需要持续、缓慢地进行。[①] 陈雨露等(2014)指出了老龄化达到一定程度后(11.48%)经济去杠杆压力会显著增大危机的可能性。事实上,老龄化对实体经济的负面影响要更早出现,以至于经济时常存在着一个"实体经济走弱而金融规模继续上升"的阶段,这一阶段是未来经济稳定与否的关键期。

表 5 – 10   老龄化程度对金融与实体经济关系的影响

老龄人口占比（%）		金融杠杆	GDP 增速
< 7.13%	GDP 增速	0.0598 *	1
	人均 GDP 增速	0.1009 *	0.9632 *
> 7.13%	GDP 增速	– 0.1081 *	1
	人均 GDP 增速	– 0.1303 *	0.9777 *

注:表中相关系数均为两两相关系数,"＊"表示1%的显著水平。

5.4.3　金融杠杆水平的区间划分:不足、适度与过度

直至今日,世界范围内仍有一些国家尚处于经济、金融发展的初级阶段,这些国家资本贫乏、经济结构单一、生产力水平很低、人均收入远低于世界平均水平,加之金融体系很不发达,或受制于其他社会制度层面的约束,无法产生促进经济增长的资本和信用。这些国家具有极低的金融杠杆水平($L < \underline{L}$,$\underline{L}$是促进经济增长所至少达到的金融杠杆水平),显然不仅不是适度的,而且是严重不足的,其金融潜力完全没有被开发。考虑到这些国家为数较少[②],故不是此处的考察重点。

---

① 金融体系的相应速度要快于实体经济,因而,对实虚之间的规模错配进行调整,不仅需要把握好力度,更需要掌握好速度,速度取决于次序,因为经济体系的内部信号传递是有序的。

② 主要包括非洲国家以及少数南美和伊斯兰国家。事实上,在任一历史时期,都会有某些国家的金融发展水平远低于世界平均水平,这也是历史的规律。

表 5 - 11   金融发展"阈值"（本书与相关文献的对比）

文献		被解释变量	金融发展	阈值或区间
Cecchetti & Kharroubi（2012）		经济增长率	私人部门杠杆	90%
Arcand et al.（2012）		人均 GDP 增长率	私人部门杠杆	80% ～ 100%
Law & Singh（2014）		经济增长率	私人部门杠杆	88%
本书	经济增长	人均 GDP 增长率	私人部门杠杆	$[80.47\%, 98.24\%]^C$ $[93.62\%, 97.99\%]^P$
		GDP 增长率	私人部门杠杆	$[80.44\%, 94.52\%]^C$ $[89.55\%, 97.37\%]^P$
		人均 GDP 增长率	私人部门杠杆	$[92.89\%, 100.49\%]^P_{Cr}$
	危机	危机（银行、货币、债务）	私人部门杠杆	$[109.80\%, 127.65\%]^{DP}$
		银行危机	私人部门杠杆	$[95.77\%, 105.70\%]^{DP}$

注：上标"C"代表横截面回归，"P"代表面板回归，"DP"代表离散面板回归。下标"Cr"表示解释变量中包含金融危机。

逻辑上，从金融杠杆过度到发生经济、金融危机尚有一段时间，并非所有的高杠杆最终都以危机收场（下文会详细说明）。从上文对金融杠杆与经济增长、金融危机的关系看，我们大体找到了"两个"阈值区间，一个与经济增长相关（记作 $L^{1^*} \in A^1$），一个与经济稳定性相关（记作 $L^{2^*} \in A^2$），$A^1 \cap A^2 \neq \phi$，设 $A^1 = [\alpha^1, \beta^1]$，$A^2 = [\alpha^2, \beta^2]$，则有 $\alpha^1 < \alpha^2$，$\beta^1 < \beta^2$，$\beta^1 < \alpha^2 + \lambda$，$\lambda$ 足够小。令 $L^{1^*} = (\alpha^1 + \beta^1)/2$，$L^{2^*} = (\alpha^2 + \beta^2)/2$，则产生了金融杠杆水平的两个阈值 L^{1^*} 和 L^{2^*}。考虑到上面曾提到的"巧合"（Easterly et al.，2000），我们只能确定 $L^{1^*} \leqslant L^{2^*}$，但无法确定严格不等号"＜"成立；仅从估计的结果来看，$L^{1^*} < L^{2^*}$。这样，金融杠杆水

平便可以划分为三个区间:①

$$
\begin{cases}
\Phi^1 = \{L \mid L < L^{1^*}\} \\
\Phi^2 = \{L \mid L^{1^*} \leqslant L < L^{2^*}\} \\
\Phi^3 = \{L \mid L < L^{2^*}\}
\end{cases}
$$

Φ^1 是真正适度的杠杆水平,Φ^2、Φ^3 是过度的杠杆水平,但 Φ^2 是尚未爆发危机时经济体系可以暂时容忍的杠杆水平,Φ^3 对应于较为严重的超额杠杆。②

　　本书第 2 章以及本章的实证分析中都指出了金融杠杆的作用和影响是因时、因地、因势而变的,然而,历史实验室能够提供重要的经验性规律,这种规律性是不变的。本章利用实证方法初步得出了金融杠杆水平的适度性区间,这一区间对应于较快的经济增长和较强的宏观经济稳定性。但上面的分析业已指出,金融杠杆的适度性区间仅是其具有经济意义的所有可能取值区间中的一个。从数字上看,无论是既往文献,还是本书,大体上都得出较为接近的结论,即:当一国的宏观金融杠杆水平(以私人部门杠杆/GDP 计算)不超过 100% 时,一国的金融杠杆水平总体上来说就是适度的,理想的金融杠杆水平应该位于 80% 以下(发达国家在 1980 年以前、发展中国家在次贷危机前)③;当金融杠杆水平处于 100% ~ 130% 时,金融的规模膨胀已经阻碍实体经济的发展,且开始降低宏观经济金融体系的稳定性(发达国家在 1980—1998 年、发展中国家在次贷危机后);而当金融杠杆水平超过 130% 时,金融相对于实体经济

----

　　① 严格地讲,还应包括上文所提到的 $\underline{L}$,从而世界范围内各国的金融杠杆水平能够被划分为四个区间:即 $L \leqslant \underline{L}$、$\underline{L} < L < L^{1^*}$、$L^{1^*} \leqslant L < L^{2^*}$、$L \geqslant L^{2^*}$。

　　② 以上分析均是一般情况的讨论,具体国家、时期的金融杠杆阈值很可能是不同的,这在前面的实证分析中已做说明。因此,严格地讲,应记作 Φ^1_{iT}、Φ^2_{iT}、Φ^3_{iT},其中,$T = [t_1, t_2]$。

　　③ 如果按照 100% 的标准看,发达国家也最多延迟到 1986 年,之后其私人部门杠杆水平便超过了此标准;发展中国家则可以延迟到 2013 年。

的规模"通常"已经处于过度状态，此时，随着金融杠杆水平的上升，金融危机的可能性迅速增大，超额信用和高杠杆为经济埋下了"危机的种子"（发达国家从 1999 年至今）。①

5.5 适度性假说

5.5.1 经济系统运行的八个状态

金融杠杆与经济、金融稳定性之间均存在着非线性关系，这一点已然明确。那么，到底是什么导致了这种非线性关系呢？显然，这仍是"经济增长—金融杠杆变化—经济金融危机"（简称"增长—杠杆—稳定"，不妨称之为 G—L—S 互动机制）的互动逻辑问题。这样，我们以金融杠杆为中心，将上述两个非线性关系整合在一起，即"∩ + ∪"——这是一个奇妙的图形，暗示了某种周期性规律，可以"想象成"经济运行随金融杠杆的变化而发生周期性变化。既然增长与危机是经济运行这个"钟摆"的两种状态，那么有理由认为 G－L－S 互动机制能够有效描述经济运行的所有状态，并能够将经济与金融因素通盘纳入。我们假设这三个变量各有两种状态，状态 1 代表上升、前进和增大，状态 0 代表下降、衰退和减小，这是两种对立、相反的运动状态。故而理论上，包含上述三大核心要素的经济系统运行一共有 2^3 种不同的状态（记作 Ω），即分别为 ｛①稳定、加杠杆、增长；②不稳定、加杠杆、增长；③稳定、去杠杆、增长；④不稳定、去杠杆、增长；⑤稳定、加杠杆、衰退；⑥不稳定、加杠杆、衰退；⑦稳定、去杠杆、衰退；⑧不稳定、去

---

① 此处所关注的仅是私人部门杠杆，政府部门债务水平则是决定经济走势的另一重要变量，只不过这一变量相对更多地受到经济以外因素的影响，在分析宏观金融杠杆水平适度性时，这实是绕不开的问题。

杠杆、衰退⌉。① 经济增长是整个经济系统运行的根本；金融体系及其杠杆是虚拟经济，因而是经济系统运行的金融方面，为实体经济服务；宏观经济金融稳定性是实体经济与虚拟经济互动的结果，它显著影响经济系统运行的状态、环境和可持续性，进而对人、经济、社会的福利产生重要影响。然而，经济体系的现实运行，却不是严格按照上述从①至⑧的顺序进行的，因为这不是连续的过程，而实际的顺序大体上遵循①→②→③→④→⑧→⑦→⑥→⑤，其中，①→②→③→④可以视作经济繁荣期，而⑧→⑦→⑥→⑤则为经济衰退期。在图5－2中（为方便起见，我们重新调整了经济状态的编号，①→④不变，对应于1→4，而⑤、⑥、⑦、⑧则分别对应于8、7、6、5），在金融杠杆层面（中间层），则为加杠杆→去杠杆→去杠杆→加杠杆→加杠杆→去杠杆→…，之所以会出现连续的"加杠杆"（↑↑）和持续的"去杠杆"（↓↓）现象，正源自于实体经济增长与稳定的互动，这也充分体现了金融杠杆的顺周期性（也可看作是金融加速器或非线性冲击的体现）。值得说明的是，很多情况下，经济运行有可能不会出现图5－2中1~8中的某个或某几个阶段，但1~8则是经济运行的完整图谱；此外，经济系统的运行有可能不会严格按照数字顺序走下去，而是出现跳转（比如3→1、7→5、7→6 等），这正是经济运行的复杂性所在。而且，3、4是经济繁荣期走向衰退期的关键时期，7、8则是经济从萧条走向复苏的关键，在这四个阶段，正确、有效的宏观经济政策有可能产生逆周期的调控作用，从而可以使经济维持在理性繁荣期或使经济尽快走出低谷。

　　事实上，经济系统的这种运动规律体现的是其曲折性与周期性，适度性的金融杠杆（这里应是指宏观总杠杆水平）是使经济系统运行于阶

---

① 此处所说的"稳定"，意指宏观经济的稳定性较好或增强的状态和趋势，"不稳定"则意指宏观经济的稳定性较弱或下降的状态和趋势。

段 1、3 的水平，阶段 1 实体经济与金融体系是动态协调的（自然和谐），阶段 3 是通过去杠杆来纠正实体经济与金融体系的协调关系（未雨绸缪）。① 过犹不及，在此是最恰当的描述。而且，实虚互动与匹配，是一个动态过程，不是静止的、不变的、单调的。因此，一个经济体不可能将其经济增长、金融发展的速度固定在某一水平，更何况在不同的时、位下经济增长所需的金融支持水平和模式是不同的。没有不具有周期性的经济，同样，也没有不具有周期性的金融——周而复始是螺旋式的上升、前进，或螺旋式的下降、后退，但人类社会经济和金融的发展是总体向上的，经济系统不断地经历着图 5-2 阶段 1 到阶段 8 的循环（用阶段 8 到阶段 1 的箭头表示，注意，并非严格按此次序进行），表现为经济作为一个整体的 "↗…↗↘↗↘…↘↗↘↗" 过程范式——注意，不是一上一下的交叠，而是中间掺杂着连续上扬和连续下行的变化，这是实体经济与金融体系的周期相位相叠加的结果，类似于物理学中波的干涉与衍射机制，在相互一致和协调的情况下就彼此加强，在彼此背离和冲突的情况下就互相制约。②

---

① 阶段 2 是金融过度造成的不稳定；阶段 4 是实体经济基础已经深受前期金融挤出作用影响而即将出现衰退；阶段 5 是经济衰退与金融危机爆发；阶段 6 是经济大衰退后的短暂反弹；阶段 7 是经济复苏初期信心不稳对金融加杠杆的负面反应；阶段 8 是经济复苏后期经济趋稳但实体经济基础尚未完全恢复的情况。事实上，我们可以将这 8 个阶段进行编号，按从下到上编号，分别为 111、110、101、100、000、001、010、011。

② 在此，实体经济与金融体系的周期相位差、振幅都很重要，它决定了叠加的效果（如下图 "实线" 所示）。

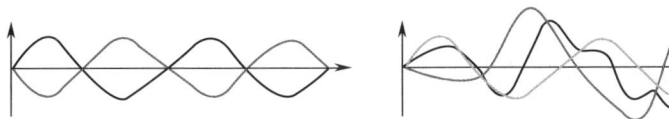

表 5 – 12   经济系统的状态分类

维 度	状态 1	状态 0
实体经济	增长（＋）	衰退（－）
金融杠杆	加杠杆（＋）	去杠杆（－）
稳定性	上升（＋）	下降（－）

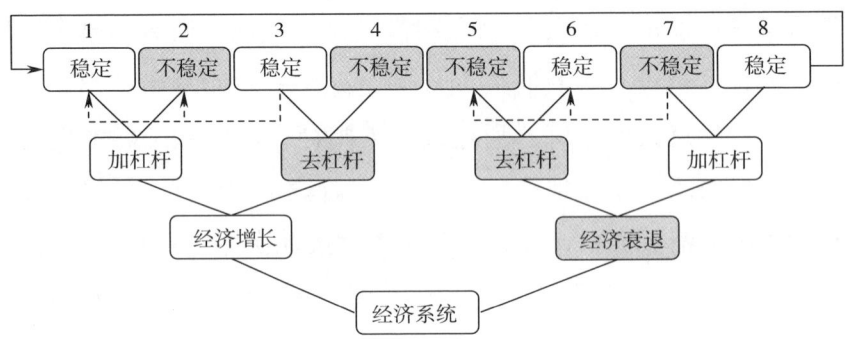

注：图中白色文本框代表状态 1，灰色文本框代表状态 0。图中"稳定"表示稳定性上升，"不稳定"表示稳定性下降。图中箭头指向表示状态间的某些关键性跳转。图中状态的排列顺序并不代表经济的真实运行次序。

图 5 – 2　经济增长、金融杠杆与经济稳定的状态空间

5.5.2　经济运行状态与金融杠杆的适度性：实虚互动视角

明确了经济系统的运行状态和动态变化基本机制，那么，金融杠杆的适度水平在经济运行的状态空间中到底有何意义呢？表 5 – 13 将经济的 8 个运行态、金融杠杆的 3 个取值区间结合在一起，用以分析金融杠杆适度性水平的经济意义。对应于每个状态（1～8），分别从效率性（实体经济）、杠杆率（金融体系信贷相对规模）、稳定性（宏观经济稳定性）来考察，状态 1 标以"＋"，状态 0 标以"－"。根据历史经验和相关数据，我们尝试着对各状态下金融杠杆水平所处区间进行归类判断（这里更多是源自经验的定性判断），大体上讲，状态 1、6、7、8 的金融

杠杆水平位于区间 Φ^1 内，状态 3、5 位于区间 $\Phi^1 \cup \Phi^2$ 内，状态 2 位于区间 $\Phi^2 \cup \Phi^3$ 内，而状态 4 则可能位于 $\Phi^1 \cup \Phi^2 \cup \Phi^3$ 内。单从适度性角度看，状态 1、6、7、8 的金融杠杆水平是适度的，状态 3、5 为大体适度或略过度的；如果考虑到经济总体的运行态势（即结合效率性和稳定性），显然经济增长和经济稳定是理想的，则只有状态 1 最为可取，状态 3 金融杠杆水平有可能超过适度区间，但经济系统尚处于较好状态，亦是可取的。以上只是纳入经济的效率性和稳定性所做的考察，即金融杠杆水平只有当经济运行于状态 1 和 3 时是适度的，不妨记作 $\Phi^1 \wedge \Omega \{1, 3\}$（$\Omega$ 为上文所提到的经济运行的状态空间）——注意：这里的论断都是"概率性"的，并非"断定"。

当我们考察更多的影响因素，如国家禀赋、公平正义、内外环境、历史时期等，就需要在新的"语境"下去分析金融杠杆的适度性问题（即上文所提到的"嵌含"概念）。举例而言，对经济欠发达国家，其实体经济所能承受的金融发展规模必然有限，那么高杠杆是绝对不可取的（如亚洲金融危机时的马来西亚、印度尼西亚等），同时，该国必须依赖经济增长，所以只有状态 1 可取；[①] 对伊斯兰国家，《古兰经》教义决定了这些国家对金融发展的限制，即便是伊斯兰世界近年来所大力推行的金融改革也无法从根本上改变其无利息的金融交易原则，而且，其实体经济已适应于这种金融发展模式，故而激进的高杠杆不可取，同样只有状态 1 可取（当然，状态 1 内也要进一步划分为杠杆不足和杠杆适度两个区间，因为不少伊斯兰国家存在着杠杆显著不足的问题）；对一些发展中国家（特别是那些经济增长潜力巨大的国家，如中国、印度等）而言，资本形成和实体经济的潜力决定了经济能够在相当长的时期内处于繁荣

---

　　① 简单的激进式金融自由化政策是错误的，因此，自由化需要讲求顺序，对欠发达国家的支援应更多地着力于帮助其提高"自生能力"，金融压抑、金融约束理论以及比较制度分析理论都是次领域的重要成果。

期（快速增长期），对债务违约的顾虑不会随信用扩张而迅速上升，这些国家便具有了靠经济内生动力和外部金融规模扩张双重拉动的基础，在一定程度上牺牲稳定性（不等于危机，甚至都不会影响稳定性）是明智且理性的，对这些国家而言，状态 1、2、3 都是可取的，状态 4 是为了回到状态 1、2、3 的过渡期。没有国家愿意处于状态 5→8，但世界上没有国家能百分之百避免这四个状态，经济复苏同样需要策略和智慧。状态 5→8 说明了一点，就是经济复苏首先需要信心的恢复，其次是靠金融支持来进一步强化信心、支持投资和资本形成，最后才是实体经济产出的复苏，因为社会化大生产必然以劳动和资本的投入为条件，说到底还是向实体投资的回归。① 在经济最低谷时，去杠杆将呈现出恐怖的"下降螺旋"，并很可能下降到某一阶段的历史低点，直到经济重获稳定后，信贷市场的缓慢回暖才会引导杠杆水平的回升。因而，经济复苏期的杠杆水平可以略高于严格意义上的适度水平（往往很难迅速加杠杆），但前提是信心已恢复且投资、产出已充分显示出回暖态势，这一般对应于状态 8。

　　本章所界定的"适度性"，主要是从金融与实体经济非线性关系的"转折点"（或称临界点、阈值）出发的，金融服务于实体经济的"功能性"要求金融发展位于促进实体经济增长的区间，超越该区间的金融杠杆水平并不必然有金融危机的爆发，而仅意味着更严重的金融脆弱性。本书所提出的 EC – HL 综合征是以下动态逻辑的产物，即信贷扩张→经济增长→经济加杠杆→信贷进一步扩张→超额信用 EC（扣除通胀因素后的实际信贷增速持续显著超过经济增速）→高杠杆 HL（超过适度性区间）→经济增速放缓（甚至开始出现负增长）→EC – HL 综合征→"?"。其最终演变的经济后果取决于多重因素，包括超额杠杆的"度"（ +10%、+20%、

---

　　① 对 de Soto 所提出的发展中国家的"资本之谜"问题，产权能否得到清晰、有效解决关系到盘活"死资本"和资本到资产的转化，因而，发展中国家的金融发展必须辅之以完善的产权制度改革。唯有如此，金融发展方能成为实体经济的推进器。

+50%、+100%）、实体经济的增长潜力和实际增速、政府宏观调控政策的力度与时机把握、外部环境（国际贸易、国际金融、政治事件等）、内部制度环境等。

　　总体上，（1）位于适度性区间 Φ^1 的金融杠杆水平是安全的；（2）超过适度性区间的金融杠杆水平并不必然导致危机，但超过 Φ^1 后，宏观经济金融风险与超出幅度成正比；（3）实体经济的增长潜力越大，金融加杠杆的承受能力及加杠杆的可持续性（sustainability of leveraging）越强——经济潜力大，则可以适当提高杠杆；经济潜力小，即便经济稳定性较强，仍然需要维持或适当降低杠杆——这与前面所提到的"关键看经济中的信用水平达到什么存量规模"一致，所以，判断金融杠杆水平的适度性，既要静态地看存量水平，又要动态地看流量变化，同时要视具体国家的经济和金融发展情况而定；（4）内部制度因素与外部环境因素都可能改变金融发展作用于实体经济的方向、力量和机制。

表 5-13　　　　　　　　　经济运行状态与金融杠杆的适度性

	繁荣期				衰退期			
状态	1	2	3	4	5	6	7	8
稳定性	+	−	+	−	−	+	−	+
杠杆率	+	+	−	−	−	−	+	+
效率性	+	+	+	+	−	−	−	−
Φ^1	●		●		●	●	●	●
Φ^2		●		●				
Φ^3								
经济态	☰	☳	☲	☴	☵	☶	☷	☱
适度性	√					√	√	√
可取性	√	√c	√					√c

注：

①这里暂不考虑政府公共部门债务水平，但不可否认，政府部门杠杆的影响巨大。

②表中仅考虑了金融杠杆的三区间划分，没有纳入 $L < \underline{L}$ 部分，故严格地讲，此处的 Φ^1 包含了

$L < \underline{L}$部分。然而，当金融杠杆水平真的落到$\underline{L}$以下时，要么是金融发展水平极低的国家，要么是经济危机达到极为严重的程度，这是不甚容易出现的情况。因而，此处的Φ^1实际上是指$\underline{L} \leqslant L < L^{1*}$的范围。

③"适度性"一行的判断标准是Φ^1。

④"可取性"一行的判断标准是经济总体是否向好。适度性满足未必一定可取，因为可能经济正运行于不好的状态；可取未必一定对应着严格适度的金融杠杆水平，因为有时候需要牺牲适度性以换取经济在未来的发展前景。

⑤此表所作的判断仅是从实体经济与金融体系的互动角度进行，尚未纳入其他制度、文化等因素。

⑥表中经济态借用了周易的符号规则，清晰明了，易于判断。符号叠放次序的设计思路是这样的：实体经济是基础，故在最下方，金融是媒介，故在中间，经济稳定性是外在表现，故在最上。

⑦可取性一栏中，"√ᶜ"表示在一定条件下可取。例如，在实体经济增长潜力巨大时，略为牺牲稳定性的加杠杆可以为经济增长带来更大动力，这也往往对应于金融发展水平并不高的经济运行状态（状态2）；又如，在经济复苏期，实体经济投资可能尚未复苏，但稳定的运行环境和信贷市场的复苏是有利的（状态8）。

5.5.3　金融杠杆水平的"适度性假说"

分析至此，何为适度的金融杠杆水平？恐怕不仅指上文通过量化方法得出的阈值区间，这只是统计学上的规律，受数据、方法、模型的影响，不是放之四海而皆准的。[①] 然而，确凿可信的是在金融发展与经济增长、经济稳定之间的非线性关系，它意味着"金融杠杆水平的适度性"研究具有明确的经济内涵和意义。从本书各章的分析以及本章上面的研究可见，确定金融杠杆的适度性水平，不仅要靠定量方法，还要充分利用定性研究，因为总有定量方法所触及不到的区域。实证的方法固然精密，但规范的方法却决定着理论前进的方向。

Minsky的金融脆弱性假说指出，资本主义的经济危机是不可避免的，因为正是在经济繁荣期埋下了金融动荡和经济危机的种子。所以，对经

---

① 上面所引述的诸多文献，也都没有得出"金融杠杆水平位于阈值以下，那么经济就是健康安全的"诸如此类的结论。

济繁荣期所必然经历的"加杠杆"要有所限制。① 另一方面，从历次大危机来看，虽然前期信用扩张是始作俑者，但危机爆发时的恐慌性信贷紧缩和资产价格泡沫崩溃更为可怕，在这种情况下，宏观经济政策就凸显出其重要价值——危机期间和经济衰退期"很可能"会经历自然地或人为地"去杠杆"，但去杠杆并不简单地等价于"矫枉过正"，去杠杆的力度、时机、次序乃至去杠杆部门的选取都是极重要的。经济运行的真正理性，不仅来自于自由市场顺周期的交易理性，也同时来自于政府逆周期的调控理性，二者的结合与互补才是经济中所需要的完美理性，当然这需要权衡。斯宾塞（Herbert Spencer）在《群学肄言》(*The Study of Sociology*)中曾说："看见一个铜盘，正面凹了，就想在其反面凸出处打击一下，自以为对症下药，而不知其结果只有更坏。"即便（这里只是假设）经济由繁荣到衰退以及由衰退到复苏的轮回都是货币、信用和杠杆在起关键性作用，然货币、信用和杠杆在这两个相反阶段的作用和机制也是截然不同的。经济运行并不具有机械运动中的完美对称性，那么纠正经济运行"偏误"的政策也必然不能是对称的，这也是数理模型演绎方法的局限性所在。

在此，我们拟对金融杠杆水平的适度性作出如下文字性的描述，该描述力图建立在定性与定量、规范与实证、历史与逻辑、归纳与演绎、时间与空间、个体与全体、特殊与一般、具体与抽象等一系列对偶范畴之上，其目的在于提出一个"假说"，将有关适度性的本质、特征、表象涵盖其中。

金融杠杆水平的"适度性假说"：

---

① Minsky 在 20 世纪 50 年代便指出，应给经济运行增加"制度上限和下限"，以此来制约经济急剧增长和出现危机的极端状况出现，这就为引入"大政府"的作用提供了理论基础和现实必要性，他指出，政府"反周期"的预算活动能够通过自动稳定利润来稳定市场中的投资行为，从而熨平经济的剧烈波动。

金融杠杆水平的适度性研究

（1）适度性的内涵：

本质上，适度性是一种状态：在此状态下，金融发展主要表现为与实体经济的调和、协同和相互促进的矛盾运动关系；在此状态下，金融体系的功能得以有效发挥，宏观经济的效率和稳定性得到兼顾。

具体地，适度性有如下特征（或称判定原则）：

其一，适度性水平不是静态的水平，它随时间而变化，即要视经济发展状态和经济发展需要而确定金融杠杆水平运动的合理方向，要动态地看、发展地看。

其二，适度性水平并非普适的水平，它因不同国家而异，即在具有不同禀赋和制度基础（文化、政治、社会等）的国家，需要有与该国经济发展相适应的金融杠杆水平，要因地制宜、因势利导。

其三，适度性的成本与收益（效率）是相对的，其相互转化没有确切的界限，它体现的是经济增长与金融发展之间的非线性关系，因而要辩证地看、全面地看。

其四，适度性不同于最优，即便在特定时间、对特定国家而言，它仍具有一定的弹性。适度性是一个区间，可以确定该区间的上界和下界。在现实中，加杠杆和去杠杆的量变累积必然导致经济运行的质变反应，量变向质变的转化过程本身就是一个"弹簧被不断压紧的过程"，弹簧反弹的具体时刻决定于弹簧本身与外部冲击力。区间的上界对应于金融与实体经济作用关系发生变化的拐点（临界状态），即弹簧反弹的那"一瞬间"。

其五，适度性不易量化，但能够通过"过度"来识别。因而，理解金融杠杆水平过度及过度的诸多客观表现，有助于对适度性的判断。现实中的金融杠杆水平超出适度性区间上界的程度越高，金融的负面影响越大。

其六，适度性是兼顾经济中资源配置公平性的水平，货币和金融的"非中性"特征决定了金融杠杆水平的"非中性"，因而，适度的金融杠杆水平，是能够兼顾宏观与微观的效率和稳定性的水平，能够对微观主体形成"有益的"激励，从而使得经济中的各部门、各类微观主体的债务负担与其经济能力相称。显然，公平性说明了金融杠杆结构的"非中性"，从而也可以理解为，金融杠杆绝对水平、内部结构应与实体经济的发展水平、发展方式和经济结构相适应。

（2）评价原则和标准

标准 1：私人部门杠杆

私人部门金融杠杆水平可以划分为四个区间，分别代表杠杆过低（不足）、杠杆适度、杠杆稍高、杠杆过度，其对应的金融杠杆区间分别为（0，60%）、（60%，100%）、（100%，130%）、（130%，+∞）。一般地，当杠杆过低时，金融发展不能满足实体经济增长需要，经济增长缓慢或经济增长模式落后；当杠杆适度时，金融发展与实体经济增长相匹配，金融体系得以充分发挥资金配置效率，经济增长较快且可持续；当杠杆稍高时，金融发展的负面效应开始出现，金融投资开始挤出实体投资，宏观经济中的债务累积速度较快，金融风险增大，经济稳定性下降；当杠杆过度时，宏观经济显著地表现出 EC - HL 综合征，金融体系规模扩张和债务积累严重抑制实体投资和经济增长，经济进入（加速）衰退期，宏观经济稳定性显著下降，危机爆发的可能性较高。

标准 2：政府部门杠杆

政府部门债务水平受到诸多因素影响，其杠杆水平与私人部门杠杆一样，是决定宏观总杠杆水平及结构的重要部分。当私人部门杠杆水平超过阈值区间时，较低的政府部门杠杆（低于50%）为私人部门去杠杆提供空间，而较高的政府债务率（高于100%）则为经济去杠杆带来"两难"，从而丧失了金融杠杆先调结构、再调总量的机会。

标准 3：实虚匹配

金融杠杆水平的适度性研究

经济加杠杆的空间和可持续性不仅取决于金融杠杆的绝对水平和杠杆结构，还决定于经济增速与加杠杆速度的相对水平，即如果经济增速较高（通常＞5％），则加杠杆速度可以提高，杠杆可持续性强，但如果经济增速较低（通常＜3％），则加杠杆速度不应提高，且应视经济中的存量信贷（债务）水平决定是否需要去杠杆。这一标准是经验性的，但在逻辑上也是合理的，即不同的经济发展水平和速度，其杠杆承受能力是不同的。无论实体经济发展水平如何，超过实体经济需求和承受能力的金融杠杆（无论其具体数值），都是过度的。

标准4：宏观总杠杆及结构

宏观总杠杆及结构很重要，不同经济部门的债务水平不仅决定了经济局部的风险水平，也决定了部门间的风险传染和经济作为一个整体的系统性风险水平。通常而言，政府、企业、居民、金融四大部门的金融杠杆水平应与一国经济发展的阶段、方式相符，与社会发展水平相符，否则便意味着金融杠杆结构失调。

标准5：计量口径需适时变换

在对不同部门杠杆进行计量时，不应仅采用部门债务与经济总量（GDP）之比来衡量，还应根据不同部门的特点和风险特征变化金融杠杆的计量方法与口径。这决定了金融杠杆表现形式的多样性。

标准6：过犹不及

高杠杆时的持续加杠杆以及低杠杆（杠杆不足）时的杠杆稳定甚或下降都是非适度性的表现。前者意味着经济过热，后者则意味着金融不足。

标准7：周期律

经济运行具有天然的周期特征，金融发展内生于实体经济，但又在达到一定水平后相对独立于实体经济，因而实体经济与金融体系二者的周期性叠加，形成更为复杂的周期律，金融杠杆的变化正是这种周期性叠加的重要机制。金融杠杆具有鲜明的顺周期性，故其有放大宏观经济冲击和波动的倾向。因而，在经济运行大周期的不同阶段，加杠杆与去杠杆的作用和效果截然不同。适度的金融杠杆水平能维持实体经济的繁荣，但不至于引发过度的投机；能够在经济衰退期提振经济，但不至于加剧产出下滑和金融脆弱性。金融杠杆向上与向下的作用是非对称的，其顺周期性具有其"非理性"的微观基础，因而逆周期的杠杆调控是必要的，这要求政府的介入，但也势必因此将政府的政策周期引入大周期中，使情况更为复杂。[①]

标准8：路径依赖

制度变迁具有路径依赖性，发达国家因经济和金融霸权获得巨大利益，不少发展中国家也因经济战略失当而陷入持久的困境。路径依赖性使得不同国家的发展战略选择空间大相径庭，理解制度变迁的复杂性要求现实中施以"渐进式"策略，发展中国家的金融市场化、自由化需要讲求时机、次序。这是金融杠杆水平适度性区间弹性的要素之一。

标准9：全球化、冲突与适度性悖论

全球化增强了国家间的共性，削弱了全球范围内经济制度的多样性；然而，国家间经济利益上以及民族（文明）间的冲突却日益凸显。全球化大分工和经济金融一体化进程，打破了各国原本"相对"独立的发展环境，改变了经济与金融的传统互动关系，货币的符号化、金融异化在带给发达国家强大的经济金融"话语权"的同时，也为广大发展中和欠发达国家戴上了金融"桎梏"，这表现为，即便考虑到发达国家与发展中国家在经济金融发展上的差距，也不足以充分解释二者在金融杠杆水平上

[①] 要避免政策调控上存在偏差，造成"超调"现象。政府对金融杠杆水平的调控实际上就是将政府政策周期纳入经济、金融周期循环之中，形成经济、金融和政策的"三重周期"（tri‐cycle）。在本就复杂的经济、金融双周期叠加中施加"外力"，必然需要力道和方向的精准无误。下文会对此进行更深入的讨论。

的显著差异以及二者在近 30 年来所表现出的不同发展趋势。[①] 不同国家在金融杠杆适度性阈值上的矛盾是全球治理模式本质缺陷的体现，此轮危机后的去全球化和国际经济金融制度改革需将此作为改革的重点之一。

（3）适度与过度的表现

一般而言（即宏观经济处于平稳运行状态），当一国经济中的私人部门金融杠杆水平低于适度性阈值（$L \in \Phi^1$）时，该国经济增长与稳定基本上是可以兼顾的。如果经济处于繁荣期，那么在适度性阈值以下，经济随金融杠杆水平的上升而增长；在适度性阈值之上，经济运行的效率和稳定性随金融杠杆水平的上升而下降。如果经济处于衰退期，过高或过低的金融杠杆水平都会加剧经济下行风险并显著提高爆发危机的可能性，此时，处于适度性区间内的金融杠杆水平通常有助于减缓经济衰退趋势并促进经济复苏（但这通常需要政府的外部干预）。

5.6 各国金融杠杆水平是适度的吗：中国与其他国家的比较

5.6.1 三维空间与经济系统的状态转换

经济学家们习惯于用坐标系中的象限来对历史史实按照某两个或多个维度的状态进行分组考察，这种状态二分法对于分析问题和发现规律

[①] 具体分析详见本书第 2 章。值得说明的是，本章在利用实证方法确定金融杠杆水平的适度性区间时，之所以并未像其他一些研究文献那样按经济或金融发展水平对样本国家进行分类，正是因为分类回归所得出的不同适度性阈值并不仅仅源自于不同类别国家的发展水平差异，还主要根源于发达国家与发展中国家之间的"根本"不对等，在这样的国际环境下，依次得出不同组别的阈值并不能得出令人信服的结论。因而，本书转而进行全样本回归，得到同一个阈值，该阈值将时空中的全部因素包含其中，是一个分析的出发点。在此基础上，我们将看到，远远超越这一阈值的国家并未发生危机（如1950—2005年的美国、英国、德国），而远远低于这一阈值（甚或金融杠杆不足）的国家却危机频仍（如 1970—2000 年的拉丁美洲、东亚、阿拉伯国家、中东欧转型国家）。这实在值得深思。

是有益的。巴曙松构建了"信用危机—去杠杆"（C—DL）的分析框架，将世界范围内的历次危机划分为发生危机—去杠杆（第一象限）、发生危机—未去杠杆（第二象限）、未发生危机—未去杠杆（第三象限）、未发生危机—去杠杆四类，分别置于四个象限中（见图 5－3）。研究表明，前期信用扩张的结果是不确定的，信用危机、去杠杆都不是必然的，只表现为相对数量的高低（见图 5－3 括号中的数字）。我们只能说，前期大规模信用扩张只是"更可能"引发信用危机和去杠杆，而且，即便发生危机，也不一定伴随着去杠杆。[①] 经总结发现，前期信贷扩张是否必然引发危机和去杠杆取决于以下因素：（1）宏观杠杆总水平；（2）杠杆的内部结构；（3）政府的调控措施；（4）外部环境的变化。巴曙松的研究指出，发生危机且去杠杆的情况大多是由前期信贷扩张导致外债水平过高（表现为经济体私人部门和公共部门债务水平的快速上升和累积）引起的；[②] 发生危机但未去杠杆的情形则主要是那些出现局部违约的案例（这些局部违约源自于局部某些行业或国民经济领域信贷投放过多、增长过快）；未发生危机但去杠杆的情况通常是由政府所主导的积极调控（类似于本章所述八大经济状态的状态 3）；未发生危机也未去杠杆则大多是因为外部环境的改善（特别是出口的繁荣）。这说明，超额信贷—高杠杆综合征并非危机和去杠杆的充分条件——这为本书所反复强调的"时、空"（"时、位"）因素留下了发挥作用的空间，但历史上的大危机却都能寻觅到 EC－HL 综合征的"影子"。显然，这里所有案例的金融杠杆水平都是较高的，上述四种可能更多的是事后分析和总结。

---

　　① 值得注意的是，这里所谈到的杠杆是经济中的宏观总杠杆（包括了政府、居民、企业、金融四大部门），与本书前面所谈到的私人部门杠杆（不包含政府部门杠杆）不是同一口径。但是，这其中的道理和规律具有一致性。

　　② 这与上文我们所提到的经济系统固有的大周期有关。

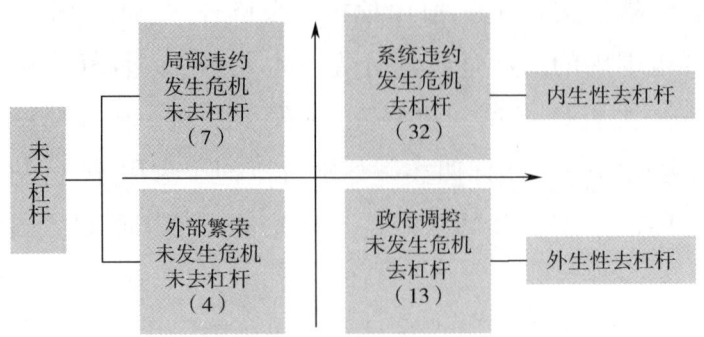

图 5 - 3　信贷增长、危机与金融杠杆：四象限分析法

首先，本书所探寻的方法不是考察危机是否爆发或经济是否去杠杆，而是聚焦于金融杠杆作用下宏观经济增长与稳定性的变化，因而更多的是从前瞻性或者熨平经济波动的角度考察的，这与当前逆周期调控的大趋势具有一致性。这里，我们依照前面的经济运行状态空间 Ω 来建立三维坐标系（即实体经济、金融杠杆、经济金融稳定性），该坐标系将三维空间划分为 8 个象限，分别为 $\{G_+, L_+, S_+\}$（第一象限）、$\{G_+, L_+, S_-\}$（第二象限）、……、$\{G_+, L_+, S_-\}$（第八象限）。事实上，上述 C—DL 分析框架能够被纳入到这里的 G—L—S 框架中。C—DL 中的第一象限 $\{C_1, DL_1\}$ 对应于 G—L—S 中的 $\{G_-, L_-, S_-\}$，第二象限 $\{C_1, DL_0\}$ 对应于 $\{G_-, L_+, S_-\}$，第三象限 $\{C_0, DL_0\}$ 可能对应于 $\{G_-, L_+, S_-\}$、$\{G_-, L_+, S_+\}$、$\{G_+, L_+, S_-\}$、$\{G_+, L_+, S_+\}$ 之一，第四象限 $\{C_0, DL_1\}$ 可能对应于 $\{G_+, L_-, S_+\}$、$\{G_+, L_-, S_+\}$、$\{G_-, L_-, S_+\}$、$\{G_-, L_-, S_-\}$ 之一。此三维框架之所以更有价值，在于它同时包含了实体经济（增长、稳定）和金融体系（杠杆、稳定），因而不仅能够将是否爆发危机纳入进来，同时还能考察实体经济增长情况，即引入了经济周期因素；其次，它使用"动态变化"而非"静止状态"来刻画经济的动态，从而展现了经济系统运行中实虚互动的基本机制；再次，它能够将全球范围内各国经济在某一特定时间的运行状态用坐标系中的"点"$[GLS_i = (G_i, L_i, S_i)]$来表示，如果我们再引入时间轴（第四个维度），便可以得到各国经济运行的完整历史轨迹。因此，适度的金融杠杆水平不仅是使经济运行于良好状态的杠杆水平（状态 1 和 3），也是使经济运行状态得到改善的杠杆变动方向（2→3、5→6、7→8）。前者对应于我们在上文所厘定的阈值区间 Φ^1，后者则是宏观经济政策和发展战略所应着力的切入点——在杠杆"稍"过度时去杠杆（2→3），在危机发生时利用"可行的"方法将杠杆去到足够低来为恢复信心和经济复苏做好准备（5→6），在经济复苏期加杠杆以重新提振实体经济（7→8）——当然，前提还要看制定宏观经济政策时

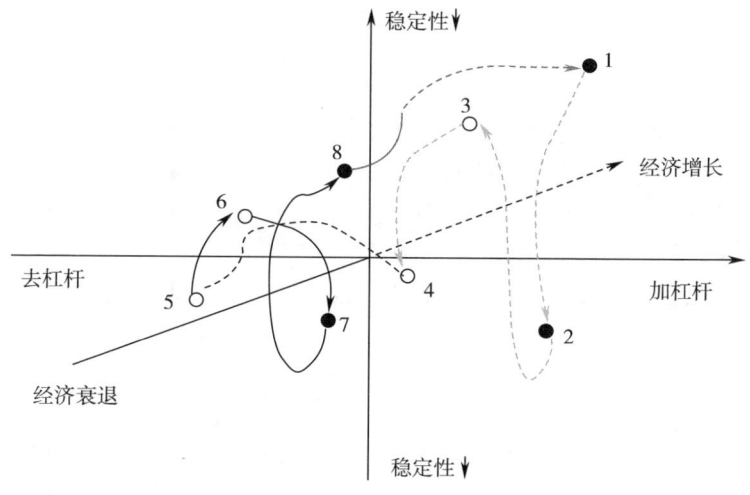

注：

①三维坐标系的三个坐标轴的箭头方向分别代表经济增长、加杠杆与稳定性上升。

②实心点"●"表示正处于加杠杆状态的经济，空心点"○"表示去杠杆。

③状态 1、2、3、4 处于经济繁荣期，状态 5、6、7、8 处于经济衰退期。

④状态 8 到状态 1 的连线代表经济系统运行周而复始的循环。

⑤为展示立体感，图中虚线代表位于经济增长率大于零那半个空间的状态连线。

⑥我们可以清晰地看到，经济增长率从高到低的排序是 1、2、3、4、8、7、6、5。

图 5 - 4　经济状态在三维坐标系中的转换

的具体形势以及金融杠杆的具体水平。图 5 - 4 是对应于状态 1→2→……
→7→8 的一个三维空间运行轨迹图，从图 5 - 4 中可以看出，经济中的经
济增速、金融杠杆、经济稳定性分别经历了"↑↓↓↑"、"↑↑↓↓"、
"↑↓↑↓"的变化过程，其运行模式和变化方向在不同状态下是不同
的，实体经济表现出较强的自然周期性，金融杠杆水平表现出明显的顺
周期性，而经济稳定性则表现出显著的波动性，三者周期和波动特征的
差异实际上正是实体经济与金融二者各自周期性及周期叠加的结果。本
书在最后一章（第 6 章）将指出，正是这种顺周期性以及周期性的叠加
效应导致了历史上"信贷扩张→危机"的轮回。

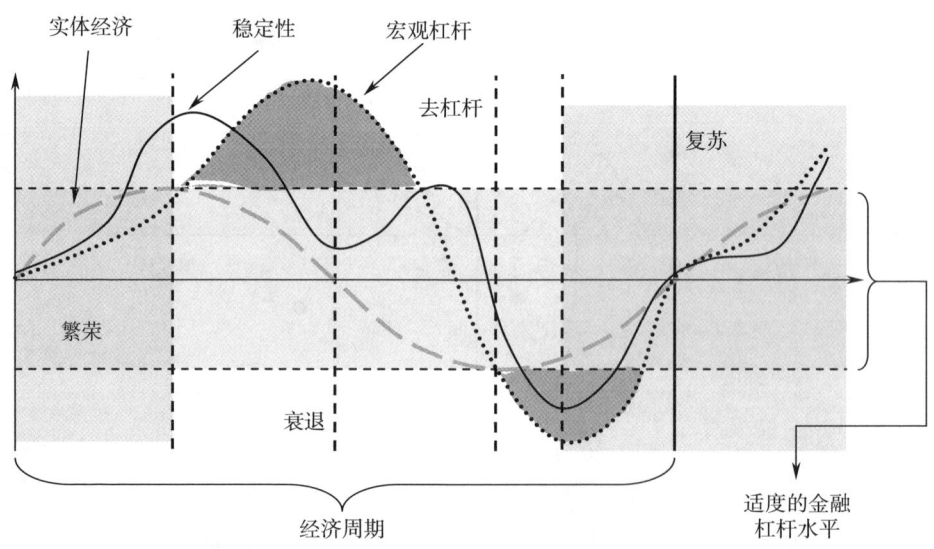

注：图中曲线均表示增速变化，而非实际数值。因而，横轴上方的曲线表示上升或增长，下方
表示下降或衰退。增速的变化通过曲线的曲率表示。

图 5 -5　经济增长、金融发展与经济稳定的周期律

5.6.2　"加杠杆"与"去杠杆"的轮回

近 150 年来,杠杆化"似乎"已成为人类社会经济发展的一个不可逆过程。这期间,只有危机一次次为此敲响警钟,而"间或的"去杠杆成为金融发展上升通道中的"减速阀"。很显然,加杠杆与去杠杆的交替,是一种不对称的轮回。

为此,有必要从去杠杆的角度来解读金融杠杆水平的适度性,这很像科学研究中的"试错法"。前文已指出,EC – HL 综合征并不一定引发危机和去杠杆,但因 EC – HL 综合征而引发的危机通常会触发去杠杆过程。无论怎样,去杠杆意味着前期经济中债务总量(Debt/GDP)的相对过度,或者谓之经济增长的负担过重。1870 年至今,全球范围内共出现过 45 次较为明显的去杠杆事件,其中,31 次为私人部门与政府部门的双重去杠杆,9 次为私人部门去杠杆而政府部门杠杆水平不变或轻度加杠杆,3 次为政府部门去杠杆。[①] 此外,还有 32 次为政府部门去杠杆但由于私人部门加杠杆从而宏观经济总体加杠杆;另有 2 次为私人部门去杠杆但由于政府部门债务率的上升从而宏观经济总体呈现加杠杆趋势。其中,根据 Reinhart & Rogoff(2009)的研究,45 次去杠杆事件中的 32 次发生在金融危机之后。[②]

根据 McKinsey 的归纳(McKinsey Global Institute,2010),历史上的去杠杆可以大体被划分为四类,即紧缩银根(Belt – tightening,简称 BT)、通货膨胀(High inflation,简称 HI)、大量违约(Massive default,

---

① 更为确切地,在发生金融危机的案例中,仅政府部门去杠杆 3 次,仅私人部门去杠杆 8 次,政府部门与私人部门都去杠杆 21 次;在未发生金融危机的案例中,政府主导的去杠杆 7 次,通过经济增长实现去杠杆 2 次,高通胀导致的去杠杆 4 次。所有案例共计 45 次。而发生危机未去杠杆的案例也达到了 24 次,但这 24 次危机大都是非系统性的危机,而且,在其中的某几次危机中出现了私人部门债务向政府部门转移的情形,从而宏观总杠杆水平并未下降,但显然杠杆结构发生了改变。——参见:McKinsey Global Institute 的研究以及 Reinhart & Rogoff(2009)。

② 巴曙松的研究也指出,有 32 次去杠杆发生在危机后,另有 13 次政府主导的去杠杆并未发生危机。

简称 MD)、增长去债（Growing out of debt，简称 GD）。事实上，此轮危机中发达国家（特别是美国、欧盟国家、日本等）普遍实施了量化宽松的货币政策，试图使债务货币化（Debt monetization，简称 DM），这应算是去杠杆的第五类方式。任何一次去杠杆大体上都会持续 6～7 年，且实体经济增速都会在去杠杆的前几年出现下滑，并在随后的 4～5 年中出现较为有力的显著反弹，与此同时，去杠杆进程并未随之停止（由于实体经济复苏的速度超过信贷复苏，或者由于去杠杆存在一定的惯性——这部分源自于信贷市场的信心恢复需要时间，这与上文所指出的实体经济、金融杠杆水平二者变化具有相位差是一致的）。另一方面，任何一类去杠杆都会引发信贷增速的显著变化，但却各具特点：通过 BT 方式去杠杆，则信贷增速会出现极为显著的下降，仅维持在 2% 左右的水平，而危机前的长期信贷增速趋势约为 21%（21%→2%）；通过 HI 方式去杠杆，则"名义"信贷增速的下降并不明显（50%→46%），因为高通胀推高了货币与信用的流量水平；通过 MD 方式去杠杆，同样会对信贷扩张产生显著的紧缩效应（41%→10%）；然而，通过 GD 方式来去杠杆的情况下，去杠杆时期的信贷增速则反而要高于此前的长期趋势（0→12%）。现实中，实体经济增速在很少的情况下能在一段时间内持续达到 10% 甚至更高，因此：除第四类去杠杆以外，其他去杠杆事件的前期，无一例外都经历了经济的加杠杆，因为信贷增速高于实体经济增速；即便是第四类去杠杆，其前期也很可能正处于经济衰退期，因此信贷增速（即便是 0）同样高于经济增速（负增长），经济亦处于加杠杆周期——第四类去杠杆类似于上文分析中经济状态空间从状态 8 向状态 3 的跳转（即 $\{G_-, L_+, S_-\} \rightarrow \{G_+, L_-, S_+\}$）。

上面的简单分析表明，经济去杠杆并不一定发生在经济繁荣期，繁荣期过顶点后的去杠杆通常要靠信贷扩张相对于经济增速的紧缩来实现——这通常对应于过度的杠杆水平（$L \in \Phi^3$），而衰退期的去杠杆通常是由于去杠杆惯性（源于恐慌和资产价格泡沫的崩溃）或前期经济负增长而引发的高杠杆随实体经济复苏而显现的"回调"（表现为信贷复苏滞后于实体经济投资的复苏）——这有可能对应于较低的杠杆水平（$L \in \Phi^{-1}$ 或 $L \leqslant \underline{L}$）。因此，同样是去杠杆，其背景和未来的走势并不相同。同样的存量和增量信贷，很可能导致不同的宏观杠杆水平（姑且不论宏观杠杆的内部结构）。

表 5 – 14　　　　　　　　　　历史上的去杠杆事件

去杠杆类型	国家	时期
宏观经济去杠杆↓ 私人部门↓ 政府部门↓	阿根廷	2002—2008
	瑞典	1993—2000
	土耳其	1987—2007
	西班牙	1976—1980
	乌拉圭	2002—2005
	意大利	1975—1981
宏观经济去杠杆↓ 政府部门↓	印度尼西亚	2000—2008
	加拿大	1998—2005
	爱尔兰	1988—1994
	埃及	1975—1979
	俄罗斯	1997—2001
宏观经济去杠杆↓ 私人部门↓	芬兰	1991—1998
	泰国	1997—2000
	埃及	2002—2007
	马来西亚	1998—2008
	葡萄牙	1983—1990
	厄瓜多尔	1984—1989
	韩国	1998—2000
	美国	1933—1937
	巴拉圭	1984—1989
政府部门去杠杆↓	美国	1993—2001
	法国	1997—2001
	丹麦	1997—2007
	意大利	1996—2001
	厄瓜多尔	1975—1984
	瑞典	2001—2008
	泰国	1986—1997
	其他 25 次（略）	……

金融杠杆水平的适度性研究

去杠杆类型	国家	时期
私人部门去杠杆↓	日本	1997—2008
	匈牙利	1987—1996

资料来源：McKinsey Global Institute。

表 5–15 　　　　　 8 次典型去杠杆：宏观总杠杆及结构分析

国家（时期）	去杠杆开始					去杠杆结束				
	G	NF	F	H	T	G	NF	F	H	T
美国（1929—1943）	79	133	3	43	258	89	32	1	14	136
英国（1947—1980）	255	9	1	21	286	45	30	31	4	110
芬兰（1991—1998）	5	103			108	16	57			73
马来西亚（1998—2008）	41	231			272	47	182			229
墨西哥（1982—1992）	70	85			155	22	37			59
阿根廷（2002—2008）	142	39			181	45	19			64
西班牙（1976—1980）	15	105			120	14	92			106
加拿大（1998—2005）	84	62	68	26	240	58	47	71	36	212

资料来源：McKinsey Global Institute、世界银行以及作者的计算。

注：

①表中字母含义依次为：G（政府部门）、NF（非金融企业部门）、F（金融部门）、H（居民部门）、T（经济总体）。

②阴影部分表示经历去杠杆的主要经济部门。

③此处对各部门金融杠杆的统计口径不同于本书所采用的口径，因而数值上偏高。

然而，金融杠杆水平的变化（无论是总水平还是结构）具有时空上的差异性。从宏观总杠杆水平看，此轮危机前后，不同类型的国家有不同的走势：在一些国家（如发达国家、欧洲国家），加杠杆主要是由政府债务水平上升引致的，那些经历了政府部门去杠杆的国家则更多地表现为宏观总杠杆水平的下降（如印度、印度尼西亚、秘鲁、土耳其等）或相对稳定。显然，次贷危机以及随后的欧债危机给危机国政府部门的财政预算带来了巨大压力，政府债务水平的快速上升是大危机后全球金融杠杆水平上升的新趋势和新动力，这也给未来带来巨大的偿付压力。从私人部门杠杆水平看，则呈现出另一番景象：从 1980—2007 年，发达国家的私人部门经历了迅猛的加杠杆，速度高达 5.38%，而 2007—2012 年，其加杠杆速度则仅为 0.87%，德国、日本、英国、美国甚至经历了私人部门的快速去杠杆，而且，发达国家私人部门去杠杆主要集中在居民部门和金融部门；与此不同，新兴市场国家（不含伊斯兰国家）私人部门杠杆在两个时期的变化速度为 3.49% 和 4.15%；伊斯兰国家的数值分别为 7.35% 和 0.45%。这说明，危机前发达国家私人部门杠杆水平是过度的，而发展中国家则显然具有加杠杆的空间——这种差异与经济发展水平和发展方式、金融发展水平密切相关。综合上述分析可以得出以下结论：此轮危机以来，全球范围内主要经济体的宏观金融杠杆结构发生显著变化，发达国家政府部门加杠杆趋势明显，经济中总债务水平的上升主要来自于政府部门债务水平的大幅攀升，新兴市场国家私人部门加杠杆趋势明显，这应是其金融进入快速发展期的信号。[1]

至此，我们从加杠杆、去杠杆以及杠杆变化的"转向"三个方面分析了金融杠杆的适度性问题，这说明存量杠杆、流量杠杆（包括量与方向，是物理学中的矢量概念）二者的结合是判断适度性的关键。人类经济史上不断上演着"加杠杆"与"去杠杆"的轮回，但绝不是机械地重复——纵观 19 世纪至今的历次经济周期（无论长或短），货币与信贷始终发挥着显著作用，且这种作用是随时间而发展变化的，这催生了经济周期之信贷理论的发展，即信贷或债务周期是经济周期性波动的主要诱因，信贷的净扩张（net expansion of credit）促进经济繁荣，而信贷的净收缩则引发经济衰退。[2]

---

[1]　对此的系统分析详见 IMF《全球金融稳定报告（2014）》。

[2]　该理论的主要创立者包括 Irving Fisher 及其债务—通货紧缩理论、后凯恩斯主义者 H. Minsky 及其金融不稳定性（脆弱性）假说、Steve Keen 等。

金融杠杆水平的适度性研究

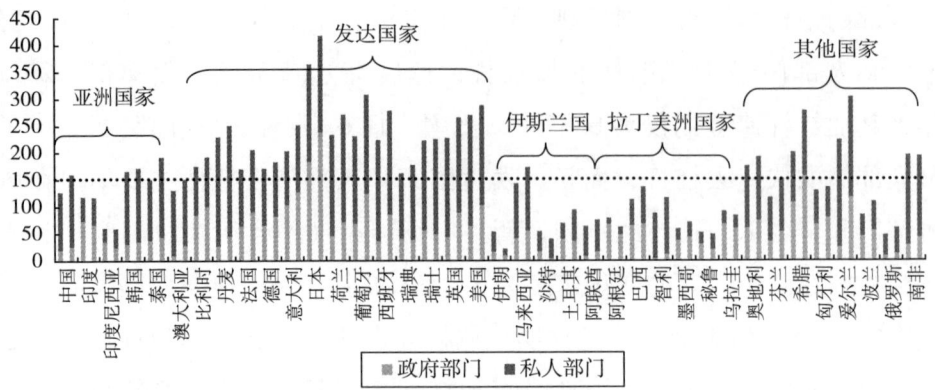

资料来源：世界银行以及作者的计算。

注：图中每个国家分别选择 2007 年及 2012 年两个年度的金融杠杆数据，为便于对比，我们将主要国家按照区域、发展水平以及宗教信仰等进行了必要的分类。

图 5-6　全球主要国家宏观总杠杆水平变化对比（2007—2012 年）

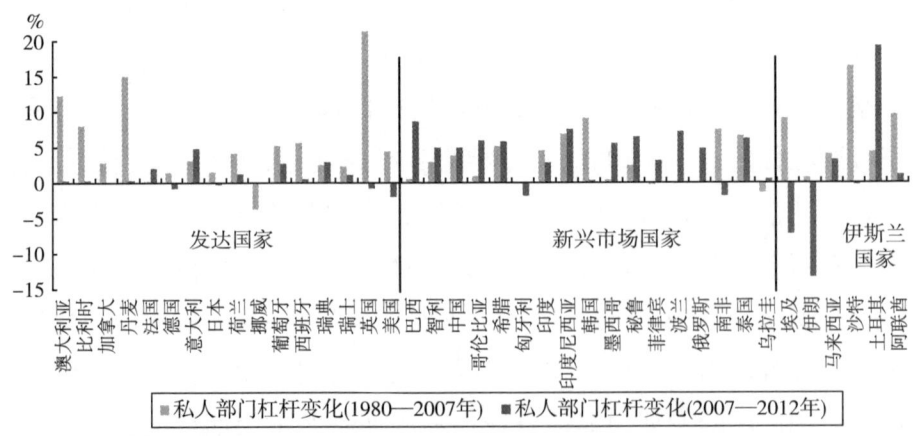

资料来源：世界银行以及作者的计算。

注：主要经济体被分为发达国家、新兴市场国家和伊斯兰国家三类，每个国家列出了 1980—2007 年以及 2007—2012 年这两个阶段的平均加（去）杠杆速度，具体如下：

	发达国家	新兴市场国家	伊斯兰国家
1980—2007 年	5.38%	3.49%	7.35%
2007—2012 年	0.87% ↓	4.15% ↑	0.45% ↓

图 5-7　私人部门加（去）杠杆的时空差异（1980—2012 年）

5.6.3　典型国家分析

5.6.3.1　手握"金融权杖"的国家

1. 英国：国际金融中心

英国具有全球第二高的宏观金融杠杆水平，重要原因之一是其充当着全球金融与商业中心。在编制国家资产负债表时，任何他国企业或金融机构在东道国设立的分支机构，其资产与负债都会被计入东道国的国家资产负债表（例如美国企业在英国开设的分支机构、德意志银行在英国设立的子银行等）。而且，作为外资银行中心（foreign banking hub），英国拥有大量来自外资银行的资产与负债，因此，离岸银行市场的交易活动对英国经济、金融和宏观杠杆水平有重要影响。事实上，在英国经济总债务中，金融部门的份额最高——如果不对离岸金融市场活动进行调整，这一份额高达 1/3（甚至更高），而如果对国家资产负债表进行调整后，这一份额也超过了 1/4。此轮危机前，英国私人部门杠杆水平以及宏观总杠杆水平都早已超过了本书所得出的适度性水平，危机后，经济中的杠杆水平呈现出下降趋势，但还远未达到有利于经济增长的水平，英国经济从 2008—2012 年间表现出显著的衰退迹象，经济名义增长率依次为 −0.77%、−5.17%、1.66%、1.12%、0.28%。显然，英国经济位于经济衰退与金融去杠杆的"叠加效应区"，并且，次贷危机是其经济运行的转换阶段，即从状态 7（$\{G_-, L_+, S_-\}$）到状态 6（$\{G_-, L_-, S_+\}$）。考虑到英国宏观总杠杆的主要构成部分为私人部门杠杆，私人部门杠杆中企业、居民、金融（进行调整后）三大部门的占比相对平均，因而未来英国经济去杠杆主要有两个步骤：首先，是将私人部门债务转移到政府部门，这实际上已经在实施，表现为英国政府债务率在危机后的快速上升，但其弊端是政府财政赤字不断上升，且私人信贷紧缩会对国内消费、投资活动产生较大抑制，更加不利于实体经济的复苏；其次，是实现经济总债务水平的下降，但这需要一方面紧缩国内信贷（即 BT 方式去杠杆），且同时要寄希望于全球主要经济体都走出经济低迷（即 GD 方式去杠杆），因为他国企业在英国的活动同样影响英国的实体经济和金融表现，但又不可避免受到他国（母国）经济的影响，从这点看，英国经济复苏的前景不容乐观，而且十分尴尬。对英国而言，其关键问题不在于杠杆水平是否适度，而在于如何完成宏观经济的去杠杆周期，仅靠"勒紧裤腰带"恐怕是不够的，如何找到新的经济增长点，以实体投资和资本形成的复苏来去杠杆才是"硬道理"。

2. 美国："利己的"国际储备货币

同样是自由市场化国家，美国与英国情况并不相同，这源自牙买加体系下美元的特殊地位。次贷危机前，美国宏观总杠杆的上涨主要来自于居民部门和金融部门，而二者的增长又根源于美国自金融自由化以来（1980 年后）长达近 20 年的资产价格泡沫，这是房地产投资周期和金融创新大发展相互叠加推动的结果。危机后，美国私人部门（特别是居民部门和金融部门）经历了显著的去杠杆过程。[1] 目前，美国私人部门杠杆水平远低于危机前，且私人部门杠杆变化趋势发生逆转（2007—2012 年年均去杠杆幅度达 2%，而危机前则为年均加杠杆 4.4%）。[2] 然而，数十

---

[1]　美国家庭债务占可支配收入比例目前已回归至 21 世纪初以前的长期趋势线（即 100%）附近，居民部门杠杆的可持续性上升。此外，美国金融部门杠杆较之次贷危机爆发时的峰值水平至少下降了 40%，大体上相当于 20 世纪 80 年代的水平。

[2]　历史上，美国 1950 年后的七次经济衰退（这 7 次经济衰退依次为 1953 年 7 月、1957 年 8 月、1960 年 4 月、1969 年 12 月、1973 年 11 月、1980 年 1 月、1981 年 7 月）无一例外地都是由此前的信贷崩溃（credit crunch）所引发，且在历次周期的下行期，经济中的宏观债务结构大体上都具有政府公共部门债务上升、私人部门债务下降的趋势，但显然信贷周期对私人部门（不含金融部门）杠杆水平的影响更为显著，表现为私人部门债务增速在经济收缩期为 7.76%，在扩张期则为 9.80%。参见：R. J. Gordon, "The American Business Cycles: Continuity and Change", 1986, University of Chicago Press。

年来依靠超额信贷和消费刺激的债务推动型增长模式使得美国同样面临着政府债务水平居高不下的难题，这延缓了宏观经济去杠杆的进程，公共部门去杠杆成为美国走出危机的突破口。① 为此，危机后，美联储通过三轮量化宽松货币政策（QE1－3）推进债务货币化，目的在于通过降低经济中的融资成本来刺激经济复苏。这一举措有两点值得说明：其一，近几年美国经济的复苏是一种"非典型"复苏（即债务融资推动的复苏），而非实体经济投资与生产率的回升；其二，美国的债务货币化政策是以邻为壑的，极度宽松的货币政策迫使全球其他国家同样施以宽松的货币政策，债务货币化在全球形成恶性循环，这根源于美元的霸权地位和美国货币发行的纯粹"利己主义"（一国货币独大的国际货币体系具有内生的不稳定性）。美国宏观经济总杠杆水平早已超过适度性水平，其债务的可持续性完全来自于"美元"，随着美元霸权地位的日渐衰落，美国依靠金融创新和债务货币化的畸形经济增长模式必将为之改变，且其路径只有一个，就是回归实体经济，② 将经济增长的重心调整为实体投资增长和实体经济创新——自由市场主义使实体资本与金融资本的矛盾运动偏离了"均衡路径"。当前，美国经济依靠美元实现了状态跨越和跳转，QE 系列政策使美国经济首先跳跃至一种"伪复苏"（$\{G_+, L_+, S_+\}$），之后，又力图通过（靠货币刺激实现的）经济增长辅以紧缩宏观政策去杠杆（GD＋BT 模式），再进入 $\{G_+, L_-, S_+\}$ 状态，其终极目标是使实体经济真正进入复苏轨道，其路径类似于 $\{G_-, L_+, S_-\} \rightarrow \{G_+, L_+, S_+\} \rightarrow \{G_+, L_-, S_+\} \rightarrow \{G_+, L_+, S_+\}$，美元霸权是动力和媒介。

3. 德国：欧元区的领导者和理性的"锚"

① 截至 2012 年末，美国政府存量债务水平已达 GDP 的 101%，政府债务总量在 10 年内翻了 3 倍之多，20 世纪 80 年代初这一比例仅为 30% 左右。
② 当前，美国工业化产值占 GDP 的比重仅为 20%，而贸易总额占比则低至 30%，经常项目长期处于逆差，国内储蓄率低至不足 16%，资本市场规模是银行体系规模的近 2 倍。

"二战"后，百废待兴的德国依托原有工业基础实现了经济高速增长（持续到 1995 年前后）；20 世纪末，德国经济与其他发达国家一样进入低速增长期（<3%），资本形成率和资本形成增速呈现下滑趋势，与此同时，德国私人部门债务水平表现出背离经济增长的快速上升态势，并于 2000 年达到 GDP 的 119.45%。数据显示，德国从 2005 年便开始了金融部门去杠杆，并于 2009 年（次贷危机爆发后、欧债危机爆发）开始了企业部门去杠杆，随着欧债危机的加重，欧洲央行量化宽松的货币政策加快了德国金融部门去杠杆的步伐，与此同时，德国政府部门债务率却持续攀升，直到 2012 年，德国经济未能实现真正意义上的去杠杆。近两年，德国实体经济开始复苏，虽然德国总债务规模仍小幅上升，但总债务占 GDP 的份额开始下降，德国经济表现出宏观去杠杆迹象。如果这一趋势得以延续，那么德国将进入 GD 模式，即经济反弹与宏观去杠杆阶段（$\{G_+, L_-, S_+\}$），这可能是德国经济复苏的重要信号。

这里需要分析一下德国与其他发达国家处于不同经济周期阶段的原因。仍然延续本书此前的分析方法，即从实体经济与金融体系两个角度来考察。实体经济方面，德国长期以来坚持工业立国（工业化出口引擎国），其工业化程度直至 2012 年仍然高于 30%；德国贸易总量占 GDP 的比重自 1980 年以来一直呈上升趋势（2012 年高达 97.7%），同时，其经常项目在经济开放进程中总体保持顺差（2002—2012 年持续上升至 GDP 的 7%）；此外，德国人崇尚理性、节俭，故而更多地将自有财富以储蓄的方式存入资本化程度较低的银行；最值得一提的是，德国曾像如今的希腊一样因高福利而陷入经济低迷，但施罗德总理上台后大力推行了以福利制度和劳动力市场改革为中心的全面社会改革，[①] 这保全并夯实了德

---

① 其他相关改革包括致力于德国人口结构调整的"哈茨计划"、两次修改德国移民法、东西两德的平衡与融合、税收制度改革等，改革释放了巨大的制度红利。

国实体经济的基础。① 金融方面，德国长期以来坚守并奉行审慎财政与币值稳定，反对高消费、高债务的经济刺激政策，因此，德国国债余额至今仍是欧盟国家中最低的，而且，次贷危机前，在全球发达国家信用泛滥和资产价格泡沫不断吹升的"非理性繁荣"期，德国的房地产价格仍然是一条近乎水平的"理性"直线。而且，德国金融体系一直以来以银行为主导，金融自由化浪潮并未从根本上改变其金融体系结构特征，因而审慎监管下的德国银行业在金融危机中发挥着重要的稳定器作用。通过上述两个方面的参照对比，德国之所以未在次贷危机后深陷债务泥潭

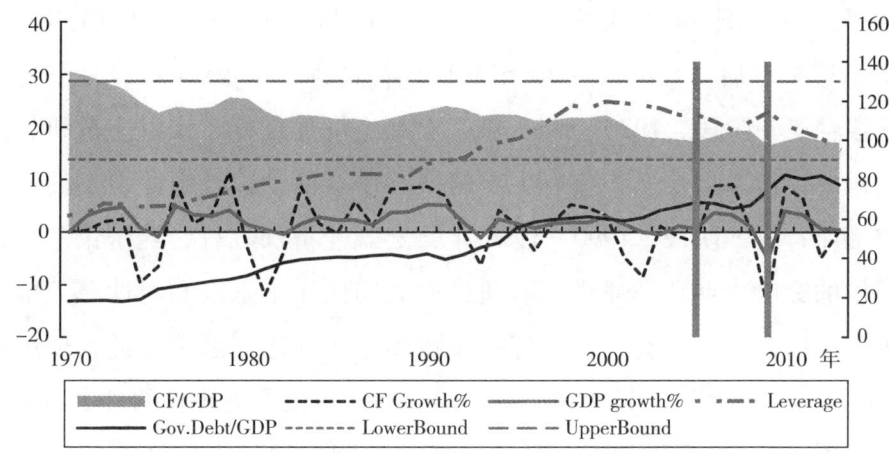

资料来源：世界银行、全球债务数据库（HPDD）以及作者的计算。

注：图中垂直于时间轴的柱状竖线自左至右依次代表 2005 年和 2009 年开始的金融部门和企业部门去杠杆。图中平行于时间轴的横线代表 3% 的经济增长率参照线。Lower Bound 表示私人部门杠杆水平适度区间下界（90%），Upper Bound 则代表上界（130%）。

图 5 -8　德国的经济表现与债务积累（1970—2013 年）

① 值得注意的是，德国老龄化程度在发达国家中仅次于日本，2013 年，其老龄人口占比达到 21.14%，因而其宏观经济的逆势增长更显难能可贵。

并在相当程度上成为欧债危机的拯救者，其原因有两个：其一，坚持实体经济基础；其二，理性发展金融。从图 5-8 中可以看到，德国的私人部门杠杆始终没有超过金融杠杆的适度性区间上界，这在发达国家中是个"特例"。德国的经济表现及其背后的制度政策环境支撑值得欧洲其他国家（特别是推崇激进的财政与货币政策的英、法、北欧以及"欧猪"N 国）深思。

4. 日本：政府主导的债务上升"螺旋"

长期以来，日本经济的核心特征是政府控制[①]、主银行制度和经济高债务率。20 世纪 70 年代开始，大规模货币与信贷扩张（M_2 增速远超 GDP 增速）开启了日本长达 30 年的加杠杆进程。这 30 年可以划分为两个阶段：第一阶段，1970—1989 年，宏观经济加杠杆，未发生危机，这一阶段的突出特点是强势政府主导的银行信贷活动以及由此引发的资产价格泡沫；第二阶段，1990—1999 年，宏观经济加杠杆，经济萧条，这一阶段的突出特点则是强势政府通过逆周期操作来抵消和对冲私人部门的债务紧缩，结果是宏观去杠杆的失败和经济泡沫崩溃引发的长期萧条（"失去的二十年"）。显然，前一阶段为后一阶段乃至今日的日本经济萧条埋下了伏笔。[②] 客观地讲，日本政府的控制力使日本经济能够在"二战"后短短 20 年间迅速崛起成为现代化强国（1960—1969 年年均经济增速高达 10%），但这样的超高经济增速是在 1960—1973 年超高信贷增速（>20%，至少为 GDP 增速的 2 倍）的支撑下实现的，10 年间日本经济经历了急速加杠杆（经济货币化率翻了一番）[③]。这种持续的高信贷、高

---

① 这一点在青木昌彦主编的《政府在东亚经济发展中的作用》一书中有详细说明。

② 1985 年"广场协议"的签订也只是日本经济进入衰退的导火索。

③ 同样，日本私人部门杠杆水平也同样翻了一番。而且，在 21 世纪末以前（1960—1999 年），日本国内经济货币化率和私人部门杠杆水平几乎是一致的（±10%）；而进入 21 世纪，二者的走势才开始出现分歧，M2/GDP 重拾上升趋势，而私人部门显现出去杠杆趋势。

经济增速的发展模式是不可持久的，前期过高的债务积累不仅制约了债
务扩张的可持续性，更钳制了实体经济增长的潜力，使经济背上过重的
债务负担。显然，日本经济在 20 世纪 60 年代起的十年间，走过了西方
发达国家过去数十年的路程，这种"火箭式"崛起既是经济"奇迹"，
也为经济走下"神坛"做了足够的铺垫，90 年代资产价格泡沫破裂后，
高债务水平和经济衰退迫使私人部门（主要是企业部门和金融部门）大
幅去杠杆，政府实行加杠杆的反向对冲。时至今日，日本的宏观总杠杆
仍然居高不下，而实体经济却仍显动力不足——表现在资本形成率和资
本形成增速持续下行（除金融因素外，日本人口结构的高度老龄化是其

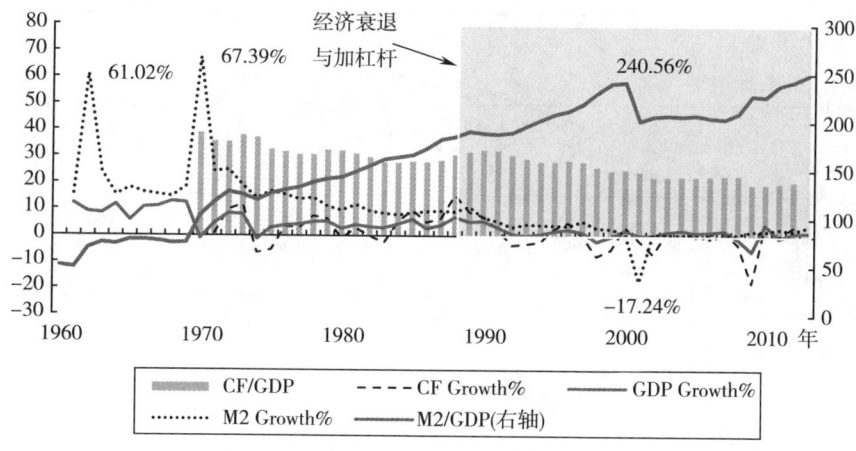

资料来源：世界银行以及作者的计算。

图 5 - 9　日本的经济表现与债务积累（1960—2013 年）

重要原因之一①），实体经济和金融杠杆走势上呈现出越来越明显的差距，

---

① 日本人口老龄化比例（65 岁以上人口占比）在 1992 年时即达到 12.86%，超越美国彼时的
12.57%，而在此后的 20 年中，日本老龄化进程持续加深，在 2013 年几乎翻番（高达 25.08%），而
美国却一直将该比例控制在 14% 以内。应该说，日本社会的加速老龄化是其经济长期增长乏力且宏观
经济无法实现去杠杆的重要内因。

二者渐行渐远——日本经济大体上仍处于经济衰退与宏观加杠杆的"陷阱"之中，这种处境完全是无节制的长期政府加杠杆行为所导致的，同时也是日本经济的地缘特征（极度依赖外部需求）和增长模式所内生决定的。2014年9月，日本央行开始大规模购买日本股市的ETF，试图增加经济中的权益类资本总额，但这种做法对私人部门的示范效应十分有限，因为毕竟经济运行的基础没有改变，日本经济在未来的唯一指望恐怕还是全球经济的整体复苏。

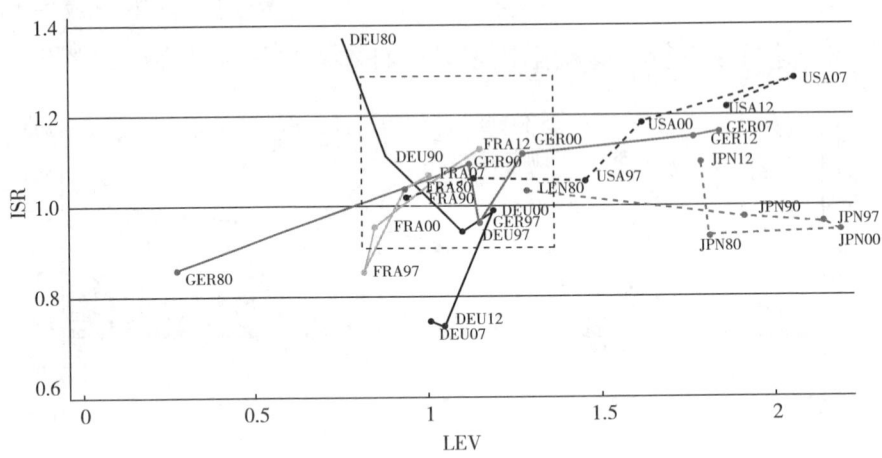

资料来源：作者的计算。

注：

①时间节点的选择依次为1980、1990、1997、2000、2007、2012年。

②图中矩形框中的点（"国家—时间"对）是较为合理的储蓄、投资和信贷配比。

③ISR的计算为国内投资率/国内储蓄率，LEV为私人部门杠杆水平。

图5-10 发达五国投资储蓄比与金融杠杆的变化轨迹

5.6.3.2 "利息戒律"与伊斯兰国家

伊斯兰国家在当今世界经济格局中的地位仍然较低。在金融起重要作用的经济增长大势下，利息戒律毋宁是伊斯兰国家金融发展的重大限制，金融全球化与伊斯兰金融发展的"二律背反"既是伊斯兰经济落后的"理由"，也是伊斯兰国家幸免于此轮大危机的"经验"。二分法的精髓在于合二为一：从经济增长的角度看，适度的金融发展是必要的，伊斯兰国家的金融杠杆水平普遍很低（远低于世界平均水平），加之伊斯兰国家的经济结构单一、工业化基础极低，这必然导致其经济发展水平滞后于其他国家；另一方面，伊斯兰金融交易主要以成本加利润的模式进行，这使得金融天然地具有与实体投资的紧密联系（信贷主要来自于实体经济的投资收益，信贷与实体经济的配比程度较高），这又是伊斯兰金融的优势和特点所在。①

近些年来，伊斯兰世界大力推进金融改革，但伊斯兰金融交易的根本原则并未改变。此轮危机爆发前，伊斯兰世界金融业年平均增长率高达15%，伊斯兰金融机构数量大幅增长，其总资产规模自2003—2009年翻了5倍。危机后，世界经济的重心开始东移，伊斯兰基金开始积极寻求与亚洲国家的合作，国际伊斯兰金融中心正在亚洲逐步形成。2005年，伊斯兰金融资产达7000亿美元，2009年达1万亿美元，而到2015年则有望突破2.8万亿美元，显然，伊斯兰金融体系总规模在21世纪得到大幅提升（2005—2015年年均增速高达惊人的30%），而且这是有实体资本支撑的增长（姜英梅，2011）。实体经济方面，2000—2008年，伊斯兰国家年均经济增速超过5%，而次贷危机后，受累于全球经济疲软和油价下跌，伊斯兰国家经济增速降低到3%，但这仍显著高于发达国家。同

---

① 与西方金融以利息为根本出发点的金融交易不同，伊斯兰金融以禁止利息为出发点，银行与客户之间是合作伙伴关系，双方共享利润、共担风险，伊斯兰金融反对一切投机行为和投资金融衍生类工具的活动，从原则上避免了信息不对称和道德风险。利息戒律使得债务人的债务负担不会因银行利息率的调整而发生变化。在伊斯兰世界，唯一的含利息的交易是运用法律策略来进行含息债务的重组，即伊斯兰教义套利。伊斯兰国家对银行的金融监管普遍高于国际水平，并且坚决禁止高杠杆金融衍生品交易。

期，伊斯兰国家（以阿拉伯国家来计算）经济加杠杆速度（以经济货币化率来衡量）仅为2.7%，低于经济增速。时至今日，伊斯兰国家的私人部门金融杠杆水平仍处于非常低的水平（< 60%）。根据本书第 2 章所得出的杠杆化速度与实体经济增速的经验关系，在伊斯兰金融的实体经济导向指引和伊斯兰金融改革推动下，伊斯兰经济正在经历着一个金融与经济良性互动的高速发展期（$\{G_+, L_+, S_+\}$），表现为经济的持续增长和金融相关性比率的持续上升。[1]

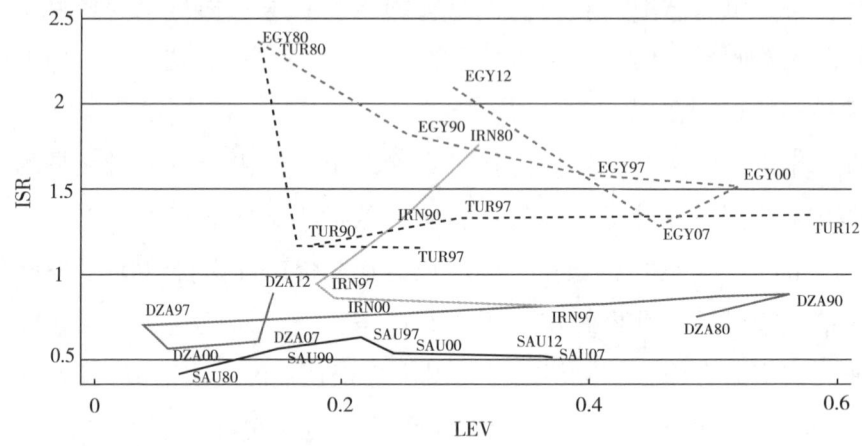

资料来源：作者的计算。

注：

①时间节点的选择依次为 1980、1990、1997、2000、2007、2012 年。

②ISR 的计算为国内投资率/国内储蓄率，LEV 为私人部门杠杆水平。

图 5 – 11　伊斯兰国家投资储蓄比与金融杠杆的变化轨迹

---

① 当然，在伊斯兰世界内部，并非所有国家的经济和金融都是向好的，只有那些致力于经济结构调整、经济增长方式转型和金融改革的国家，其经济与金融的良性互动才是存在的。

5.6.3.3　金融压抑与经济转型国家：理论"试验场"

20 世纪五六十年代，东欧剧变拉开了"自由市场主义"时代的序幕，金融压抑理论促使发展中国家意识到金融体系功能之于实体经济增长的重要作用以及金融改革的力度和次序问题，而金融约束理论（Hell-mann，Murdock & Stiglitz，1998）、市场增进论（青木昌彦）则着重于探讨政府在经济金融改革中的作用问题，于是，从 20 世纪七八十年代伊始，全球范围内为这些理论广设"试验场"，发展中国家的大变革时代到来。金融压抑和经济转型国家主要包括亚洲、拉美以及中东欧的发展中国家，对这些国家金融杠杆水平的适度性评价主要应聚焦于经济发展水平与金融发展水平的匹配程度上（因为改革意味着变化，变化意味着经济中不同领域发生变化的速度差），而正确的分析应发端于不同国家的制度特征及初始条件。

1. 中东欧转型国家：激进转轨"后遗症"

中东欧转型国家经济发展的特点是经济结构单一（过度偏重于重工业）、激进式改革（不考虑制度转轨的初始条件）、外资倚重，因而，转轨国家大多经历了激进自由化转型后的衰退和 20 世纪 90 年代走出转型性衰退的过程。[①] 1990—2008 年以及 2008 年以后，中东欧转型国家的经济表现大相径庭，[②] 其根源在于宏观改革政策的失误，经济自由化要有次序，盲目地全盘自由化

---

① 对于经济转轨的经验和教训的总结，可以参考匈牙利经济学家雅诺什·科尔奈（János Kornai）、青木昌彦等以及世界银行的有关研究，而一个更全面、系统、科学的研究可以在斯蒂格利茨关于社会主义经济问题［更多的关于社会主义中的计划经济与市场社会主义、市场社会主义与市场经济的详细比较可参考斯蒂格利茨《社会主义向何处去》（吉林人民出版社）］以及"发展和发展政策"的众多论述中找到令人信服的答案。

② 在前一阶段，中东欧国家经济得到快速发展：一方面，长期被压抑的居民消费得以释放，这些国家无一例外成为净进口国；另一方面，金融自由化使得资本流入大幅增加，这为中东欧国家带来了国内信贷的繁荣，这加速了其金融、房地产等行业的发展。在后一阶段，随着西方发达国家普遍陷入危机，资本逆流使得此前过度依赖外资的经济和金融陷入低迷。这些国家金融业发展的一个突出特点是对外资银行的倚重，但外国资本是有选择的，这为次贷危机后中东欧国家经济走弱埋下了伏笔。

（特别是金融自由化）会给宏观经济带来巨大的不稳定性，因为一味地去政府化并与国际金融接轨会使金融深化所创造出的大量金融资源因缺乏监管和引导而流向非生产性的消费和外围资产。中东欧国家大多属于"小国"，其所采取的外资主导的发展模式是正确的，问题在于这一过程中的政府缺位，使得自由化过程完全失控，这直接导致了金融开放与本国经济、社会、制度发展水平不相匹配。此轮危机前，内需导向型的中东欧经济发展模式以虚拟资产作抵押过度举债，其外债水平早已超过了其实体经济的承受能力，危机后的资产价格泡沫破裂直接导致其居民部门债务负担加重，失业、工资下降等使其经济雪上加霜，未来前景堪忧。

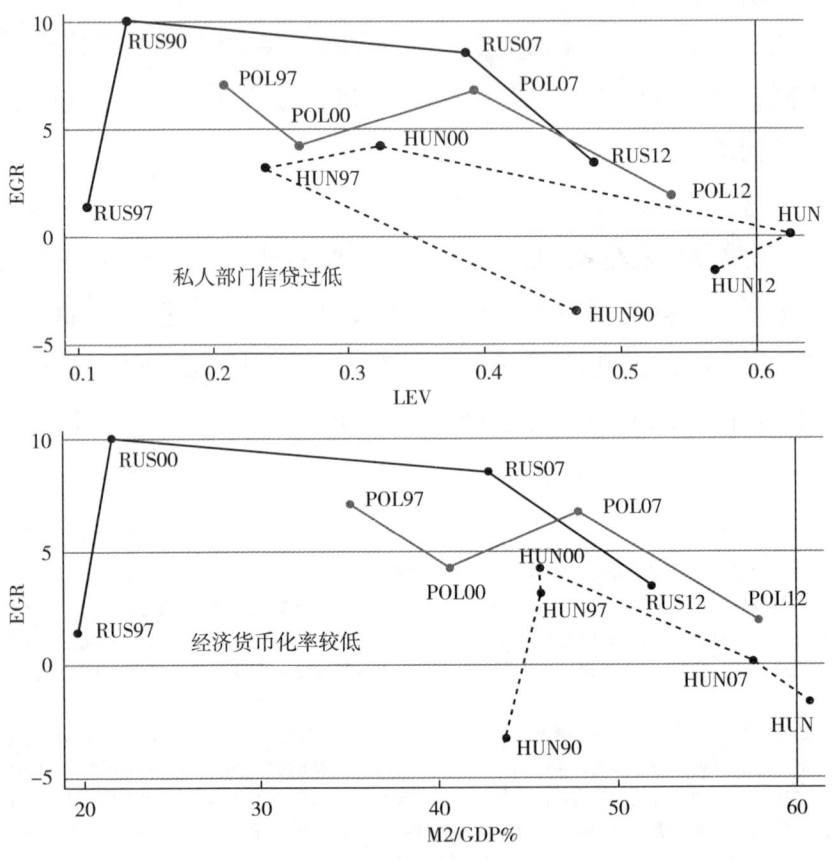

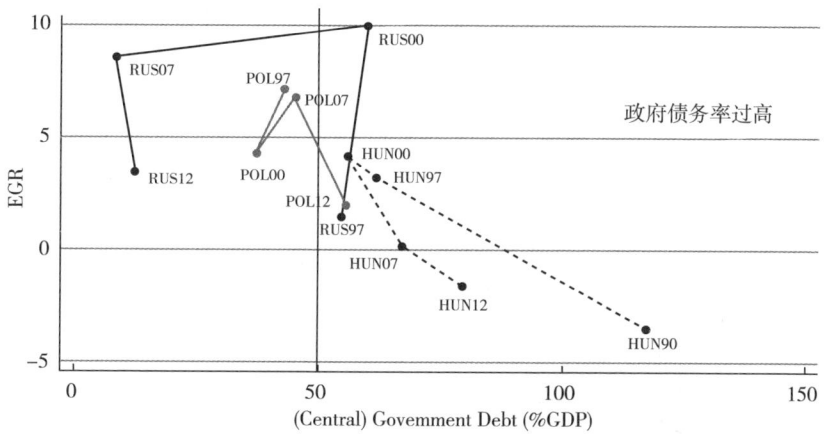

资料来源：作者的计算。

注：

①时间节点的选择依次为 1980、1990、1997、2000、2007、2012 年。

②EGR 的计算为国内投资率/国内储蓄率，LEV 为私人部门杠杆水平。

③POL 为波兰、HUN 为匈牙利、RUS 为俄罗斯。

图 5 – 12　东欧三国的金融杠杆与经济增长

2. 东亚国家：政府"双刃剑"

"东亚奇迹"是另一块"试验场"，东亚各国政府的控制使东亚经济得以在偏离华盛顿模式的道路上快速前行；但政府管制的副作用是经济中普遍存在的金融压抑现象，如何利用金融改革改变"分割经济"、释放"金融剩余"，是有关市场与政府作用论战的焦点。东亚金融危机的爆发，使相当一部分学者倒戈，转而批评东亚政府在过去二三十年对经济的过度干预积聚了风险从而引发危机，而这有失公允。①事实上，东亚金融危机爆发的本质仍然是经济与金融发展的匹配问题——东亚国家在经济自

①　斯蒂格利茨认为，东亚金融危机的爆发不是因为政府对经济干预过多，相反，是政府在一些关键领域（如金融监管）对经济的干预不够。

由化过程中并未按照"先实体、再金融"的次序，虽然各国政府大力推进利率市场化和金融开放，但并未从根本上改变政府对金融机构的隐性担保，① 另一方面，其过快的金融开放进程也直接导致了经济过热和外部债务的迅速积累。②

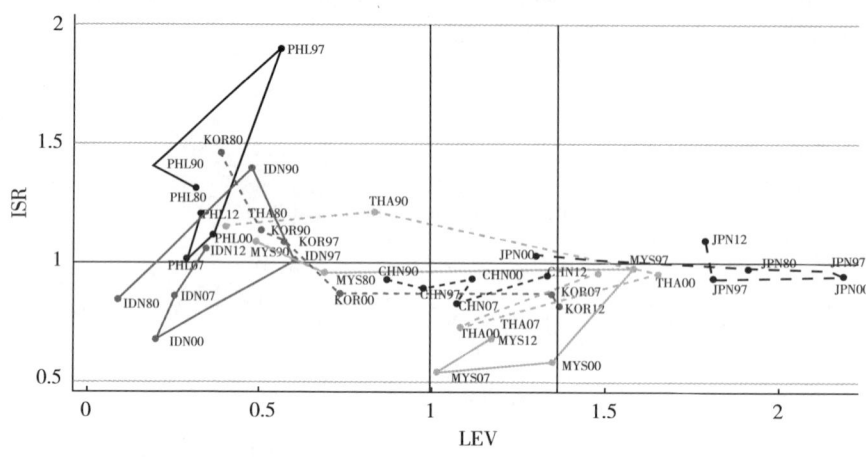

资料来源：作者的计算。

注：

①时间节点的选择依次为 1980、1990、1997、2000、2007、2012 年。

②图中用 ISR = 1 以及 LEV = 1（100%）两条线将平面分为四个象限，分别对应于（高 ISR、高杠杆）、（高 ISR、低杠杆）、（低 ISR、低杠杆）、（低 ISR、高杠杆），用以显示不同国家在不同时点上金融与实体经济的匹配程度。此外，用 LEV = 1.3（130%）来作为本章所确定的适度性区间上限。

③ISR 的计算为国内投资率/国内储蓄率，LEV 为私人部门杠杆水平。

图 5 - 13　东亚各国投资储蓄比与金融杠杆的变化轨迹

① 在此期间，虽然这些国家遵循了 Mckinnon 提出的提高实际利率的方法，但却出现了实际利率上升而商业贷款不降反升的异象。

② 从 1987—1996 年，泰国、马来西亚、印度尼西亚三国的外债总额和短期外债总额持续上升，过度借贷成为东南亚三国的"通病"，过重的债务负担与本国经济发展水平严重不匹配。这一现象与拉美国家的情形十分相似。

从国内私人部门杠杆绝对水平看，东亚金融危机爆发时，只有日本、泰国、马来西亚三国的私人部门杠杆处于较高水平，分别达到214.6%、165.7%、158.4%，中国尚处于适度区间内（106.2%），而韩国、菲律宾、印度尼西亚则不足70%。这说明，高杠杆与低杠杆都可能与危机联系起来，这就需要结合实体经济中储蓄与投资来考虑。（高 ISR、低杠杆）通常意味着较高的政府债务（特别是外债），而（低 ISR、高杠杆）则意味着严重的超额信贷供给。此外，如果我们动态地考察各国金融杠杆水平的变化，可以看到东亚各国都经历了"过快的"杠杆化，超额加杠杆的衡量依据是本书第 2 章所确定的"实体经济增速 – 金融加杠杆速度"（不妨命名为实虚增速差，记作 $Growth_{R-F}$）方法，数据显示（如表 5–16 所示），各国在危机爆发时的 $Growth_{R-F}$ 值几乎均为负值。[1] 这说明，危机国的实体经济增长无法支撑其债务扩张，危机到来时，大量对外举债所支撑的国内投资增长和资产价格泡沫也随危机一同"蒸发"。

次贷危机后，东亚各国的经济增速较快（平均5.5%），私人部门加杠杆速度总体上低于经济增速（$Growth_{R-F}=1.0\%$），因而并未出现极为显著的经济杠杆化趋势，宏观经济金融运行的基本面较好，经济大体运行于经济增长和缓慢加杠杆的区间（$\{G_+,L_+,S_+\}$）。

表 5–16　　　　　　亚洲主要经济体的危机与实虚匹配　　　　　　单位：%

国家	年度	私人部门杠杆	经济增长率	私人部门加杠杆速度	经济增速–加杠杆速度	是否爆发危机
中国	1998	106.2	9.3	8.8	0.5	√
印度尼西亚	1997	60.8	4.7	9.7	–5.0	√
	1998	53.2	–13.1	–12.5	–0.6	√
	1999	20.6	0.8	–61.3	62.1	√

---

① 少数几个危机年份（印度尼西亚在 1999 年、菲律宾在 1998 年）出现正值是因为资本外逃所造成和违约所造成的私人部门迅速去杠杆，而并非危机国的实体经济增长强劲。中国的正值与此不同，1998 年，中国经济增长率高达 9.3%。

国家	年度	私人部门杠杆	经济增长率	私人部门加杠杆速度	经济增速－加杠杆速度	是否爆发危机
日 本	1997	214.6	1.6	6.0	－4.4	√
	2009	184.9	－5.5	5.3	－10.8	√
韩 国	1997	57.6	5.8	9.8	－4.1	√
	1998	62.9	－5.7	9.2	－14.9	√
马来西亚	1997	158.4	7.3	11.8	－4.5	√
	1998	158.5	－7.4	0.1	－7.4	√
菲律宾	1983	36.9	1.9	10.4	－8.6	√
	1997	56.5	5.2	15.3	－10.1	√
	1998	43.3	－0.6	－23.3	22.7	√
泰 国	1983	53.0	5.6	18.7	－13.1	√
	1997	165.7	－1.4	12.6	－14.0	√
	1998	155.9	－10.5	－5.9	－4.6	√

资料来源：世界银行、Laeven & Valencia（2008）以及作者的计算。

注：

①私人部门加杠杆速度的计算方法为 $\dot{l}_t = \dfrac{l_t - l_{t-1}}{l_{t-1}}$。

②"危机"包括货币危机、债务危机以及银行危机。

5.6.3.4 金砖国家：全球经济新"引擎"

印度经济从 1980 年至今已保持了近 30 年的高增长（1980—2012 年的年均 GDP 增速达 6.2%），更为可贵的是其金融加杠杆速度长期以来低于经济增速（仅在 2000—2005 年加杠杆速度略高），经济的杠杆化缓慢提升，2012 年其私人部门杠杆仅为 51%，政府部门杠杆为 66.7%，经济总杠杆水平不到 120%。如果从加杠杆幅度来看，印度从 2000 年至今私人部门杠杆水平增幅达 100%（年均 5.8%），但其实体经济规模上升幅度更为显著（年均 7.0%），故而，印度金融体系的发展是稳健的（$Growth_{R-F} = 1.2\%$），且已进入金融快速发展期，金融与实体经济呈相互促进的协调关系。当前，印度经济增长主要依靠巨大的人口红利和面向全球的服务业和信息产业，其成长潜力在相当长时间内是充足的，不过，印度长期以来经常项目表现为逆差，且是净债务国，这是其宏观经济的一个风险源。截至 2012 年，印度的人均 GDP 水平不足 1200 美元，在金砖国家中最低，而其人口增长率在金砖国家中最高，显然，印度的经济增长更多地来自于人口红利的释放，其经济发展水平较低，这也自然对应着较低的金融发展水平和金融开放度（不到 1.0）[①]。有理由认为，印度经济在长期将处于上升通道，但需要辅之以更快、更有效的金融发展，在做好经济外源性风险管理的基础上，具有较为充裕的加杠杆空间，其宏观经济稳定性较高，经济大体上运行于 $\{G_+, L_+, S_+\}$ 状态。

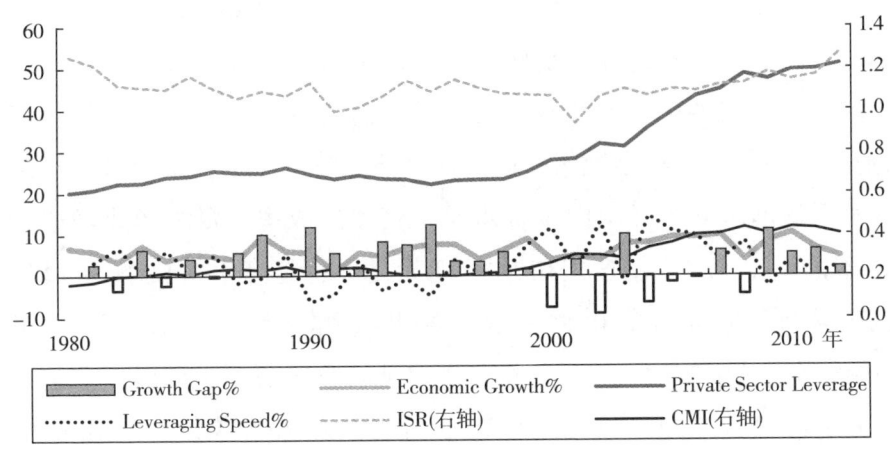

资料来源：世界银行以及作者的计算。

图 5 - 14　印度的经济和金融发展（1980—2012 年）

相比之下，巴西的经济运行不容乐观。1980—2012 年，巴西年均经济增速仅为 2.8%，这仅相当于发达国家的水平——其间，巴西经历了拉美债务危机（特别是巴西金融危机），金融杠杆水平在 1980—2000 年间

---

① 金融开放度以"（对外金融资产 + 对外金融负债）/GDP"计算。印度的该指标在 2009 年才仅为 0.74，同期其他几个金砖国家则为巴西 0.99、中国 1.04、俄罗斯 1.71、南非 > 1.35。

经历了剧烈波动（巨额对外举债、国际资本流出入、货币贬值和通货膨胀都是原因）。① 2000 年后，巴西私人部门杠杆水平下降到 50% 左右，2012 年，该值也仅为 70% 左右，处于较低水平。政府部门方面，其杠杆水平也在 1980 - 2000 年经历了类似走势，并于 2000 年后进入平稳期。因此，巴西经济中的宏观杠杆水平呈现出明显的"阶梯特性"，即 2000 年前剧烈波动、2000 年后从较低的水平稳中有升。

然而，值得注意的是，巴西经济仅维持了不足十年的经济较快增长，从 2010 年至今，随着宏观大环境的恶化（出口锐减和国外资本流出），巴西经济增长率逐年下滑②，表现出"滞胀"特征（通胀率达 6.3%），与此同时，私人部门加杠杆速度则处于高水平（>10%），虽然其杠杆水平仍然较低，但经济运行所表现出的实体走低、金融扩张的态势令人担忧。2011 年，巴西施以增加政府支出、提高工资水平、扩张信贷等多项"政府主导"的经济刺激政策，政府对经济的过度干预直接导致了经济中投资水平的迅速下降（国内投资水平、资本形成率、资本形成增速均出现显著下降），而 M2 增速则在近 10 年始终保持超高年增长率（>15%），这也使得巴西的经济货币化率快速攀升（2000 年为 47%，2012 年达 80%）。当经济中的货币与信贷增量更多地转化为价格上涨时——这可以从 $Growth_{R-F}$ 的数值上清晰看出③，巴西的实际人均收入水平出现下降

---

① 巴西在创造了 20 世纪 70 年代的"巴西奇迹"后，于 90 年代出现了严重的通货膨胀。1981、1983、1988 年巴西的通胀率持续飙升，依次为 95.6%、164.0%、980.2%，1993 年更是达到了惊人的 2000%，在此背景下，巴西政府实施了盯住美元的"雷亚尔计划"，但该计划在促使币值稳定和降低通货膨胀率的同时，也使巴西不得不靠外国资本流入来弥补经常项目逆差，从而使其深陷债务泥潭、经常项目和国际收支持续恶化，经济陷入衰退，从而爆发了巴西金融危机。

② 按购买力平价计算，巴西是世界第 8 大经济体，然而，其 GDP 增速从 2010 年的 7.5% 急剧下降至 2014 年的 0.3%。

③ 巴西 2005—2012 年经济增速与私人部门加杠杆速度之差表现出与此前（1994—2004 年）截然不同的态势，2005—2012 年，巴西的 $Growth_{R-F}$ 依次为 - 5.2%、 - 24.6%、 - 12.5%、 - 5.8%、7.6%、- 3.8%、- 10.1%、- 10.7%，这无疑说明巴西以货币与信贷扩张来拉动经济的政策是失败的，与经济运行相关的制度建设是缺位的。

（通胀抵消了工资率上涨），经济中的消费水平开始下降，政府不得不提高利率水平以保证实际利率为正，这使得巴西陷入滞胀期。[①] 总体上看，巴西经济总债务水平尚处于可承受范围，但巴西经济的对外依赖性较强，经济结构不合理，政府对经济的过多干预使其仍然存在"分割经济"特征，这说明其经济发展水平与宏观经济总量在全球的地位并不对等；此外，巴西的金融发展水平仍较低，经济货币化率、金融相关性比率、私人部门杠杆水平都处于低位，且汇率和银行体系的稳定性不高，巴西金融发展尚处于"货币阶段"。因此，巴西经济大体上运行经济下行、信贷扩张和宏观经济稳定性尚可（或略有下降）的阶段，即 $\{G_-, L_+, S_-\}$。

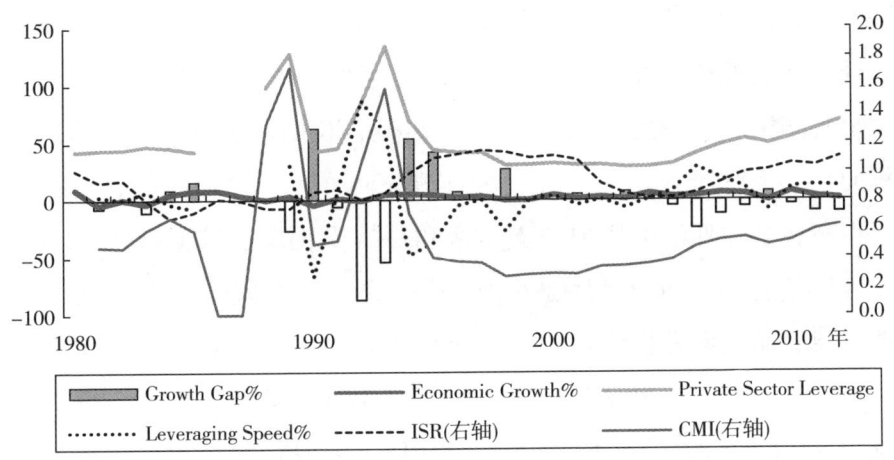

资料来源：世界银行以及作者的计算。

图 5-15 巴西的经济和金融发展（1980—2012 年）

俄罗斯是全球最重要的转型国家之一，其工业基础雄厚，但经济结

[①] 巴西目前所采取的宏观经济政策类似于美国 19 世纪 70 年代滞胀期的政策，其显著特点是紧缩性货币政策以及对价格—工资水平的政府控制，目的在于控制价格—工资的上涨螺旋，防止过高通胀水平抑制经济增长。

构不平衡。近年来，暂时摆脱转型困境的俄罗斯依托丰富能源成为全球重要的大宗商品贸易国和能源出口国，2000—2012 年，俄罗斯经济年均增长率达到 5.2%；然而，受地缘政治影响，俄罗斯经济在最近一年表现并不平稳，同时，受累于外部需求的疲软和国际油价下滑（注意：油价以美元标价），俄罗斯经济增速开始下滑，显然俄罗斯经济前景在多方面受制于人。从金融发展方面，2000—2012 年，俄罗斯年均加杠杆速度高达 10.8%，私人部门杠杆在此期间翻了 3 倍，但也只达到 48.1（GDP%）；在出口拉动下，俄罗斯经常项目余额长期顺差，政府部门也经历了极具成效的去杠杆（2012 年政府部门杠杆仅为 GDP 的 12.5%），根据 IMF 最新的《世界经济展望2014》（WEO），俄罗斯是重要的净债权国；俄罗斯宏观总杠杆水平呈下降水平；俄罗斯的金融开放度大大高于其他金砖国家①，这根源于其地处欧洲以及曾长期推进激进式改革；值得一提的是，俄罗斯于 2006 年 7 月便实现了卢布的完全可兑换，但时至今日，卢布在全球外汇市场中的交易量和被接受程度仍较低（＜1%），与印度卢比相近，这归根到底是由其经济、贸易、金融实力决定的——特别地，俄罗斯金融发展水平很低，金融市场不发达，银行坏账率高，上市公司结构单一，这也是其金融杠杆水平偏低的重要原因，根据世界经济论坛（WEF）的《金融发展报告2010》，俄罗斯的金融发展指数仅位3.21，在金砖国家中排名最低。

当前，排除政治因素外，俄罗斯经济运行的稳定性较强，但经济结构不平衡问题依然存在且十分严重，经济增长的动力过于单一，与巴西一样，其经济增长受外部环境的影响过大；另一方面，俄罗斯金融发展水平较低，大力发展金融体系应成为未来拉动经济的重要战略；总体上，

---

① 2005—2009 年，俄罗斯银行的对外资产增长高达318%（从391 亿美元增长到1598 亿美元），俄罗斯的金融开放度在 2009 年已达 1.71（与 GDP 的比值），这一数值已达发达国家水平。

俄罗斯经济的复苏和快速发展是由于其选择了"能源出口"的捷径，但这并未从根本上改变其经济发展中的积弊，加之其金融发展水平持续滞后（对应于 $L \leqslant \underline{L}$），这必将影响俄罗斯在未来的经济运行前景，而一旦经济陷入萧条，完全可兑换的卢布将成为经济金融稳定的加速器（金融自由化和开放与实体经济发展阶段不相符）——因此，俄罗斯经济大体上运行于经济增速下降、金融缓慢加杠杆、宏观经济稳定性尚可的阶段（$\{G_+, L_+, S_+\}$），但其经济运行状态向 $\{G_-, L_+, S_-\}$ 转换的可能性较大。

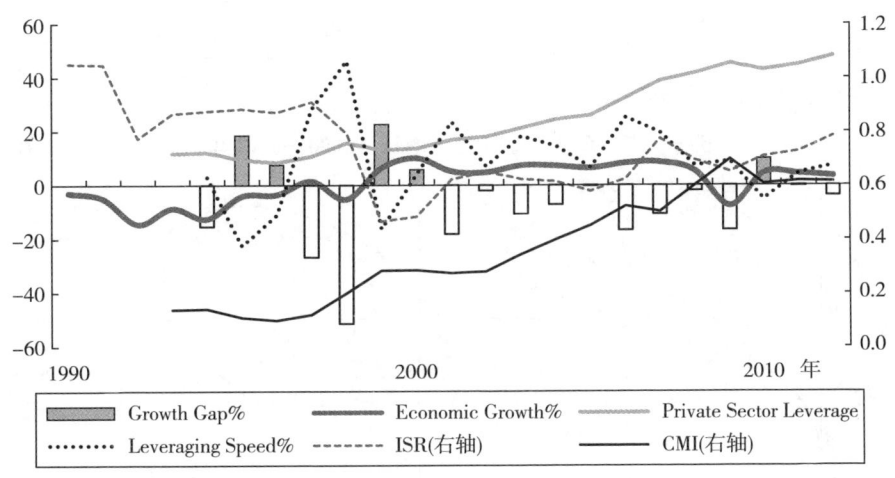

资料来源：世界银行以及作者的计算。

图 5 - 16　俄罗斯的经济和金融发展（1980—2012 年）

金砖国家是当前全球经济增长的重要"引擎"，其经济增速自 21 世纪以来年均比发达国家高 4 个百分点（见图 5 - 17）。然而，金砖国家的金融发展与经济增长并不匹配，金砖国家在全球的经济金融"话语权"也与其经济总量不相匹配。相对而言，中国和南非的经济、金融发展较为均衡，而印度、巴西和俄罗斯则存在实虚发展上的不均衡。

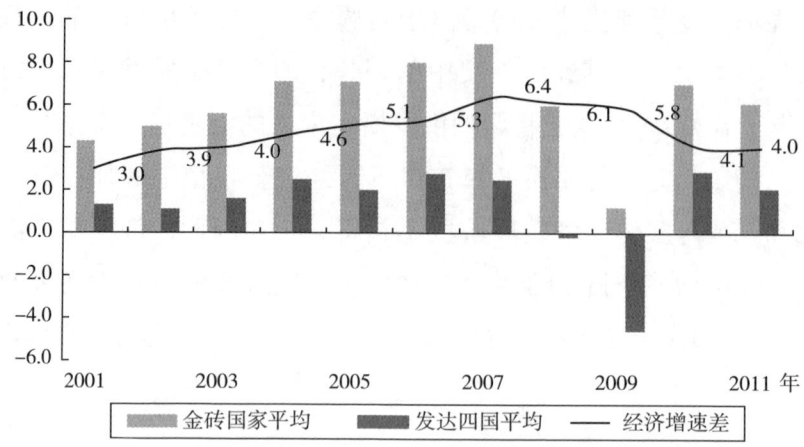

资料来源：世界银行以及作者的计算。

图 5 – 17　金砖国家的经济增长（2000—2012 年）

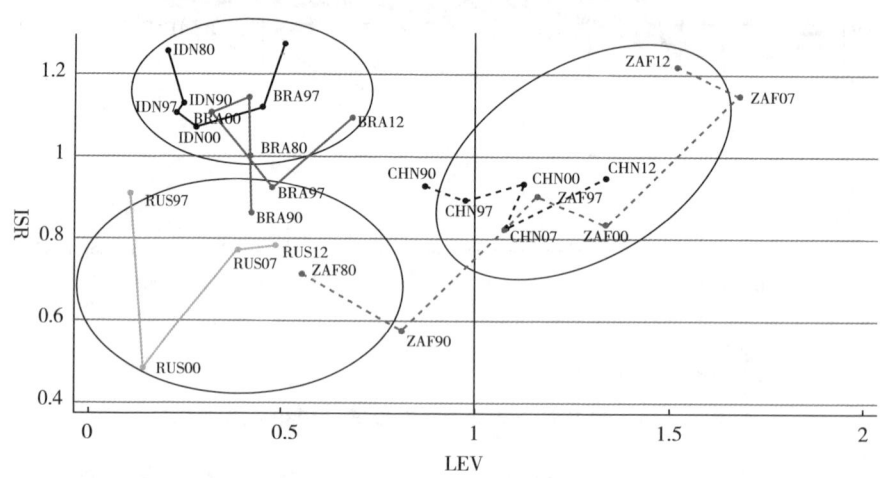

资料来源：作者的计算。

注：

①时间节点的选择依次为 1980 年、1990 年、1997 年、2000 年、2007 年、2012 年，俄罗斯 1980 年、1990 年数据缺失。

②图中的点（"国家—时间"对）可以大体被分为三类，分别位于第 1、2、3 象限。一些国家出现了聚类上的"跳转"，如巴西、南非。

③ISR 的计算为国内投资率/国内储蓄率，LEV 为私人部门杠杆水平。

图 5 – 18　金砖国家投资储蓄比与金融杠杆的变化轨迹

5.6.3.5　中国：世界的"一极"

中国的经济发展奇迹毋庸多论，本书研究金融杠杆的适度性水平，故下面将沿用本书所建立的方法探讨中国的问题。我们从规模（存量）、速度（流量）和方向等角度进行研究，从历史维度进行梳理（时间从1980 年开始）。

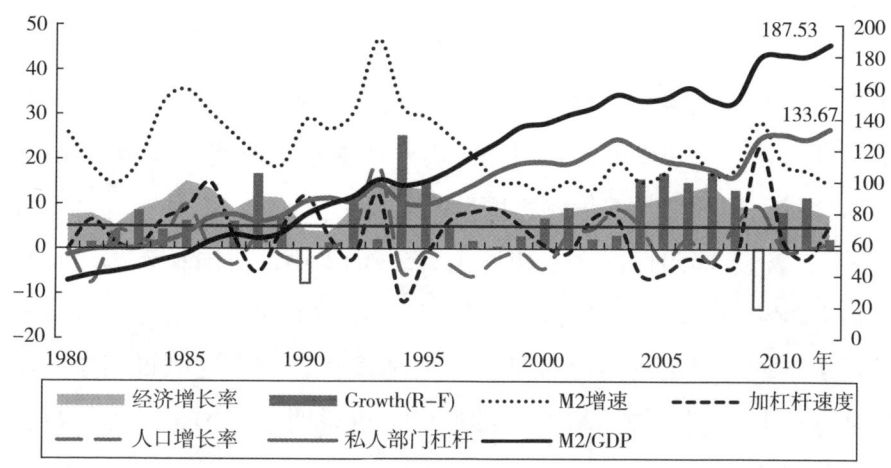

资料来源：世界银行以及作者的计算。

图 5 - 19　中国的经济与金融发展（1980—2012 年）

改革开放后（特别是 1980 年至今），我国经济、金融发展的情况与特点可以概括为以下几点：

其一，M2 增速始终维持在高位，这使得经济货币化率迅速提升，在2012 年已达 187.5%（30 年间翻了 6 倍），[1] 这意味着单位 GDP 增长需要近 2 单位的货币创造来支撑，这一数值高于美国（87.4%）、英国

---

① 1990 年至 2013 年，我国 M2 增速年均达 20.97%，这一数值远超其他国家。根据项俊波（2010）的研究，我国 M2/GDP 超过 140% 的临界水平，已出现流动性过剩，如果以 2012 年的水平计算，我国流动性过剩程度十分严重（>170%），已处于潜在危机水平。

（162.5%）、德国（173.3%）等发达国家，仅略低于日本（241.9%），这一方面说明我国经济增长的货币与信贷消耗是较大的（亦即资金转化为产出的效率低下），另一方面也与我国间接融资为主导的金融体系有密切关系；更为重要的是，张杰（2011）指出，我国的高货币化率以及经济货币化率近30年的高速增长背后是金融发展需求与金融供给的制度性约束之间的矛盾，高货币化存在虚假成分。

其二，M_2存量世界第一，[①] 这在相当程度上源自于我国的高储蓄率和银行主导的金融体系，但亦无法掩盖我国经济增长方式中对于银行信贷的过度依赖。长期以来，我国经济仍未从根本上改变粗放型增长模式，经济增长对于信贷增长的依赖程度较高。

其三，私人部门杠杆水平快速上升，2012年，我国私人部门杠杆水平已达GDP的133.67%（>130%），这一数值在全球排名第15位，[②] 并且超过了本章所得出的金融杠杆水平的适度性区间，这既说明了我国金融发展（信贷或债务规模增长）的速度，也说明了我国金融加杠杆已进入"敏感"时期。

其四，宏观金融杠杆结构存在显著失衡，从国家资产负债表上看，目前，我国政府、居民、金融部门的杠杆水平明显低于其他主要经济体，但非金融企业部门杠杆则远高于其他国家的平均水平，这是我国债务结构的突出问题。值得注意的是，我国企业部门的高杠杆主要源自于国有企业，这与我国的融资结构、国有企业在经济中的重要职能、地方债务多以地方国有企业债的形式（地方融资平台）出现等因素有重要关系。显然，企业部门去杠杆是未来我国经济和金融发展的重要任务，也是判

---

① 2012年，我国M_2存量达97.42万亿元人民币，高于欧元区的75.25万亿元人民币、美国的64.71万亿元人民币，位居世界第一。

② 历史上，我国私人部门杠杆水平在全球的排名为1980年第18位、1990年第11位、2000年第12位。

断我国经济转型和市场化改革成效的关键指标。

其五，30 年经济增长奇迹，从 1980 年至今，我国年均经济增速高达
9.9%（超过西欧的黄金发展期，且持续时间更长），这在人类历史上是
极其罕见的，高信贷、高投资、高增长的组合维持了我国的经济繁荣和
社会发展。在此期间，经济增长与加杠杆速度之差平均达到 6.83%（仅
在极个别年份出现负值），宏观经济加杠杆的耐受力和可持续性一直较
高，这同样是个奇迹。

其六，人口增长率波动中下行，人口红利窗口即将关闭——这表现
在我国人口增长率下行、劳动人口增长率下行、劳动人口总量在近两年
出现拐点、老年抚养比与少儿扶养比的"剪刀差"趋势（2010 年已出
现），我国人口与社会发展表现出"未富先老"特征，持续 30 年的人口
扶养比下降以及城乡二元结构下的廉价劳动力不再，这势必将影响我国
未来的储蓄、投资和金融发展。我国已越过刘易斯拐点和人口红利拐点，
接下来能否成功越过库兹涅茨拐点关系到我国能否避开中等收入陷阱，
而这在经验和理论上要求我国的经济与金融发展中尽可能改善收入分配、
缩小贫富差距，而这一目标的实现需要显著提升金融资源的配置效率。
人口结构变化会产生显著的"结构效应"，从流量上改变收入分配、从存
量上改变国民财富，进而从根本上改变我国的国家资产负债表结构与经
济中的资金供求、投融资需求，并最终影响金融发展作用于实体经济的
方向和力量。①

最后，20 世纪 80 年代以来，经济制度改革及其深入推进，有效促进
了我国经济的货币化进程，并充分激发了全社会对货币和金融的需求，
这是金融增长的"必要条件"，然而，1990 年以来，我国储蓄率居高不

---

① 巴曙松（2013）指出，人口结构变化会使得经济周期波动短期化，经济的繁荣（过热）与萧
条（硬着陆）二者之间的切换更频繁。

下，这既有居民货币性收入提高以及货币供给持续增长的原因，同时也不能忽视金融体系本身因制度性安排（产权结构、政府控制、经济转轨、金融结构等）而产生的"非正常"货币留滞（money detention），这使得以名义量衡量的金融增长幅度存在一定"水分"（张杰，2011）。时至今日，金融体系的制度性安排仍在根本上决定着我国实体经济增长与金融增长的长期趋势。

对中国问题的分析不仅要立足于上面的现实，也要注重与其他主要经济体的横向比较，从中可以看出我国金融发展中存在的优势与不足，也可以从其他国家的动态变化中预判我国经济金融的未来走势。为此，我们以美国、德国、日本、印度、俄罗斯为主要参照国（当然还可以取更多参照国），依次考察投资储蓄比（ISR）与金融杠杆、经济增速与金融杠杆、人均 GDP 增速与金融杠杆、人均 GDP 水平与金融杠杆、金融体系结构与金融杠杆、金融杠杆与经济货币化率等"变量对"（variable pair）在"时空上"（国家－年份）的路径变化以及路径的一致性和差异性。

从储蓄、投资和信贷的综合变化情况看：ISR 方面，我国与美国、日本不同，与德国的情形相似——ISR 的下降趋势说明了储蓄率相对于投资率呈上升趋势，这在一定程度上体现了社会中的"谨慎"和"节约"倾向，或风险规避态度（高 UAI 值），而美国、日本的相对高投资率说明了其社会中普遍存在着较为激进的投资态度。然而，我国的投资率和储蓄率都呈现出持续上升态势（储蓄率超过 50%），而德国基本保持稳定（20%）、美国和日本则均出现下滑，这一点与其他三国不同，超高储蓄率不仅是风险规避型文化和银行主导的金融体系的结果，也源自于投融资渠道的匮乏，这实际上是金融体系的功能性缺陷，因而，我国金融体系在规模上的发展缺乏层次、广度、深度，与真正的金融发展和金融深化还有距离。如果同时考虑信贷水平，那么在信贷配比度方面（以 CMI

度量），我国与德国、美国相近，呈近似线性增长（但美国的变化范围在 1.0→1.5，中国与德国的变化范围在 0.5→1.5），而日本则成倒 U 形（1.2→2.5→1.5），俄罗斯则始终处于较低水平（< 0.8）。显然，仅从储蓄、投资和信贷的发展变化情况看，我国具有银行主导型金融体系的特点，也具有谨慎型社会的特点，同时在信贷配比度方面与美国、德国近似。然而，应该注意的是，CMI 指标是金融杠杆率与 ISR 之比，它决定于金融杠杆与 ISR 两个指标的高低，我国 CMI 指标与德国、美国上涨趋势的相似性并不简单意味着金融发展模式和水平的近似性，还有可能源自于我国高储蓄、高信贷、高投资的增长模式。

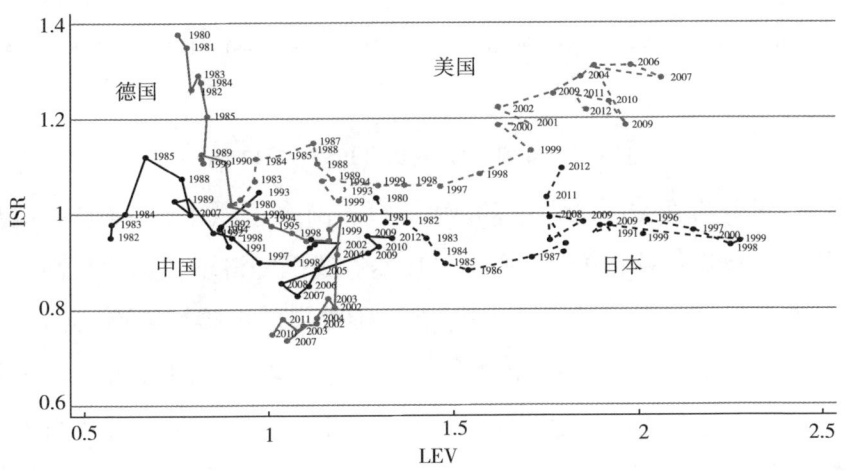

图 5 - 20　中、美、德、日四国金融杠杆水平与 ISR 指数

从经济增长与金融杠杆水平看：可以将经济增长与金融杠杆按不同水平划分为 6 类——经济增长率以 G < 3%、3% < G < 5%、G > 5% 划分，金融杠杆水平按 L < 100%、100% < L < 150%、L > 150% 划分，按此方法划分，中国、美国、德国、日本、印度、俄罗斯在不同时点的归类情况如表 5 - 17 所示，且这一归类与经济增长的代理变量选取无关（即无论采用 GDP 增速或人均 GDP 增速，归类结果一致）——中

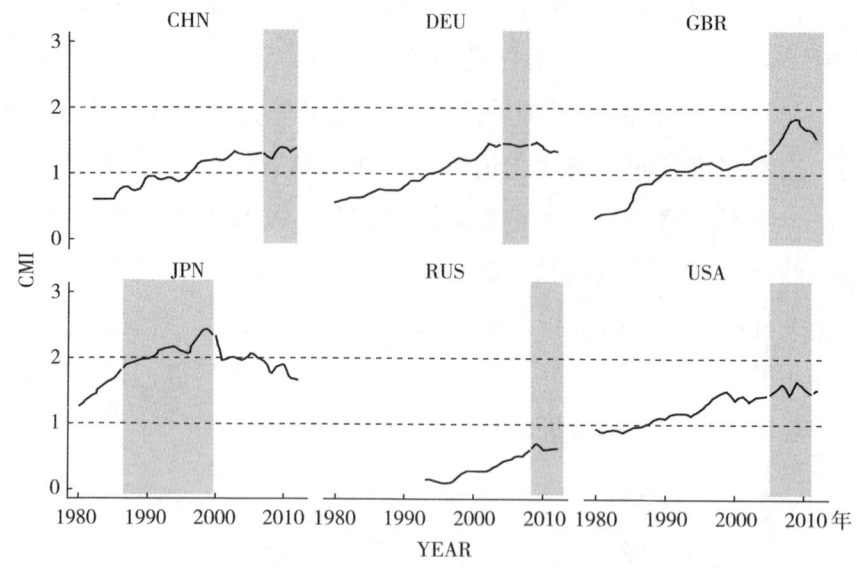

图 5 - 21　6 国 CMI 对比（1980—2012 年）

国大多数年份落在 HG 一栏中的 ML 和 LL 两个子栏中，而美国、德国、日本的大多数年份落在 LG 一栏中。显然，我国经济增长速度较高，这能够比较充分地"消化"由金融杠杆攀升所带来的风险，因而我国的金融杠杆水平（以私人部门杠杆计）尚处于较为安全的区间（虽然已经超过 Φ^2 的上界），这符合上文提出的适度性假说。从具体路径走势来看，中国与俄罗斯、印度相同，在 2000 年以来一直表现为私人部门加杠杆（当然有理由预期宏观经济总杠杆也是上升的），而且次贷危机后依然如此；而与此不同，美国、德国、日本都表现出私人部门去杠杆的态势；考虑到两类国家在经济增速上的差异，那么中国的信贷增速要大幅度高于发达国家。在经济调结构的"新常态"增长模式下，我国应有效控制信贷扩张的速度，以保证私人部门杠杆水平不要上升过快，其核心还是保证实体经济加杠杆的可持续性（即始终保持加杠杆速度小于经济增速）。当前，我国私人部门中，居民和金融部门的金融杠杆水平并不高，因此，

控制私人部门杠杆的关键点在于非金融企业部门去杠杆。然而，非金融
企业是我国实体经济的支柱，去杠杆不应采取激进的信贷紧缩政策，而
要在限制信贷增速的情况下寻求金融杠杆的"腾挪"（即债务内部转移
和结构调整）。

表 5 – 17　　　　　中国与主要经济体的经济增长与金融杠杆水平

经济增速	HG（＞5%）			MG（3% ～ 5%）			LG（＜5%）		
金融杠杆	HL	ML	LL	HL	ML	LL	HL	ML	LL
中国	2000 2012	1980				1990			
美国							2000 2012	1990	1980
德国			1990					2000 2012	1980
日本							1990 2000 2012	1980	
印度		1980 1990				2000 2012			
俄罗斯					2000	2012			

资料来源：作者的计算。

注：表中仅选择 1980、1990、2000、2012 年四个时点进行抽样分析，并将该年份的经济增长和
（私人部门）金融杠杆水平填在相应位置。表中 HL 代表金融杠杆水平高于 150%，ML 代表金融杠杆
水平在 100% 和 150% 之间，LL 代表金融杠杆水平低于 100%。

从经济发展水平与金融杠杆水平看，很显然，美国、德国、日本可
以归为一类[1]，俄罗斯、印度可以归为另一类，而中国可以独自成为一
类。1980—2012 年期，中国的人均 GDP 水平得到显著增长，从人均 221
美元上升至 3300 美元（翻了 15 倍之多），对于中国如此数量级的人口规
模，人均 GDP 的快速增长背后是 GDP 总量上更为惊人的上升。然而，从

---

[1]　德国在 1980—1990 年离开第一象限的原因在于东西德合并后的经济和金融调整。

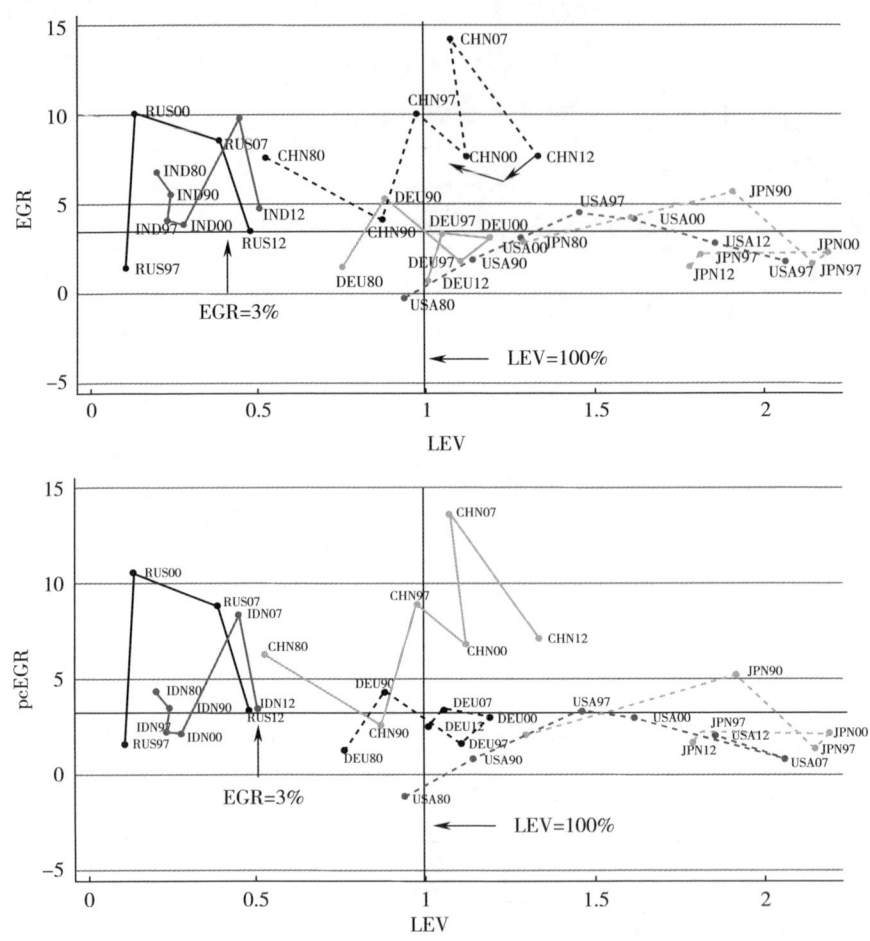

图 5 - 22 经济增长与金融杠杆水平：跨国路径对比

图 5 - 22 中我们看到，中国仍明显处于"中低收入"阶段，位于第四象限，在经济转型大背景下（结构调整必然牺牲速度），"高 M_2 增速—加杠杆—高增长"的增长模式不可持续。以史为鉴，可以知兴替——从人均 GDP 增长与加杠杆速度的对比关系看，我国的加杠杆速度是过快的，按此速度增长，我国有可能陷入日本经济发展的窘境（高杠杆、低增长或衰退），实体投资被资产投资和债务负担所挤出；与此颇为不同的是，

从 1997—2012 年，德国在人均 GDP 上升的同时成功控制了金融杠杆水平的攀升，实现了金融发展与经济增长的协调；同为银行主导金融体系，日本与德国在金融发展路径和效果上有显著差异。考虑到我国与德国在很多方面的共性，德国模式值得借鉴。图 5 - 23 中，有三条路径可供选择，根据上面的分析，一味加杠杆不可持续且不可行，将可能进入日本轨道；迅速大幅度去杠杆在我国当前经济转型和市场化改革（特别是金融体系改革）过程中会引发一系列风险，不利于宏观经济的稳定；在我国私人部门杠杆水平基本适度或略有过度的情况下，可充分利用我国当前的宏观杠杆结构进行"债务转移和杠杆腾挪"，优化杠杆结构，即借鉴其他国家的经验和做法，利用政府部门加杠杆对冲经济下行，我国政府部门债务水平很低，具有较大的加杠杆空间，这样做，能够一举多得——其一，可以实现私人部门特别是非金融企业部门去杠杆；其二，能够兼顾宏观经济稳定和发展；其三，可以优化宏观杠杆结构，形成对国民经济各部门的有效激励；其四，能够为居民部门、金融部门在未来的加杠杆创造空间和余地。在操作上，应充分吸取其他国家政府部门加

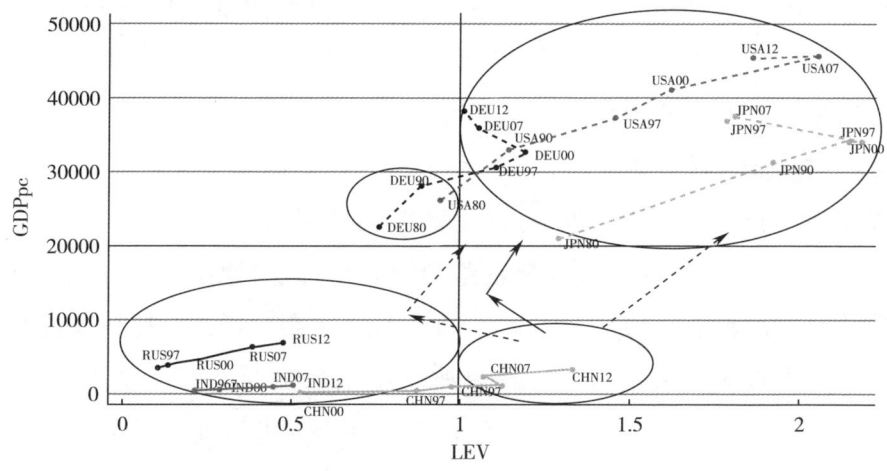

图 5 - 23 经济发展水平与金融杠杆水平：跨国路径对比

杠杆过程中的教训，规范政府部门加杠杆的路径、方法和工具；同时，应看到我国地方政府现有债务中的相当一部分是被用于投资基建和土地，因而这些债务还对应着地方政府的资产，盘活这些存量资产需要中央与地方政府之间的协调、合作与联动，需要金融体系的全力支持，包括推进融资平台证券化、允许地方政府发行地方债券等，但应兼顾改革过程中的有效监管和风险防范。

从金融体系结构看，各国均在次贷危机后出现了一定程度的"去金融市场化"，我国的这一趋势较为显著（FS从2007年1.0回升到2011年的＞2.0）。很显然，如果单独按金融体系结构划分，中、美、德、日、印、俄无疑只能分为银行主导或市场主导两类，但这种划分标准会损失更重要的信息。而当加入金融杠杆维度后，这6个国家可以被清晰地分为四类，即（印度、俄罗斯）、（德国、中国）、（日本）、（美国）。不难发现，印度与俄罗斯从1990年至今经历了较为明显的金融市场化进程，其金融体系结构不断趋向市场主导，与此同时，其国内的私人部门杠杆水平却上升缓慢，且至今不足50%，属于明显的杠杆不足；日本的金融体系结构虽然也经历了明显的变化，但始终没有改变其银行主导性质，遗憾的是，日本金融体系结构的这种改变并未将日本从超高负债水平中解救出来；美国金融体系是典型的市场主导型，其金融杠杆水平与金融体系结构表现为显著的负相关，这种相关性在其他几个国家中并不存在，可以推断，美国的金融发展具有独特性；我国与德国的情形十分类似（与同为银行主导体系的日本金融差异较大），但与德国不同的是，我国在改革开放过程中经历了金融体系制度上的巨大变迁，金融体系结构也因此经历了较为明显的波动，这是改革中不断试探制度性安排的结果，值得注意的是，我国在金融市场化程度不断上升的同时，并未出现类似美国那样的金融杠杆水平快速上升，这应与我国并未改变银行主导的基本性质有重要关系。①

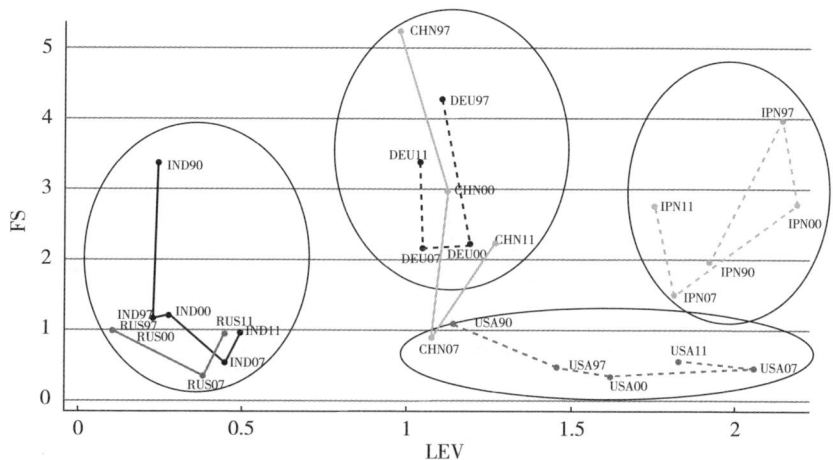

图 5－24　金融体系结构与金融杠杆水平：跨国路径对比

　　然而，从 M_2/GDP 与金融杠杆水平的结合情况看，我国的 M_2/GDP 与金融杠杆水平呈显著正相关，在 GDP 高速增长的背景下，这种经济加杠杆意味着更快速度的货币与信贷增长，只不过这种信贷扩张具有较强的实体投资支撑，因而得以保持宏观经济的稳定。德国与美国代表两个极端，其 M_2/GDP 水平多年来保持相对稳定（德国数据存在部分缺失），② 这说明其金融体系的运行模式已经较为成熟和成型，且这种金融体系的运行模式业已与其经济增长模式相匹配，2007 年后，德国与美国都经历了私人部门去杠杆（LEV↓），但 M_2/GDP 的变化存在差异（德国↓，美

---

　　① 从印度与俄罗斯的情况来看，其金融体系结构都是在接近或者小于 1.0 之后开始出现金融加杠杆的现象，表现出金融杠杆水平与金融体系结构的某种近似负相关。这可能意味着，当金融体系中直接融资达到一定水平后，金融发展对经济的影响（无论正向或负向）都将出现明显变化。与美国相比，印度与俄罗斯的金融发展水平较低，但正是激进的市场化改革导致了其金融市场化与金融杠杆不足的悖论。

　　② 另一个原因很可能是美国、德国的市场化程度、企业发展总体水平已经达到一定水平，且微观主体投融资行为模式较为成熟，以至于内源性融资和外源性融资的比例、外源性融资中直接融资与间接融资的比例等融资结构已经较为稳定。

国↑），这与二者所实行的不同经济政策和实体经济运行的不同状态直接
相关（见上文的国别分析）。经济货币化率与私人部门杠杆虽然都是金融
杠杆，但将二者放在一起进行考察，对于我们了解一国金融体系中货币
与信贷来源、金融发展水平有较强参考价值。

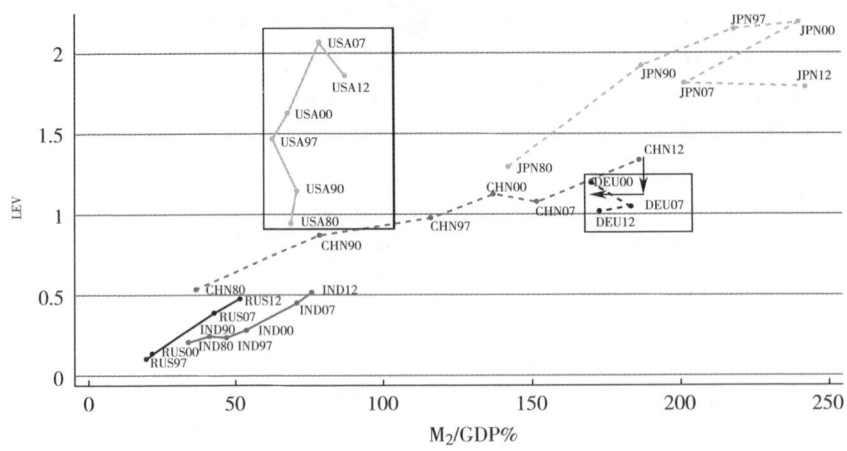

图 5–25　金融杠杆水平与 M_2/GDP：跨国路径对比

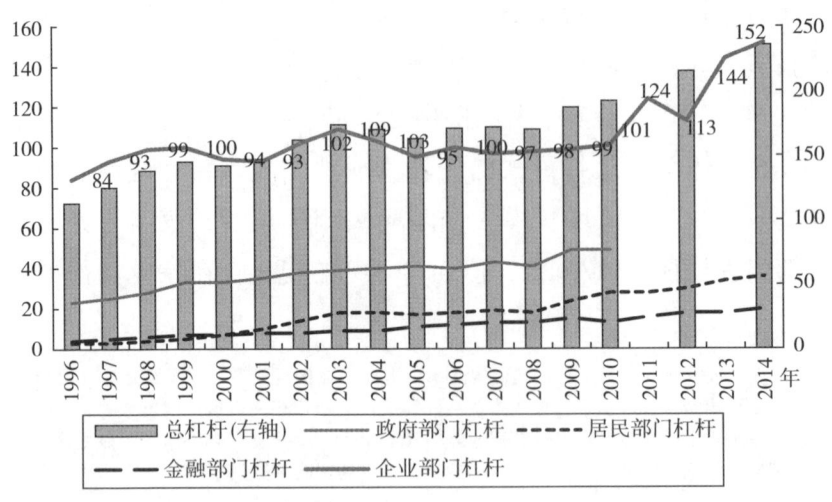

资料来源：Wind 资讯、中国社会科学院。

图 5–26　中国国家资产负债表（1996—2014 年）

上述分析使我们了解到我国经济和金融发展上的诸多问题以及可能的解决思路。下面，我们将从国家资产负债表的视角来系统分析我国金融杠杆水平的适度性问题，并以此为基础分析我国金融发展与实体经济的关系问题。

20 世纪末至今，我国宏观经济经历了持续的加杠杆，总杠杆水平（总债务/GDP）从 1996 年的 113% 上升到 2014 年的 235%，不到 20 年的时间杠杆率水平翻了一番，这样的加杠杆速度在全球范围内是罕见的。[①] 而同期，我国 GDP 总量翻了近 10 倍，高速加杠杆得到了实体经济的有效支撑。然而，高经济增速下所实现的经济加杠杆也意味着超乎寻常的信贷扩张及债务积累速度。从全球范围看，虽然我国当前 200% 左右的宏观总杠杆水平并不算高（处于中高水平），但从杠杆结构上却显示出明显的失衡特征：一方面，我国非金融企业部门杠杆水平明显高于国际水平，甚至高于英、美、德、法、日等发达国家；另一方面，我国的居民部门、金融部门以及政府部门的债务水平（% GDP）较低，显著低于国际水平；普遍的看法是，这种失衡与我国间接融资为主导的金融体系以及政府对宏观经济运行有较强控制力直接相关，然而，长期以来的货币和信贷扩张，并未真正有效推动我国金融体系的深化和协调（自我协调以及与实体经济的协调）发展，同时，在政府与市场之间一直以来并未形成清晰的产权边界，以至于无论是金融中介、金融市场还是非金融企业和其他微观经济主体之间都无法形成畅通的、多元化的、高效的投融资渠道，这抑制了金融体系动员、聚集乃至配置全社会闲散资金的功能，制度上的弊端才是问题本源。

进一步讲，我国金融杠杆结构上的失衡，在本质上是宏观经济失衡（产业结构失衡、区域结构失衡、国际收支失衡、投资消费失衡）与金融

---

① 中国社会科学院与世界银行的金融杠杆率统计口径与数值上有一定差异。

体系失衡（金融结构失衡、投资与融资失衡）的必然结果。而问题的关键点在于非金融企业部门杠杆水平过高，这与我国企业的融资结构有密切联系：一方面，我国内源性融资比例仍然较低（欧美发达国家普遍高于50%，美国、英国、德国则为70%以上），[①] 另一方面，企业外源性融资中银行间接融资仍居主导（企业的银行贷款则以负债形式进入企业的资产负债表，而商业银行资产负债表的资产端则不断膨胀），银行间接融资对大型国有企业和小微企业（SMEs）的支持力度有显著差异，此外，直接融资（股票、企业债券）比例仅为20%左右，而即便是直接融资中，股票与债券的比例同样失衡，且受金融市场影响而波动性较高（项俊波，2010）。缺乏层次和多样性的融资渠道必然使企业面临较强的融资约束，从而无法相对自由、合理地选择成本更低的融资方式。然而，从企业部门内部看，并非所有企业都具有高杠杆的特征，部门整体所表现出的高负债特征实际上是由国有经济所主导行业内的大中型国有企业所引致的，这是因为国有企业作为特殊的机制和主体在美国次贷危机后充分参与了我国政府主导的反危机的逆周期调控，在我国并未实质爆发危机的情况下，4万亿元金融资源助推了国有企业（特别是地方融资平台下的地方国有企业）的负债扩张和加杠杆进程。殷鉴不远，20世纪80年代中期，日本的非金融企业部门杠杆率高达120%（与我国当前水平接近），随后，其杠杆率一路攀升至20世纪末的160%，与此同时，日本经济持续低迷，其企业去杠杆周期长达近20年。企业部门债务的快速积累会直接削弱实体经济的活力并显著增加其债务负担，这对我国有重要警示意义。[②] 再从具体行业看，我国工业企业的财务数据（资产负债率、应收账款占营收比重、利息覆盖率等）较为稳健，但国有与非国有工业企

---

① 我国企业的平均资产负债率至今仍高于50%。
② 在此期间，美国非金融企业部门杠杆水平稳中有升，但始终在80%以下。

业资产负债率在次贷危机后呈现出明显的"剪刀差",国有工业企业债务率危机后迅速上升至 60% 左右,这同样源于政府主导的逆周期调控。从产业链的角度看,国有经济占主导的上游企业是本轮企业债务扩张的主体,未来去杠杆压力明显,也是当前经济改革的重点对象;民营经济主导的中游企业虽在前期经历了去杠杆过程,但加杠杆动力尚显不足;下游企业则因市场化程度较高而业已经历了前期较为充分的去杠杆,且当前利润水平有明显改善,具有较大的加杠杆动力和空间(巴曙松,2013)。

本书第 3 章分析了金融杠杆与经济效率的关系,指出了金融杠杆与储蓄水平、储蓄向投资的转化效率、企业技术进步与升级的互动关系,这要求经济加杠杆不仅要考虑规模与速度,还要兼顾结构与公平性;要求提高企业资金利用效率,即在现有宏观杠杆水平下提高企业自身将等量信贷资源转化为实体投资的能力;要求提高金融体系的信用创造能力,实现金融体系规模膨胀的适度化与经济中微观主体信贷可得性最大化的平衡;要求金融体系能够甄别好技术、好项目、好企业,将有限的金融资源配置到这些边际产品更高的技术、项目和企业中,推动技术革新、产业升级和结构调整,这是我国经济增长进一步向集约化模式迈进的关键。上述要点对于解决我国企业部门高负债和宏观金融杠杆结构失衡的问题有重要意义。

其一,我国非金融企业部门以及国有企业的高负债水平,正是加杠杆过程中"非公平性"的充分体现,[①] 实现加杠杆的公平性本质上是促进信贷资源的合理配置。在我国,国有经济部门一直占据着过多金融资源(无论是银行信贷还是股权、债权融资),它对应于垄断性金融安排(或称之为国家金融支持,即政府和国有部门占有主要的金融剩余),这在我国经济转轨时期发挥了积极作用。然而,随着我国经济的迅速发展,

---

① 当然,我们不能否认政府依靠国有企业进行宏观经济调控的有效性和必要性。

宏观经济的制度、结构和性质（国有、集体、非国有的比例）也发生变迁，垄断性金融安排必然为混合性金融安排（竞争性与垄断性并存）所替代，而且，这种混合性金融安排的内部结构也随之变化，表现为竞争性金融安排比重的上升。① 我国当前国有企业的高负债水平（资产负债率达65%）和超高的经济货币化水平（超过180%）都说明了金融制度安排已经与经济发展水平和内在需求不相匹配，金融资源的配置严重失衡，金融加杠杆的不公平性日益加剧。打破既有的"利益格局"不仅能够加速国有企业市场化改革，还能够有效缓解非国有企业部门（特别是小微企业）的融资约束和困境，从而倒逼金融体系进行必要改变来与实体经济中的投融资需求相适应。另一方面，加杠杆的公平性意味着更高的市场化程度和法制化程度，这将降低因寻租、道德风险等带来的负面影响，提高信贷资源的配置和利用效率。其二，我国企业的技术研发、革新与升级较为缓慢，长期依赖外国直接投资（FDI）虽然产生了"后发优势"，但却始终未能有效形成"产、学、研"一体的"自生能力"，这使得我国企业在国际分工上更多地处于"微笑曲线"的中间部分（加工、制造、组装等低附加值行业），而在上游（研发、设计、采购、材料）和下游（品牌、渠道、物流、金融）领域参与程度较低，国内金融对企业技术研发的支持不足是重要原因。此外，我国不同部门、行业以及性质的企业所处生命周期迥异，这要求金融体系能够为不同主体提供个性化的金融服务（金融制度安排上的三元主义或多元主义）。显然，银行主导的金融体系无法同时满足（或充分满足）这些需求，单靠货币和信贷扩张无法提高企业效率、降低企业成本，多层次的投融资渠道建设十分重要。金融发展的规模和速度是次要的，核心在于金融发展的质量，提升

---

① 张杰（2011）中扩展了麦金农的金融二元主义理论，通过引入体制外的地方政府金融支持，将我国经济转轨与增长的金融支持概括为"金融三元主义"。这是对麦金农理论的中国化和更具现实意义的具体化。

金融市场的作用对于丰富企业投融资渠道、降低融资成本、降低企业负债水平（如股权融资能够降低企业杠杆率和资产负债率）有积极意义，我国金融体系的深化是企业部门充分去杠杆的前提和基础。其三，从周期律上看，我国宏观经济金融已进入下行期，企业债务负担在实际利率上升趋势下变得更加沉重，债务—通货紧缩相去不远。企业、金融机构之间的信贷和金融杠杆联系使得二者的资产负债表同步收缩，这势必加剧经济衰退和金融脆弱性，借贷能力、流动性同时消失，企业去杠杆的难度空前加大。

鉴于上述分析，我们有理由认为中国宏观经济去杠杆将主要表现为宏观经济的"局部"去杠杆，特别是非金融企业部门去杠杆，而不一定要宏观经济整体去杠杆，但这需要其他部门的配合。以美国为参照，我国企业部门杠杆水平已属超高，去杠杆空间很大（150% – 80% = 70%），然而，去杠杆必须讲求次序和策略。事实上，宏观经济可以细分为政府部门（中央政府、地方政府）、企业部门（国有企业、民营企业）、居民部门、金融部门（中央银行、商业银行、政策性银行）以及对外部门，各部门间是紧密联系的整体，因此，某个或某几个部门的去杠杆必然引起其他部门的债务变化，或者需要靠其他部门债务的变化来实现。当前的问题在于，局部资产负债表确实存在问题，特别是地方政府、高杠杆的国有企业、有过剩产能的企业（包括民企），都可能面临着资产负债表式衰退的风险。历史上，局部去杠杆且未发生危机的情况大多是在政府宏观调控下实现的，而且，以我国当前的宏观总杠杆水平及失衡结构来看，私人部门去杠杆、政府部门加杠杆是必然的选择，最终宏观总杠杆的变化要视具体情况而定，即我国很可能会出现两种去杠杆情形：私人部门去杠杆但宏观经济总杠杆水平不降、私人部门去杠杆且宏观经济去杠杆，有利条件是我国政府的调控能力较强、可操作空间较大。根据历史经验，上述两类去杠杆周期的时间长度约为5—7年，亦即我国将在

2020 年前后完成私人部门去杠杆。在此期间，经济调结构、金融改革、人口结构变化等因素交织在一起，使得我国无法单纯依靠增长去杠杆（GD 模式），杠杆结构的调整（即经济中总债务在各部门的重新配置）是必经之路，必要时，其他去杠杆模式也值得一试。

如前文所述，经济去杠杆只是宏观经济运行状态三大要素中的一个，因而去杠杆必须要在另外两个要素的约束下进行，即必须考虑经济增长和宏观经济稳定。经济繁荣时，所有生产者都在做同一件事，扩大生产；经济萧条时，没有人会考虑 ROE，而只会考虑利息成本为何如此之高，怎样才能把杠杆降下来。因此，在投资高涨时去杠杆与经济低迷时去杠杆是截然不同的两件事，唯一相同的是我们需要"逆周期"政策。如果再考虑到经济稳定性，外部冲击的传染渠道是微观主体之间的信贷链条，其更具体而微的机制是资产负债表，当宏观经济中的流动性和信贷可得性迅速降低时，一味地去杠杆不仅不现实，而且会迅速引发更严重的资产负债表式衰退。从这个意义上讲，通过债务腾挪和转移来解决杠杆结构失衡的突出问题，在绝大多数情况下都应该是首选之策。我国宏观总杠杆水平尚处于可控水平，内部结构上的失衡也只集中表现在非金融企业部门，政府部门的债务水平很低，这使得"移杠杆"（move leverage）成为可能。

邵宇（2015）提出了我国"移杠杆"中的九个"关系"（或称渠道），其中涉及中央政府与地方政府、地方融资平台与开发性金融、政府债务与中央银行、国有企业与民营企业、传统行业与新兴产业、政府部门与居民部门、商业银行与投资银行（金融脱媒）、非标准化金融产品与标准化金融产品（资产证券化）、国内与国外（人民币国际化）。上述渠道可以概括为如下几个关键点，即政府分权与债务分配、财政与货币政策的配合、多元化的金融制度安排、金融创新与金融市场化改革、金融开放与人民币国际化。逻辑上，中国移杠杆的重点是将非金融企业负债转移出去，这种转移有几个途径：国企→中央政府、地方国企→政策性金融机构、国企→民企；此外，去杠杆除削减和转移债务外，还可以通过增加资本金（股权融资）的方法实现，而这要求大力发展多层次资本市场来适应企业多样化的融资需求，利用金融创新来激发金融体系的活力，金融脱媒对于我国金融体系的健康发展和去杠杆大有裨益。从系统论的角度分析，企业部门去杠杆的途径已经明确，那么动态上需要确保被转移出去的债务能够被其他经济部门充分消化或再次被转移到具有更强债务耐受力和消化力的部门。更为重要的是，这一系列债务转移的目的是修复和重建非金融企业部门乃至其他经济部门的资产负债表。具体操作上，可分为如下三大环节：

首先，修复与重建企业部门资产负债表。企业部门债务主要集中于国有企业（包括中央与地方），国有企业债务转移主要依靠部门内与部门间的转移。部门内，利用国企混合所有制改革促使国企杠杆向 ROE 较高的民企转移，利用"互联网＋"等新兴模式以及资本市场并购等举措改造传统行业（国有企业大多位于传统行业中），提高传统行业估值；部门间，主要是将地方融资平台所形成债务直接转移给中央政府或将业已上线的城镇化基建项目移交给开发性金融（政策性金融机构），前者实质上是地方信用增级的过程，能够有效弥补因中央与地方在财权与事权上不匹配带来的杠杆水平失衡问题，后者则意味着由中央融资平台承接地方融资平台债务。通过这四个渠道，国有企业应可以实现较为充分的去杠杆。然而，企业部门特别是国企去杠杆的"外部性"很大，上述渠道仅能够实现企业部门去杠杆，但却会形成宏观杠杆新的内部失衡，这需要进一步的债务转移（关键是形成债务在各部门间的共担）。

其次，修复与重建政府部门资产负债表。虽然我国中央政府债务水平很低（仅为40%～50%），然而如果将地方债务融资平台中的债务转移到中央后，我国政府杠杆水平将变为（中央政府债务 ＋ 部分地方政府债务）/GDP，这时，政府部门杠杆水平将显著上升，这对于宏观经济稳定以及政府逆周期调控经济的能力有较大影响，因而需要将一部分政府债务再次转移出去。① 一个方向是居民部门，我国居民部门的杠杆水平极低，负债总额仅为资产总额的极小部分（＜10％），显然，居民部门的加杠杆空间是最大的。将政府部门杠杆移向居民部门的关键在于能够提供具有足够收益率的资产和成本足够低的投资机会，当前，"两融"、养老和社保基金入市、PPP（公私合营）等都是激励居民部门加杠杆的有益尝试。另一个重要选项是中央银行直接购入政府的高风险资产。事实上，各国都是以政府债务作为基础货币投放的基准，此轮危机后，央行介入市场直接购买政府债务的操作屡见不鲜。当前，我国政府债务的突出问题在于推动地方政府的债务置换（即将期限短、利率高的债务置换成低成本、期限长的债务），然而这需要银行将高息贷款置换成低息地方债，银行显然动力不足。为此，大体上有几个解决思路，其一，降准、注资可显著提高银行自营的可支配资金，使其有动力去承接地方融资平台行将到期的债务；其二，央行在市场中购买银行资产，从而激励银行去承接地方融资平台债务；其三，央行直接在市场中购买地方政府债券；其四，央行通过货币政策工具创新（如PSL等）来向银行（开发性金融机构）提供再贷款，但关键是要将地方政府债务纳入合格抵押品的范围。② 在此过程中，中央银行、国有和股份制商业银行、开发性金融机构的资产负债表都会发生较大变化。

---

① 2007—2011年，我国地方政府债务总额与中央政府债务总额之比依次为2.48、2.74、2.93、3.34、3.72倍，呈连年上升趋势，因而，即便我们仅将地方政府债务的一小部分（比如10％）转移到中央政府，则实际上中央政府的新增债务也将高达20％～30％，因而中央政府杠杆水平将上升至60％～80％。如果这一转移比例为20％，则中央政府杠杆水平将上升至80％～110％，这将是较高的政府杠杆水平。

② 国际上，美国定期贷款拍卖（TAF）和英国的融资换贷款计划（FLS）是这一领域的两个案例。

表 5 – 18　　　　我国居民部门资产负债表情况（2004—2014 年）

年份	总资产（亿元）	净资产（亿元）	总负债（亿元）	总负债/总资产
2004	532505	504326	28179	5.29%
2005	641135	609538	31597	4.93%
2006	734191	695894	38297	5.22%
2007	940958	890283	50675	5.39%
2008	965053	907971	57082	5.91%
2009	1202375	1120556	81819	6.80%
2010	1366683	1254097	112586	8.24%
2011	1622450	1486377	136073	8.39%
2012	1811118	1660857	150261	8.30%
2013	2129233	1954208	175025	8.22%
2014	2368644	2170693	197950	8.36%

资料来源：Wind 资讯、中国社会科学院以及作者的计算。

　　最后，修复与重建金融部门资产负债表。经历了"企业部门→政府部门→居民和金融部门"的杠杆挪移，宏观经济总杠杆的结构将发生较大变化，其失衡程度将有所减轻。然而，这并不代表债务已经被消除，也不代表宏观杠杆在结构上是稳健的，这是因为提供金融资源的金融体系或者说金融制度安排还有很多缺陷与不足，简单地将债务转移到金融部门只是暂时性的便宜措施，而金融部门债务压力的短期上升、债务期限和结构的变化会对宏观金融稳定性产生负面冲击，① 去杠杆和优化杠杆结构最终需要被迫修复金融体系的资产负债表，这一过程势必引发我国

――――――――――

　　① 举例来说，当前我国商业银行不良率呈上升趋势，银行债权转股权的措施在一定意义上确实能够在基本不改变商业银行杠杆率的情况下降低企业债务负担，然而，这种转变绝不仅仅是商业银行资产方的内部结构变化（贷款→股权投资），更重要的是这将迫使商业银行的资产与负债管理模式发生改变，同时，债转股的对象选择、债转股的定价问题、债转股过程中对银行原有股东利益的影响、商业银行资本占用的大幅上升问题、无力偿付债务利息的企业能否给付红利给银行的问题等都需要予以关注。历史上，很多国家也都实行了债转股策略，但效果并不好，相关经验和教训需要我国认真借鉴。

金融体系结构和制度性安排的巨大变迁，这种变迁的经济后果在目前的情形下显然尚无从预估和衡量。从全球经验和我国国情看，大力发展资本市场，能够有效促进金融资源在不同禀赋和需求企业中的合理配置，这比传统商业银行贷款的融资模式更具有普适性和金融服务专属性，更重要的是，股权型融资能够提高企业净资本，起到降低杠杆的作用——然而，这必将加剧金融脱媒趋势，也会将商业银行杠杆转移到投资银行等金融机构。不过，金融市场化改革需要大力推进金融创新和金融产品标准化，它能够充分提高金融产品的丰富性，并显著降低金融交易（特别是融资）的成本，并能够直接解决很多当前的疑难问题（政府融资平台债务证券化、银行资产证券化等）。值得注意的是，我国商业银行在经济下行期和调结构过程中承受着巨大压力，大型国有银行主导金融体系并享受政府隐性补贴的局面必将改变，然而，商业银行的资产负债表规模庞大，其稳健经营对国民经济的稳定性极为重要，因而，在利用去杠杆倒逼商业银行改革的同时要特别注重银行业的系统性风险。从德国的经验可以看出（上文也已做了分析），间接融资主导的金融体系同样能够有效服务于经济发展，我国金融制度改革的目标应是理顺两种融资方式的规模和比例关系，使二者有效互补，形成富有弹性的金融体系。最后，上述去杠杆、移杠杆渠道都仅考虑了国内部门，在我国金融开放进程中，还应充分利用国外部门，而利用国外的一个核心途径是人民币国际化。截至 2014 年末，人民币国际化程度显著提高，人民币国际化指数（RII）已从 2012 年的 0.56 迅速上升到 2.47，按此态势，人民币有望超越日元成为世界第四大国际货币。成为国际货币将使我国能够获得铸币税，而更重要的是，它将重新塑造我国的整个对外资产负债表。应该说，这是化解我国债务问题的一个重要出路，但机遇与挑战并存，这就对我国政府和货币当局提出更高要求。

资产方	负债方
美国国债→海外直接投资（ODI） （安全资产）	人民币国债 （廉价负债）
其他资产	其他负债

至此，本书较为粗略地分析了我国宏观杠杆调结构的有关思路，很显然，这是一个必须讲求次序和策略的过程。按先后次序，我国宏观杠杆调结构的顺序应为：修复企业部门资产负债表→修复政府部门资产负债表→修复金融部门资产负债表。这一过程的前端是实体经济（特别是生产性企业）的结构调整和升级，末端是金融体系的结构调整和制度性安排升级，中间则是中央政府的债务"吐纳"过程。这一格局的形成实

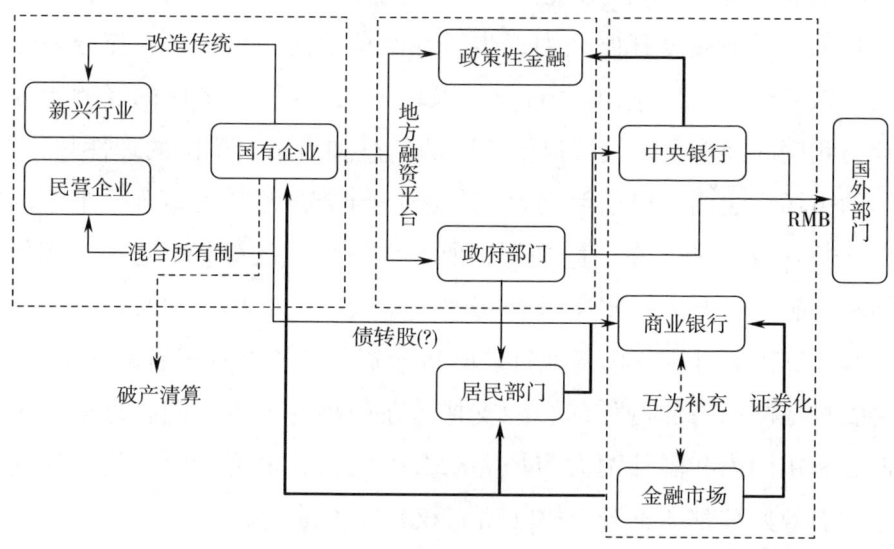

注：图中黑色实线代表"移杠杆"方向（箭头指向），黑色粗实线代表资金流向（箭头指向），黑色虚线代表去杠杆（僵尸企业的破产清算），虚线双向箭头代表互补关系。

图 5－27　我国宏观杠杆结构调整

非偶然：改革开放伊始，我国依靠政府的强有力控制和支持有效推进了经济转型和发展，其制度变迁路径和经济资源流向是政府主导→垄断性金融→国有企业；时至今日，我国虽然获得了空前大发展，但30年来的"积弊"仍需要倒逼政府进行改革，倒逼金融制度进行变革，从而这种历史必然性从金融去杠杆的层面看就形成了企业去杠杆→政府资产负债表重建→金融制度安排调整的改革路径——而事实上，这与各界多年所强调的制度、产权问题以及当前我国宏观经济调结构的大战略是完全一致的。

总体上，我国的经济发展奇迹是我国渐进式转型道路的成功。当前，在推行市场化改革的过程中，仍然需要坚持"渐进式"战略，在去杠杆时不能采取"猛烈"的方式，尽可能避免出现经济的"断崖式"下行，在"迂回"的制度变迁路径中逐步缓释改革中的新风险，并充分积聚和释放"改革红利"。"他山之石，可以攻玉"，其他经济体的经验、教训都能为我国的经济金融发展提供重要的信息和启示，德国的理性与稳健、美国的市场与法制、伊斯兰国家实体经济与金融的紧密结合、东亚国家在"东亚奇迹"和"东亚危机"中所表现出来的优势与不足……都值得总结和深思。金融多元主义符合我国现阶段的发展特点和我国特有的制度环境，这需要处理好内部融资、间接融资、直接融资三者的比例关系，妥善安排体制内与体制外的金融支持，在中央与地方之间合理配置金融资源，利用国内和国外两大市场寻求金融支持，最为重要的是上述所有关系的有效处理都离不开产权（所有权）制度的支撑。

5.6.4 金融杠杆水平的适度性评价：指标体系

至此，本章完成了以下几项工作：其一，用实证方法大体确定了金融杠杆（私人部门杠杆）水平的适度性区间；其二，通过对经济运行状态的分类以及对经济金融化过程中"加杠杆—去杠杆"轮回的分析，提出了必须要在经济金融周期性互动的大框架下来分析金融杠杆适度性水平的观点；其三，归纳了经济运行的八个典型状态，并分析了金融杠杆水平及其变化在经济运行的状态转换过程中所发挥的作用和机制；其四，从定性与定量相结合的角度提出了金融杠杆水平的"适度性假说"；其五，对主要经济体的金融杠杆水平及其历史变化进行了分析，对其金融杠杆的适度性和经济运行状态（及所处经济周期阶段）进行了初判；其六，从时空结合的视角分析了我国的经济增长与金融发展，对我国金融杠杆水平的适度性进行了判断，并对未来的制度变迁路径进行了可行性分析。

在本书各章内容及上述问题得到解答的基础上，我们将最后探讨一下"如何科学评价一国金融杠杆水平的适度性"。逻辑上，经济中的流量变化（包括方向）会导致存量规模变化，而存量变化会在很大程度上决定流量变化的特征和可持续性。金融与实体经济的矛盾运动正是这一逻辑规律的体现（我们比较了主要经济体在近 30 年的经济金融的流量与存量变化情况，见图 5－28）。因而，判断金融杠杆水平是否适度，必须全面系统地考察与金融杠杆相关的流量、存量以及这些流量与存量的相互作用。我们部分地参考麦肯锡（McKinsey Global Institute）对金融杠杆水平的评价方法，并纳入本书所确立的思想方法以及相关结论，从而得出了评价一国金融杠杆水平适度性的表格（见表 5－19）。通过这样一张表格，我们可以得到与一国金融杠杆水平有关的几乎全部信息，指标的设计依据散见于本书各章中，在此不作赘述。①

---

①　当然，在获得全部信息后如何对适度性进行评价，是后续研究的重点，本书对有关指标的评价标准和经济含义均进行了分析和讨论，在此略去。

金融杠杆水平的适度性研究

表 5 -19   金融杠杆水平适度性评价表

	指标	国家维度		时间维度（可细分）	
		考察国	对照国	考察国历史趋势	对照国历史趋势
流量变化	M₂ 增速%				
	信贷增速%				
	金融工具发行增速%				
	经济增速%				
金融杠杆水平及结构	宏观金融总杠杆				
	私人部门				
	企业部门				
	金融部门				
	居民部门				
	政府部门				
金融杠杆变化（%）	宏观金融总杠杆				
	私人部门				
	企业部门				
	金融部门				
	居民部门				
	政府部门				
金融发展相对速度	M₂ 增速/GDP 增速				
	信贷增速/GDP 增速				
	宏观加杠杆速度/GDP 增速				
	信贷占比缺口（CTGG）				
存量变化	M₂ 存量（货币余额）%				
	信贷存量（债务总量）%				
	国民财富总量%				
	金融相关性比率 FIR%				
存量债务对流量的影响	经济总债务利息/GDP				
	债务利息支付/可支配收入				
	企业利息覆盖比率				
	政府债务利息/税收收入				

320

续表

指标	国家维度		时间维度（可细分）	
	考察国	对照国	考察国历史趋势	对照国历史趋势
融资成本与风险 存款利率				
贷款利率				
借贷利差				
抵押利率				
保证金率（垫头）				
资产价格波动率				
总量配比 投资储蓄差（ISG）				
投资/储蓄比（ISR）				
信贷配比度（CMI）				
金融相关性比率（FIR）				
结构信息 金融体系结构				
工业化程度				
资本形成率				
城镇化率				
人口结构				

注：此处没有具体列出其他一些表明政府和企业债务负担的指标，特别是体现政府债务水平及期限结构的指标，比如外汇储备/外债、外债/GDP、短期债务/总债务等，以及流动性资产/总资产、超额现金持有比例（%总资产）、债务/金融资产等，对此的细致考察参见 Reinhart & Rogoff（2009）、麦肯锡的研究等。如果我们有足够的时间和资料，便能够将我国的各类指标及相应对照信息填入表中。

回顾本书此前的分析，金融资产总量相对于国民财富总量的上升是跨时空的共同趋势（极个别情况除外），这种单调趋势是由以下几个关键比率决定的，它们依次是：信贷增速/GDP 增速（设其为 e）、信贷/GDP（金融杠杆率，设其为 L）以及金融加杠杆速度（变化率，设其为 l），这在逻辑上毫无疑问。一方面，金融杠杆水平并非经济金融化的根本原因，而只是中间状态，根源在信贷扩张（credit expansion），确切地讲是持续地、超过必要增长速度的过度信贷扩张，即 $e > 1 \rightarrow L\uparrow \rightarrow \dot{l}\uparrow$, $FIR\uparrow$；另一方面，金融杠杆水平又不仅是中间状态，而且也是诱发下一轮信贷扩张的原因，"信贷创造自己的信贷"，即 $L\uparrow \rightarrow e\uparrow (>1) \rightarrow \dot{l}\uparrow$, $FIR\uparrow$。微观主体的理性与非理性是这一机制形成和赖以维持的基础，在此机制下，EC-HL 综合征得以产生并成为宏观经济、金融脆弱性的重要根源。

在此，我们将几个关键性的流量和存量比率综合在一起做简单分析：设在时间 t 的信贷存量为 C_t，$t-1$ 到 t 的国民生产总值为 G_t，$\dot{c}_t$、$\dot{g}_t$ 分别为信贷存量以及国民生产总值在 t 到 $t+1$ 期间的增长率，即：

$$\dot{c}_t = \frac{C_{t+1}}{C_t} - 1 \quad \dot{g}_t = \frac{G_{t+1}}{G_t} - 1$$

则有：

$$e = \frac{\dot{c}_t}{\dot{g}_t} \quad L_{T+1} = \frac{C_{t+1}}{G_{t+1}} \quad \dot{l}_t = \frac{L_{t+1}}{L_t} - 1 = \frac{\dot{c}_t - \dot{g}_t}{\dot{g}_t + 1}$$

显然，当 $\dot{c}_t > \dot{g}_t$ 时，$\dot{l}_t > 0$，即经济加杠杆。下面，再考虑加杠杆速度与经济增速之差，根据本书第 2 章的分析，加杠杆速度大于经济增速时，金融发展对于经济增长有抑制作用，我们来倒推出信贷扩张的条件。

$$\dot{l}_t > \dot{g} \Rightarrow \frac{\dot{c}_t - \dot{g}_t}{\dot{g}_t + 1} - \dot{g}_t > 0 \Rightarrow \frac{\dot{c}_t - 2\dot{g}_t - (\dot{g}_t)^2}{\dot{g}_t + 1} > 0 \Rightarrow \dot{c}_t - 2\dot{g}_t - (\dot{g}_t)^2 > 0$$

从而，$\dot{g}_t \sqrt{\dot{c}_t + 1} - 1$，或表示为 $\dot{c}_t > 2\dot{g}_t + (\dot{g}_t)^2$，这说明，超额信贷扩张所引发的经济过度金融化意味着信贷扩张速度高于同期实体经济增速（$\dot{g}_t > 0$）两倍有余，或者说 $e = 2 + \dot{g}_t > 1$，且当经济增速非负时，$e > 2$。

此处的推导非常简单，但所要说明的内容却是本书所反复强调的，对金融杠杆水平适度性的研究，一定要在实体经济、金融体系的流量与存量互动过程中来进行。

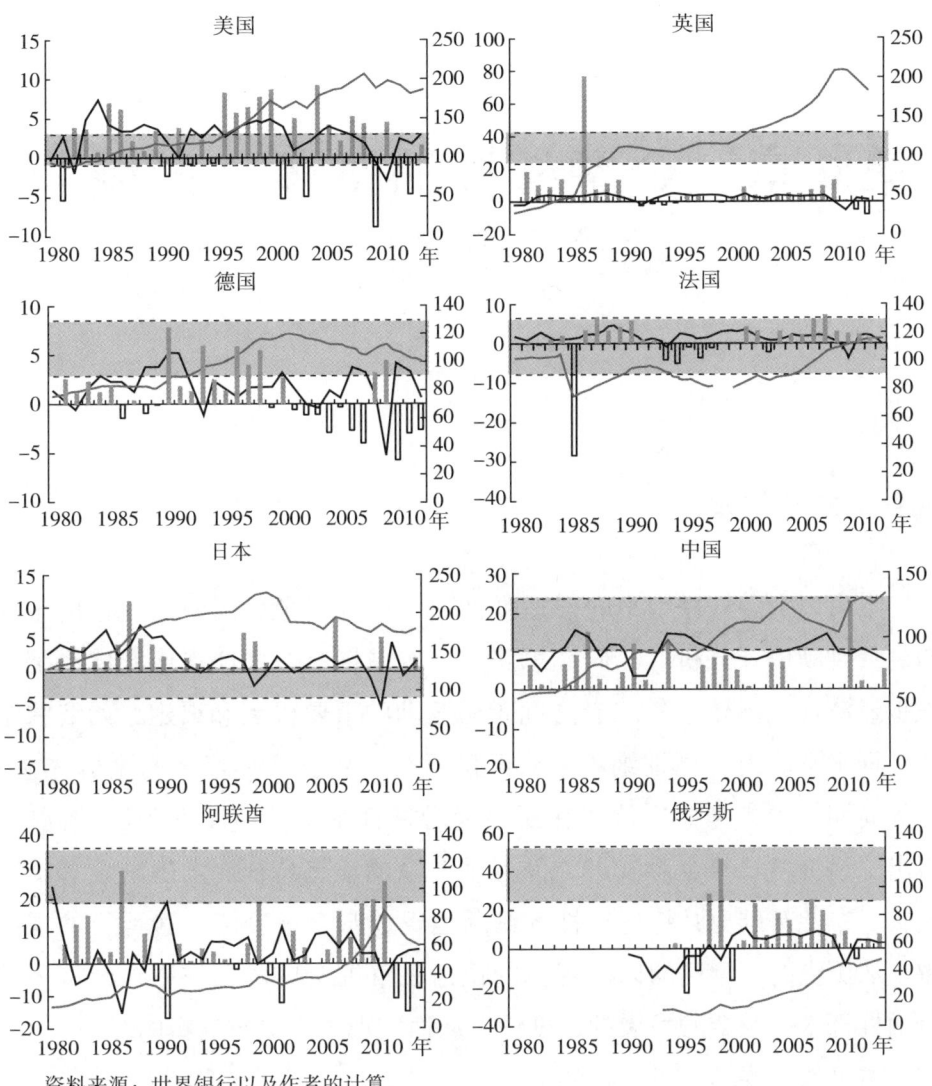

资料来源：世界银行以及作者的计算。

注：图中浅灰色曲线为私人部门杠杆水平（%），黑色曲线为实体经济增速（%），柱状图为各年度加杠杆速度（%），图中平行于时间轴的虚线分别为金融杠杆水平 L＝90% 和 L＝130%，用于划定金融杠杆水平的大体适度区间，即位于该区间内或以下的私人部门杠杆水平可以视作大体上适度的，当然，像俄罗斯等中东国家以及一些伊斯兰国家，其金融杠杆水平距离 90% 尚有较大差距，如果其同期经济增速较低（＜2%），那么可以视作金融杠杆水平过低（不足）。

图 5 - 28　主要经济体金融杠杆水平及加杠杆速度（1980—2012 年）

第6章 金融杠杆的诸多"悬疑"：结论与展望

6.1 全书总结

本书以金融杠杆水平的"适度性"为研究对象，围绕适度性的定性与定量判断展开分析。在研究思路上，本书将金融杠杆视作实体经济与虚拟经济（金融体系）二者之间矛盾运动的重要机制和渠道，始终将金融杠杆水平的内生属性纳入宏观经济运行（包括实体经济与金融体系）的大周期律中去考察，从而在研究金融杠杆水平的适度性问题的同时，得出了经济增长与金融发展之间互动关系的动态特征、发展阶段和交互模式。在此基础上，将适度性的判断逻辑放归全球经济金融运行的现状中，从历史的、制度的以及规范的视角去审视全球范围内主要经济体的金融杠杆水平及金融发展的适度性，从而实现了历史与逻辑的统一。

本书的主要结论可概括如下：

1. 人类经济史上，超额信用与高杠杆现象（本书将其定义为 EC - HL 综合征）并非新鲜事物，相反，它在历史上是反复出现的，此轮危机的关键在于高杠杆的机制更加复杂，超额信用的使用更为频繁且对其缺乏应有的限制。与传统思路不同，本书认为，超额信用并非表现为简单的持续的"信贷—经济"增速差，而是在一定程度上表现为二者之间的倍数（某个大于 1 的倍数）关系，金融与实体经济之间存量与流量的互动关系能够通过金融加杠杆速度与经济增速的对比关系表现出来，这也有效地解释了金融杠杆原始定义中"存量与流量之比"的经济学内涵。

2. 从 1800 年至今，金融发展与实体经济增长的互动关系在不同时期、不同国家有不同的表现形式、作用机制和运动状态。历史昭示了金融杠杆水平不断攀升的客观规律，同时也显示出，这一规律在具有不同禀赋、处于不同发展阶段和制度环境下的国家会演绎出不同的"版本"。

3. 实体经济运行存在"信用渠道"（credit channel），金融杠杆水平在宏观经济增长与波动中的作用正是这一渠道的体现。本质上，金融杠杆具有效率与稳定（或称收益与成本）的"两面性"，这意味着"度"上的权衡，也意味着实体经济与金融发展之间的"非线性"关系。

4. 实体资本与金融资本的关系不是一成不变的，随着金融的发展，二者之间将先后经历渠道效应阶段、挤出效应阶段、排斥效应阶段、替代效应阶段（当然还包括泡沫崩溃阶段，这意味着不完全替代），在此过程中，金融杠杆水平会经历升与降的交替变化，形成所谓的"杠杆周期"。

5. 金融杠杆具有强顺周期性，这是微观主体预期和行为的结果。这种顺周期性具有放大宏观经济冲击与波动的"不良"倾向，且这种放大效应具有明显的不对称性。顺周期性的一个重要形成机制是资产价格、资产负债表、流动性和金融杠杆的上升或下降螺旋。因而，逆周期的金融杠杆调控（或限制）是必要的，对调控时机、力度和方向的把握尤为重要。

6. 金融杠杆水平内生于经济运行过程，与经济发展水平、经济增速、人均收入水平、经济结构、金融发展水平、金融开放程度、人口结构、社会文化制度等一系列因素休戚相关。这显示了金融杠杆水平的多元决定性。

7. 金融发展的高级阶段是金融异化（或过度金融化），它是金融资本逐步替代实体资本、金融资产收益率逐步超越并主导实体投资收益率的结果与表现，微观上是融资渠道和投资决策变化的产物。交易成本的存在、实体投资的流动性限制以及金融资产相对于实体资产的冲击响应速度优势等诸多"不完美",产生了金融加速器效应和投资分流效应,前者放大经济冲击、强化金融的顺周期性——相当于提升了金融的"能量",后者则改变了经济中可供投资资金的流向配置——弱化实体投资的相对规模,二者共同导致了金融异化的发生。金融发展对于财富积累和收入分配有显著影响,初始禀赋又在相当程度上决定了经济中金融资源的配置,这同样是一个反馈螺旋,它同样会加剧经济的周期性波动。

8. 金融杠杆的适度性不同于最优,适度性水平只能是一个动态的"范围"和"区间",是具有弹性的。总体上,金融杠杆水平可以被划分为杠杆不足、杠杆适度、杠杆稍高、杠杆过度四个区间,(60%,100%)是统计学上的适度金融杠杆水平(以私人部门杠杆计),因而100%为适度性阈值(或称之为适度性区间上界)。在适度性阈值下(且非杠杆不足,即适度性区间内),金融发展通常能促进实体经济增长;而超越该阈值后,金融发展的"副作用"会随金融杠杆水平的上升而增大;当金融杠杆水平达到某一超高水平时(此时往往是杠杆过度),金融脆弱性累积到一定程度,危机爆发。然而,考虑到时空上的差异性,金融杠杆的适度性区间(阈值)在不同时空条件下也是不同的。

9. EC-HL综合征是危机爆发的必要而非充分条件,即便如此,也无法否认信贷扩张、加杠杆、经济危机三个变量之间的致密性关联。这说明,危机爆发需要更严苛的条件,但超额信用、高杠杆已经具备了危机爆发的最基本要求。这是因为,持续的实体投资与金融投资的流量失衡将引致存量失衡,存量失衡将进一步加剧流量失衡。逻辑上,信贷增速超过经济增速(信贷增速/GDP增速>1,即富有弹性),意味着金融杠杆水平和经济中债务负担的上升,金融杠杆水平的持续上升意味着金融资产总量相对于实体资产总量的上升,亦即金融相关性比率FIR的上升。特别地,当金融加杠杆速度持续高于经济增速时,这种债务负担的累积速度呈现出超越线性的增长态势。

10. 实体经济有其自身的自然大周期，金融发展也有其独特周期性，二者周期性的叠加形成了宏观经济运行的特异路径。如果将实体经济视作根本，将金融发展（以金融杠杆衡量）视作中介和渠道，将金融稳定性视作外在表象，则这三个变量的上升与下降趋势可以一并归纳为 "经济运行的状态空间"。该状态空间能够涵盖现实中经济运行的经典状态（八个基本状态），并同时包含了实体经济与虚拟经济的周期性动态信息，从而将金融杠杆水平的适度性问题与实虚互动的匹配适度性问题有效关联起来，并将复杂的叠加周期动态路径分解为经济运行状态的转移（切换）。

11. 评价金融杠杆水平的适度性，需要多维视角，构建科学的指标体系。本书所探讨的指标体系包含了宏观与微观、整体与局部（结构）、动态与静态、流量与存量、时间与空间、实体与金融等多个（对偶）维度，是一个较为系统的评价体系。

12. 全球范围内，不同国家阵营乃至同一阵营中的不同国家，其经济与金融发展存在巨大差异，这种差异是制度变迁的结果。在本书所建立的历史图景和逻辑框架中，货币金融制度变迁是核心。货币从实体金属货币向符号化信用货币的历史转变，是国际货币制度从可兑换的金本位向不可兑换的牙买加体系转变、金融发展从货币时代向信用时代转变、金融资本从跟随实体投资需求向主导实体资本转变等一系列 "质变" 的根源。手握金融霸权的国家将其他国家作为过剩产能与流动性的承接者和危机时期的无辜牺牲者。国际货币金融制度的不平等，使得发展中国家和欠发达国家的金融杠杆水平变化脱离其应有轨道，成为随波逐流的 "失控杠杆"。

13. 我国宏观杠杆水平尚处于可控且较为安全水平，但私人部门杠杆水平已超过适度性区间，且宏观杠杆结构严重失衡，这是实体经济和金融体系诸多失衡的结果，也是由长期以来政府主导的经济金融制度变迁所形塑的。因此，杠杆调结构与经济调结构、金融体系调结构乃至政府职能转变的目标和逻辑是一致的。我国非金融企业部门去杠杆关系重大，其过程要讲求次序，要依次经历实体经济、政府与金融体系三大领域的资产负债表调整方可实现。同时，去杠杆过程要充分考虑到实体经济的效率和稳定，要在大周期律中考虑资源、制度、环境的约束，对去杠杆的持久性、艰巨性有充分准备，对其负外部性和广泛影响设计充分预案。

6.2　悬而未决的问题

本书用很长的篇幅系统探讨了金融杠杆水平的适度性问题，提出了"适度性假说"，得出了一些有价值的结论。然而，在实虚互动的分析框架下，本书的研究仍然不够充分和深入，以下是一些悬而未决的问题：

1. 限于数据的可得性、准确性和可比性，本书在实证分析中主要关注私人部门杠杆水平，没有将政府部门杠杆纳入，仅在历史分析和案例分析中考察了政府部门杠杆的水平和作用，因而在对经济总杠杆水平及其结构的考察方面是欠缺的。

2. 现实中，宏观经济总杠杆与微观部门杠杆之间是密切互动的，它不仅表现为总水平与结构的关系，还表现为部门之间的互动，因而是一个由金融交易网络和信贷链形成的金融杠杆网络（financial leverage network）。外部经济冲击和内部经济问题都会通过这个网络在整个金融体系和实体经济系统中传递，对此机制的研究，将有助于我们理解风险积聚、脆弱性上升和危机触发的机制。

3. 本书所进行的多是局部均衡分析，没有构建起有关金融杠杆分析的一般均衡框架。作为分析实虚动态匹配与互动关系的切入点，对金融杠杆周期性变化和适度性水平的研究需要一个一般均衡分析框架。

4. 本书仅研究了金融发展与实体经济增长之间的非线性关系及其拐点，但并未对偏离适度性区间的经济绩效进行考察——在聚类的基础上，对各类样本国家得到金融杠杆的适度性水平（均衡值），并细致研究偏离程度与经济效率、经济稳定性的关系。[1]

5. 本书虽然反复提及但却未对金融杠杆水平与资源配置、收入分配公平性的关系进行深入研究，而这实是全球范围内亟待解答的问题。[2]

6. 本书业已指出，制度变迁从根本上决定了金融杠杆水平变化以及实虚关系变化，但限于篇幅和问题的侧重点，未能从制度经济学和制度金融学的角度进行展开分析，这是后续研究的一个重要方向。

7. 研究金融杠杆的适度性水平，一个核心目的在于研究当经济偏离正常轨道时如何通过调控金融杠杆来改善经济运行，或者说，当金融杠杆不足或过度时，如何通过合理的加杠杆或去杠杆来实现金融发展与实体经济增长的相互促进，这是金融杠杆适度性问题的进一步延伸。然鉴于问题的复杂性，本书并未安排大量篇幅对相关宏观杠杆调控政策作展开分析。

在结束本书之前，我们对最后一个问题作方向性讨论：

仍然借助第 5 章的分析框架，我们首先将经济与金融的叠加周期划分为 6 个状态（注意，这里不同于第 5 章中的经济运行的 8 状态空间），分别以 A、B、C、D、E、F 表示。其中，A + B 表示经济繁荣期，C + D 表示经济衰退期，D + E 表示经济去杠杆时期，E + F 表示经济复苏期（这一时期包括了"经济反弹—经济去杠杆"以及"经济复苏—经济加杠杆"两个阶段，第二阶段也称作后"去杠杆"时期，即 Post – deleveraging Period）。显然，经济金融叠加周期的某几个阶段之间具有"重叠"区域，这恰恰说明了经济运行与金融运行的"非同步性"（即相位差）。

---

[1]　值得说明的是，国内外的此类方法较多，但都存在一定的缺陷，因而方法上的创新和完善也很重要。

[2]　当前，主流经济学对货币、信贷、债务、资本、资产、财富、收入、分配之间互动关系的研究不能令人满意，这需要我们更多地借鉴早期经济学者的思想和理论，同时参考一些非主流经济学的有关思路方法。

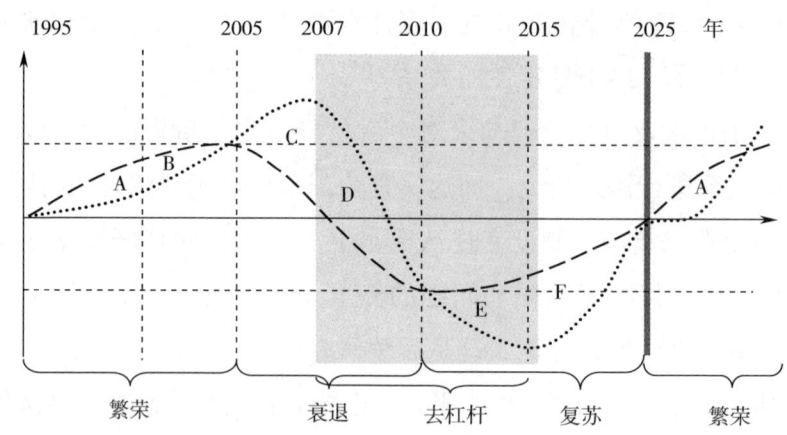

注:

①图中虚线表示实体经济增长率的周期性波动（而非实体经济 GDP 的波动），图中实线表示金融杠杆水平的周期性变化（当然，也可画出金融杠杆变化% 的曲线），两条曲线存在振幅、频率和相位上的差异，图中所示仅为示例性说明，现实中曲线的形状和特性更为复杂，但这种简化并不会显著影响我们的分析和结论。

②图中标示出了经济周期和金融杠杆周期的不同阶段，并将经济运行状态用 A – F 表示。

③根据历史上各阶段的时间长度，我们以 2007 年为基准向前和向后推算出了次贷危机所处的经济大周期时间表。

图 6 – 1　经济金融发展周期律的阶段划分（A – F）

下面，我们根据第 5 章最后的国别分析，可以大体上将主要经济体的当前运行状态归入 A – F 各类之中（结果如表 6 – 1 所示）。显然，当前全球主要经济体的经济运行大体可分为几类：一类是经济高速增长的低杠杆国家，一类是经济高速增长且高速加杠杆国家，这两类国家主要是新兴经济体；第三类是除美、德外的主要发达国家，这些国家在次贷危机后都陷入了经济衰退和艰难的去杠杆困境；第四类是德国，这是发达国家中坚守实体经济的"另类"，故而其也已实现了经济反弹和去杠杆，经济复苏前景较好；最后一类是美国，去工业化、过度消费、全球最大债务国、过度金融化等诸多特征使其本应位于区间 D，然而正是美元霸权以及高度发达的金融体系，使美国得以将以邻为壑的经济政策效果发挥到极致，加之"再工业化"战略，美国经济在未来有可能进入上升通道。对我国而言，经济调结构与杠杆调结构是逻辑一致的，同时也与政府职能转变和金融制度改革是逻辑一致的。当前，我国大体处于区间 B 与 C 的交界处，而这也正是政府可以"有所作为"的区间，即金融杠杆水平偏高但经济增速稍有放缓的时期。根据第 5 章的有关分析，我国在经济上尚具有一定的加杠杆空间（特别是政府、居民和金融部门），这可以看作是对未来经济金融改革过程中的风险缓冲和准备；同时，我国企业部门债务过高的根源是政府（特别是地方政府）对经济的控制，"解铃还须系铃人"，我们要充分利用政府调控进行外生性去杠杆，只不过此次去杠杆不是救助，不是隐性补贴，而应是实实在在的制度变革，是政府为市场创造条件，为民间创造租金。

表 6 - 1　　　　　　　　　　主要经济体的经济运行区间

运行区间	时间长度①	经济体（国家）
A	10 年	伊斯兰国家、俄罗斯、印度
B		中国②
C	1 ~ 2 年	巴西
D	2 ~ 3 年	英国、法国、加拿大、意大利、欧猪 N 国、日本
E	4 ~ 5 年	德国
F	10 年	美国③

注：

①时间长度主要参考了麦肯锡（McKinsey Global Institute）的相关研究。利用这一历史平均数据，我们得以估算出此轮危机前后的经济运行时间表。

②中国目前经济进入"新常态"，超高增速不再，年均增速大体维持在 7% 左右（当然这仍然很高），同时，我国私人部门金融杠杆水平已达较高水平，故而经济运行表现出增速放缓和快速加杠杆的趋势，故而也可以将中国归入区间 C，或比较合理的是中国在 B 到 C 的交点处。

③美国当前私人部门去杠杆已经基本完成，但由于政府部门债务水平较高，故宏观总杠杆水平未出现下降。但美元的国际货币地位使得美国能够通过"伪复苏"的方式拉高经济，再通过债务货币化来去杠杆，最后通过向实体经济回归实现真实经济增长，故而美国在短短几年内便实现了从区间 D 向区间 F 的跳转。

　　结合项俊波（2009）分析中国经济增长和结构调整问题时所采用的二维坐标系分析法以及本书第 5 章所构建的经济增长、金融杠杆变化、宏观经济稳定性变化的三维坐标系分析法，我们可以构建一个新的四维坐标系，即（G,L,S,SA），[①] 以经济增长、加杠杆、稳定性上升、结构优化为状态 1（"＋"），以经济衰退、去杠杆、稳定性下降、结构恶化（失衡）为状态 0（"－"），因而宏观经济运行共有 16 种（2^4）典型状态。当前，我国经济处于经济增长、结构失衡状态（项俊波，2009），同时，经

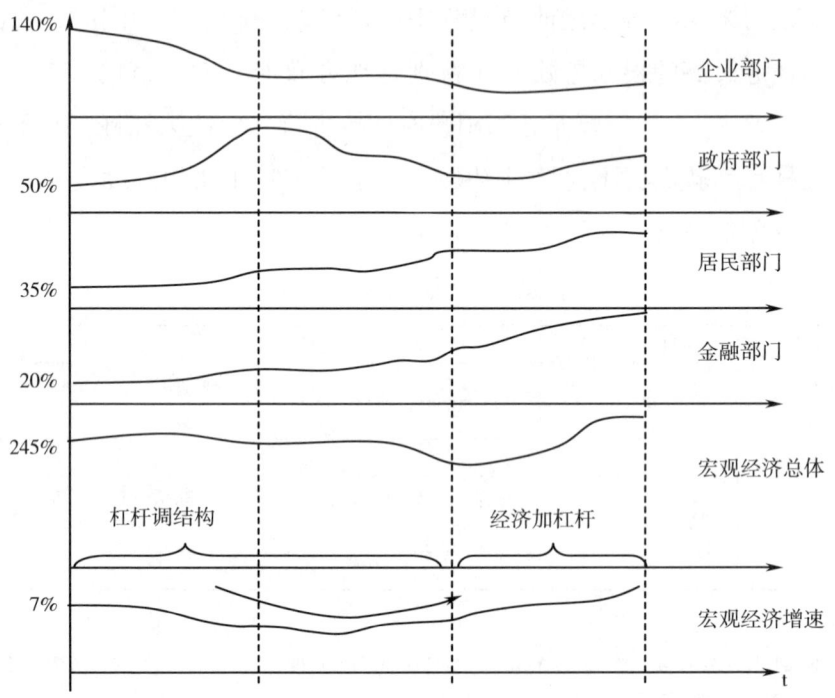

图 6 - 2　我国宏观杠杆结构调整与经济运行示意图

济加杠杆、宏观经济稳定性有所下降，所以，我国宏观经济的运行状态为（G_+,L_+,S_-,SA_-）。第 5 章和本章指出，宏观杠杆调结构与经济调结构

---

　　① SA 表示结构调整，下文的 LSA 表示杠杆结构调整。

互为条件，我们以 LSA 表示杠杆调结构，从而在一般情况下，按照本书所指出的思路，$LSA_+ \Leftrightarrow SA_+$。而且，如果有可能（企业部门去杠杆的效果较好），$LSA_+ \Rightarrow L_-$。因而我们期望企业部门去杠杆能够引发一系列正反馈，即 $LSA_+ \Rightarrow L_-$，$SA_+ \Rightarrow G_+$，S_+，$(G_+, L_+, S_-, SA_-) \rightarrow (G_+, L_-, S_+, SA_+)$。当然，这是最佳结果，理论上，还存在着其他 7 种（$2^3 - 1$）可能情况。当我们过度注重经济增长（例如保持 > 7% 的增速）、过度关注稳定性（过度货币投放、实施大规模信贷扩张和政府救助等）或过度强调结构优化时，经济运行都会进一步偏离均衡轨道，而可能出现 $G_+ \Rightarrow SA_-$、$S_+ \Rightarrow L_+$，$SA_- \Rightarrow G_- \Rightarrow S_-$、$SA_+ \Rightarrow G_-$，$S_-$ 等情况，这对于正处于区间 B 和 C

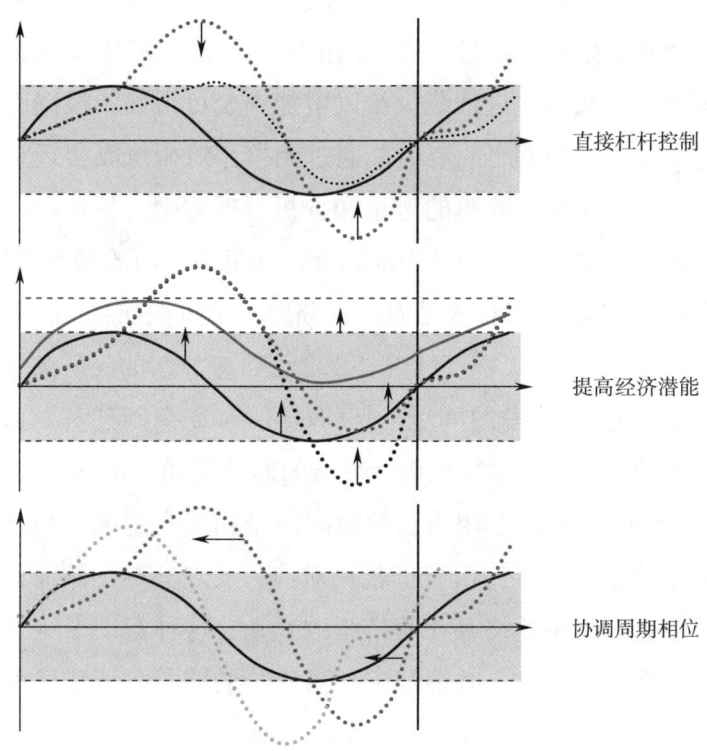

图 6-3　经济金融叠加周期与政策操作效果示意图

交界处的中国经济十分不利。因而，根本上讲，要力争杠杆调结构、金融调结构与实体经济调结构的（周期性）协调，这种协调意味着宏观经济运行中效率与稳定的权衡。

逻辑上，对一国政府而言，利用金融杠杆水平来协调实体经济与虚拟经济，显然要基于经济运行的大周期律特征以及本国经济运行所处的阶段和状态。根据第5章所建立的"适度性假说"，实体经济增速越高，其加杠杆可持续性越强，故可在特定时期利用政策引导信贷资金流向有利于实体经济增长的领域（但这通常不适用于金融杠杆水平已经过度的情况）；根据金融杠杆的顺周期性，无论是在经济繁荣期的后期或经济复苏期的前期，金融杠杆往往处于非适度水平，即过高或过低，这是其顺周期性的突出表现，因此，可在金融杠杆超过适度性阈值时限制加杠杆以及在金融杠杆水平过低时调整信贷政策促进信贷供给以增加资金可得性；根据周期叠加的基本原理，非调和的周期之间有可能通过调整相对相位以实现更高的同步性。当然，上面仅是极为简单的讨论和分析，现实中，各种操作方法有其适用条件，因此需要因势利导、因地制宜，立足于一国的基本国情，同时，还要考虑各种操作方法的有效结合。经济运行周期中的"非理性"需要"外力"来"纠正"，但"矫枉过正"未必会带来改善的经济绩效，这是政府干预经济时所必须考虑的问题——George Soros 在阐述其"双重周期"（twin cycles）理论时说："我相信，政府的监管周期（regulatory cycle）与信贷周期（credit cycle）在相当长的时间内是相互交叠的，而且，最小程度的监管通常与最大程度的信贷扩张相对应，反之亦然。然而，在二者周期性的交叠重合过程中始终存在着持续的互动，这种互动影响并改变了二者各自的周期形态和长度，并形塑出一条独特的路径，该路径不能被简单地归于某一类规则的或重复性的运动模式（pattern）"。

更进一步地（或许仅仅是一点更深入但尚不成熟的思考），在本书中，我们阐述了经济周期、金融周期（金融杠杆周期）以及政策周期之间的三期叠加关系（暂时没有考虑技术周期），并在不止一处分析了金融杠杆等一系列经济、金融变量的顺周期特征及反馈机制：新技术或新市场等→经济增长、利润上升→乐观预期→过度投资→资产价格膨胀→过度负债→（自我加强的循环……）→临界点→意外的负面冲击→资产抛售→资产价格下跌→信贷紧缩、借贷困难→通货紧缩→债务负担加重→（自我加强的循环……）→……。"临界点"的两侧是繁荣期和衰退期，二者内部则分别发生着经济金融变量的正反馈（"顺生"）和负反馈（"逆克"），这是宏观经济波动和危机反复爆发的内在原因——其根源在于信用的收缩扩张机制，它实际上是通过资产负债表的膨胀收缩机制实现的。于是，在人类经济史中我们看到了如下图景：经济从繁荣到衰退不断地循环往复（当然这是一种哲学意义上的循环），在每一轮大循环内部，还存在着两类小循环（即繁荣循环和衰退循环），任何一类小循环经由一次次自我加强式的自循环逐渐突破某一"临界点"（本书中可以看作是金融杠杆的临界值 $\underline{L}$ 和 L^{1^*}、L^{2^*}，亦如前面章节的图 3 - 2、图 3 - 3、图 3 - 4、图 5 - 4、图 5 - 5 所示）从而转化为其对立面，小循环之间的交替往复形成大循环。这说明，经济系统内部存在着强烈的"相互缠结"机制（人的心理和预期、资产负债表、金融杠杆、信贷、流动性等）[1]，这形成了经济运行的"怪圈"[2]。正如 Reinhart & Rogoff 在《这次不一样：八百年金融危机史》中

---

[1]　值得注意的是，这些缠结机制（即便是人的心理动机和预期）都与"市场价格"密切相关，顺周期性让这些缠结机制不断被加强，从而使经济系统的运行受到更大的"内旋式"引力。

[2]　怪圈的本质在于其所隐含的无穷概念，多用于比喻难以摆脱的某种怪现象，这些怪现象多为恶性循环或奇怪的循环。这一概念在 Douglas R. Hofstadter（中文名：侯世达）的巨著《哥德尔、艾舍尔、巴赫——集异璧之大成》中被系统阐述，作者从数理逻辑、视觉艺术、听觉艺术、人工智能等多个领域论证了怪圈现象的普遍存在性及其深刻的认知根源，一个经典的怪圈是"艾舍尔（Escher）怪圈"，荷兰画家艾舍尔在其众多作品中展示了看似无懈可击（实则在根基上即存在问题）的微观逻辑在整体上所引发的合成谬误。在经济学领域，研究者本身就是被研究对象，这种意识和认知上的缠结是导致"这次不一样"的错觉、非理性繁荣等诸多异象的诱因，它们不断地被重演，就好像《音乐的奉献》中"无限升高的卡农"一样。

指出的那样，历次危机都惊人的相似，而人们却总持着"这次不一样"的侥幸态度（本书开篇便已提及）。如果说这些缠结机制天然地产生于市场机制或内嵌于人的心智、思维、动机和行为之中，那么走出怪圈的唯一方法就是在这些缠结机制的外部构建新的"层级"（即某种独立的或凌驾于其上的力量），用以消除这种依微观理性行事却加总而形成宏观非理性的"合成谬误"（Fallacy of Composition）。而这显然需要来自政府的"外力"，考虑到前述政府政策周期对经济金融周期的影响，政府介入和干预的合理范围（边界）应该是引导金融制度的彻底变革以及当危机来临时以最后贷款人的身份施以恰当且适时的救助。本书对 EC-HL 综合征以及金融杠杆适度水平的讨论，其终极目的正在于此，我们需要某种力量来"剪断"这种系统性缠结，以最大限度地促进实虚关系的动态平衡。

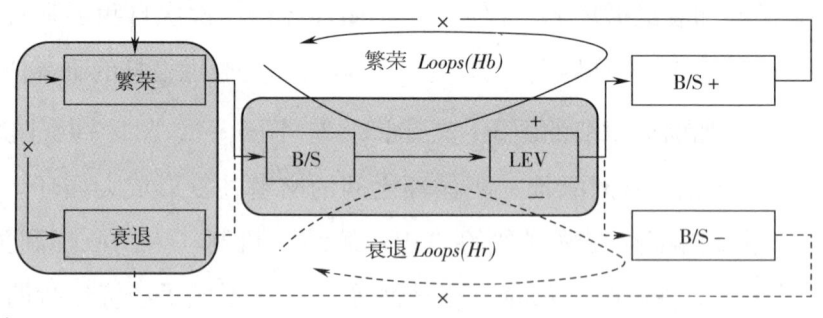

注：

①图中显示了经济运行的大循环以及两类小循环（繁荣与衰退），两类小循环的公共部分（即系统内部的相互缠结部分，浅色阴影区）为资产负债表和金融杠杆（等），两类小循环之间亦构成一个相互转化的循环（深色阴影区）。每个小循环的自循环次数取决于某类经济参数（如金融杠杆水平、资产价格、实体投资与金融投资的相对收益率等）是否达到循环阈值（对应于"临界点"），用 H_b 和 H_r 表示。我们用"X"来打破、剪断这种系统缠绕机制，这需要靠某种外部力量来形成一个高于图中经济系统大循环的层（Layer）。此图的基本灵感源自于 Hong & Shin（2009），并可看作是本书中图 5-5 的一个微观版本。

②图中符号含义：B/S 代表资产负债表，LEV 代表金融杠杆，+代表上升、增加或膨胀，-代表下降、减少或收缩，Loops（·）表示自循环，实际上是有条件的自循环，条件由该循环函数的变量取值决定。

图 6-4　"经济大循环"与"小循环的自循环"：打破怪圈

参考文献

中文部分

[1] 巴曙松：《中国加杠杆周期走到尽头了么?》，工作论文，2013。

[2] 巴曙松、邢毓静、朱元倩：《金融危机中的巴塞尔新资本协议：挑战与改进》，中国金融出版社，2010。

[3] 查尔斯·金德尔伯格：《西欧金融史》，中国金融出版社，2010。

[4] 陈岱孙、厉以宁：《国际金融学说史》，中国金融出版社，1991。

[5] 陈强：《高级计量经济学及 Stata 应用》，高等教育出版社，2010。

[6] 陈雨露、马勇：《大金融论纲》，中国人民大学出版社，2013。

[7] 陈雨露、马勇、徐律：《老龄化、金融杠杆与系统性风险》，载《国际金融研究》，2014（9）。

[8] 丹尼尔·豪斯曼：《经济学的哲学》，上海人民出版社，2007。

[9] 道格拉斯·诺斯：《经济史中的结构与变迁》，上海三联书店，1991。

[10] 弗兰克林·阿伦、道格拉斯·葛尔：《比较金融系统》，中国人民大学出版社，2002。

[11] 弗雷德里希·A·哈耶克：《科学的反革命：理性滥用之研究》，译林出版社，2012。

［12］侯世达：《哥德尔、艾舍尔、巴赫——集异璧之大成》，商务印书馆，1996。

［13］姜英梅：《中东金融体系发展研究》，中国社会科学出版社，2011。

［14］金融危机调查委员会：《美国金融危机调查报告》，中信出版社，2011。

［15］孔祥毅：《百年金融制度变迁与金融协调》，中国社会科学出版社，2002。

［16］李扬、周莉萍：《信用创造》，载《金融评论》，2014（1）。

［17］李扬、张晓晶、常欣：《中国国家资产负债表2015：杠杆调整与风险管理》，中国社会科学出版社，2015。

［18］林左鸣：《自然容介态——以自然信息为基础的进化机理假说》，载《前沿科学》，2010（2）。

［19］林左鸣：《生命容介态——基于容纳自然信息的生命进化论假说》，载《前沿科学》，2012（4）。

［20］林左鸣：《思维容介态——关于思维对生命直接或间接进化作用的探析》，载《前沿科学》，2013（4）。

［21］林左鸣、尹国平：《价值理论的困境、出路及创新研究——广义虚拟经济理论关于价值的主要观点》，载《广义虚拟经济研究》，2011。

［22］鲁道夫·西法亭：《金融资本》，商务印书馆，1994。

［23］罗纳德·麦金农：《经济发展中的货币与资本》，中国金融出版社，2006。

［24］罗纳德·麦金农：《经济市场化的次序——向市场经济过渡时期的金融控制》，中国金融出版社，2006。

［25］彭穆兰：《大分流：欧洲、中国及现代世界经济的发展》，江苏人民出版社，2010。

［26］彭信威：《中国货币史》，上海人民出版社，2007。

［27］青木昌彦：《比较制度分析》，上海远东出版社，2001。

［28］青木昌彦等：《政府在东亚经济发展中的作用》，中国经济出版社，1998。

［29］瞿强：《资产价格泡沫与信用扩张》，载《金融研究》，2005（3）。

［30］瞿强：《经济波动：附加信用的结构性解释》，载《金融研究》，2009（1）。

［31］邵宇：《中国变革逻辑：杠杆乾坤大挪移和双重脱媒》，阿尔法工场系列演讲。

［32］盛松成、翟春：《中央银行与货币供给》，中国金融出版社，2015。

［33］韦德·汉兹：《开放的经济学方法论》，武汉大学出版社，2009。

［34］西美尔：《货币哲学》，华夏出版社，2007。

［35］悉尼·霍默、理查德·西勒：《利率史》，中信出版社，2010。

［36］项俊波：《结构经济学——从结构视角看中国经济》，中国人民大学出版社，2009。

［37］熊波、陈柳：《中小高科技企业技术成果转化中的金融创新研究》，载《财经问题研究》，2005（5）。

［38］许倬云：《历史大脉络》，广西师范大学出版社，2009。

［39］张杰：《制度金融学的起源：从门格尔到克洛尔》，载《东岳论丛》，2010（31）。

［40］张杰：《中国金融制度的结构与变迁》，中国人民大学出版社，2011。

［41］朱澄：《经济学的"科学"属性：一个"系统性"解读》，载

《政治经济学评论》，2014（3）。

[42] 中国人民大学国际货币研究所：《人民币国际化报告》，中国人民大学出版社，2015。

英文部分

[1] Adalet, M., 2005, Fundamentals, Capital Flows, and Capital Flight：The German Banking Crisis of 1931, mimeo, University of California at Berkeley.

[2] Adrian T., and H. S. Shin, 2013, Procyclical Leverage and Value – at – Risk, Review of Financial Studies.

[3] Adrian T., and Hyun Song Shin, 2009, The Shadow Banking System：Implications for Financial Regulation, Federal Reserve Bank of New York (FRBNY) Staff Report no. 382.

[4] Adrian T., and N. Boyarchenko, 2013, Intermediary Leverage Cycles and Financial Stability, Federal Reserve Bank of New York Staff Reports No. 567.

[5] Adrian T., E. Etula, and T. Muir, 2013, Financial Intermediaries and the Cross – Section of Asset Returns, Journal of Finance.

[6] Adrian T., E. Moench, and H. S. Shin, 2010, Financial Intermediation, Asset Prices, and Macroeconomic Dynamics, Federal Reserve Bank of New York Staff Reports No. 442.

[7] Adrian T., P. Colla, and H. S. Shin, 2012, Which Financial Frictions? Parsing the Evidence from the Financial Crisis of 2007 – 09, In NBER Macroeconomics Annual, volume 27. University of Chicago Press.

[8] Adrian, T., and H. S. Shin, 2008, Financial Intermediary Leverage and Value at Risk, Federal Reserve Bank of New York Staff Report 338.

[9] Adrian, T. , and H. S. Shin, 2009, Money, Liquidity, and Monetary Policy, American Economic Review, Papers and Proceedings of the One-Hundred Twenty – First Meeting of the American Economic Association (May, 2009), 99 (2), pp. 600 – 605.

[10] Adrian, T. , and H. S. Shin, 2010, Financial Intermediaries and Monetary Economics, in Handbook of Monetary Economics, ed. by B. M. Friedman, and M. Woodford, vol. 3, chap. 12, pp. 601 – 650, Elsevier.

[11] Aghion, P. , P. Howitt, and D. Mayer – Foulkes, 2005, The effect of financial development on convergence: theory and evidence, Quarterly Journal of Economics, 120, pp. 173 – 222 .

[12] Alessi, L. , and C. Detken, 2014, Identifying Excessive Credit Growth and Leverage, European Central Bank Working Paper Series No. 1723.

[13] Allen F. and D. Gale, 2000, Bubbles and Crises, Economic Journal, Royal Economic Society, 110 (460), pp. 236 – 55 .

[14] Allen F. and D. Gale, 2001, Comparative Financial Systems: A Survey, Center for Financial Institutions Working Papers 01 – 15, Wharton School Center for Financial Institutions, University of Pennsylvania.

[15] Allen F. and D. Gale, 2004, Financial Intermediaries and Markets, Econometrica, Econometric Society, 72 (4), pp. 1023 – 1061 .

[16] Amemiya, T. , and T. MaCurdy, 1986, Instrumental – variable Estimation of an Error – components Model, Econometrica. pp. 869 – 880 .

[17] Anderson, Benjamin M. , 1949, Economics and The Public Welfare: Financial and Economic History of the United States, 1914 – 1946, D. Van Nostrand Company, Inc. , Newersey.

[18] Anwar, Muhammad, 1987, Modelling Interest – Free Economy: A Study in Macroeconomics and Development, The International Institure of Islam-

ic Thought.

[19] Arcand, J. L. , E. Berkes, and U. Panizza, 2012, Too Much Finance?, IMF Working Paper WP/12/161.

[20] Arellano, M. , and O. Bover, 1995, Another look at the instrumental – variable estimation of error – components models, Journal of Econometrics, 68 (1), pp. 29 – 52.

[21] Arellano, M. , and S. Bond, 1991, Some tests of specification for panel data: Monte Carlo evidence and an application to employment equations, Review of Economic Studies, 58 (2), pp. 277 – 297 .

[22] Askari, H. , Z. Iqbal, N. Krichene, and A. Mirakhor, 2010, The Stability of Islamic Finance Creating a Resilient Financial Environment for a Secure Future, John Wiley & Sons (Asia) Pte. Ltd. .

[23] Auernheimer, L. , and R. Garcia – Saltos, 2000, International Debt and the Price or Domestic Assets, IMF Working Paper WP/00/177.

[24] Ayub, Muhammad, 2008, Understanding Islamic Finance, Wiley.

[25] Baranovsky, Tugan, 1991, Industrial Crises in England, Madrid: Minerva Ediciones.

[26] Barro, R. J. , and R. M. McCleary, 2003, Religion and Economic Growth across Countries, American Sociological Review, 68 (5), pp. 760 – 781.

[27] Basel Committee on Banking Supervision, 2010, Basel III: A global regulatory framework for more resilient banks and banking systems, Bank for International Settlements, Communications, CH – 4002 Basel, Switzerland.

[28] Beck, T. , A. Demirgüç – Kunt, and R. Levine, 2002, Law and Finance: Why Does Legal Origin Matter? , Working Paper.

[29] Beck, T. , and R. Levine, 2004, Stock markets, banks, and growth: panel evidence, Journal of Banking and Finance, 28 (3), pp. 423 – 442.

[30] Bencivenga, V. R., and B. D. Smith, 1991, Financial Intermediation and Endogenous Growth, The Review of Economic Studies, 58 (2), pp. 195 – 209.

[31] Bernanke, B. and K. Carey, 1996, Nominal Wage Stickiness and Aggregate Supply in the Great Depression, Quarterly Journal of Economics, 111, pp. 853 – 883.

[32] Bernanke, B. S., 1983, Nonmonetary Effects of the Financial Crisis in the Propagation of the Great Depression, American Economic Review, 73, pp. 257 – 276.

[33] Bernanke, B. S., and H. James, 1991, The Gold Standard, Deflation, and Financial Crisis in the Great Depression: An International Comparison, in Financial Markets and Financial Crisis, ed. by G. Hubbard. Chicago University Press, Chicago.

[34] Bernanke, B. S., M. Gertler, and S. Gilchrist, 1999, The Financial Accelerator in a Quantita – tive Business Cycle Framework, In Handbook of Macroeconomics, Volume 1C, ed. John B. Taylor and Michael Woodford, 1341 – 93. Vol. 15 Amsterdam: Elsevier, North – Holland.

[35] Bernanke, B., and M. Gertler, 1989, Agency Costs, Net Worth and Business Fluctuations, American Economy Review, 79 (1), pp. 14 – 31.

[36] Bick, A., 2010, Threshold effects of inflation on economic growth in developing countries, Economics Letters, 108 (2), pp. 126 – 129.

[37] Blundell, R., and S. Bond, 1998, Initial conditions and moment restrictions in dynamic panel data models, Journal of Econometrics, 87 (1), pp. 115 – 143.

[38] Boot, A. W. A, and A. V. Thakor, 1997, Financial System Architecture, The Review of Financial Studies, 10 (3), pp. 693 – 733.

[39] Bordo, M. D. , and P. L. Rousseau, 2005, Legal – Political Factors and the Historical Evolution of the Finance – Growth Link, Working Paper.

[40] Born, K. E. , 1967, Die deutsche Bankenkrise 1931, Piper, Munich.

[41] Breuer, Peter , 2000, Measuring Off – Balance – Sheet Leverage, IMF Working Paper WP/00/202.

[42] Brunnermeier, M. K. , and L. H. Pedersen, 2009, Market Liquidity and Funding Liquidity, Review of Financial Studies, 22 (6), pp. 2201 – 2238.

[43] Brunnermeier, M. K. , and Y. Sannikov, 2010, A Macroeconomic Model with a Financial Sector, Working Paper.

[44] Brunnermeier, M. K. , and Y. Sannikov, 2012, The I Theory of Money, Working Paper.

[45] Brunnermeier, M. , and L. Pedersen, 2007, Market Liquidity and Funding Liquidity, Review of Financial Studies.

[46] Brunnermeier, M. , and L. Pedersen, 2009, Market Liquidity and Funding Liquidity, Review of Financial Studies, 22 (6), pp. 2201 – 2238 .

[47] Brunnermeier, M. , T. Eisenbach, and Y. Sannikov, 2012, Macroeconomics with Financial Frictions: A Survey, NBER Working Paper No. 18102.

[48] Buell, S. G. , and E. Schwartz, 1981, Increasing Leverage, Potential Failure Rates and Possible Effects on the Macro – Economy, Oxford Economic Papers, New Series, 33 (3), pp. 442 – 458 .

[49] Caballero, R. J. , and A. Krishnamurthy, 2009, Global Imbalances and Financial Fragility, The American Economic Review, 99 (2), pp. 584 – 588.

[50] Caballero, R. J. , and A. Krishnamurthy, 2001a, Smoothing Sudden Stops, NBER Working Papers 8427.

［51］Caballero, R. J. , and A. Krishnamurthy, 2001b, International and Domestic Collateral Constraints in a Model of Emerging Market Crise, Journal of Monetary Economics, 4 8 （3）, pp. 513 – 548 .

［52］Calvo, G. A. , 1998, Capital Flows and Capital – Market Crises: The Simple Economics of Sudden Stops, Journal of Applied Economics, I （1）, pp. 35 – 54 .

［53］Caner, M. , and B. E. Hansen, 2004, Instrumental variable estimation of a threshold model, Econometric Theory, 20 （5）, pp. 813 – 843 .

［54］Carlstrom, C. T. , and T. S. Fuerst, 1997, Agency Costs, Net Worth, and Business Fluctuations: A Computable General Equilibrium Analysis, American Economic Review, 87 （5）, pp. 893 – 910 .

［55］Cecchetti, G. , and E. Kharroubi, 2012, Reassessing the Impact of Finance on Growth, BIS Working Papers No. 381, Bank for International Settlements.

［56］Chandavarkar, Anand, 1992, of Finance and Development: Neglected and Unsettled Questions, World Development, 20 （1）, pp. 133 – 142 .

［57］Čihák, M. , A. Demirgüç – Kunt, E. Feyen, and R. Levine, 2010, Financial development in 205 economies, 1960 to 2010, Working Paper.

［58］Cole, H. , L. Ohanian, and R. Leung, 2005, Deflation and the International Great Depression: A Productivity Puzzle, Federal Reserve Bank of Minneapolis Research Staff Report, 356.

［59］Cook, D. , and M. B. Devereux, 2006, Accounting for the East Asian Crisis: A Quantitative Model of Capital Outflows in Small Open Economies, Journal of Money, Credit, and Banking, 38 （3）, pp. 721 – 749.

［60］Cordoba, J. – C. , and M. Ripoll, 2004, Credit Cycles Redux, International Economic Review, 45 (4), pp. 1011 – 1046.

[61] Coricelli F. , N. Driffield, S. Pal, and I. Roland, 2010, Excess Leverage and Productivity Growth in Emerging Economies: Is There A Threshold Effect?, IZA Discussion Paper No. 4834.

[62] De Soto, 2006, Money, Bank Credit, and Economic Cycles, Ludwig von Mises Institute, Auburn, Alabama.

[63] Deidda, L. , and B. Fattouh, 2002, Non – linearity between finance and growth, Economics Letters, 74, pp. 339 – 345.

[64] Demirgüç – Kunt, A. , and R. Levine, 1999, Bank – based and Market – based Financial Systems: Cross – country Comparisons, Working Paper.

[65] Demirgüç – Kunt, A. , and R. Levine, 2001, Financial Structure and Economic Growth: A Cross – Country Comparison of Banks, Markets and Development, The MIT Press.

[66] Devereux, M. B. , and J. Yetman, 2010, Leverage Constraints and the International Transmission of Shocks, NBER Working Paper 16226.

[67] Diamond, D. W. , and P. H. Dybvig, 1983, Bank Runs, Deposit Insurance, and Liquidity, The Journal of Political Economy, 91 (3), pp. 401 – 419.

[68] Drehmann, M. , and K. Tsatsaronis, 2014, The credit – to – GDP gap and countercyclical capital buffers: questions and answers, BIS Quarterly Review, March.

[69] Drehmann, M. , C. Borio, and K. Tsatsaronis, 2011, Anchoring countercyclical capital buffers: the role of credit aggregates, International Journal on Central Banking, 7 (4), pp. 189 – 240 .

[70] Drehmann, M. , C. Borio, and K. Tsatsaronis, 2012, Characterising the financial cycle: don't lose sight of the medium term, BIS Working Pa-

pers No. 380.

[71] Driffield, N. , and S. Pal. , 2010, Evolution of Capital Structure in East Asia: Corporate Inertia or Endeavours?, Journal of Royal Statistical Society (Series A), 173 (1), pp. 1 –29 .

[72] Driffield, N. , V. Mahambare, and S. Pal. , 2004, Dynamic Adjustment of Corporate Leverage: Is there a lesson to learn from the Recent Asian Crisis?, Working Paper.

[73] Easterly, W. , R. Islam, and J. E. Stiglitz, 2000, Shaken and Stirred, Explaining Growth Volatility, Annual Bank Conference on Development Economics. World Bank, Washington D. C.

[74] Eckstein, O. , and A. Sinai, 1986, the Mechanisms of the Business Cycle in the Postwar Era, In the American Business Cycle: Continuity and Change, edited by Robert Gordon, pp. 39 – 132. Chicago: University of Chicago Press for NBER, 1986.

[75] Égert, B. , P. Backe, and T. Zumer, 2006, Credit Growth in Central and Eastern Europe – New (Over) shooting Stars?, European Central Bank Working Paper No. 687.

[76] Eichengreen, B. , 1992, Golden Fetters, Oxford University Press, New York.

[77] Ergungor, O. E. , 2008, Financial system structure and economic growth: structure matters, International Review of Economics and Finance, 17 (2), pp. 292 –305.

[78] Fisher, Irving, 1933, The Debt – Deflation Theory of Great Depressions, Econometrica, 1 (4), pp. 337 –357.

[79] Fisman, R. , and I. Love, 2007, Financial Dependence and Growth Revisited, Journal of the European Economic Association, 5 (2/3), pp. 470 –479.

[80] Friedman M., and A. J. Schwartz, 1963, A Monetary History of the United States: 1867 – 1960, Princeton University Press, Princeton.

[81] Gan, J., 2007, The Real Effects of Asset Market Bubbles: Loan – and Firm – Level Evidence of a Lending Channel, Review of Financial Studies, 20 (6), pp. 1941 – 1973.

[82] Geanakoplos, J., 1997, Promises Promises, in the Economy as an Evolving Complex System II, ed. by W. B. Arthur, S. Durlauf, and D. Lane. Addison – Wesley.

[83] Geanakoplos, J., 2003, Liquidity, Defaults, and Crashes, in Advances in Economics and Econometrics: Theory and Applications, Eighth World Congress, Volume 2, Econometric Society Monographs. Cambridge University Press.

[84] Geanakoplos, J., 2009, The Leverage Cycle, NBER Macroeconomics Annual, 24 (1), pp. 1 – 66.

[85] Geanakoplos, J., 2010, The Leverage Cycle, in NBER Macroeconomics Annual 2009, vol. 24, pp. 1 – 65. University of Chicago Press.

[86] Gennotte, G., and H. Leland, 1990, Hedging and Crashes," American Economic Review. pp. 999 – 1021.

[87] Gertler, Mark, 1988, Financial Structure and Aggregate Economic Activity: An Overview, Journal of Money, Credit and Banking, 20, pp. 559 – 588.

[88] Glyn Davies, 2002, A History of Money from Ancient Times to the Present Day, The University of Wales Press, Cardiff.

[89] Goldsmith, Raymond W., 1954, The Share of Financial Intermediaries in National Wealth and National Assets, 1900 – 1949, NBER.

[90] Goldsmith, Raymond W., 1955, Financial Structure and Economic Growth in Advanced Countries: An Experiment in Comparative Financial Mor-

phology, Capital Formation and Economic Growth by Simon Kuznets, 1955.

[91] Goldsmith, Raymond W., 1958, Financial Intermediaries in the American Economy Since 1900, Princeton University Press.

[92] Goldsmith, Raymond W., 1959, The Comparative Study of Economic Growth and Structure, NBER.

[93] Goldsmith, Raymond W., 1965, The Flow of Capital Funds in the Postwar Economy, UMI (ISBN: 0 – 870 – 14112 – 0).

[94] Goldsmith, Raymond W., 1969, Financial Structure and Development, New Haven, Conn. : Yale Univ. Press.

[95] Gorton, G. B., and G. Ordonez, 2012, Collateral Crises, NBER Working Paper 17771.

[96] Graeber, David, 2011, Debt: the First 5000 Years, New York, Melville House Printing.

[97] Greenlaw, D., J. Hatzius, A. K. Kashyap, and H. S. Shin, 2008, Leveraged Losses: Lessons from the Mortgage Market Meltdown, Report of the prepared for the U. S. Monetary Policy Forum, February 2008.

[98] Greenwald, B. C., and J. E. Stiglitz, 1988, Financial Market Imperfections and Productivity Growth, Paper prepared for the IUI Conference on Market for Innovation, Ownershlp and Control June 12 – 16, 1988, at Grand Hotel, SaltsjÖbaden.

[99] Greenwood, J., and B. Jovanovic, 1990, Financial Development, Growth, and the Distribution of Income, The Journal of Political Economy, 98 (5), pp. 1076 – 1107 .

[100] Gurley, J., and E. Shaw, 1955, Financial Aspects of Economic Development, American Economic Review, 45, pp. 515 – 538.

[101] Hansen, B. E., 1999, Threshold effects in non – dynamic panels:

estimation, testing, and inference, Journal of Econometrics, 93 （2）, pp. 345 – 368.

［102］ Hansen, B. E. , 2000, Sample splitting and threshold estimation, Econometrica, 68 （3）, pp. 575 – 603.

［103］ Haron, Sudin, 2009, Islamic Finance and Banking System：Philosophies, Principles and Practices, McGraw – Hill Singapore – Professional.

［104］ Hassan, M. K. , and M. K. Lewis, 2007, Handbook of Islamic Banking, Edward Elgar Publishing Limited, Glensanda House, Montpellier Parade, Cheltenham, UK.

［105］ Hausman, J. A. , and W. E. Taylor, 1981, Panel data and unobservable individual effects, Econometrica, 49, pp. 1377 – 1398 .

［106］ Hicks, John R. , 1937, Mr. Keynes and the Classics´: A Suggested Interpretation, Econometrica, 5, pp. 147 – 159.

［107］ Hicks, John R. , 1969, A Theory of Economic History, Oxford：Clarendon Press.

［108］ Hofstede, G. , G. J. Hofstede, and M. Minkov, 2010, Cultures and Organizations：Software of the Mind. 3rd Edition, McGraw – Hill USA.

［109］ Hofstede, Geert, 2001, Culture´s Consequences：Comparing Values, Behaviors, Institutions and Organizations Across Nations. 2nd Edition, Thousand Oaks CA：Sage Publications.

［110］ Huang, H. C. , and S. C. Lin, 2009, Non – linear finance – growth nexus, Economics of Transition, 17, pp. 439 – 466 .

［111］ Imbs, J. , 2006, The Real Effects of Financial Integration, 68 （2）, pp. 296 – 324.

［112］ IMF, 2014, Global Financial Stability Report：Moving from Liquidity – to Growth – Driven Markets.

[113] International Monetary Fund, 2008, Global Financial Stability Report, Washington, DC: International Monetary Fund.

[114] Jacklin, C. J., 1987, Demand Deposits, Trading Restrictions, and Risk Sharing, in E. Prescott and N. Wallace (eds.) Contractual Arrangements for Intertemporal Trade (Minneapolis: University of Minnesota Press). pp. 26 –47.

[115] Jaspers, Karl, 1953, The Origin and Goal of History, Translated by Michael Bullock. New Haven, CT: Yale University Press.

[116] Keynes, John Maynard, 1936, The General Theory of Employment, Interest and Money, MacMillan Cambridge University Press.

[117] Kindleberger, Charles, 1937, International Short – term Capital Movements, Columbia Press.

[118] Kindleberger, Charles, 1973, The World in Depression 1929 – 1939, The Penguin Press.

[119] Kindleberger, Charles, 1978, Manias, Panics, and Crashes A History of Financial Crises, New York: Basic Books.

[120] King, R., and R. Levins, 1993a, Financial Intermediation and Economic Development, in C. Mayer and X. Vives (eds.), Financial Intermediation in the Construction of Europe," London: Center for Economic Policy Research.

[121] King, R., and R. Levins, 1993b, Finance and Growth: Schumpeter Might Be Right, Quarterly Journal of Economics, 108 (3), pp. 717 –738.

[122] Kiss, G., M. Nagy, and B. Vonnak, 2006, Credit Growth in Central and Eastern Europe: Convergence or Boom?, MNB Working Papers 2006/10, Magyar Nemzeti Bank (The Central Bank of Hungary).

[123] Kiyotaki, N., and J. Moore, 1997, Credit Cycles, Journal of Political Economy, 105 (2), pp. 211 –248.

[124] Kocherlakota, N. R., 2000, Creating Business Cycles Through Credit Constraints, Federal Reserve Bank of Minneapolis Quarterly Review, 24 (3), pp. 2 – 10.

[125] Korinek, A., and A. Simsek, 2014, Liquidity Trap and Excessive Leverage, KOÇ UNIVERSITY – TÜSiAD Economic Research Forum Working Paper 1410.

[126] Kose, M. A., and Kei – Mu Yi, 2006, Can the Standard International Business Cycle Model Explain the Relation Between Trade and Co – movement?, Journal of International Economics, 68 (22), pp. 267 – 295 .

[127] Kremer, S., A. Bick, and D. Nautz, 2013, Inflation and growth: new evidence from a dynamic panel threshold analysis, Empirical Economics, 44 (2), p. 861 – 878.

[128] Kripfganz, S., and C. Schwarz, 2013, Estimation of linear dynamic panel data models with time – invariant regressors, Deutsche Bundesbank Discussion Paper No 25/2013.

[129] Kuznets, Simon, 1955, Capital Formation and Economic Growth, Princeton University Press.

[130] Kuznets, Simon, 1961, Capital in the American Economy – Its Formation and Financing, Princeton University Press.

[131] Kuznets, Simon, 1968, Toward a Theory of Economic Growth, W. W. Norton and Company, Inc.

[132] Kwok, C. C. Y., and S. Tadesse, 2006, National Culture and Financial Systems, Journal of International Business Studies, 37 (2), pp. 227 – 247.

[133] La Porta, L., F. Lopez – de – Silanes, and A. Shleifer, 2008, The Economic Consequences of Legal Origins, Journal of Economic Literature,

46 (2), pp. 285 – 332.

［134］La Porta, R. , F. Lopez – de – Silane, A. Shleifer, and R. W. Vishny, 1998, Law and finance, Journal of Political Economy, 106 (6), pp. 1113 – 1155.

［135］La Porta, R. , F. Lopez – de – Silanes, A. Shleifer, and R. W. Vishny, 1997, Legal Determinants of External Finance, Journal of Finance, 52 (3), pp. 1131 – 1150.

［136］Laeven, L. , and F. Valencia, 2008, Systemic Banking Crises: A New Database, IMF Working Paper WP/08/224.

［137］Lang, L. , E. Ofek, and R. M. Stulz, 1996, Leverage, investment, and firm growth, Journal of Financial Economics, 40, pp. 3 – 29.

［138］Law, S. H. , and N. Singh, 2014, Does too much finance harm economic growth?, Journal of Banking & Finance, 41, pp. 36 – 44.

［139］Levine, Ross, 1997, Financial Development and Economic Growth: Views and Agenda, Journal of Economic Literature, 35 (2), pp. 688 – 726.

［140］Lin, Yifu, Xifang Sun, and Ye Jiang, 2009, Toward a Theory of Optimal Financial Structure, World Bank Policy Research Working Paper 5038.

［141］Lind, J. T. , and H. Mehlum, 2010, With or Without The Appropriate Test for a U – Shaped Relationship, Oxford Bulletin of Economics and Statistics, 72 (1), pp. 109 – 118.

［142］Lucas, Robert E. , Jr. , 1988, On the Mechanics of Economic Development, Monetary Econ. , 22, pp. 3 – 42.

［143］Lund, S. , and C. Roxburgh, 2010, Debt and Deleveraging: the global credit bubble and its economic consequences, World Economics, 11 (2), pp. 1 – 30.

[144] Maddison, Angus, 2001, The World Economy: A Millennial Perspective, OECD.

[145] McKinnon, R. , 1973, Money and Capital in Economic Development, Brookings Institution, Washington DC.

[146] McKinsey Global Institute, 2009, Global Capital Markets: Entering a New Era.

[147] Mckinsey Global Institute, 2010, Debt and Deleveraging: The Global Credit Bubble and Its Economic Consequences.

[148] Mendoza, E. G. , 2010, Association Sudden Stops, Financial Crises, and Leverage, The American Economic Review, 100 (5), pp. 1941 – 1966.

[149] Mertens, K. , and M. O. Ravn, 2011, Leverage and the Financial Accelerator in a Liquidity Trap, The American Economic Review.

[150] Merton, Robert C. , and Z. Bodie, 1995, A Conceptual Framework for Analyzing the Financial Enviromnent, in the Global Financial System: A Functional Perspective eds. Dwight B. Crane, et al. , Boston, MA: Harvard Business School Press.

[151] Miller, M. , and J. E. Stiglitz, 2010, Leverage and Asset Bubbles: Averting Armageddon with Chapter 11?, NBER Working Paper 15817.

[152] Minsky, Hyman P. , 1977, The Financial Instability Hypothesis: an Interpretation of Keynes and Alternative to Standard Theory, Challenge (March – April) . pp. 20 – 27.

[153] Mishkin, F. , 1978, The Household Balance Sheet and the Great Depression, Journal of Economic History, 38, pp. 918 – 937.

[154] Obstfeld, M. and A. M. Taylor, 2003, Sovereign Risk, Credibility and the Gold Standard: 1870 – 1913 versus 1925 – 31, CEPR Discussion Pa-

pers 3688, C. E. P. R. Discussion Papers.

［155］Òscar J. , Schularick M. , and Alan M. Taylor, 2010, Financial Crises, Credit Booms, and External Imbalances: 140 Years of Lessons, NBER Working Paper 16567.

［156］Òscar J. , Schularick M. , and Alan M. Taylor, 2011, When Credit Bites Back: Leverage, Business Cycles, and Crises, NBER Working Paper 17621.

［157］Patrick, H. T. , 1966, Financial Development and Economic Growth in Underdeveloped Countries, Economic Development and Cultural Change, 14 (2), pp. 174 – 189.

［158］Paul Krugman, 2009, The Increasing Returns Revolution in Trade and Geography, American Economic Review, 99 (3), pp. 561 – 71 .

［159］Phelan, G. , 2014, Essays on M acroeconom ics, Financial Interm ediation, and Leverage, Doctoral Dissertation Paper, Yale University.

［160］Piketty, Thomas, 2014, Capital in the Twenty – First Century, Cambridge, MA: Belknap Press.

［161］Polanyi, Karl, 1944, The Great Transformation: the Political and Economic Origins of Our Time, Foreword by Robert M. MacIver. New York: Farrar & Rinehart.

［162］Postan, M. M. , 2008, The Cambridge Economic History of Europe, Cambridge University Press.

［163］Qian, R. , C. M. Reinhart, and K. S. Rogoff, 2010, On Graduation from Default, Inflation and Banking Crisis: Elusive or Illusion?, NBER Working Paper 16168.

［164］Rajan, R. G. , and L. Zingales, 2003, The Great Reversals: The Politics of Financial Development in the Twentieth Century, Journal of Financial

Economics, 69 (1), pp. 5 – 50.

[165] Reid, R. , 2010, Financial Development: A Broader Perspective, ADBI Working Paper Series No. 258.

[166] Reinhart, C. M. , 2009, Financial crash, commodity prices and global imbalances: A comment, MPRA Paper 13679, University Library of Munich, Germany.

[167] Reinhart, C. M. and K. S. Rogoff, 2009, This Time is Different: Eight Centuries of Financial Folly, Princeton, N. J. : Princeton University Press.

[168] Reinhart, C. M. and K. S. Rogoff, 2010, The Forgotten History of Domestic Debt, NBER Working Paper.

[169] Reinhart, C. M. and K. S. Rogoff, 2013, Financial and Sovereign Debt Crises: Some Lessons Learned and Those Forgotten, IMF Working Papers 13/266.

[170] Reinhart, C. M. and Kaminsky, G. , 1998, Financial crises in Asia and Latin America: Then and now, MPRA Paper 13877, University Library of Munich, Germany.

[171] Reinhart, C. M. and Kaminsky, G. , 1999, The Twin Crises: The Causes of Banking and Balance – of – Payments Problems, American Economic Review, American Economic Association, 89 (3), pp. 473 – 500 .

[172] Reinhart, C. , and G. Calvo, 2000, When Capital Inflows Come to a Sudden Stop: Consequences and Policy Options, MPRA Paper 6982, University Library of Munich, Germany.

[173] Rioja, F. , and N. Valev, 2004a, Does one size fit all? Are examination of the finance and growth relationship, Journal of Development Economics, 74 (2), pp. 429 – 447.

［174］Rioja, F. , and N. Valev, 2004b, Finance and the sources of growth at various stages of economic development, Economic Inquiry, 42（1）, pp. 127 – 140.

［175］Ritholtz, Barry, 2011, Excessive Leverage Helped Cause the Great Depression and the Current Crisis.

［176］Ritschl, A. and S. Sarferaz, 2010, Crisis? What Crisis? Currency vs. Banking in the Financial Crisis of 1931, SFB 649 Discussion Paper 2010 – 2014.

［177］Robert Triffin, 1961, Gold and the Dollar Crisis: The future of convertibility, New Haven, CT: Yale University Press.

［178］Robinson, Joan, 1952, The Generalization of the General Theory, in the Rate of Interest and Other Essays（London: MacMillan, 1952）.

［179］Romer, Paul M. , 1986, Increasing Returns and Long – Run Growth, Journal of Political Economics, 94, pp. 1002 – 1037.

［180］Romer, Paul M. , 1990, Endogenous Technological Change, The Journal of Political Economy, 98（5）, pp. 71 – 102.

［181］Roodman, D. , 2009, How to do xtabond2: An introduction to difference and system GMM in Stata, The Stata Journal, 9（1）, pp. 86 – 136.

［182］Rothbard, Murray N. , 1963, America's Great Depression（1st Edition）.

［183］Schularick, M. , and Alan M. Taylor, 2010, Credit Booms Gone Bust: Monetary Policy, Leverage Cycles and Financial Crises, 1870 – 2008, Working Paper.

［184］Selgin, George A. , 1997, Less Than Zero: The Case for A Falling Price Level in a Growing Economy, The Institute of Economic Affairs.

［185］Shalit, Sol S. , 1975, The Mathematics of Financial Leverage, Financial Management, 4（1）, pp. 57 – 66.

[186] Shaw, E. , 1973, Financial deepening in economic development, Oxford University Press, New York.

[187] Shen, C. H. , and C. C. Lee, 2006, Same financial development yet different economic growth – why?, Journal of Money, Credit and Banking, 38（7）, pp. 1907 – 1944 .

[188] Shin, H. S. , 2010, Risk and Liquidity, Clarendon Lectures in Finance. Oxford University Press.

[189] Shleifer, A. , and R. Vishny, 1992, Liquidation Values and Debt Capacity: A Market Equilibrium Approach, Journal of Finance, 52, pp. 1343 – 1366.

[190] Siklos, P. , 1993, Income Velocity and Change: Some New Time Series Evidence: 1870 – 1986, Journal of Money, Credit and Banking, 1993（3）, pp. 377 – 392.

[191] Simons, Henry, 1936, Rules versus Authorities in Monetary Policy, Journal of Political Economy, 44（1）, pp. 1 – 30.

[192] Soros, George, 1988, The Alchemy of Finance, Simon & Schuster.

[193] Stern, N. , 1989, The Economics of Development: A Survey, Economic Journal, 99, pp. 597 – 685.

[194] Stiglitz J. E. and B. C. N. Greenwald, 2003, Towards a New Paradigm in Monetary Economics, Cambridge University Press.

[195] Stiglitz, J. E. , 1985, Credit Markets and the Control of Capital, Journal of Money, Credit and Banking, 17, pp. 133 – 152.

[196] Stiglitz, J. E. , and A. Weiss, 1981, Credit Rationing in Markets with Imperfect Information, American Economic Review, 71（3）, pp. 393 – 410.

[197] Stulz, R. M. , and R. Williamson, 2003, Culture, openness and finance, Journal of Financial Economics, 70（3）, pp. 313 – 349.

［198］Taylor, Alan M. , 2012, The Great Leveraging, NBER Working Paper 18290.

［199］The Financial Crisis Inquiry Commission, 2011, The Financial Crisis Inquiry Report.

［200］Tobin, James, 1969, A General Equilibrium Approach To Monetary Theory, Journal of Money, Credit and Banking, 1 (1), pp. 15 – 29 .

［201］Tobin, James, 1989, On the Theory of Macroeconomic Policy, Cowles Foundation Discussion Papers 931, Cowles Foundation for Research in Economics, Yale University.

［202］Townsend, R. M. , 1979, Optimal Contracts and Competitive Markets with Costly State Verication, Journal of Economic Theory, 21 (2), pp. 265 – 293.

［203］Turner, Adair, 2013, Credit, Money and Leverage: What Wicksell, Hayek and Fisher Knew and Modern Macroeconomics Forgot, Paper of Conference on: "Towards a Sustainable Financial System", Stockholm School of Economics (Stockholm, 12 September 2013) .

［204］Usmani, M. M. T. , 1998, Introduction to Islamic Finance.

［205］Wang, D. , and O. A. Esqueda, 2014, National cultural effects on leverage decisions: Evidence from emerging – market ADRs, Research in International Business and Finance, 31, pp. 152 – 177.

［206］Windmeijer, F. , 2005, A finite sample correction for the variance of linear efficient twostep GMM estimators, Journal of Econometrics, 126 (1), pp. 25 – 51.

后　记

二〇一一年秋，我重归母校读博，彼时心境，此刻依旧。于我而言，放弃稳定的工作，在而立之年返校读书，彼时的抉择并不容易，唯求学之心甚笃、求学之志甚坚。

为学之道在"勤"与"思"，业精于勤、行成于思，所谓"为学日益"。读博期间，我常深夜独坐书房，细心体味经济学、金融学经典著作中的哲思。虽才智有限，然几年坚持下来，对学术经典却也有了更为系统深入的思考，形成颇多心得体会。择其要者，我大多行之为文，以记所思所感。至今，多篇数十页的长文置于台前，每每能在关键时刻为我提供重要思路和素材。本书是在我的博士论文基础上整理总结而成，篇幅较长，这其中原因有二：其一，所论题目本就内容庞杂，实非寥寥数言所能曲尽其妙；其二，实是自身学问不足、见识有限、思想深度不够，故难免意不称物、文不逮意，这正是未来所需倍加锤炼的地方。

在此，回顾读博经历，实是为了感念和感恩。我要由衷地感谢我的恩师陈雨露教授。能够追随陈老师，蒙他授业、解惑，我倍感荣幸。这不单是因为陈老师在学术界的声望地位，更是因为他宏大的视野、严谨的学风、一言一行中显露出的学识与智慧。陈老师教给我的是大思路、方法论和做学问的态度，这是真正的"引领"。陈老师多次强调，要熟读经典并深刻领会其中的思想精髓，并坚持把自己的心得体会写下来。一番实践下来，那时的点滴积累，正是日后论文写作的重要基础，是极为重要的学术训练。博士论文成稿后，陈老师多次提出关键性的修改意见，论文数易其稿。在陈老师身上，我看到了何为真正的"学风"以及"学者风度"。

在博士论文撰写期间，我有幸得到了多位良师益友的指点和帮助，在此，我谨向他（她）们致以深深谢意。他（她）们是：中国人民大学财政金融学院庄毓敏教授、何平教授、沈伟基教授、瞿强教授、王芳副教授，中国人民大学经济学院黄隽教授、张宇教授，中国人民大学国际关系学院庞中英教授，对外经济贸易大学门明教授，北京师范大学贺力平教授，北京航空航天大学韩立岩教授，清华大学汤珂教授，中国青年政治学院李永森教授，中国社会科学院闫坤教授，中国光大集团首席经济学家吴富林博士，广发基金魏军博士，中山大学朱传奇博士以及我的诸位同门及博士同学。

我还要特别感谢中国人民大学重阳金融研究院的王文院长、胡海滨老师以及中国金融出版社的董飞老师，他（她）们在本书出版过程中给予我大力帮助和支持。

最后，我要将最深挚的爱与感谢送给我的家人，没有他（她）们日日夜夜在背后的支持与支撑，我无法如此坚定地前行。在博士论文初稿完成后不久，我的女儿蓁宜出生了，这是我一生中最为幸福的时刻。在本书付梓之际，蓁宜恰满周岁。一年时光倏忽如梭，看着女儿一天天长大，每每深夜读书写作，辛苦并快乐着。在此，我谨将本书献给蓁宜、献给我的父母、献给我的妻子和家人。

朱澄
二○一六（丙申）年初秋

中国人民大学重阳金融研究院
图书出版系列

一、智库作品系列

《中国—G20（大型画册）》	中国人民大学重阳金融研究院	著
《G20 问与答》	中国人民大学重阳金融研究院	著
《全球治理的中国方案》	辛本健	编著
《一带一路国际贸易支点城市研究（英文版）》	中国人民大学重阳金融研究院	编译
《2016：G20 与中国（英文版）》	中国人民大学重阳金融研究院	著
《世界是通的——"一带一路"的逻辑》	王义桅	著
《一盘大棋——中国新命运的解析》	罗思义	著
《美国的焦虑》	王文	著
《2016：G20 与中国》	中国人民大学重阳金融研究院	著
《"一带一路"国际贸易新格局：一带一路智库研究蓝皮书 2015—2016》	中国人民大学重阳金融研究院	主编
《G20 与全球治理：G20 智库蓝皮书 2015—2016》	中国人民大学重阳金融研究院	主编
《一带一路国际贸易支点城市研究》	中国人民大学重阳金融研究院	主编
《从丝绸之路到欧亚大陆桥》	黑尔佳·策普—拉鲁什，威廉·琼斯	主编
《财富新时代——如何激活百姓的钱》	王永昌	主编
《生态金融的发展与未来》	陈雨露	主编
《构建中国绿色金融体系》	绿色金融工作小组	著
《"一带一路"机遇与挑战》	王义桅	著

362

《重塑全球治理——关于全球治理的
　　理论与实践》　　　　　　　　　庞中英　著
《金融制裁——美国新型全球不对称权力》　徐以升　著
《大金融与综合增长的世界——G20 智库
　　蓝皮书 2014—2015》　　　　　陈雨露　主编
《欧亚时代——丝绸之路经济带研究
　　蓝皮书 2014—2015》　　中国人民大学重阳金融研究院　主编
《重新发现中国优势》　　　　中国人民大学重阳金融研究院　主编
《谁来治理新世界——关于 G20 的
　　现状与未来》　　　　　　中国人民大学重阳金融研究院　主编

二、学术作品系列

《金融监管与宏观审慎》　　　　　　马勇　著
《中国艺术品金融 2015 年度研究报告》　庄毓敏、陆华强、黄隽　主编
《金融杠杆水平的适度性研究》　　　朱澄　著

三、金融下午茶系列

《有趣的金融》　　　　　　　　　董希淼　著
《插嘴集》　　　　　　　　　　　刘志勤　著
《多嘴集》　　　　　　　　　　　刘志勤　著
《金融是杯下午茶》　　　　中国人民大学重阳金融研究院　主编